乡村秩序重构及灾害应对
以淮河流域商水县土地改革为例

Social Reconstruction and Relief Efferts
A Case Study on the Land Reform of Shangshui County in Huai River Basin
(1947~1954)

贾 滕 ◎ 著

社会科学文献出版社
SOCIAL SCIENCES ACADEMIC PRESS (CHINA)

2009年度国家社科基金青年项目（09CZS024）

周口师范学院国家社科基金科研
配套经费资助项目

序

在《乡村秩序重构及灾害应对——以淮河流域商水县土地改革为例（1947～1954）》即将出版之际，贾滕博士索序于我，这使我想起了他曾经在华中师范大学中国近代史研究所攻读博士学位的岁月。

2005年，贾滕在经过多年的努力后，终于如愿以偿，顺利被录取为博士生，与他一起考取为博士生的还有另外两位同学。但贾滕的特点最为突出，一是他的形象，也许是过度思索的结果，他有些过早地谢顶了；二是他的讲话，一口浓重的河南口音、配以抑扬顿挫的语调，使我常常要求他放慢语速，以便我能听懂他说的每一个字。久而久之，他养成了慢条斯理的习惯，而我也就习惯了他慢条斯理的河南话。他对河南方言的不舍不弃，源自于他对那块生他养他的土地的深深热爱，源自于中原文化的博大厚重。他出生在河南的农村，自幼受到世代为农的乡亲们的影响，并时常听到祖辈们讲起土改的故事，这种体验和经历或许就是他执著于农村社会经济史研究的深刻背景。他在硕士生阶段初步研究了河南近代的棉花种植，在博士生阶段，仍将研究课题锁定在农村史领域，在几次例行性的师生闲聊后，他终于打定主意研究新中国成立初期河南农村的土改问题。

其时，伴随着农村改革和农村土地流转等现实问题，学者们在不断深入探讨近代土地改革史，希望能从中吸取历史蕴含的智慧，土改史已然成为农村社会经济史研究中的一个热点，要在这样一个热点问题的研究上形成自己的观点，对于一位年轻学者而言并非易事，只有在区域选择与史料搜集上有所突破，方能有所为。贾滕同学迎难而上，他选定了河南周口地区的商水县，一是由于商水县保存完好的档案，二是便于进行田野调查（攻读博士学位时他已是《周口师范学院学报》编辑）。两者互相映衬，相互补强。当然，更重要的还是商水土改所具有的独特意义。随着刘邓大军的过境南下，共产党在商水县建立了革命政权并立即进行土地改革。但是，在军事局势变幻不定、新政权与乡村之间缺乏内外互动的情况下，这种"急性土改"不可避免地失败了。商水县全境解放后，土改作为对乡村全面改造的一项主要内容又被提上了议事日程。新政权在初步完成剿匪、反霸、清算工作后，接着便转入全面减租、减息清算。在利益的诱导与外力的推动下，贫苦群众被初步发动起来，旧的当权派与精英被打倒，贫雇农的政权优势地位得以确立，新的精英群体开始崛起，全新的伦理道德进入乡村。1950年10月，商水县组织专门的土地工作队进入村庄，发动群众对地主诉苦、斗争并分配土地。接着，通过整编革命队伍、划分阶级，把地主的土地、房屋、牲畜、粮食、农具等所谓的五大财产以及富农一部分土地征收并分配给贫雇农。1951年9月，商水县开展了一次土地复查、民主建国运动，通过整顿乡村政权组织，逐步把政权转移到基层党支部手中，其意在于巩固土改成果、确立乡村新秩序。社会秩序的变动几乎涉及了乡村每一个人，亲历者都会有自己的感受与认识。新的乡村秩序下，昔日的贫困阶层得到了生活的基本保障和相对优越的政治地位，乡村成为一个小农均质化的社会。但是，农业生产力并未因新政权以政治手段解决经济、社会问题的行为取向而得到质的发展，农村仍然比较贫困、单个农户仍然无力抵御灾害，面对商水连年遭受灾害侵袭这一历史性难题，新政权采取了全新的应对方式，在必要的救济之外，领导群众，开展生产救灾运动，以其统一而强大的动员能力成功地领导灾民克服灾荒。

如何解读新中国成立初期的商水土改史，不仅需要有扎实的史学功底，而且也需要政治学、经济学、社会学等相关领域的理论修养。因此，在博士论文通过答辩后，贾滕博士仍不断思考，针对答辩中各位专家提出的意见和建议，进一步修改和完善，终以自己满意的面貌呈现在读者面前。我认为，该书具有如下几个特点。

第一，将微观研究置于宏观视野中。历史研究的"碎片化"为当代史家所诟病，"碎片化"的实质是缺乏宏观视野的个案研究，但历史研究并不是不要个案研究，而是反对缺乏宏观视野的个案研究。在"碎片化"研究中，研究者常常被拖入研究对象的迷局中而不可自拔，陷入就事论事的狭小时空之中，也就是我们常说的只见树木，不见森林。但是，如果将个案研究简单地等同于"碎片化"，甚至完全反对个案研究，那也不是科学的做法。没有个案的历史将是一堆没有血肉的枯骨，只有将"骨"和"血肉"连接起来，历史才更为丰满。因此，历史学需要将宏观研究与微观研究结合起来，从宏观着眼，从微观着手，突破研究对象的局限性，得出超越研究个案的结论。本书作者虽然以河南商水县土改为研究对象，但其关注的问题却具有普遍意义，譬如：国家如何对乡村社会进行整合及国家政权在乡村基层的确立和巩固，农村社会各阶层对秩序变革的反应与农户生产生活状况的变动，新的动员—运动机制的形成、特点及其在资源约束下如何应对传统灾害，新政权如何打破了旧乡村的社会均衡及其集体行动困境，等等。这些都是在一定程度上具有普遍意义的问题，以商水为个案的研究对上述问题的回答至少具有类型学意义。

第二，借鉴政治学、社会学等相关学科的理论方法重新阐释新中国成立前后的农村土地改革。历史学日益成为一门开放性的学科，一方面是不同学科的学者走进历史，探讨历史上存在的属于本学科的现象；另一方面是历史学者借用不同学科的理论方法研究历史上的政治、经济、社会、文化等。中国近现代史上的土地改革运动就是这样一个涉及经济、政治、文化、社会等方方面面的综合性改革，研究者不仅需要具有扎实的史学理论功夫，也需要不同学科的综合素养。本书作者也试图在这方面作一点尝试，如对社会学中的集体行动理论的借用，就是一个典型。

第三，提出了一些颇具新意的观点。经过大量实证分析，作者认为，经过全面的剿匪反霸、打倒旧的当权派，结合建立农会、民兵等贫苦群众组织、党团组织及救济农民、帮助困难群众、合理负担等，共产党政权稳定了乡村社会秩序。在乡村社会经济基础结构改变的基础上，加上新政权自身的精简节约、加强内部纪律约束等举措，抓住了当时乡村的关键性矛盾——秩序与公平，这样不但提高了工作效率、树立了共产党新政权的权威，而且增强了政权的合法性，得到了乡村大多数人的政治认同，从而在乡村达成了集体行动，国家意志得到了充分体现。土地改革是一个深刻的农村社会改革，国家在重新构建乡村内部秩序的过程中，通过组建群众组织、推行新的意识形态，重新构建了新的国家—乡村关系——国家在纵（政权机构）、横（基层群众组织、党团组织）两个方向空前深入乡村底层，极大地强化了基础性权力，并且以新的价值观为指导，辅之以严格的组织纪律，极力消解旧的"赢利型经纪"模式，力图克服政权运行的成本约束，从而进一步强化了专断性权力。其中积极分子的生成与淘汰方式具有关键性意义——它是运动—动员模式的动力机制，是政权合法性权威、国家有效动员能力在乡村实践层面上的保障。凡此种种，从个人理性出发的微观机制上看，正是集体行动困境得以突破的必要条件，动员—运动机制与集体行动困境的突破相一致，形成耦合共振效应，是乡村在新秩序下能够以集体行动的方式有效应对灾害并能成功抵御灾荒的主要原因。

学无止境。作者如果能够将商水县的土改与其他农村地区的土改进行深入的比较，提炼出商水县土改的地方特点，此项研究就会更加精彩。古人云：学而不思则罔，思而不学则殆。贾滕博士勤于学，敏于思，相信他在学问的道路上一定会取得更大的成就。

彭南生
2013 年 1 月

目 录

绪 论 …………………………………………………………………… 1
 一 本课题国内外研究现状述评及研究意义 ………………… 1
 二 研究的主要内容、基本思路和方法、重点和难点、主要
  观点及创新之处 …………………………………………… 3
 三 几个概念的界定 ………………………………………… 5

第一章 危机中的乡村 ………………………………………………… 8
 第一节 经常性的水患 ………………………………………… 11
  一 商水县境内的沙河、汾河 ……………………………… 11
  二 经常性水害及旧政府的应对 …………………………… 13
 第二节 持续的匪患 …………………………………………… 20
  一 近代以来豫东的匪患 …………………………………… 21
  二 土匪的成因及危害 ……………………………………… 26
 第三节 传统权威蜕变下的乡村秩序 ………………………… 28
  一 旧乡村基层政权组织的演变 …………………………… 28
  二 基层政权组织及其组成人员的蜕变 …………………… 30
 第四节 日益恶化的农户生存状况 …………………………… 36
  一 生存环境恶化 …………………………………………… 36
  二 生活入不敷出 …………………………………………… 40
 小 结 集体行动困境视角下的乡村危机 …………………… 47
  一 集体行动的逻辑 ………………………………………… 47
  二 乡村危机下的集体行动困境 …………………………… 48
  三 何以摆脱危机、走出困境 ……………………………… 51

第二章　新政权对乡村的初步控制 …… 54
第一节　新政权的初建与武装斗争 …… 57
一　革命政权的建立 …… 57
二　武装斗争 …… 59
三　商水县与郾商西县合并 …… 60
第二节　"急性土改" …… 60
一　新政权领导的"急性土改" …… 60
二　"急性土改"的停止及其原因 …… 63
第三节　以"支前"为中心的乡村初步动员 …… 66
一　对战勤与财粮工作的部署 …… 66
二　初步动员下乡村的反应 …… 68
小　结　国家介入下乡村集体行动的初步尝试 …… 82

第三章　国家对乡村秩序的全面重构 …… 87
第一节　剿匪反霸、清算与基层组织的建立、巩固 …… 88
一　剿匪、反霸清算与减租减息清算 …… 89
二　基层组织的建立与巩固 …… 101
第二节　土改、复查与民主建政 …… 103
一　土改 …… 104
二　土改复查与民主建政 …… 111
第三节　"草根精英"的兴起与乡村文化的重构 …… 121
一　"草根精英"的兴起——以农村干部和农村党员为例 …… 121
二　乡村文化的重构 …… 131
第四节　乡村社会秩序变动中的恐慌与希望 …… 142
一　变动时期纷传的谣言 …… 143
二　不觉悟群众的言行 …… 151
三　翻身农民代表的意见与提案 …… 163
第五节　一个村庄的革命实践 …… 171
一　三里长村的基本情况 …… 171
二　新政权的初步介入与斗争（1947年秋至1949年8月） …… 174
三　全县的剿匪反霸重点（1949年8月至1950年春） …… 177

四　剿匪反霸后到土改前的情况（1950年春至1950年10月）
　　　　………………………………………………………………………… 182
　　五　全县的土地改革重点（1950年10月后） …………………… 188
　小　结　国家建构之下乡村集体行动困境的突破……………………… 198
　　附表…………………………………………………………………… 201

第四章　新秩序对灾害的成功应对……………………………………… 211
　第一节　新秩序运行的运动机制………………………………………… 212
　　一　基层党政组织状况…………………………………………… 212
　　二　宣传下乡……………………………………………………… 225
　　三　中心工作与群众动员………………………………………… 233
　　四　积极分子的关键作用………………………………………… 243
　第二节　乡村秩序重构后的传统灾害应对……………………………… 249
　　一　土改后农户生存状况的改善………………………………… 251
　　二　新中国成立前后依然严重的灾害状况……………………… 272
　　三　动员—运动机制对传统灾害的应对………………………… 276
　小　结　集体行动的救灾成效及其对运动—动员机制的强化
　　　　………………………………………………………………………… 293

第五章　国家意志下的"集体行动"：有效性取向的乡村革命 ……… 296
　第一节　近代以来中国社会演变的革命逻辑…………………………… 296
　　一　选择革命……………………………………………………… 296
　　二　革命选择……………………………………………………… 298
　第二节　走出集体行动的困境…………………………………………… 299
　　一　乡村新秩序的两个维度……………………………………… 299
　　二　达成集体行动………………………………………………… 300

余　论　革命逻辑及其重陷集体行动困境的隐忧 ……………………… 303
　　一　土地改革及其革命逻辑……………………………………… 303
　　二　集体行动逻辑对革命的解释力度…………………………… 304
　　三　革命逻辑、集体行动逻辑的契合与背离…………………… 305

附录 1	309
附录 2	321
参考文献	330
后　记	351

绪　　论

一　本课题国内外研究现状述评及研究意义

1. 有关土地改革问题、近现代灾害问题的研究状况述评

大致说来，国内对土改问题的研究经历了3个范式的转换。(1) 革命史视角的研究范式。近20余年来，从总结中国革命经验的角度对土地改革问题的研究成果数量很多（如郭德宏、成汉昌、杜润生、罗平汉等人的研究），但是，传统的"革命"编史学的宏大叙事，不但对土地改革在社会生活诸领域产生的具体影响缺乏深入细致的探究，而且难以体现出革命的地域差异。(2) "现代化"范式。西方学者以"现代化"范式对土地改革运动做出了截然不同于革命史视角下的解释（如美国学者珀金斯、马若孟、弗里曼等人的研究），体现了方法论背后的价值观的差异："革命"范式首先体现为一种价值体系、带有强烈的阶级意识；西方学者的"现代化"范式也是照搬西方的经验并以西方社会价值体系为参照系来比附中国近代社会历史发展进程的，有着"西方中心论"的色彩。(3) "国家与社会"范式。近年来，似乎不带那么多价值判断的"国家与社会"的分析在中国乡村研究中往往从区域史入手，采取具体的微观考察以克服革命范式与现代化范式宏观叙述之不足。所见关于土地改革的研究成果又大致可分为"国家政权建设理论"和"社会中的国家"两个分析向度。对土地改革的研究成果中关于基层社会秩序和乡村社会变迁的部分成果（如于建嵘、吴毅等人的研究），大都使用"国家政权建设理论"来解释国家与乡村的关系以及乡村社会结构与秩序的变化。

防灾、抗灾、救灾历来是关系国计民生的大事。近年来，有关中国近现代灾害问题的研究成果颇丰，而且大都关注了水旱灾害对中国自然环境和社会变迁的重大影响（如夏明方、苏新留、汪汉忠等人的研究），主要属

于灾害社会学研究（当然，也内含了现代化的分析向度。如汪汉忠《灾害、社会与现代化》）。灾害是具体的，虽然这些研究也都注意到同样的灾害在不同的社会环境下的不同结果，认为灾害救助与国家政治状况、社会发展状况密切相关（陈桦、刘宗志《救灾与济贫》），但把灾害研究与乡村社会、政治变迁研究结合起来，放在一个具体的时空背景下进行微观分析的个案研究尚付之阙如。

范式只是分析的工具，并不能代替价值的判断，任何先入为主的价值预设都可能造成对历史事实的过度诠释，进而遮蔽或扭曲历史。已有的研究结论提醒我们：革命并非直接等同于现代化，土地改革也并非直接等同于农业、农村的现代化（如张佩国等人的研究）。结合秦晖提出的关中模式以及曹树基、李良玉、李金铮、黄道炫等人的相关研究，说明对土改还要有一个具体的、再认识的过程，首要的是把各个不同区域的情况——土改的地域差异考察清楚；其次，已有的研究多关注于土改时的"关系"层面，可以再从生产力层面和人与自然环境的关系角度——从"人口—制度—资源"的角度加以考察；更主要的是，作为多灾而落后的区域，土改后虽然生产力水平没有质的飞跃，但能在国家帮助下，乡村社会内部达成有效的集体行动，从而成功应对传统灾害，这说明经过土改重构后的乡村新秩序的运行机制与成功应对灾害之间有着某种必然联系，两者之间到底存在怎样的联系，需要我们从具体的微观机制上进行探讨。

2. 本课题的研究意义

（1）在研究对象的选择方面，商水县属于淮河流域的灾害多发区域——这里既不同于商品经济比较发达的苏南等地，也不同于历经抗战与解放战争洗礼的华北老根据地，而是属于中国华北腹地中的边缘区，更有一点，商水县现在仍是河南省贫困县——其地域经济特点具有历史连续性。因而，该区域可谓"华北典型地区的一种次生模式"——新中国成立前土地分散，"无地主"（指占有土地较多且以收租为主的地主不多）、有租佃，多高利贷，苦于匪患、水灾等。希望通过对该地土地改革运动的研究，为全局性的土地改革研究提供一个区域案例；通过土改后新政权对水灾的成功应对的研究，揭示新的社会秩序与救灾成效的关系，为当代的灾害应对提供历史借鉴。另外，以县为视点并与其他县对比、观照河南全省的"中观"研究，尽可能避免宏大叙事与具体历史事实难以相符的弊端，并尽可能克服以村庄为研究对象的微观分析所具有的普遍意义不足的缺陷。

（2）在研究的内容方面，以小见大。本课题的深入研究，可以帮助我们认识当今"三农"问题背后的一些深层次问题（诸如乡村基层社区管理的成本约束问题、农民的合作困境与集体行动的困境问题、基于地权流转的公平与效率问题以及新农村建设中的意识形态指导方式问题等），从而为解决"三农"问题提供基于实证研究的学理支持。同时，从国史研究的现实性和政治性来看，新中国成立初期的灾荒及抗灾、救灾历史研究是"和谐"视阈下当代社会史研究的重要内容，如何更好地防灾、抗灾、减灾等现实的问题需要从历史中寻求以资借鉴的经验教训。

二 研究的主要内容、基本思路和方法、重点和难点、主要观点及创新之处

1. 研究的主要内容

通过对商水县解放初期土改运动的三个步骤的考察，并辅之当时新政权在公粮征收、扩军支前、灾害治理等方面的分析，主要关注以下几个方面的问题：（1）国家如何对乡村社会进行整合及国家政权在乡村基层的确立与巩固；（2）农村社会各阶层对秩序变革的反应与农户生产生活状况的变动；（3）新的动员—运动机制的形成、特点及其在资源约束下如何应对传统灾害（包括从社会动员能力方面研究救灾、新政权如何从输血型救灾到造血型减灾、灾民在宣传下乡之后形成了何种全新的灾害文化等）；（4）在此过程中，新政权如何打破了旧乡村的社会均衡及其集体行动困境、如何维持一种新的社会均衡及其利于高效率集体行动的社会秩序；（5）新的动员—运动机制与集体行动的关系。

2. 基本思路和方法

"任何的经验主张都可能是有争议的或颠覆性的；我们没有理由相信一种单一的'科学方法'能支撑和决定所有的科学研究。"或者说没有任何一种理论框架是终极真理，我们要做的是领会每种理论在解释研究对象上的洞察力度（李丹，2009）。本课题的研究，以国家视角的"危机—建构—应对危机"与乡村内部视角的"生存危机—生存策略选择—追求生存安全"为线索，借助于当代政治学的"国家政权建设理论"、社会学的国家与社会关系理论的一般概念以及社会组织理论等，以"集体行动的逻辑"为分析工具，运用历史考证并结合乡村社会调查的方法，"据之以实情"，归纳与演绎相结合，以淮河流域商水县的土地改革为中心，综合分析其解放初期

在新政权的作用下,传统的"国家—乡村社会"是如何被重新建构的,新的乡村社会内部关系又是如何被建构起来的。在此过程中,具体的乡村社会秩序、经济、文化等又发生了怎样的变化,更重要的是,在新的社会运行机制下乡村社会是怎样成功应对传统难题——经常性的灾难环境的(通过具体的事件—过程,阐释在革命性的变迁之下,乡村形成了怎样的结构—功能、话语—行动体系及其关系,尤其是它们怎样制约着个体理性化行动与集体理性化行动)。

3. 重点和难点

本课题主要通过商水县的土改运动,重点考察国家是怎样通过以政权建设为中心的一系列措施,完成了对农村的控制、提高了对乡村社会的动员及资源汲取能力、强化了对乡村社会的管理及其危机应对能力的,新的社会运行机制又是怎样的。

难点之一在于当国家和农民利益诉求不一致时,国家与农民如何互动、革命伦理与乡村传统伦理对接的具体场景及其背后的深层原因。

难点之二在于对资料的收集与辨析上,如何无限逼近历史真实、最大可能地揭示出历史的原生态状况,以达到"同情"的理解、理解的"同情",从而对历史事实作出适度解释。

难点之三在于本课题所采用的"集体行动的逻辑"之理论工具的历史适用性问题。即形式逻辑对经验事实的契合问题、理论对历史的解释范围与解释力度问题的把握。

4. 本课题的主要观点

(1) 经过全面的剿匪反霸、打倒旧的当权派,结合建立农会、民兵等贫苦群众组织、党团组织以及救济灾民、帮助困难群众、合理负担等,共产党政权稳定了乡村社会秩序。即在乡村社会经济基础改变的基础上,加上新政权自身的精简节约、加强内部纪律约束等举措,抓住了当时乡村的关键性矛盾之一——秩序与公平。这样不但提高了工作效率、树立了共产党新政权的权威,而且增强了政权的合法性,得到了乡村大多数人的政治认同,从而在乡村达成了集体行动,国家意志得到了充分体现。

(2) 具体分析以土地改革为中心的农村社会改革,可以发现,国家在重新构建乡村内部秩序的过程中,通过组建群众组织、推行新的意识形态,重新构建了全新的国家—乡村关系——国家在纵(政权机构)、横(基层群众组织和党团组织)两个方向空前深入乡村底层,极大地强化了基础性权力,并且以新的价值观念为指导、辅之以严格的组织纪律,极力消解旧的"赢利型经纪"模式,力图克服政权运行的成本约束,从而进一步强化了专断性权力。其中积极分子的生成与淘汰方式具有关键性意义——它是运动—动员模式的动力机制,是政权合法性权威、国家有效动员能力在乡村实践层面上的保障。凡此种种,从个人理性出发的微观机制上看,正是集体行动困境得以突破的必要条件,动员—运动机制与集体行动的突破相一致,形成耦合共振效应,是乡村在新秩序下能够以集体行动的方式有效应对灾害并能成功抵御灾荒的主要原因。

5. 本课题的创新

在研究对象方面,本课题以土改运动为考察的重点,同时观照国家对社会的资源动员能力、管理能力、危机应对能力等方面的问题而做综合的研究,从社会运行机制上考察相关问题,突破已有研究只以土改运动本身为研究对象或者单单以灾害救济为研究对象的局限性,力图避免历史研究的碎片化倾向。同时,注意生产关系层面与生产力层面的互动情况以及乡村社会与自然环境的关系。关于国家对乡村社会的整合问题,已有的研究均注意到了"积极分子"的作用,但尚未把"积极分子"的生成与淘汰机制与运动—动员模式联系起来,做出深入探讨。本课题将对积极分子在土改中的行为进行全面、动态考察,揭示在国家对乡村社会的重构中,积极分子的重要作用。关于国家在乡村基层政权建设问题上,已有的研究成果均认为,共产党政权之所以能够成功深入乡村基层,党的权威性与军事力量的保障是主要因素。此外,本课题还将从政权建设与运行成本、意识形态的作用、革命伦理与乡村传统伦理的互动关系以及农民搭便车的心理等方面来考察,即在对史实理解的基础上,以"集体行动逻辑"理论作出适度的解释,从而有助于对国家建构过程中专断性权力与基础性权力同时强化的具体深刻领会,体现一种研究方法的创新。

三 几个概念的界定

1. 组织/秩序

组织,是指按照一定的目的、任务和系统加以结合,遵循一定规则而达成集体行动的一些人的集合(to arrange; to organize; to form an organization or an organized system),是静态结构与动态功能的结合,反映了个人能力的有限与个人需要的无限之间的矛盾、个人理性与集体理性的矛盾，以及目标或使命的驱使。

秩序，是指依靠强制与自觉相结合，对权威服从与尊敬而避免混乱或分裂的状态，与混乱、无序相对，指自然和社会现象及其发展变化中的规则性、条理性，与组织相似，可以从静态与动态两个方面把握。这里指有条理地、有组织地安排社会的各个构成部分，以求达到正常的运转状态。从整个历史来看，社会秩序的形成具有某种不以人的意志为转移的规律性，从具体的历史阶段看，社会秩序的形成反映了人的意志，即秩序具有人为可建构性，是历史演进与人的自觉建构的统一，是"英雄"与"群众"在"具体情境"下互动的产物。

社会组织既是社会秩序的产物，也是社会秩序形成的必要条件，二者都与利益的冲突与分配密切相关，是结构—功能的反映。

2. 党—国家/新政权

这里，党、国家也是一种组织，是一种在建构、保护、维持社会秩序方面具有无可替代作用的组织；与旧政权相区别，新政权特指新中国成立前后，共产党在乡村初步建立的政权。

3. 行动/集体行动

一般来说，行动指为达到某种目的而进行的活动，而有关集团利益或共同利益的追求问题，都属于集体行动的范畴。这里结合赵鼎新与奥尔森的集体行动的理论分析框架，探讨公共物品供给的合作问题、克服合作中的"搭便车"困境问题等，即探讨在特定语境下，为了达到一个组织的目标而进行集体行动的过程。需要注意的是，集体行动总是反映着个体理性与集体理性的冲突，即便在国家至上、阶级至上的语境下，由于全能社会的非真正全能性以及正式制度、机制不可避免的裂隙，个人理性化行动与集体理性化行动之间仍然存在着持久的张力。

4. "动员—运动"

这里的"动员"是指新政权以国家最高权威（共产党、毛主席）相感召，以利益为诱导，在各级政府组织的推动下，广大群众有目标地参与活动。动员的效果与民众在社会变迁中形成的社会心理状况、政治集团的组织与意识形态的推动能力、国家对社会资源的控制与分配方式以及国家与群众的普遍利益关联程度等，有强烈的正相关关系。

5. 有效性与合法性

这里借用林尚立的观点，现代化发展对政治的需求是双重的：一是需要建构有效的权威体系,以创造秩序;二是需要发展有效的民主体系,以保障权利的维护和权力的合法性。但就过程来看,在宪政权威尚未确立起来之前这两个要求之间是有张力的,这种张力主要来自现代化发展在策略上对权威的需求要强于对民主的需求所带来的民主发展的相对滞后性。所以,现代化过程中的政治发展就不得不面临道路的选择:从建构权威以达成秩序入手——落后国家稳妥地迈向现代化并实现持续发展的基本前提必须是有效的国家。

6. 革命/乡村革命

革命是急剧而彻底的社会变迁。毋庸置疑,中国革命主要是乡村革命,而暴风骤雨般的革命背后其实是乡村社会的彻底转型——对于乡村来说,这种转型主要是在外力推动下进行的,是建构的,而土地改革正是革命的载体,反映了革命手段与目的的统一。乡村革命既是急速的又是缓慢的,其影响所及至今未绝——"新农村"问题的重复提及以及对"三农"问题的强调,反映了农村社会的转型尚未完成,"革命"尚在继续。

第一章　危机中的乡村

商水县位于豫东平原、淮河支流沙河的中游，历史悠久。"按禹贡县属豫州之域，周为沈国地，汉初置汝阳县，属汝南郡，东汉因之，三国魏该属陈郡……"① 后县名数易，自宋方改称商水至今。

图1-1　商水县在河南省的位置图

---

① 《商水县志沿革叙（序）》，徐家璘重修，杨凌阁等纂《民国商水县志》（二五卷）[M]，民国七年（1918）刊本，第6页。

今商水县是河南省周口市辖下的省级农业贫困县（在河南省的相对位置如图1-1所示①），在东经114°15′至114°53′、北纬33°18′至33°45′之间，西邻郾城县、南连上蔡县、东接项城市、北靠周口市川汇区，西北、东北与西华县、淮阳县隔沙河相望，全县地势西北高、东南低，总面积1314平方公里、人口近百万。下辖21个乡、1个镇、1个农场，包括590个行政村、1552个自然村。

商水县地处暖温带南部，属亚热带向暖温带过渡区，气温适宜、四季分明，无霜期长、雨量充沛，年平均气温14.5°C，超过35°C的高温天数每年21天左右，低于-10°C的严寒天数每年不足3天，因而夏季炎热，冬季偏暖，无霜期一般年份都在220天以上。年平均降水量758毫米，降水多集中于夏秋两季，冬春往往缺雨少雪。加以县境内无高山丘陵，地势平坦、土层深厚，耕作性能较好，肥力中等，宜农宜林。水资源，特别是地下水较为丰富，富水区和中等富水区占总面积的80%，而且水质好，埋藏浅，易于开发利用。若无天灾人祸，种种自然条件比较有利于农业生产的发展，而且当地自古以种植业为主，盛产小麦和杂粮，棉、烟、麻、油（料），瓜果、蔬菜、林木、花卉等品种繁多；畜牧业和农副产品加工业，在国民经济中亦占有相当比重。②

商水属于淮河流域，境内两条主要河流均为淮河支流。其中汾河自西流入县境，穿越中部12个乡镇，在县内全长59.5公里，流向东南出县境，其较大的支流有49条，遍布全县，流域面积1074平方公里，形成商水县中部沟河纵横、湖坡（陂）相连的地理状况，当地人素称"五湖十八坡"，这样的地形易使坡洼地带出现内涝现象。沙河是淮河的主要支流之一，发源于豫西的尧山，经平顶山、漯河等地，蜿蜒东流，至周口市，形成商水县、西华县、淮阳县等县的分界线，其中流经商水县境北部、在县内总长69.5公里，对于商水县来说，是一条过境泄洪河道。往往客水压境、沙河决口，极易造成洪涝灾害（其河流分布情况

---

① 《商水县地图》，商水县地方志编纂委员会编《商水县志》[M]，郑州：河南人民出版社，1990，第1页。
② 商水县地方志编纂委员会编《商水县志》[M]，郑州：河南人民出版社，1990，第1~2页。

如图 1-2 所示①）。

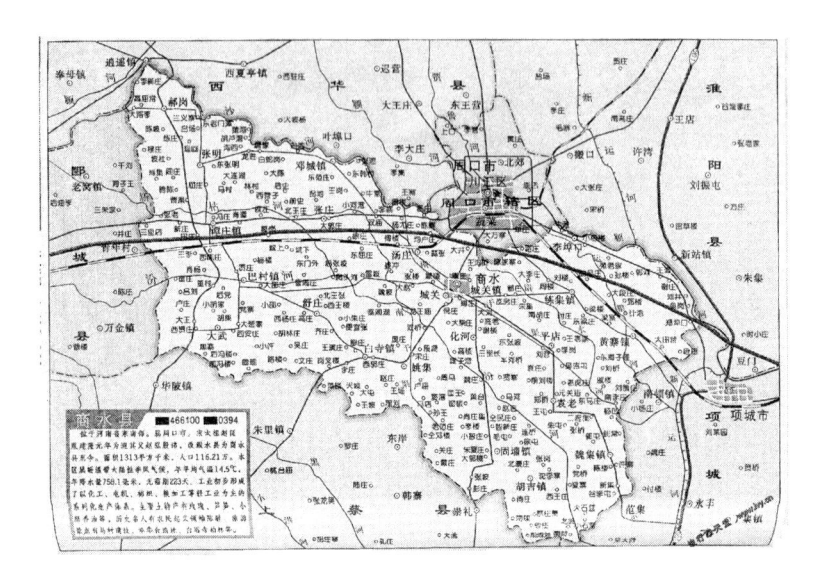

图 1-2　河南省商水县行政区域简图

明清赖沙河水运，县境内之周家口镇②，为南北货运之集散地，年商品交易额大约 500 万~600 万两白银，比较繁华。③ 作为因河流运输便利、凭商贸而兴的市镇，由于本地缺乏可持续发展的物质基础，自京汉铁路、陇海铁路贯通之后，商路他移，周家口镇便繁华不再，且沙河逐渐淤塞，水害不断。近代以来，商水县一带经济文化落后、日益闭塞，尤其民元以后，国家政治秩序混乱，在水患、匪患的打击下，商水县乡村经济残破不堪，社会更加无序化，农民生计艰难、苦不堪言。

---

① http：//image.jike.com/detail? did = -6852041452913566047&pos = 8&num = 36&q = % E5% 95%86% E6% B0% B4% E5% 8E% BF% E5% 9C% B0% E5% 9B% BE&fm = 360onebox#did = -90271064313348038&pos = 0.
② 今河南周口市川汇区所在地。贾鲁河在周家口注入沙河，正好把周家口镇分为三部分：明清沙河北岸隔贾鲁河有东西二寨、沙河南有南寨，颇类武汉三镇之分布，由是人称小武汉。
③ 许檀：《清代河南的商业重镇周口》[J]，《中国史研究》2003 年第 1 期。

第一节 经常性的水患

一 商水县境内的沙河、汾河

据清朝乾隆十二年（1747年）《商水县志》载，按其形胜，"商界陈蔡之间，地势平衍，无高山大川之秀丽，只有颍水环其北，淮沟绕其南，西则邓城巨镇，东则古城商邱，古城距县二十里与项接壤"。① 究其山川，"豫中襟山带河，叠嶂嶙峋，巨壑大溇，所在多有，而商独无此胜，概惟有河渠陂池足备水涝耳。大抵商之地势，坡洼者十之七，高阜者十之三，一经霪雨，便成泽国，地瘠民贫，固其宜也"。② 由此可知，商水之水患其来有自：地势平衍、河渠陂池足备水涝。

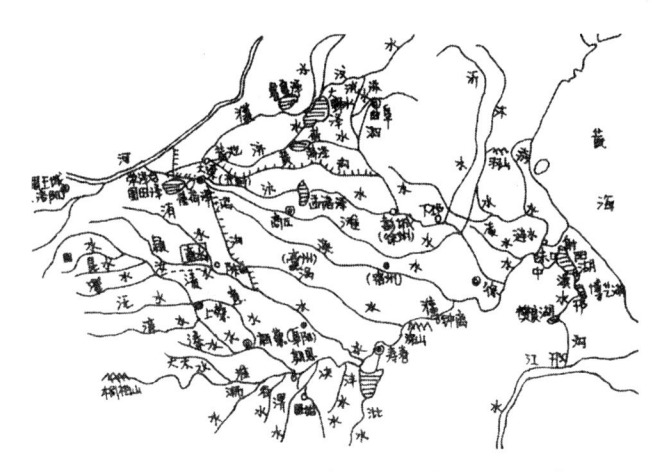

图1-3 参照《水经注》绘淮河水系图（手绘）

商水县水涝之痼疾，实由沙河、汾河之特殊情势。

沙河。沙河属淮河支流，周口以下称沙颍河，源出豫西鲁山县境内西

---

① 商水县地方史志办公室：《商水县志》清乾隆十二年版校注本一二卷［M］，1996（未刊稿），第36页。
② 商水县地方史志办公室：《商水县志》清乾隆十二年版校注本一二卷［M］，1996（未刊稿），第31页。

边之尧山，合西流之水、迤逦东流，经宝丰市、叶县、郾城县、西华县，由今商水县郝岗乡柴湾上游之大路李村入商水县境内，经周口川汇区从今黄寨镇之郑埠口出境，蜿蜒流经商水县之北部边界近70公里，仅有一条黄桥沟（流域面积约10平方公里）在商水县境的东北部注入其中。这是流经商水县境最大的行洪河道，由于明清以来沙河在境内频繁决口[1]，灾害不断，商水县民众谓之"害河"。

汾河。汾河亦属淮河水系，其下游称泉河。汾河发源于郾城县东部之召陵岗，流经商水中部12个乡，由东南出境入项城（在安徽境内注入颍沙河），在商水县境内长近60公里，支流几乎遍布全县，其中流域面积在100平方公里的有黄碱沟、新枯河、青龙沟、界沟河、清水河等5条沟河，其余流域面积在10~100平方公里的沟河共30余条、总长约224公里，流域面积在10平方公里以内的小沟渠有近千条、总长1300多公里。这些支流中，只有新枯河、青龙沟、东白马沟、苇沟、桃花沟等6条发源于外县，其余均源于本县境内——境内流域面积1074平方公里，占全县总面积的81.7%，境内地表径流绝大部分由汾河下泄——汾河为全县主要排水河道[2]，外受西华、郾城诸陂之水、内接全县地表径流，汾河历史上几乎年年决口或漫溢成灾——"（谷河、汾河）淤塞日久、不辨河形。每遇霪潦，遍地行舟，蒲苇菱芡，经年汪洋无涯，俨若江湖。两岸居民，惟恃鱼苇为生计。"[3]

其实，从更广泛的范围看，这一地区属于黄淮平原，历史上农业发达、

---

[1] 沙河在商水县境内频繁决口之原因：一是沙河发源于豫西山地，流域内夏秋季节往往暴雨连连，山洪携带大量泥沙注入沙河，上游山区丘陵，水流较急，河床稳定耐冲刷；而下游项城以下河道宽深、流稳；唯中游郾城、商水地段，两岸地势低洼，河道落涨沉沙，河床日高，仅靠筑堤束水，终成"悬河"，极易溃决，故像黄河一样，沙河亦有"铜头铁尾豆腐腰"之说。二是沙河流域上游在新中国成立前并无蓄洪滞洪工程，沿岸土堤又缺乏固堤防浪林木，水土流失严重。三是沙河入商水县境内至周口一段数十公里，河道窄、多陡弯，行洪不利，出现许多险工，汛期防不胜防。此外，沙河的"悬河"状况又给商水县造成连锁灾难：本地雨水过大，便无地可排，低洼之处积水成灾、多日不去。

[2] 究其历史流变，汾河即大溵水，隋唐为其盛期，唐朝时为洋洋大观的运粮河，隋朝以大溵水设溵水县（今商水县）。后华北地理环境日渐恶化，元、明、清黄河多次泛滥、夺淮入海，商水、西华、项城诸县屡遭黄泛之灾，大溵水因之逐渐淤塞而变化纷繁，旧踪难寻，根据新中国成立后治理汾河时出土的船板、铁锚、柳桩、船龙骨等物推测，今商水县境内之汾河、枯河、漕河等都是大溵水的遗迹，似应通称汾河。

[3] 商水县地方史志办公室：《商水县志》清乾隆十二年版校注本一二卷［M］，1996（未刊稿），第33页。

名人辈出①，其悠久的农耕文明无疑拜黄河、淮河冲积而成的肥壤沃土所赐。但在人口繁衍、过度垦殖之下，明清以来，当地便陷入一个非良性循环的脆弱生态环境②中，正是孕育文明的黄河与淮河，成为当地近代以来的灾害之源。

二 经常性水害及旧政府的应对

从1126年北宋灭亡之后，商水地区经历了一个长期的经济衰退。淮北的灌溉工程在宋和入侵的金国之间的冲突中逐步变为废墟，商水地区经常受到洪涝侵袭，变得地瘠民贫……在将近八个世纪的时间里，狂暴不羁的淮河和黄河给淮北的农业发展带来了巨大的困难。但是，在这一段时间内，人力控制的程度有着显著的变化。③ 近代以来，河流再次进入失控期，致使毁灭性的水灾频频出现。

1. 水灾及其危害

商水县历史上主要灾害是水灾。"从明朝永乐十三年（1415年）到新中国建立的535年中，几乎年年有灾，其中大的灾荒就有106次，平均约5年一遇"。④ 沙河决口，汾河漫溢，陂洼地非淹即旱，十年九灾。淹则"平地水深数尺，洼地尽成泽国"；旱则"赤地百里，禾苗枯死"。就水灾而言，1803～1949年的147年中，有35年出现过大的水涝灾害，平均4年一遇。其中主要由沙河决口而起的19年；本地雨水过大，陂洼地积水成灾的16年。这两类情况虽有区别、两种情形虽交替出现，但多数时候同时发生。就沙河决口的原因来说，一是沙河本身出现洪峰，堤防不牢、河水泛滥；二是黄河水南泛，穿沙河而漫汾河、谷河，致使堤破决口漫溢。再加上蝗灾、旱灾，祸患无穷，人民深受其害（如图1-4、1-5、1-6所示⑤）。

---

① 商水县百里之内，有太昊伏羲之墟，老子故里、孔子游陈蔡之遗迹以及近代名人袁世凯、吉鸿昌等。
② 当地环境的逐渐恶化与灾害频发，在很大程度上乃是人为作用的产物。如，盲目垦殖导致生态环境恶化、水利工程的负面影响渐趋突出、下游漕运带来的负面影响、政府管理效率与社会承灾力低下等。见高升荣《清代淮河流域旱涝灾害的人为因素分析》[M]，《中国历史地理论丛》2005年第7期。
③ 裴宜理：《华北的叛乱者与革命者（1845-1945）》[M]，北京：商务印书馆，2007，第20~21页。
④ 商水县地方志编纂委员会编《商水县志》[M]，郑州：河南人民出版社，1990，第83页。
⑤ http://cul.shangdu.com/hnwh/20110913/273_138446.shtml.

图 1-4　1938 年夏黄河花园口决堤后，洼地积水、沃野变沼泽

图 1-5　1938 年夏黄河花园口决堤后，灾民们走在泥浆横流的土路上、扶老携幼去逃荒

图 1-6　1938 年夏黄河花园口决堤后，灾民逃荒

仅以 20 世纪前期为例。"宣统元年（1909 年）五月十三日，暴雨如注十余日，平地水深数尺，秋禾多伤……秋雨连绵，低地麦至十一、二月方布种。""（宣统）二年（1910 年），四月蝗食麦……秋八月二十二日，沙河由白帝决口，村房尽被淹没。""宣统三年（1911 年）春大饥，霪雨成灾、民不聊生，同年苑寨沙河决口。"① 1926 年，农历六月二十六日夜，沙河自老门潭决口，冲毁老门潭、张新庄、河渡口、王岗、寺王等村庄，秋作物均被淹没，并冲走农具无数。对此，时人韩保谦曾作诗纪实："可怜陆地已行舟，大雨倾盆尚未休，万马奔腾如一泻，老门潭外水横流"。此次决口口宽百余丈，下泄洪水宽 30 余里，南至巴村汾河北岸，自西北向东南流，经商水、项城、沈丘至安徽颍上县入淮河，长达数百里。门口至民国十八年始修复，历时三年。"1931 年，农历五月十六日，沙河决葫芦湾，口宽 26 丈。葫芦湾、胡庄、黄庄、董湾、沟西及赵庄首当其冲，房屋为之倒塌，粮田尽成沙渠，满坡汪洋一片。灾黎遍野，待哺嗷嗷，救死不遑。又枯河上收浬河决口之水，亦全部横流，汾河自召陵岗建瓴而下，漫溢全县……枯河决口 8 处，汾河决口 7 处，口宽均在 30 米左右，平均水深一米，持续40 余日。计受害面积 403435 亩，占全县 63.7%，受害人数 10985 口，死 88 口，死牲畜 78 头，财产损失 1587310 元（银元）。"② 此后，1933 年、1935 年、1937 年沙河复从葫芦湾决口。以 1937 年较为严重，该年 5 月葫芦湾决口冲走小麦无数，秋禾均被淹没，水流三昼夜乃止，月余后又决口，水流七昼夜，葫芦湾仅剩三座房子，淹死小孩数人，冲走猪羊鸡鸭不计其数。洪水流经商水、项城、沈丘至安徽界首，注入淮河，远达 200 余里。

1938 年夏，国民政府为阻止日军西进，掘开黄河花园口大堤，致使黄河水自西北向东南横流，浪涛滚滚，一泻千里。农历五月二十四日，黄河水流到沙河北岸，周家口北部一片汪洋，秋作物全部被淹、牲畜农具漂走、房屋被淹塌，灾民扶老携幼向沙河以南逃荒，次年春荒。后黄水由贾鲁河入沙河，夺淮入海，商水县境内的沙河北岸被淹面积 37500 亩，形成黄泛区。③ 1939 年农历五月底，沙河又一次从葫芦湾决口，商水县秋作物全被淹

---

① 徐家璘重修，杨凌阁等纂，卷 24：《杂事·九》，《民国商水县志》（二五卷）[M]，民国七年（1918）刊本。
② 商水县地方志编纂委员会编《商水县志》[M]，郑州：河南人民出版社，1990，第 91 页。
③ 行政院新闻局印行《豫皖苏泛区复兴计划书》，民国三十六年（1947）十月，第 21 页。

没,下游亦淹到项、沈一带。

1942~1943年的灾害最为惨烈。此次灾害范围广大,遍及华北,但以处在抗日前线的河南最为严重——"(河南)三面临敌,人民生活艰难,自上年旱、蝗等灾以后,经济更形凋敝,故入春伊始,即发生严重饥荒。"① 在连续两年的旱灾、蝗灾打击下作物严重减产,1943年商水县水、雹、蝗灾等灾情更加严重。该年"5月18日(农历四月十五日)新黄河在扶沟、西华决口16处,豫东10余县几全部陆沉。"② 1942年冬至1943年春,据不完全统计,商水县灾民外出要饭者达27374户、113306人。③ 时人记载:"1943年春,村村卖地,户户无粮。初起,地还有人买,每亩换粮八斗(每斗36斤),六斗、四斗、二斗,逐步降低,最后为了活命,一斗五升也咬着牙卖掉了……逃荒的和卖儿鬻女的人多了,饿死人的事也愈来愈多了……"④

2. 旧政府的灾害应对

位处难于驾驭的淮河和黄河之间,商水地区需要一个确保农业安全的有效而精细的水利控制系统。⑤ 而且,小农家庭的长期贫困化以及地理环境、气候等自然条件对传统农业的决定性影响,凸显出国家(政府)在灾害救助上的不可或缺性。但晚清以降,国家多事、政令难行,国库空虚而用度浩繁,面对频发的灾害,国家(政府)往往任其肆虐而无所作为。

(1)救济乏力

1935年山东、河南、河北共有79县遭灾,其中河南占47县——当年商水县属于轻灾县:1935年7月8日,汾河、沙河决口,被灾田亩359334亩,死亡9人,损失70余万元⑥,灾民66921人,该年商水县获得省府拨来

---

① 善救河南分署秘书室编印《河南善救分署周报——两年业务纪念特刊》[J],1947,第13页。
② 《简讯》[N],《解放日报》1944年1月24日第1版。
③ 商水县地方志编纂委员会编《商水县志》[M],郑州:河南人民出版社,1990,第92页。
④ 张衡石:《难忘的民国三十二年——商水灾荒记略》,政协河南省商水县委员会文史资料委员会编《商水文史资料》第三辑[G],1989,第62~67页。
⑤ 裴宜理:《华北的叛乱者与革命者(1845-1945)》[M],北京:商务印书馆,2007,第19页。
⑥ 这里元以及以下未特别注明的、20世纪三四十年代的元均指法币元,注明"洋"的元指银元。20世纪30年代中期法币、银元比价大约是1∶1。

救济款1000元。① 据次年河南省政府统计月报载："（1935年全省救灾）共用款达三百余万元。仍以灾区过广难资普济，省库竭厥罗掘已穷，已祥陈灾款不敷情形，再电中央拨付巨款振济，并向上海慈善界竭力呼吁……一面电召伊阳等三十县县长……来省，共商救济方案。"② 从"竭厥罗掘"与"竭力呼吁"两句，其财力窘迫与束手无策之状可见一斑。虽然商水县有赈务分会一处，但常年救灾经费仅仅洋864元、占全县田赋征收数洋100215元的0.86%。③ 如此少的经费与社会的需求相差甚为悬殊，对灾荒的救助实难有什么作为——其机构无异虚设。

1936~1937年，商水复遭灾，并属于河南重灾县："被灾面积2757方里，麦收4成、秋收1成，种麦4成，省府共拨款22000元，其中急赈14000元，农贷8000元。"④ 按当年商水每百市斤粮价——"麦类6.8元左右、豆类5~6元、小米6.3元、大米7.3元、面7.1元"⑤ 计算，22000元大约共可购粮食350000市斤，以人均月消费粮食30斤计算，约可供10000人食用一月。1935年，商水县轻灾尚有灾民66921人，重灾之下灾民又有多少？即便22000元全部用于急赈，恐怕亦不啻杯水车薪。面对灾荒，国府、省府尚且无能为力，县府又能如何？在1943年商水县灾荒严重之时，"商水县长黄如璋……成立救灾委员会……大家再三开会筹措救灾经费和物资。派一些人采购杂粮豆饼……设放粥场……但熬的粥很少，能吃到粥的人更少……每天城关饿死的人有二十左右……"⑥ 此次灾荒，商水县"饿死25912人、占当时总人口的6.27%，死绝2304户，死一半的3604户，卖地163234亩，出卖人口的3604户，卖掉妻子儿女7211人"⑦。据新中国成立后的调查，1942~1943年，仅今商水县汤庄乡就饿死1973人，外出逃荒351户、988人，卖妻子儿女226人，因饥饿偷盗被打死31人。其中胡营村

---

① 山东、河南、河北三省水灾查勘报告（附表5），台北，中研院近代史研究所馆藏档案，全国经济委员会全宗，水力处副全宗（1935年），馆藏号：26-21-035-10。
② 《二十五年份河南灾振统计·前言》[J]，《河南统计月报》1937年第7期。
③ 河南省政府秘书处编印《各县社会调查——商水》[J]，《河南统计月报》1937年第7期。
④ 《二十五年份河南灾振统计·前言》[J]，《河南统计月报》1937年第7期。
⑤ 河南省政府秘书处编印《各县社会调查——商水》[J]，《河南统计月报》1937年第6期。
⑥ 张衡石：《难忘的民国三十二年——商水灾荒记略》，政协河南省商水县委员会文史资料委员会编《商水文史资料》第三辑[C]，1989，第62~67页。
⑦ 商水县地方志编纂委员会编《商水县志》[M]，郑州：河南人民出版社，1990，第92页。

饿死58人，卖出人口7人。①

饿殍盈野并无碍朱门享乐，而且为另一些人提供了上下其手的机会："1943年春荒最严重时，城关大量的饿死人，尸体无人掩埋。而淮项师管区司令徐冰的小老婆，却与官员们吃喝玩乐、唱京剧。乡间少数富户趁机压价购买灾民土地，如城南刘某、城西魏某，贩卖老海（海洛因）、家有万贯，趁机大量买地。"②

（2）治水无力

新中国成立以前，商水县、河南省历届官府对沙河洪水并无根治措施，历来是涨水时派人看护河堤、于险工处小修小补，决口后派款派夫、临时复堵，甚而趁机克扣粮款、中饱私囊。如，1926年沙河在商水西老门潭决口后，民众多次要求迅速复堵，官府借口"地方不靖，无暇修复"，一直拖了三年，才由西华、商水、项城三县协修。1937年5~6月，沙河在商水葫芦湾连续决口3次，皆因督工者营私舞弊，不讲工程质量，造成堵了决、决了又堵的景象——劳民伤财、怨声载道。汾河由于历史上几乎年年决口或漫溢成灾，成为商水县的水患之源——可谓汾河一日不修、水患一日不去、百姓一日不宁。然工巨事繁、耗费巨大，且需统一规划，非由国家（政府）出面不可。"民国二十年经国府水灾救济会拨款，以工代赈，（对汾河）略加疏浚，惟款少工程大，未完全工，倘遇霪雨，仍恐难免泛溃之虞……""二十一年春，拟（对汾河）加以疏浚，因经费无着，旋告停顿"，③ 直至新中国成立前，汾河决口、漫溢之害未能彻底解决。

其实，当时非但商水灾荒连绵，河南、华北乃至全国的乡村皆如此，只是程度不同而已。而且，对于灾情以及相应的救急治标、治本之策，不管是地方人士还是国家当局者，均洞若观火，只是国困财穷、力有不逮。

1935年，南京国民政府全国经济委员会的《山东、河南、河北三省水灾查勘报告》云："灾民方处水深火热之中……若不早予拯救，疫病死亡固所不免，其他隐患，亦复堪虞。"真乃救灾之急、急如星火，然赈款从何处来？"纵观本年三省灾情已属惨重，加之沿江各省灾况，数字更可惊人……

---

① 1942年群众遭灾情况统计表（第1、2页），《商水县档案馆藏》，档案号：汤庄乡档案全宗卷1文件1。
② 张衡石：《难忘的民国三十二年——商水灾荒记略》，政协河南省商水县委员会文史资料委员会编《商水文史资料》第三辑[C]，1989，第62~67页。
③ 河南省政府秘书处编印《各县社会调查——商水》[J]，《河南统计月报》1937年第6期。

但连年社会经济,已极度恐慌,此次上海筹募各省水灾义振会,虽蒙各界热烈指导,竭力劝募,然成绩决不能如前(1930年江淮大水,该会共筹得善款260万元)。"灾情不可谓不重,待救不可谓不急——"若不早予拯救,疫病死亡固所不免",灾民嗷嗷待哺、挣扎于死亡的边缘线上,然而救命之希望却系于难以预料成效之捐款,有则生、无则死。如此,非救不活之灾民岂不是命悬一线、生死难料?再者,连年救不暇救之灾,岂慈悲善士力所能及?"豫省振(笔者注:这里振同赈)款,除中央救灾准备金项下配拨六万元及由振务委员会就华侨捐款分担二千元指振偃师外,并经自行集募。公务员捐薪……每百元捐助五元。其已拨各县急振,计一万五千元,余将续行配发……"救灾需自行募集,但在这个落后的农业社会里,各级政府都强调自行募集赈款时,那最后只有灾民自己自行募集了。同时,政府亦深知,"救急治标之法,堵口修堤是当前之急务,否则灾民不但不能归农,且急振之款,将愈久愈费,而愈无办法也。至若救灾治本办法,不外防灾与兴利。大禹治水,孟津以下,疏为九河,齐桓塞而为一,累代为患,史不绝书……近数十年人事之益以不修,实无能为讳,今再不图彻底整治,诚恐三五十年后,悉将沦为洪荒地带……"① 此事可谓干系重大,只是南京国民政府无此财力兴修如此庞大工程。

那么,是否具备财力,当局便可对水患实施标本兼治之策呢?通过以下实例可以看出,问题似乎没有这么简单。

1933年2月,项城县代表袁世仁、商水县代表李纲齐、周口镇代表孔广铎等呈书南京国民政府全国经济委员会工程处——《为以工代赈续修沙河堤岸不另设机关附入豫省振务处兼节省经费实惠地方由》。此事缘于1932年沙河水灾救济委员会募得一笔现款,用于以工代赈续修沙河河堤,此事由全国经济委员会工程处办理。但因机构设置重重、人员庞杂、糜费颇多、弊端丛生。从叶县到周家口,共设7个分段事务所,另在漯河火车站设一"工振事务(总)所",3个月用款达48万元。其中各机构共用人120余名,每月薪水、伙食等经费不下7000余元,3个月达2万多元,而且职员购料瞒价、以少报多,地方责言啧啧。地方诸士绅认为沙河堤防险工段甚多,省一分经费即多一份工赈,与其糜费,何若商同"河南振务会"主持,聘

---

① 山东、河南、河北三省水灾查勘报告,台北,中研院近代史研究所馆藏档案,全国经济委员会全宗,水力处副全宗(1935),馆藏号:26-21-035-10。

请沙河沿岸各县公正士绅，详细勘察、共同筑修，必能费省效伟，实惠地方。善款之来源方之一、中国红十字会似乎颇为赞同，但经济委员会工程处批复：呈悉所陈续修沙河堤岸办法不为无见，存候采择可也，仰即知照此批。

候于何时？不得而知。同时对所呈请从续修沙河堤岸款项内补助5000元、修复1930年被大水冲塌的周家口虹济桥一事（当时地方已募得5200余元），断然予以拒绝：此项修桥似与水利无关，本处无款补助，应请地方自行修筑。①

不能高效率的统筹安排、合理运用有限的资金，岂能有效救灾？费用不足却运用不善，又岂能无有怨言。

屡遭灾害侵袭并造成严重的后果，一方面说明了当地生态环境的恶化，另一方面也说明了当时社会的脆弱——自然灾害超出了乡村社会自身的承受能力，也超出了政府的应对能力。频繁灾害打击下的乡村社会形成了恶性循环：长期的经济脆弱—秩序混乱—灾害—更脆弱—更混乱—社会深深陷入危机的陷阱之中。正如时人所谓："年来批阅报章，几无一日不与救灾消息相遇……救灾机关虽日见其繁，而被灾之灾民，并不见得稍减，反而益见其苦矣……就原因言，无非因经济技术之失其调整与组织之欠缺合理化。"② 就当时政府对灾荒的救济来看，固然是缺乏财力，但是，更为关键的因素应该是政府衰弱、能力低下——一方面，赈务机关难以切实负起责任、无力统筹安排，仅仅能做些"打发乞丐"式的零碎的消极放款；另一方面，政府无力引导灾民进行积极的生产自救。

第二节　持续的匪患

"饥馑之年，天下必乱，丰收之岁，四海承平"。③ 由于旱涝灾害频繁发生、农业生产丰歉无常，加之人口—耕地矛盾突出、农民生活贫困——大多数农民处于经常性的生存危机环境中，在时局混乱、国家（政府）控制

---

① 袁世仁等具呈续修沙河堤岸办法，台北，中研院近代史研究所馆藏档案，全国经济委员会全宗，各省水利系列河南副全宗工程业务册（1933），馆藏号：26-00-03-010-01。
② 何一平：《救灾》[J]，《农民》（河南大学农学院编印，半月刊）1936年第3期。
③ 黄泽苍：《中国天灾问题》[M]，上海：商务印书馆，民国二十四年（1935），第57页。

能力低下的情况下，很多人便铤而走险、沦为匪类。

一　近代以来豫东的匪患

豫东匪患由来已久，近代大规模的动乱可上溯至晚清之安徽捻军起义。捻军之发源地——皖西北亳州、蒙城等地正与此地相邻，每次捻军西来，当地大批贫民往往群起呼应，清朝咸丰、同治年间，朝廷曾派重兵在商水、周口等地设防，围剿捻军，战斗数十次、延续二十余年。兼之商水地处中原，商水县原所辖周家口镇乃水路通衢，历来为兵家必争之地。

民国年间、北伐前后，大小军阀逐鹿中原，织梭过境，连年混战，几无宁日；抗日战争时期，日军侵占周家口，以此为据点，网罗汉奸、土匪，四处骚扰，奸淫烧杀，无恶不作；日本投降后，国民党的正规军、杂牌军盘踞县境，抓丁拉夫，扩充势力。多年间，当局者收编土匪为兵、溃兵散而为匪，兵匪一体、反复轮回。正所谓国家多事、时局不靖、盗贼蜂起。"从地区看，（河南省）全省几乎无一县（有些县甚至无一村）无'匪'，少则数杆、十数杆，多则数十以至数百杆，据估计，（20世纪）二三十年代之交，全省各类'土匪'总计达40万人（不包括小杆）……"① 就商水县而言，据1935年前后的调查："商水每届冬令，土匪蠢起，大者攻城夺寨，小者强架勒赎，其原因多由邻境无业贫民太多，谋生无路，兼之民性强悍，一届冬令，则潜入匪途，今冬大股土匪，方老八，赵鸿善等在汝、正、商、蔡、项、淮各县交界地方，骚扰数月，杀烧房掠，村舍为墟，虽经防军追剿，尚未扑灭。"②

纵观民国几十年间，商水境内有巨匪流寇来往、更多散匪窝匪猖狂骚扰，抗战后期至新中国成立初期，兵匪一体的政治土匪更是多如牛毛。

1. 巨匪流寇

这里兹据《商水县志》所录，对民国年间县境内危害重大之匪事列举如下："民国元年十一月初五日（1912年12月13日），土匪扰北蔡寺地方，知县曾纪烜击贼于魏家楼，中炮死，与难者团兵二人，差役六人。""（民国）二年（1913年），盗贼蠢起，富户大商时被抢劫。""（民国）三年

---

① 王天奖：《民国时期河南"土匪"略论》[J]，《商丘师专学报》（社会科学版）1988年第4期。
② 河南省政府秘书处编印《各县社会调查——商水》[J]，《河南统计月报》1937年第6期。

(1914年)知县徐家璘擒毙贼匪无算。"① 1922年（民国十一年）9月，河南自治军首领张庆（宝丰县人，绰号老洋人），率众至魏集、固墙等地绑票。1924年9月中旬，陆老九（鲁山人）率众500余，进入县境周家口，绑走富户李八少和一些贫民，李家以30万元赎人，贫民亦同时放出。1927年1月18日，杆首史万成带众500余人，攻破大武寨，杀死群众500多人，被杀绝者20余家。1928年1月27日（农历正月初五），史万成带众200余，攻破商水县城，盘踞近两个月，烧房2700余间，杀死百姓170多人。后被韩复榘派部剿灭，史被生俘，解至郾城毙命。1929年7月，县长乔凤鸣在曹楼与土匪牛绳武等部战斗中，被围困在窑内烧死……②

在这些危害商水的巨匪流寇之中，以本地匪首史万成危害最甚。

史万成，小名史流成，1899年生于商水县邓城乡杨河镇一个贫农家庭。史幼年丧父，以孝母闻于乡里，十岁时承母训拜国术名家李心宝（西华县逍遥镇人）为师，专心学艺8年，武艺高强，出手即以九节鞭击败使枪高手曹杰真，驰名一方，得到西华县玉皇庙村富户王大少赏识，被聘为护院镖手。此后十年间，正是北洋军阀混战时期，乱世之中，血气方刚的史万成心情激荡，决心铤而走险，遂于1926年农历二月二日，与汝州青年王太（又名王学泉，曾充部子举的副军长，后人称老王太，也是一纵横豫西、豫东大地的巨匪）起事于商水县的张庄乡，起初仅三五人，未及一月，闻风而来入伙者已达千余，遂拉起大军夜袭周口、东下淮阳，先后打开沈丘、项城等县城，势如破竹、顺流（沙河）东下，一直闯到安徽的太和及界首等县城，匪众扩至7000余人。七月间，史万成率众千余人归镖于讨贼联军第四军，充任某混成旅独立团团长，旋改名史定国，字凯臣，率部驻扎商水县城，整编集训，后又升该军警备司令，驻漯河。1927年冬，讨贼联军被击垮，史万成率其残部三四百人由长葛县逃回商水县境，驻杨河寨内，曾三次攻打邓城未遂，却于1928年农历正月初四夜，趁大雪袭击商水县城，一鼓而破……③

---

① 徐家璘重修，杨凌阁等纂，卷24：《杂事·十一》，《民国商水县志》（二五卷）[M]，民国七年（1918）刊本。
② 商水县地方志编纂委员会编《商水县志》[M]，郑州：河南人民出版社，1990，第13~14页。
③ 王惕安：《关于史万成》，政协河南省周口市委员会文史资料委员会《周口文史资料》第三辑[G]，1987，第71~73页。

据传，史万成自1926年拉杆以来，常在商水、西华、上蔡等附近地带窜扰，如打娄堤、破苑寨、陷大武等，到处杀人放火，造成罕见惨案。如，1926年农历三月八日晚饭后，史万成带土匪500余人前往商水县城，路过今汤庄乡张楼村，与张楼村白枪会发生冲突，当场打死张楼村村民张来运、张狗臣、栾运栾作父子以及王进才、王太山等人，并放火烧毁张楼村房子128间，村民财物损失不计其数。接着，史匪又窜到东邓店火烧楼、汾河南岸效湾村等地抢劫，愤怒的张楼村白枪会在张冠明的带领下一路追击……（是役张楼村）村民包括张冠明在内共战死20余人……[①]

又据当事人（史匪破城时商水城内的亲历者）回忆，1927年农历腊月间，史万成杆匪被河南民团围困在西华县义子岗，农历腊月初四深夜，史匪从义子岗突围南窜，入商水县境内，初五（1928年1月27日）攻入县城。匪徒盘踞县城，挨家挨户抢劫、奸淫，随意烧杀、敲诈勒索。匪徒收缴枪支，收编一部分四外前来归附的散匪和城内少数流氓，又收容一些因兵困不能出城的"打二捎"者（趁机进城抢东西的四乡坏人，也叫二烧），人数增至千人。河南省主席冯玉祥闻报商水县城失守，遂派河南剿匪司令韩复榘率曹福林部围攻史匪。从1928年正月十三（1928年2月4日）开始用大炮轰击，史匪见官兵势大，决计死守。农历二月三十日（1928年3月21日）凌晨，官兵用炮轰塌城墙，史匪分头逃窜，史万成在八里湾被活捉，余部被全歼。史匪被歼灭后，城里关外，尸积如山、血流成河，田野里的尸体无人掩埋，直到收麦时，腐尸臭气还未消失；城内外土中、水中残留的炮弹，经多年还不断出现伤人死人的爆炸事故。从1928年1月27日史匪破城到3月21日被歼，历时55天，伤亡士兵200多人、群众近200人，加上歼灭的匪徒，合计死伤1400余人；城里关外大小树木被砍一空，家家户户四壁如洗，数年未能恢复元气。[②]

当时，像史万成这样的巨匪，烧杀抢掳、攻城破寨之事当地并不少见。"1925年八月十一日，土匪牛绳武部在周家口盘踞一周，杀人放火、抢掠财物。临走仅青年妇女即拉走1000余人……赎票时间竟然延续二三年之

---

① 张祯祥：《史万成火烧张楼》，张祯祥：《商水县汤庄乡张楼村村志》[M]，2000（未刊稿），第264~265页。
② 贾名山：《回忆史万成陷商水城》，政协河南省商水县委员会文史资料委员会编《商水文史资料》第三辑[G]，1989，第104~111页。

久……商业繁荣的周家口，物资财富被土匪抢掠殆尽，几乎十家九户缺衣乏食……"① 而如史万成这般野心勃勃聚众而起的"豪杰之士"在豫东一带更是大有人在。如，"赵圭又名赵子明，上蔡党店人，1901年生，年轻时随父亲在党店开饭铺。民国三十年饥荒之时，由夜晚打家劫舍而聚众公开为匪，饥民蜂拥相随。民国三十年腊月初六攻克上蔡县蔡沟寨，人数发展到万余人。商水、项城、林泉等周围各县为之震动。赵部到处杀人放火、勒索财物……民国三十一年正月初十被歼灭（赵部盘踞之蔡沟寨被攻破，匪徒死伤数千人）……"②

2. 散匪、潜匪以及官（兵）匪

与旋起旋灭的巨匪不同，散匪、潜匪（窝匪）往往是本地人，大多夜聚明散，具有一定的隐蔽性，这些人一般以匪首为中心小股活动，或托庇于当地有势力者。从危害性上看，此类土匪的危害是普遍的、经常性的，其活动频繁程度带有明显的季节性——冬春农闲季节较多，夏秋相对较少。在时局突然混乱之时，又有大量兵匪及官匪涌现，如抗战及解放战争期间，这些人时而为匪、时而为官（兵），实则官（兵）匪一体化，与其他土匪一样，对乡村正常的农业生产、农村生活秩序极具破坏性。

一般来说，散匪或小股土匪往往以某些骨干为核心，十数年或数十年连续作案。匪首往往背负命案、带有职业的凶残性，而一般匪众、小匪则带有很大的盲从性，多为好逸恶劳、懒惰之徒或贫困农民一时的贪财求利行为。如，杨庄村位于周口西郊，后靠周漯公路，邻近沙河，行路客商往往在此处被劫。全村有中农5户25口人、贫农59户303口人，共64户328人，并无地主、富农，但情况复杂。占人口30%的人作行商到北京、上海、汉口等地用欺诈手段卖假油，当大小土匪者占总人口的6%，算起来历史清白的只占7家。新中国成立后，以杨启云、杨贵良为首的土匪18人（加上外村共28人），分散隐蔽在本村，并当了村主要干部，掌握了村政权，其中杨启云当了民兵分队长。杨启云曾当过8年甲长，有4支枪，既是惯匪又是窝主，与雷中凤、周聘三、张玉行等经常（外出）抢劫，然后到他家分

---

① 鲁雨苍口述、鲁先芝整理《周口劫匪记》，政协河南省周口市委员会文史资料委员会《周口文史资料》第一辑 [G]，1985，第117页。
② 赵以浩：《我所知道的赵圭》，政协河南省上蔡县委员会文史资料委员会《上蔡县文史资料》第二辑 [G]，1989，第57页。

赃，他4支枪算四份、人算一份分东西，抢劫次数无算，如在陈砦乡下王庄曾胁从抢劫、杀害一赶驴的客人，主谋打死周庄一老实农民（逃荒的灾民）；杨贵良主谋亲手打死上述赶驴子的客人，胁从杀害上述周庄农民。（他们仅）抢劫行商及沙河商船即达数十次。1950年由于群众举报，案发。经政府审讯，匪首被判死刑缓期、骨干要匪被判有期徒刑，李云祥、李绍浜、刘洪动等14名一般匪众被宽大处理——只在群众大会上坦白自己干的坏事而不判徒刑。杨功坦白说，"是杨启云强迫我去的，杨启云他们抢了粮船，让我去扛粮食"。小土匪杨谦良大哭三天没有吃饭，找政府干部说，"杨启云可叫把我杀了（把我害惨了），查查俺的祖宗三代干过坏事没有，他连叫三次我都没有去，后来他说你跟上去看看不行吗，我就去了，也算抢劫啦……"①

至1949年8月，商水县全境解放近半年之后，仍有散匪活动，夜聚明散，抢劫、杀害行人，更有甚者，城关区竟有土匪在县城边劫路架票。②

除了这些散匪潜匪之外，抗战爆发以后，商水县各方势力犬牙交错，为官匪兴起提供了契机，此等匪类横冲直撞，对百姓危害极大。以朱占彪和王可群、王群中较为典型。

朱占彪（1912～1950年），商水县巴村乡巴村人。自幼放荡不羁，既长，吃喝嫖赌无所不为。1939年，朱以维持社会治安为名，拉起一至十余人的护路队，自任队长，驻大武寨。是时，他勾结各阶层头面人物，拉拢流氓无赖，敲诈勒索，无恶不作，实为官匪。1944年5月，国民党商水县清廉乡乡长朱芳林扩编地方武装，朱占彪被任命为20中队中队长，网罗社会上的兵痞、流氓、土匪等，组成一只300余人的地方武装。1947年冬，朱部到处抢粮、派款、奸淫妇女，无恶不作。曾在安庄村敲诈贫民冯闺女，诬称冯家放有一支枪，冯惧其权势，无奈之下卖地6亩，给朱5石小麦了事；1948年秋，朱率众掳掠邓城镇，牵走农民耕牛50余头、奸淫妇女几十人，枪杀无辜群众14人……③

---

① 《商水县十二区官坡乡相（杨）庄破案了窝匪廿八名的报告》，商水县档案馆藏，档案号：县委全宗一永久29文件26，第200～207页。
② 《商水县剿匪反霸工作报告》，商水县档案馆藏，档案号：县委全宗一永久卷6文件4，第40页。
③ 商水县地方志编纂委员会编《商水县志》[M]，郑州：河南人民出版社，1990，第461页。

与朱占彪的公然掳掠略有不同,王氏匪帮似乎官味较浓,杀人越货的勾当往往在夜间进行——以商水县国民政府董湾联保主任王可群,保长王群中、王贯中为首,80余人枪的一伙官匪,既与西华县国民党县党部书记张道明、国民党三义乡乡长范来臣等地方官员关系密切(当然,二王本身也是地方官员),又与胡庄土匪头子张宝聚、夏寨土匪夏横子相互勾结,白天为官,夜间为匪。常在沙河两岸,东至邓城、西至逍遥镇约60华里的区域为非作歹——劫船、劫路、杀人、抢劫牲畜财物、强奸妇女……如,1948年7月,曾于夜间在东老门潭沙河段,抢船一只,劫香烟200余箱,将船上一个少女轮奸后,抛入河中。8月初,又在王岗沙河段劫船两只,抢劫骡马12匹,还有若干布匹、食盐、红白糖等物品,并将船主二人杀死投入河中。这伙土匪上半夜劫船、下半夜又在屠家东边公路上劫路。一次劫路,将卖面的6担白面全部抢光,6个卖面的拼命逃散……①

除此之外,新中国成立前夕,商水地面,大的股匪还有张豁子,此人当兵出身,接着拉杆为匪,又由匪而官——新中国成立前任"沙南剿匪"司令,匪众一度至3000余人,主要危害周家口以东商水县与淮阳县交界地带②;陈焘,由官而匪,收罗土匪、兵痞、流氓数千人;还有哲店区范烈臣,自幼当土匪,因此而致富,买地数百亩,后任伪乡大队长等。其他所谓中队长、分队长级别的官匪及散匪不计其数。"形成商水境内土匪多、兵痞多(的现象)。(他们)与官府、地方势力相勾结,公开派粮派款,敲诈勒索、抢劫掠夺……兵匪相煎,民无宁日"。③ 正所谓"吴佩孚、张作霖,赵三麻子老洋人,军阀混战兵变匪,国无宁日哪有民!"

二 土匪的成因及危害

1. 土匪的成因

河南民谣曰:"陆老九,高老幺,怒潮四起白狼号,华夏代有英雄出,岂独李闯与黄巢!"国家危机、社会混乱、人心思动。史万成由"起事时的

---

① 中共商水县委党史办公室:《商水风云》[M],郑州:河南教育出版社,1992,第91~94页。
② 施道连:《张豁子其人》,政协河南省周口市委员会文史资料委员会《周口文史资料》第一辑[G],1985,第74~76页。
③ 《商水情况与下半年工作布置》,商水县档案馆藏,档案号:县委全宗一永久卷6文件1,第1页。

三五人，旋四乡归附之千余人，又发展到七千余人"，赵圭起事，"四乡饥民迅速聚至万人"，当时这些"志向远大"的青年农民，之所以有如此众多追随者，有其历史与社会根源。

在论及民国时期河南乃至中国各地土匪众多的成因时，研究者的认识大同小异："自然因素（水旱频仍、土地瘠薄、人口众多等）与历史积淀、政治空前腐败、军阀混战造成的兵祸炽烈以及乡村地主豪绅肆虐等"①，或者说"农村经济落后、大量流民产生以及灾荒频仍、部分灾民落草为寇、战争造成大量兵匪等"②。

就商水县来说，长期陷于灾害环境中，对于当地绝大多数守着小块土地，靠天吃饭、力农为生的人来说，时时面临生存威胁，由灾荒而饥民、灾民、难民，进而铤而走险、沦为匪类，当属生存空间极其有限之下的选择。

同时，当时社会控制能力低下，也一个不可忽视的原因。从上文对商水土匪的描述看，大小土匪常年危害乡村，甚至占据县城及商业大镇，充分反映了近代以来国家对乡村社会的失控。

2. 土匪的危害

一般来说，骤然而起的巨匪，"其兴也疾、其亡也速"，他们在给社会带来更多灾难的同时，自己也加速了走向死亡的步伐——即便那些为非作歹多年、侥幸不死的土匪们，除少数匪首之外，大多数匪众仍然难脱贫困。据新中国成立初商水县第四区对匪伪人员的登记，在106个土匪中，地主1人、富农5人、中农24人、贫农76人，去掉匪首8人，匪众98人中中农21人、占匪众的21.4%，贫农有76人、占匪众的77.55%。③ 考虑到群众对土匪的愤恨——称之为"赖种"，大多数匪众若非一贫如洗，土改划阶级时，掌握划阶级话语权的贫雇农岂能把他们划入政治地位较高的贫农行列？

土匪本是正常社会生活秩序的异类。其危害不但足以使农户多年辛劳积累的财富突然间化为乌有、使乡村深陷恐惧之中，而且对农业生产造成

---

① 王天奖：《民国时期河南"土匪"略论》[J]，《商丘师专学报》（社会科学版）1988年第4期。
② 敖文蔚：《民国时期土匪成因与治理》[J]，《武汉大学学报》（哲学社会科学版）1997年第6期。
③ 《第四区匪霸伪人员登记表（1949年9月25日）》，商水县档案馆藏，档案号：商水县委宣传部全宗永久卷1文件5。

了直接的冲击：种子、耕畜等生产资料的损失。此时，"受害的农户除了痛哭之外，无处可诉"。① 同时，土匪的频繁抢劫，除了行商坐贾的直接损失之外，由于风险成本增加，行商绝迹、直接导致乡村市镇萧条。如，商水县境内的周家口镇，"（本）是豫省东南通衢大镇，水道四达、舟车辐辏，旧日商务极盛……近因匪乱，银行停业，萧条更甚……"② 乡村市镇萧条、经济流通阻塞、本地与外界经济联系困难，进而导致地方经济死滞、生活必需品价格腾贵——可以说匪患正像近代中国为人所诟病的厘金制度一样，"结扎"了当地商品经济的发展，由此间接影响了当地农业生产，最终必然加剧本地民众生产、生活的困难程度。

第三节　传统权威蜕变下的乡村秩序

水灾、匪患，耕地贫乏，国家政治秩序、社会秩序的混乱，加上素以小农经济为主、宗族势力并不发达，商水县与华北其他地方一样，近代以来乡村陷入"武化之中"——地方精英痞化、恶霸化，他们与有势力者相勾结，左右奔波、上下勾连，成为乡村与当局之间的赢利型经纪人，隐瞒土地（不纳税的黑地）、转嫁负担、私派粮款、中饱私囊，更有甚者，纠集党羽，以武力欺压乡邻、草菅人命，乡村内部冲突日益严重。

民元以来，县以下基层政权机构虽几经改变，但由于社会处于总体性危机之中，无力化解乡村危机。③ 就商水县来看，进入民国以来，乡村基层行政组织屡经变动，由自治而保甲，总体趋势是政权触角不断向下、深入乡村底层，直至政府直接面对农户；同时政府当局对乡村的资源汲取日益迫切、不受限制，各级机构军事化、行政人员黑恶化（权力无限放大）、赢利经纪化。

一　旧乡村基层政权组织的演变

据乾隆十二年（1747年）《商水县志》记载，商水县在康熙初年置24

---

① 《娄冲村村制（志）》，商水县档案馆藏，档案号：汤庄乡档案全宗卷4文件15，第73页。
② 吴世勋：《分省地志·河南》（全一册）[M]，中华书局，民国十六年（1927），第200页。
③ 吴毅：《村治变迁中的权威与秩序——20世纪川东双村的表达》[M]，北京：中国社会科学出版社，2002，第12页。

个地方，后又新添7个地方，共31个地方，包括932个村庄、16659户人家。每地方各有乡约、地方二人，时时稽查户口，勿使容留奸宄，窝藏匪类，又有131村长，46保正，同心协力，劝谕乡民……①

据20世纪30年代初的调查：商水共分6区，区设区长1人，掌管一区行政，区以下分乡，乡设乡长1人，副乡长若干人，掌管一乡行政，乡以下分闾，闾设闾长1人，管理一闾事务，闾以下分邻，邻设邻长1人，管理一邻事务。即各区乡镇村庄，均按自治法令，实行编制，5家为邻，25家为闾，全县共编132乡、8镇，各乡长、镇长及乡镇调解监察委员，已依法选出，分别委任任事。②

此调查似显笼统。据今商水县汤庄乡乡志记载，民国七年（1918年）全县划36地方，实行地方自治，地方设首事，依次设士、村长、乡地等。1925年又划成若干小乡，旋废。1929年废地方为区，全县划6个区。区下设联保、保、甲，区行政机构设区长、副区长、事务员（管文书）、干事若干人，区丁数十人；联保设联保主任、联队副、干事各1人，保丁2人；保有保长、干事、保丁各1人。1935年，区界扩大，原6个区划为3个区，即城关一区、务台二区、邓城三区，下辖40个联保，其他行政机构未变。

1940年，抗战方酣，商水县开始实行保甲制，全县划两个镇（周口镇、城关颍水镇）五个乡（扶苏清廉乡、南凌长庆乡、邓城清平乡、东吴楼太望乡、务台黄明乡），行政机构设置为（镇）乡设有（镇）乡长，副（镇）乡长各1人，文书1人，干事若干人，（镇）乡丁若干人，保有保长、副保长、保干事、警卫员（保丁）各1人，下设甲长。

这里需要提及的是，1944年5月21日，日军由漯河东犯，占领周口。国民党商水县政府县长黄如璋率县府迁往城南杨楼村。日军在周口新街设"日本军政治部"，朱新斋为日军商水县伪县长，在邓城、刘集等地设立"维持会"组织。

"维持会"全称地方治安维持会，设正副团长各1人，下设大队、中队、小队，士兵人数百数十人不等，地方组织仍袭用原保甲组织。此为军事化的殖民组织，主要是配合日军扫荡和抢粮。至日军投降前这一阶段，

---

① 商水县地方史志办公室：《商水县志》清乾隆十二年版校注本一二卷［M］，1996（未刊稿），第41页。
② 河南省政府秘书处编印《各县社会调查——商水》［J］，《河南统计月报》1937年第6期。

商水县境的日伪军主要活动于沙河沿岸、周漯公路两侧，此地村民往往受双重之苦：国民党县长黄如璋组织的地方团队驻扎在汾河南岸的仝邓楼等几个村庄，原周口镇镇长杨宗颐也率部分残部盘踞于汾河之南，他们都伺机到日伪占领的原管辖区内派粮派款。①

以今商水县汤庄乡张楼村为例，对民国年间商水县乡村政权组织的变动情况略加说明。

"1918年（民国七年）商水县下设5区31地方。张楼仍归城关西街地方所管辖。1927年秋（民国十六年）商水县以下设5区36地方，下设乡镇联保处、保、村。张楼归城关西街地方第六保所辖。1935年3月（民国二十四年），商水县以下改设3个区，区下设联保处（10保）、保（10甲）、甲（10户），称保甲制。张楼归城关一区第六保所辖。1941年春（民国三十年）国民党县政府撤销区，改为5个乡、两个镇。张楼归颍水镇第六保所辖。"②

从张楼村一直归城关西街管辖来看，其所谓的历次机构变动，并未影响及保、甲一级，更遑论深入村庄内部了。对村民来说，其意义或者就在于上级官员的称谓改了、粮款派的更多更急了、官员更凶恶了而已。

二　基层政权组织及其组成人员的蜕变

据南京国民政府行政院农村复兴委员会20世纪30年代初期对河南省农村的调查："保甲的编制还是最近（1934年）举办的事情。通常十户编成一甲，十甲编成一保；有特别情形的时候也可伸缩，但每甲至少要有六户，至多不能超过十五户，每保至少要有六甲，至多不能超过十五甲。甲长由本甲内各户长公推，保长由甲长公推，但必须是土著的农民或地主，客民不能当选为保甲长。县长或区长认为保甲长应当更换，可以随时撤换；就是公推出来的人，认为不妥时，也必须改推。保甲长所干的事，无非是区公所规定的各项，如清查户口，训练壮丁，摊派公款等等。至于保甲的经费，照辉县'保甲须知'中所规定，其中第一项是'本保所管地面上的田地，照收获的东西，结合时价，每亩可征收1%，由田主佃户，各半出款。'

---

① 汤庄志编纂领导组：《汤庄志》，1985（未刊稿），第89~91页。
② 张祯祥：《商水县汤庄乡张楼村村志》［M］，2000（未刊稿），第145~146页。注：有关机构变动时间，张祯祥所述与《汤庄乡志》《商水县志》所述不尽一致，此处存疑，遵原文不改。

所以辉县保长办公处每月有九块钱的办公费，请一个书记和一个勤务。许昌有的每保有办公费五元，有的尚未规定……"

"区长保长等的出身及其经济地位：区长和保长是农村政治组织中的中心分子。保长是多数没有受过正式教育的人，不过粗通文字而已。我们调查到的二十一个保长中，所有田产不到十亩的只有四个，其他九个在五十亩以上，八个在三十至四十亩左右，所以一般说来，保长的经济情形比较还是殷实的，是中多数是富农。因为在甲长推选的时候，往往注意到保长的经济地位。区长的出身比较复杂。我们此次在豫省调查到的八十七个区的履历中，曾受过政治训练的占 60% 以上，尤以区长训练所毕业的为最多……经济情形，在四十四个区长中，田产在一百亩以上的有三十二个，占 70%……区长们凭藉他们底资格和地位，在乡村中往往形成一种特殊势力。他们包揽词讼，他们任意派款，甚至残杀善良，以造成个人的专横，扩大个人的权利……农民们敢怒不敢言。"①

商水县保甲人员的情况大致与此类似。

比如，从文化程度上看，前文提到的曾于 1936～1942 年 5 月任副镇长、联保处主任的张瑞甫，读过私塾；曾于 1943 年任过保长 7 个月的张祖训，初中文化程度；其余任过甲长（或村长）的张伴珍、张甲、张念贞俱为文盲。②

从保、甲长的经济状况上看，甲长通常略有田产、一般是本自然村轮流干或大家伙兑钱粮雇（觅）人干，但保长大多是家有几十亩地的田产，或见过世面、一般不愿意劳动的"乡村能人"。如，牛杰中，商水县第四区郑凹乡（新中国成立后新政权划的乡）人，从小上学，分家后有地 14 亩，全部出租，自己在周家口卖老海、跑生意，以后逐渐将地卖完，1945 年有地 3.2 亩，不种，游手好闲。1945 年 10 月干保长，直到解放。本乡黄唯一之父，曾于民国二十八年（1939 年）、民国三十一年（1942 年）两度当保长，当时家有田地 25 亩。本区牛滩乡黄得宣，曾经干过伪组织的乡长，1947 年干保长，不劳动，共计有地 45 亩。③

---

① 行政院农村复兴委员会：《河南省农村调查》[M]，商务印书馆，中华民国二十三年（1934）八月，第 75～76 页。
② 张祯祥：《商水县汤庄乡张楼村村志》[M]，2000（未刊稿），第 146 页。
③ 《商水县第四区牛滩乡复查漏网阶级请示报告》（1952 年 1 月 13 日），商水县档案馆藏，档案号：商水县委全宗一永久卷 66 文件 6。

据 1949 年 9 月商水县第四区统计，共登记已经向新政权悔过的伪军人员 90 余人，其中曾任联保主任、保长、甲长者 40 人。40 人中有联保主任 2 人，成分全为地主；有保长 37 人，地主成分者 3 人、占 8%，富农成分者 12 人、占 32.4%，中农成分者 15 人、占 40.5%，贫农成分者 7 人、约占 19%；甲长 1 人，成分贫农。就保长出身成分看，富农、中农约占 73%。①

结合以上情况看，应该说大多数保长都有一定的田产，受过一定的教育；与甲长群体的经济条件、文化条件较低相比，联保主任则往往由地主充任，而且一般是地方士绅、在当地有一定影响的人物，比如前文提到的张楼村（属今商水县汤庄乡）的张瑞甫，家有田产近百亩，本人曾在地方办学校等公益事业，甚至曾兼任城关镇副镇长之职。自然，就商水县来看，由于全县分区较少（3~6 个），区长、镇长一级的人物，已经属于县境内的"封疆大吏"了，在学历、家境、社会关系等方面有更高的出身。如，曾当过区长 1 年、乡民政股长 8 年的杨凤台②，邓城杨河村人（其父为本村恶霸地主，在 1948 年 4 月的急性土改中被镇压），读过十几年书，当过教员数年。说明其本人受过较好的教育，家庭经济条件较好。

大致可以这样认为：乡村基层政治权威人物，一般是学历、经济地位、政治地位俱佳的三位一体人物，而且，因为往往"县长或区长认为保、甲长应当更换，可以随时撤换；就是公推出来的人，认为不妥时，也必须改推"。从中可以看出，这些占据有利可图职位的人，与上级的私密关系在维系职位方面有决定性的意义，对其行事的原则、方式要起导向作用。

民元以来，中央与地方当局者变换频繁——正所谓"狐狸方去穴，桃偶已登场"，城头大王旗轮番转换，但向乡村的征粮、派款却是不变的主题，而且粮款愈派愈多、征收愈来愈急、手段愈来愈狠，这正为乡间劣绅提供了机遇：他们正好居间充当乡村与当局之间的经纪人，借机以武力转嫁负担、中饱私囊，甚至欺邻害命。

如，"（郑州）去年（1933 年）每两地丁银 5.3 元，临时派款每亩约三千文（一元兑七千六百文），催粮催款往年是非常紧，一不照纳，便遭拘

---

① 《第四区匪霸伪人员登记表》（1949 年 9 月 25 日），商水县档案馆藏，档案号：商水县委宣传部全宗永久卷 1 文件 5。
② （商水县第）六区委，匪霸杨凤台之罪行：第六区杨河村于农民解放运动中遭受反动者的残杀事实，商水县档案馆藏，档案号：县委全宗一长期卷 3 文件 5。

押。"而辉县由于军阀来回盘踞，其情形比之郑州更甚。"辉县过去（1934年前）的区长，好的很少。前第七区区长某，在乡间任意派款，什么枪捐，子弹捐，名目繁多，一年甚至派十多万，解县的数目不到1/2。其他各区情形较好，但任意派款是一样的。""保长中亦有舞弊的，据最近某保控告保长，派麦时提高价格，每斗收七角，实际现在麦价值四角。全村八十元，共派了二百四十多元。"

典型者如辉县前区长陈潜修，其嚣张之势与土匪无异。"辉县五区前区长陈潜修，师范学校毕业，他父亲手里仅有田十余亩，现在已有二三顷。民十八至民十九年当副区长，民二十至二十一年当正区长，在任时无恶不作，以致民情愤激。1）二十一年春派勤务兵将其仇人李某带去，立即打死，后有人告他，三次传票不到。不知怎样，结果他还是无罪。在任时给他打死的，竟有十余人之多。2）赵俭，是一个好闾长，因愤恨陈某的任意派款，向县政府控告，便得罪了他。刚巧县府要钱用，陈就派人至赵家，立时要他派出小麦1700斤，赵俭一家三十余口，有地五十亩，且均山坡薄地；另有陈的朋友阎某，家仅4～5口，有地十余顷，此次却只派麦1000斤。赵当然拿不出，于是陈认他为抗款，要另罚二百元及二百只麦袋。赵益发拿不出，于是就派人逮捕。赵俭闻风逃避，结果将其父兄拘押县府。监禁多天，其父在狱中得了病。赵俭乃筹得麦1700斤，央人向县府补交，赎出父兄，罚款幸得免交。可是他底父亲，因为愤恨成病，出狱不数日即死；后来甚至他底母亲也气死。3）县长张烈，想撤换陈潜修，另派李玉田接替。接收的那天，县长亲自送李至五区，陈聚百余人，武装拒绝新区长到任。后来李勉强接收，一月后又被陈夺去。陈有钱，能运动，区长由村长选，在选举前，他可以利用金钱的魔力，攫取区长的地位。4）民十九年一年中，大史村全村摊派款项有1700元。全区三十六乡（大史村仅占半乡），全年派款当在十二万元左右。枪一枝只值八十元，他要派一百八十元，一百元便入私囊。李大户是帮他管理摊派的人，四年中买田竟在五百亩以上！也许农民的话有些出入，但大致是不会错的很远。陈潜修的控案，到现在还没有了结，这是谁都知道的。"[1]

问题是，陈潜修虽凶，作为区长，他充其量只是县府的爪牙而已，其利益与县长的利益有更多的一致性：明知陈对赵俭不公，仍拘押赵之父兄，

---

[1] 行政院农村复兴委员会《河南省农村调查》[M]，商务印书馆，民国二十三年（1934）八月，第88～96页。

直至交麦乃放——实乃公平事小、要钱事大。虽说张姓县长想撤换他,但他能纠集武装拒绝新区长到任,必然也有能力及时收缴粮款,因而去职仅一月后,立即复任并不奇怪。

此等情势,商水县与河南其他地方并无二致。

据新中国成立初期商水县一区城北八里湾乡老庄村调查材料:"(村中)过去(新中国成立前)的统治人物:王化政,曾当县府参事二年,从民国27年(1938年)至解放,一直任保干事,期(其)间买地28亩,群众认为是贪污来的。他有地不出粮款,打骂群众;王德连,在国民党部队当过少将军需,日本人来时当过鬼子的区长、田赋管理处长,有地不出粮款、打骂压迫群众;王德宣、王化云,曾当过寨主,打骂剥削群众,霸占田产、强奸妇女,有地不出粮款。"[①]

有地不出粮款或者说地多反而不出粮款,必然要加重村中其他农户的负担,同时还要遭受打骂、欺压,如此之"苦",身受者必将经久难忘。

又如,商水县一区三里长乡联保主任史文相(有地170亩)、乡队长李天庭(有地10~20亩,打手头目,应该是保队副),"霸占妇女、贪污累累、苦害百姓……养有打手……只因本村李清偷了两颗红芋母子,就让人拉出去乱枪打死"[②]。又如三里长乡西郭庄的郭守义(家有11口人,有地93

---

① 《城北八里湾乡老庄村典型调查材料》,《五区工作汇报》,商水县档案馆藏,档案号:县委全宗一永久卷15文件11,第172页。
② 《商水县第一区三里长乡重点土改试验第一步工作综合报告》,商水县档案馆藏,档案号:县委全宗一永久卷15文件3,第2页。又,关于李清被史文相、李天庭指使人乱枪打死一事,笔者2007年4月30日在当地访谈中,听李东仁老人讲起此事,尚且唏嘘不已。时间大概在1942年前后,春天青黄不接之时,李清家里没有吃的,偷扒夏庄王继权(地主)家的红芋母子,被抓住送回三里长寨交史文相处理,史文相、李天庭说,像这样的坏人,丢我们寨的人,拉出去敲了算了。然后一帮打手把李清拉到寨西门外庙后,这个说,我打,试试枪,那个说,我也试试枪,就这样把李清乱枪打死。李清当时30多岁,被打死致使其一家绝户:其母自尽、两个孩子饿死、其妻另嫁他人。但类似事件在当时似乎有一定的普遍性。如,鲍庄乡庙王村的王德安,1943年春荒当看青队长时,贫农李由偷蒜苗,被看青队抓住痛打,伤重死去;又把偷蒜苗的贫民王来打得昏过去两次,火燎一次(未死);又因吕树金偷蒜苗将吕的房子没收充公……(见商水县档案馆藏《河南省人民政府关于商水县错判王德安的处理决定》,县政府永久卷全宗一卷12文件1,1950,第2页)笔者在访谈中,还听人说到王教庄人向李天庭要布袋一事——那时装粮食都是用袋子,较厚的土布作的,能装七八十公斤的样子。他把一户人家的一布袋粮食强行扛走了。多年后,在剿匪反霸的诉苦斗争会上,事主终于找到机会向他要,你把我粮食扛走了,袋子也不还我,粮食不说了,袋子你什么时候还我?当时他正被押在台上挨斗,说,一会儿就还你。此事在本地传为笑谈,其无赖行径可见一斑。

亩），任过联保主任4个月，1940年前任保长3年，其父任过三里长寨长，与三里长的史文相等关系密切。1949年剿匪反霸时群众对他的仇恨是霸占、抓丁、派夫，经群众大会公审被枪决。

经1949年剿匪反霸时诉苦大会苦主诉苦、揭发，郭守义有如下恶迹：第一，害两条人命：霸占大史庄王流生的老婆，把王流生以通匪罪名送县政府枪毙；王丁是个小偷，被郭守义以土匪的罪名送县枪毙。第二，勒索：1943年任联保主任时随便勒索、霸占。向某户一次要粮500斤，给之后，第二次又要，给不起，就把该户主绑到联保处打了之后又押起来；有人拾了一头日本骡子，被郭守义硬给牵走，不给一点东西；霸占贫农王老四房子三间，扒了做上地肥料；王尚孝不该出壮丁，硬抓人家，因王逃跑，就把王的盐挑子、价值8石麦子的梨园霸占为己有；拉王教庄一辆马车，定做的时候说好给银洋200元，结果一分钱没给。第三，耍流氓：王教庄一个女孩到他地里打芝麻叶子，硬把该女孩的裤子扒下来，致使该女孩生了一场大病，婆家也不要她了。[①]

同时，群众揭发，郭守义"与伪乡长周向初（公安局在押）、史彦如，伪副乡长肖贯三都是知己之交，现二人外逃"。伪人员之外逃与郭守义什么关系姑且不论，但郭与之是知己之交大概不会错。这些昔日的地方精英之间关系密切。

这些占据旧乡村权位的人，在当局者的权力没有边界的时候，他们的权力也是没有边界的，在上级的权力不受约束的时候，他们的权力也是不受约束的。随意的勒索、杀人，正是这种无限权力的体现——几乎绝对的经济权力、终极的司法权力等。由于与乡村的集体利益严重对立，这些人往往以堂而皇之的名义武力镇压反抗，这时与其说他们代表政府（国家）而为虎作伥，不如说他们是扯大旗作虎皮——一切都是为了谋个人私利。但是，基层政权的黑恶化一方面反映了国家对官僚末梢控制无力，也可以说对官民交界处控制的无力反映了对乡村控制的无力；另一方面，基层官员无所不用其极，正说明了他们的合法性基础薄弱，甚至无合法性可言——他们无法在符合道德、符合法律和兼顾多方利益的条件下获益。

[①] 《商水县委午征总结、重点发动群众工作初步总结》，商水县档案馆藏，档案号：县委全宗—永久卷-6第8件，第78页。

第四节　日益恶化的农户生存状况

昔日的多灾与贫困至今流传在商水的民谣里："五湖十八坡，淮草泽蒜窝，百姓愁吃穿，逃荒要饭多。"① 据 1935 年《河南统计月报》调查，商水县一般农民的生活状况是这样的："商水地瘠民贫，交通阻滞，丰年尚称自给，岁歉即有冻馁之虞，农民终岁勤劳，节衣缩食，仍虞衣食不足，其生活程度，极为简单，一般农户服饰均系本地自制之棉花布，穿着尤属破烂，每入乡村，衣服整齐之农民，颇不多见。食则二麦成熟之后，各家尚食麦面大馍，秋后虽富农亦均食杂粮。居住均属茅草小屋，入村庄则见三五间茅屋林立，入室除农具床灶外，几无其他设备，各乡村中有楼房瓦屋者，诚所罕见。于此，商水农民生活程度，可见一斑。至一般农民真正痛苦：商水……农民不感田主之迫，虽食不饱，衣不暖，咸谓天命……亦不感觉若何痛苦，惟数年来，地方差徭繁多，杂捐百出，农民咸以为苦。"②

从其叙述看来，当时商水一般农户若不是"差徭繁多，杂捐百出"，颇能安居乐业。然而从大背景看，1935～1936 年正是南京国民政府所标榜的十年建设的最高峰，此时农民尚苦于差徭、杂捐之多，那么，随后抗战爆发、黄河决口南泛、河南处于抗战之最前线（商水县更处于战火之中）、加以 1942～1943 年大灾和国民政府田赋加倍征实，商水县大多数农民的贫困生活其实已难以为继。

综合考察，商水县一般农民这种难以为继的贫困，既是"人口—资源"矛盾的结果，也是"无序干扰"的结果。

一　生存环境恶化

商水为河南省三等县，面积 2884 平方市里，人口 259831 人，每平方市里 90 人（360 人/平方公里）。③ 同时期，与商水县相邻的淮阳、西华、项

---

① 中共河南省商水县委组织部编《中国共产党河南省商水县组织史资料（1927-1987）》[G]，郑州：河南人民出版社，1990，第 1 页。
② 河南省政府秘书处编印《各县社会调查——商水》[J]，《河南统计月报》1937 年第 6 期。
③ 崔宗埙：《河南省经济调查报告》[M]，财政部直接税署经济研究室，民国三十四年（1945）三月，第 6 页。

城、扶沟、上蔡等县人口密度分别为每平方市里63人、77人、47人、74人和85人，折合每平方公里人口分别为：252人、308人、188人、296人和340人，而河南省当时（1935年）面积656484平方市里、人口34573236人，人口密度每平方市里52人（208人/平方公里）①，可知在20世纪30年代，商水县人口密度远高于河南省平均水平，也高于周边各县。

1. 人口—耕地关系紧张

20世纪30年代后，商水县所辖区域曾有调整。据载，1949年，全县共有耕地179.6万亩，农业人口51.5万人，总人口近57万人，人均耕地3.15亩，农业人口人均耕地3.49亩。② 而1946年，河南省农民人均耕地3.76亩③，考虑到时间差异及1935年统计表明的商水县人口密度大于全省平均水平的情况，大致可以这样认为，商水县农民人均耕地面积至少要低于全省平均水平10%以上。如果再考虑到"（1935年调查）商水有纳税而不能耕种之地约6000亩、常遭水旱之害的下等地占耕地之十分之五④"的话，对商水县农民人均耕地面积的意义就会有更深入的理解。

学界提出一个在近代生产力条件下，全国范围内的"人口—土地的适当参数"概念，即以3.5市亩的人均耕地为最低生存标准，华北地区的自然条件稍差，最低生存标准大约需要耕地4亩。但需要说明的是，这只是一个静态标准，还需要有一个动态的考察，尤其灾害的侵袭、地权的差异、苛捐杂税等因素的叠加，等等，放大了人口压力的负面影响，最低生存标准需适当提高。⑤

商水县各类农户具体的土地及其他生产资料占有情况究竟如何？我们这里以1950年8月土改前、县委工作队对商水县一区董欢乡反减前各阶层土地等生产资料的调查统计为例，予以说明（见表1-1、表1-2、表1-3、表1-4）。

---

① 河南省政府秘书处编印《河南省各县人口统计》[J]，《河南统计月报》1936年第7期。
② 商水县人民委员会：《商水县1949—1957年户数、人口、耕地统计表》，《商水县统计资料汇编1949—1957（内部资料）》[G]，1958，第2页。
③ 许道夫：《中国近代农业生产及贸易统计资料1838-1949》[M]，上海：上海人民出版社，1993，第10页。
④ 河南省政府秘书处编印《各县社会调查——商水》[J]，《河南统计月报》1937年第6期。
⑤ 彭南生：《中间经济：传统与现代之间的中国近代手工业（1840-1936）》[M]，北京：高等教育出版社，2002，第38~46页。

表 1-1 商水县一区董欢乡反减前各阶层土地等生产资料调查统计表

阶层	户数（户）	人口（人）	劳动力（人）			耕畜（头）	房屋（间）	大车（辆）	土地（亩）	租佃关系与土地数量（亩）			
			自己	雇入	雇出					自耕（亩）	包租（出）	分种（出）	拉鞭（出）
地主	33	180	6	15	—	42	249	17	2913	182	294	878	1321
富农	19	138	18	10	—	46	161	13	1264	473	53	71	678
中农	277	1135	328	—	—	174	689	29	4322	4276	4	—	—
贫农	311	1141	349	—	28	49	1141	5	1360	1418	—	—	—
雇农	6	19	11	—	—	1	7	—	10	10	—	—	—
其他	9	—	—	—	—	—	—	—	—	—	—	—	—
合计	655	2613	712	25	28	312	2247	64	9869	6359	351	949	1999

表 1-2 商水县一区董欢乡董欢村反减前各阶层土地等生产资料调查统计表

阶层	户数（户）	人口（人）	劳动力（人）			耕畜（头）	房屋（间）	大车（辆）	土地（亩）	土地耕种形式						
			自己	雇入	雇出					自耕（亩）	包租（亩）		分种（亩）		拉鞭（亩）	
											出	入	出	入	出	入
地主	3	4	1	—	—	—	15	—	112	6	50	—	62	—	—	—
富农	2	9	2	2	—	6	12	2	164	—	—	—	—	—	164	—
中农	48	91	52	—	—	25	146	5	382	382	—	136	—	45	—	—
贫农	75	117	78	—	4	89	1	—	276	276	—	15	—	45	—	—
雇农	—	—	—	—	—	—	—	—	—	—	—	—	—	—	—	—
合计	128	221	133	2	—	35	262	8	934	664	50	151	62	90	164	—

表 1-3 商水县一区董欢乡张楼村反减前各阶层土地等生产资料调查统计表

阶层	户数（户）	人口（人）	劳动力（人）			耕畜（头）	房屋（间）	大车（辆）	土地（亩）	土地耕种形式						
			自己	雇入	雇出					自耕（亩）	包租（亩）		分种（亩）		拉鞭（亩）	
											出	入	出	入	出	入
地主	6	27	—	4	—	8	44	2	313	—	11	—	72	—	231	—
富农	4	38	5	3	—	14	48	4	280	109	—	—	—	—	171	—
中农	20	120	37	—	10	25	63	6	420	420	—	11	—	45	—	—
贫农	27	146	45	—	17	8	35	1	234	234	—	231	—	72	—	—
雇农	3	7	4	—	3	—	5	—	10	10	—	—	—	—	—	—
其他	3	8	4	—	—	—	—	—	658	—	—	—	—	—	171	—
合计	63	346	95	7	30	55	195	13	1257	1431	11	242	72	117	402	171

表1-4 商水县一区董欢乡西小赵村反减前各阶层土地等生产资料调查统计表

阶层	户数（户）	人口（人）	劳动力（人）			耕畜（头）	房屋（间）	大车（辆）	土地亩	土地耕种形式						
				自己	雇入	雇出					自耕（亩）	包租（亩）		分种（亩）		拉鞭（亩）	
												出	入	出	入	出	入
地主	2	10	1	1		2	8	2	104	80	24					
富农	—	—					4									
中农	6	42	26			1	21	6	94	94						
贫农	13	36	10		3			1	22	22				28		
合计	21	88	37	1	3	3	29	13	220	196	24			28		

以上4表资料来源：《商水县一区董欢乡反减前各阶层土地等生产资料调查统计表》，商水县档案馆藏，县委全宗一永久卷20文件2。

由以上统计诸表可以看出，新中国成立前商水县一区董欢乡的土地占有情况比较分散，52户地主、富农，只占农户的7.9%、人口的12.2%，占有全乡土地的42.3%，其余90%以上的农户、80%以上的人口占有不到60%的土地。并非富者地连阡陌、贫者无立锥之地，而是富者不富（大富），贫者特多、特贫。全乡人均耕地3.78亩，西小赵村人均占有耕地只有2.5亩。全乡中农以下阶层的农户人均耕地2.48亩。也就是说，绝大多数农户的人均耕地面积在静态生存标准线以下；再从重要的农业生产资料——耕畜的数量看，普遍缺乏：全乡9869亩地，只有耕畜312头，平均每头牲畜服役31.6亩地。

2. 农业概况

商水地属平原，为天然之农场。据1935年的调查，商水县上等地约占2/10、中等地约占3/10、下等地约占5/10，上等地地价约36元一亩、中等地地价约20元一亩、下等地地价约5元一亩（尚有贱至2、3元者）。种植全凭天雨，无灌溉之利、无排水用具，亦无西式农具采用，所用肥料，以人粪、牲畜粪及灰土粪为主。上等地年产粮食约240斤、中等地年产粮食约150斤、下等地年产粮食约90斤，尚有低至几十斤者，若遇水旱灾害，往往颗粒无收。一般来说，丰年每亩年产150斤左右，歉年80斤左右，[1] 据载，民国二十一年（1932年）大丰收，商水粮食年平均亩产183斤，为民国历史最高纪录。[2]

---

[1] 河南省政府秘书处编印《各县社会调查——商水》[J]，《河南统计月报》1937年第6期。
[2] 商水县地方志编纂委员会编《商水县志》[M]，郑州：河南人民出版社，1990，第125页。

二 生活入不敷出

1. 一般农户的负担状况

苛捐杂税。民国时商水县丁银大约按每年17200余两计算①,地丁正税每年总额43176元,外各种附加,每年共征田赋100200余元,但自民国十七年（1928年）起,连续三年预征,至民国十九年（1930年）,已经预征民国二十二年（1933年）的田赋洋39674元。征收方法,承明、清之制,以丁银17014两,摊入558773亩地中,因土地久未丈量,究竟有无有地无粮、有粮无地,无从揣测。② 正是这种"土地久未丈量、无从揣测"给各级赋税征收人员提供了巨大的牟利空间,他们利用当局者对乡村资源汲取的急切和个体分散的农户对征收粮款数量的无法确知——在双方信息不对称的情势下,居间操作,上下其手、大肆贪污中饱（如前文中提到的官匪行径、黑恶化的地方政府人员等）。

据云,"在1931~1936年间,商水农民负担的封建地租、田赋等,约占农民农副业收入的36%,再加上高利贷的盘剥和物价暴涨的影响,导致农民经济迅速破产……"③ 又据1939年河南省政府对豫东淮阳、太康、扶沟等县的财政调查,"（由于）地方款陷于不敷,摊派因生,民众负担,日甚一日,目触农村,元气不备,百孔千疮,殊令人言之痛心。预算终未确定,收之毫无标准,主管人员滥竽充数,昧于法令,措施无方,财政上之多乱情形,披发难数矣"。④

即便在灾荒年月,田赋、捐税亦不稍缓,甚至索命相催。如20世纪40年代初,河南处于"水旱蝗汤"四大灾难之中。此时,省政府第七行政督察专员朱国衡以"清除匪患、维持治安"的名义,下乡清剿"抗粮抗税的泼妇刁民",每到一处,即令保长或联保主任呈报辖区内的土匪名单,旋即予以逮捕,既不审问、亦不上报,几声嘿嘿冷笑（人称"最怕赖种嘿嘿笑"）即被枪毙或铡头,不到一年时间,在商水、淮阳等两个半县的范围

---

① 《田赋志·十七》（卷八）,徐家璘重修,杨凌阁等纂《民国商水县志》（二五卷）[M],民国七年（1918）刊本。
② 河南省政府秘书处编印《各县社会调查——商水》[J],《河南统计月报》1937年第6期。
③ 商水县地方志编纂委员会编《商水县志》[M],郑州：河南人民出版社,1990,第429页。
④ 曹仲植：《河南省地方财政》[M],重庆：文威印刷所,民国三十年（1941）九月,第144页。

内，即处死饥民400余人（大多是被保长、联保主任趁机陷害的），百姓恨之入骨。哀叹曰："重重军粮重重税，穷人流干辛酸泪，那个赖种来清剿，无罪硬说有了罪。"①

具体摊派情况以1947年派枪、丁为例。该年淮阳（国民党河南省政府第七行政督察专员公署）向商水征人、枪：每保壮丁20人、枪20支。商水自征人枪：每保壮丁30人、枪30支，每壮丁自带麦子1石（若麦子按周口镇陆陈市场通例35.5市斤一斗计算②，一石则为355市斤），每支枪自带子弹20排（100粒）。当时买一支枪需钱300万~500万元（旧人民币），有的保全搞起来，有的保大部分搞起来了。负担上，大地主不出，而且吃保里的，"肉头"地主、富农、富裕中农负担重，甚至一些中农地也不想要了，因为地少负担就轻了。按商水6乡1镇137保计算，需6850个壮丁、6850支枪，仅购枪款即需205万万至350万万元。若以旧人民币500至700元买1斤杂粮计算，即需3000万至5000万斤杂粮，仅此一项，商水全县人均竟达100至180余斤左右的杂粮负担，还不算麦子、弹药负担。③

高利贷及地租。"商水农民借贷之种类繁多，利率颇重，其大概可分为四类：一曰行利，系向富户借钱若干，言明利率，书立字据，十个月本利全还，其利率轻则三分，重则五分不等。二曰课地，又名指地纳课，系借钱若干，以地若干亩作抵押，此地所收之租归于债主，作为利息，利率期限，均不一定。三曰借青麦，系麦前借钱，言明麦后每元承利麦若干，届时本利全归，其利率均系借洋两元，利麦一斗（按商水每斗量麦三十四斤），今春年岁荒歉，间有借洋一元，纳利麦一斗者，期限则三月五月不等。四曰售青麦，系麦未成熟，向人借钱，以麦抵偿，先言明麦价，届期付麦，其价值较时价特贱，因早晚时价不同，利率亦不一定，此外还有借粮还粮者，即麦前借贷，麦后偿还，惟利息颇重，借一还二者甚多，间有过之者。"④ 实际情况是，愈是灾荒年月、时局不靖，借贷愈难、利率愈高，甚至到了堪称残酷血腥的

---

① 韩若雪：《杀人魔王朱国衡》，政协河南省周口市委员会文史资料委员会《周口文史资料》第四辑［G］，1989，第136~138页。
② 赵名凡：《繁荣兴盛的周口陆陈市场》，政协河南省周口市委员会文史资料委员会《周口文史资料》第三辑［G］，1987，第31页。
③ 《豫皖苏七地委关于〈商水情况〉的资料（1948年5月1日）》，中共商水县委党史办公室：《商水风云》［M］，郑州：河南教育出版社，1992，第209页。
④ 河南省政府秘书处编印《各县社会调查——商水》［J］，《河南统计月报》1937年第6期。

地步。如："商水县十一区二府乡魏集庄村郭德元一般年景放高利贷是借一还三，1942～1943年灾荒严重之时，一般不放贷，若佃户哀求或找人作保放贷，条件是借一斗还一石——十倍的利息。"①

地租剥削残酷。生存危机之中，主佃关系势必难以融洽——毕竟有限的农产品在二者之间的分配是一种此消彼长的关系。仍以地主郭德元为例。郭有地360亩，喂13头牲口，雇10个伙计种有把握地②150亩，其余放租，秋麦二季收粮300余石。因水旱灾害、逼收租粮而与佃户积怨颇深（具体情况见表1-5）。③

表1-5 商水县十一区二府乡魏集庄村大地主郭德元因水旱追租情况

佃户	李自荣	张书楼	张书玉	张书新	省来宾	省来中
租地	长期租种15亩	租地4亩	20年间租地3亩	租地3亩	租地7亩	不详
原因	水淹、旱灾	25年旱灾	30年旱灾	33年，水灾	33年，水灾	41年水、旱灾
结果	欠租3石，被夺去毛驴1头，全家大哭。	欠租逃荒	夺去度春荒的一点红芋、120斤麦、荞（麦）3斗，全家吃野菜、树叶	没粮交租，被带到区部押好几天	第二年交双份租子	被夺去1头驴，后全家逃荒，饿死3口人

---

① 《商水县十一区二府乡魏集庄村大地主郭德元的剥削事迹》，商水县档案馆藏，档案号：县委全宗一永久卷-53第14件，第96页。
② 有把握地，根据本地当时的农业生产条件，指的是有较强的抗旱、淹条件的上等肥沃耕地。
③ 郭德元的出租地租课是每亩地秋麦二季7斗粮食，秋麦各半，另加10个秋秋、10个谷草、1升芝麻，麦子非晒三天不要；把握地是主7佃3。其中出租地可能是分成租，根据郭德元360亩地，共收租300余石及租额情况，推算出出租地租率大约是超过丰收年景时的50%左右。又根据另一件档案记载，1949年共产党新政权午征时，按平均产量把地分成三等纳粮，其中上等地按每亩产量二百斤、中等地每亩产量一百五十斤、下等地每亩产量一百斤计算［商水县档案馆藏：商水县人民政府全宗一永久卷3，午征通报（第二期），民国三十八年六月二十七日］。同时，这里有个单位换算问题，新中国成立前，乡村度量衡单位混乱，以小麦为例，商水县乃至周边一些县的石、斗、升所折合的市斤数极不一致。比如商水西邻的上蔡县一石合140市斤小麦，那么一斗便是14市斤了（见尚景熙《旧闻琐记》，中国人民政治协商会议河南省上蔡县委员会文史资料研究委员会编《上蔡文史资料》第四辑，1991，第124页）。而笔者对三里长李东仁老人的访谈中，老人回忆三里长附近遥桥集上1斗小麦是36斤，稍远些的化河集上，1斗小麦是32斤。郭德元所在的固墙（十一区）二府乡魏集邻近上蔡县，以1斗小麦合14斤计算（秋粮大致相当），7斗粮食也有近100斤。以此对比，郭德元的地租超过上等地正常年景收成的50%。

续表

| 方式 | 派伙计要、押伪区部、派两个儿子——郭海函、郭海玲拿手枪逼、骂人、亲自拿鞭子抽等。 |

资料来源：据《商水县十一区二府乡魏集庄村大地主郭德元的剥削事迹》所载事实制成。见《商水县十一区二府乡魏集庄村大地主郭德元的剥削事迹》，商水县档案馆藏，档案号：县委全宗一永久卷-53，第14件，第96页。

根据另一份档案文件记载，商水县一区三里长乡的租佃方式有三种：拉鞭地，主7佃3；包租，每年每亩2斗或3斗5升；分种，对半分。佃户租种地主地还得给地主打酒割肉请客，借高利贷是借一斗还二斗或三斗。[①]

地主、富农往往是放高利贷者，贫雇农往往是借高利贷者。如果说贫穷缘于土地的瘠薄、缺乏土地，而苦难则往往从高利贷开始。小农经济非常脆弱，一旦遇到天灾，或者家庭成员伤病甚至婚丧，都足以导致一般的家庭沦入贫困，直接的媒介就是"高利贷"。土地收入菲薄，靠天吃饭不稳定，缺乏公共金融服务和支持（个人无法合理使用预期收入，一般有余钱剩米的人家也没有安全可靠的途径把当下收入转为增值的未来收入），一有灾难，不借高利贷顷刻破产、借了高利贷便陷入万劫不复之地。一小部分富人，表面上看是靠地租的收入致富，但对贫困人家的剥削最厉害的不是地租，而是高利贷。

考虑到当地连年水旱灾害，如果灾年也收租课的话，等于地主把灾害损失转嫁到佃户身上，佃户的损失便是双重的，不免走向"租地—灾害—逼租—高利贷"这样一个家庭沉沦、下降的恶性循环。因此，对于脆弱的贫农来说，一两次的灾害打击就可能被推进万丈深渊——非但凭借谋生的农业难以维持简单的再生产，而且家庭延续也可能就此休止。

2. 一般农户生活艰难、入不敷出

苛捐杂税加上各级"赢利型经纪"的贪污，农民苦不堪言。

"三里长贫农李炳南，7口人、8亩地，给地主李文启种了8年的拉鞭地45亩（主7佃3分），每年分到六七石粮食，每年到拉动锄时（春天）没吃的，借粮食，借一斗，有面子的，还二斗半，没面子的，还三斗。八年间，把七亩半地卖光了，到现在还是个穷光蛋。""贫农王大说，我今年

[①] 《三里长村基本情况统计表》，商水县档案馆藏，档案号：县委全宗一永久卷15文件1，第4页。

50岁,5口人、8亩地,16岁就给地主王文要种地,种到36岁,把我的8亩地也贴进去了,因为每年都不够吃,借人家粮食吃,利钱大。"① 水旱侵扰之下,连年不收,穷人越来越多,到处是唉声叹气。中农户也叫苦连天,苛捐杂税、抓丁拉夫往往加在他们头上。如,"商水县一区夏王乡夏庄村的王振吉,有三十亩地,按说是吃不清、喝不了的,可是(年年土地所产)不够苛捐杂税之用……"。②

3. 对一般农户生活的估算、比较

言心哲根据李景汉、卜凯等人的社会调查,对20世纪二三十年代中国农村家庭的收入、支出情形作了考察对比③(见表1-6),笔者据之对同一时期商水一般农户的收入、支出情形作一估算、对比,以期弥补定性叙述之不足、求得更为直观的认识。

表1-6 中国北部农家全年生活费用一览表

调查地点	调查者	调查年度	家数（户）	每家年均收入（元）	全年各项生活费用之百分比（%）					
					食品	衣服	房屋	燃料	杂费	总计
北平郊外	李景汉	1927	64	217.00	65.80	4.50	3.00	12.80	13.90	100.00
北平郊外	李景汉	1923	100	180.82	64.30	7.70	4.40	7.90	15.70	100.00
河北定县	李景汉	1928~1929	34	281.14	69.23	6.12	7.64	8.06	8.95	100.00
安徽怀远	卜凯等	1924	124	164.97	57.90	8.90	3.60	10.40	19.20	100.00
安徽宿县	卜凯等	1923	286	250.21	59.20	8.40	1.70	8.80	21.90	100.00
河北平乡	卜凯等	1923	152	127.86	66.40	4.50	10.40	13.10	5.60	100.00
河北盐山	卜凯等	1922	150	135.14	55.00	5.90	8.20	18.10	12.80	100.00
河北盐山	卜凯等	1923	133	113.77	56.70	4.70	5.50	17.10	16.00	100.00
河南新郑	卜凯等	1923	144	340.24	75.10	2.30	3.30	11.00	8.30	100.00
河南开封	卜凯等	1923	149	392.76	76.70	7.00	4.50	5.90	6.70	100.00
山西五乡	卜凯等	1922	251	197.20	50.00	9.60	5.70	15.90	18.80	100.00
总计或平均	—	—	1587	217.64	63.92	6.72	4.11	10.77	14.48	100.00

注:本表根据《我国各地农家全年生活费用的分配表》制成。见言心哲《农村家庭调查》,商务印书馆,民国二十四年九月,第142页。

---

① 《三里长重点土改试验第二步整顿扩大组织工作综合报告》,商水县档案馆藏,档案号：县委全宗一永久卷15文件9,第65~66页。
② 《夏王乡解放以来的历史经过》,商水县档案馆藏,档案号：汤庄乡档案全宗卷4文件17,第80页。
③ 言心哲：《农村家庭调查》[M],商务印书馆,民国二十四年(1935)九月。

从表1-7看，20世纪二三十年代中国北方1587个农村家庭的年平均收入是217.64元，平均食品支出占收入的63.92%，大约是139.12元。参考1925年天津市场的粮价，小麦一石（115市斤）约10~11元、玉米一石（150市斤）约6.5元[①]，因此139.12元大约合1455~1600市斤小麦或3200市斤玉米。也就是说，大致可以认为这就是20世纪二三十年代中国北方一般农村家庭的年平均粮食消费量（如果扣除粮食的流通费用的话，直接生产粮食的农户的粮食消费应该更多一些）。那么同时期商水县一般农民家庭粮食消费情况如何呢？由于详细的调查资料付之阙如，我们不妨从已有的资料入手，作一简单推算。

（1）以表1-1中反映的商水县一区董欢乡反减前的中农为例。277家、1135口人共有耕地4322亩，户均15.6亩、人均3.8亩，以前文提到的商水中等耕地、中等年景年产粮食150斤（夏粮、秋粮合计）计算，户均收入粮食2340斤，若以税率15%计算，可净收入粮食1989斤。再以表1-1中反映的贫农为例。311家、1141口人共1360亩耕地，户均耕地4.4亩，以年亩产粮食150斤计算，户年均660斤——税前粮食人均179斤，除去苛捐杂税，当远低于此数。

（2）以表1-7中反映的1950年三里长乡的中农为例。216家共有3196.1亩耕地，那么户均耕地14.8亩，以前文计算方法，户均收入粮食2220斤，若以税率15%计算，可净收入粮食1887斤。再以表1-7中反映的贫农为例。386家、1896口人共2510.7亩耕地，户均耕地6.5亩，以年亩产粮食150斤计算，户年均975斤——税前粮食人均199斤。

表1-7 三里长全乡基本情况统计表（1950年6月）

阶层	户数（户）	人口（人）	耕地（亩）	宅基（亩）	荒场（亩）	房屋（间）	牲口（头）	大车（辆）	犁耙（套）	耕套（套）
地主	27	175	645	22.2	19.3	199	17	8	29	59
富农	52	370	1905.7	23.1	28.2	373	60	27	73	169
中农	216	1122	3196.1	60.1	63.7	815	134	56	178	390

---

① 许道夫编《中国近代农业生产及贸易统计资料》[M]，上海：上海人民出版社，1983，第91、344页。

续表

阶层	户数（户）	人口（人）	耕地（亩）	宅基（亩）	荒场（亩）	房屋（间）	牲口（头）	大车（辆）	犁耙（套）	耕套（套）
贫农	386	1896	2510.7	65.8	34.7	1080	174	38	139	201
佃农	3	7	36	—	—	4	4	—	4	4
合计	684	3570	8293.5	171.6	145.9	2471	389	129	423	823

说明：本表为商水县委工作队对商水县一区三里长乡各阶层反减后、土改前的土地等生产资料的调查统计，考虑到反减的效果，贫农的土地应比此前的土地要稍多一些，但由于反减的获益阶层主要是雇农及赤贫者，对贫农土地变动情况不大，这里忽略不计。资料来源：见《三里长全乡基本情况统计表》，商水县档案馆藏，县委全宗一永久卷1文件1，第1~29页。

单单从数字看，以表1-1、表1-7反映的耕地占有状况，理想情况下（正常年景、税负不高，而且略有副业或少许的其他收入）中农的生活与20世纪二三十年代中国北方一般农村家庭的年平均收入相近，但是，占农户数量50%以上的贫农、佃农，即便在理想情况下，其自有耕地收入也大大低于此平均数。如果不兼业或租入土地的话，委实难以生存，也正是这些农户，对外部的"无序干扰"最为敏感、脆弱。

民国后，商水县域有所变动，其人口必然随区域而变动，增长率无法确算，这里以1928~1947年河南省的人口变动情况作参照：1928年，河南省人口2909万，1947年，河南省人口2925万，20年间增加16万[1]，几乎可忽略不计。如此，则商水县在此20年间人口也应该变动不大、其人均耕地占有数不应该有大的出入。所以，上述估算，应该能够关照商水县20世纪二三十年代至1950年一般农户的生存状态。

在这片秩序混乱的土地上，在连年水灾的无情袭扰下，在租息、捐税的压榨下，饥饿和穷困是大多数农户挥之不去的梦魇。任何的意外干扰都可能是压垮骆驼的最后一根稻草。

---

[1] "表1 1840~1947年各省人口数、户口数及每户平均人数"，参见许道夫编《中国近代农业生产及贸易统计资料》[M]，上海：上海人民出版社，1983，第2页。

小结　集体行动困境视角下的乡村危机

一　集体行动的逻辑

根据奥尔森的理论①，"由具有相同利益的个人所形成的集团，均有进一步追求扩大这种集团利益的倾向"这一论断是错误的。如果由于某个人的活动使整个集团状况有所改善，假定个人付出的成本与集团的收益是等价的，但付出成本的个人却只能获得其行动收益的一个极小份额。在一个集团范围内，集团收益是公共性的，即集团中的每一个成员都能共同且均等地分享它，而不管他是否为之付出了成本。集团收益的这种性质促使集团的每个成员想"搭便车"而坐享其成。集团越大，分享收益的人越多，为实现集体利益而进行活动的个人分享份额就越小。所以，在严格坚持经济学关于人及其行为的假定条件下，经济人或理性人都不会为集团的共同利益采取行动，集体行动的困境是一种客观存在的社会现象……这种非合作博弈下的集体行动逻辑反映在公共事务管理现实中可能会出现公共产品供给短缺、公共资源利用无度、公共秩序混沌无序、公共组织效率缺失、公共政策执行失范等诸多问题。②

涉及集体行动的集体利益有两种：相容性利益与排他性利益，前者指利益主体在追求这种利益时是相互包容的，利益主体之间是正和博弈；后者指的是利益主体在追求这种利益时是互相排斥的，利益主体之间是零和博弈。排他性的利益集团碰到的是"分蛋糕"的问题，希望分利者越少越好，总是排斥他人进入，而相容性集团碰到的是"做蛋糕"的问题，做蛋糕当然是人越多越好、蛋糕做得越大越好，故这类集团总是欢迎具有共同利益追求的行为主体加入其中，可谓"众人拾柴火焰高"。因此，相容性集团就有可能实现集体的共同利益，但也仅仅是可能而已，因为还是绕不开集团成员的"搭便

---

① 〔美〕奥尔森：《集体行动的逻辑》[M]，陈郁等译，上海：上海人民出版社，1995；
〔美〕奥尔森：《国家的兴衰：经济增长、滞涨和社会僵化》[M]，李增刚译，上海：上海人民出版社，2007。

② 陈潭：《集体行动的困境：理论阐释与实证分析——非合作博弈下的公共管理危机及其克服》[J]，《中国软科学》2003年第9期。

车"行为倾向问题,还是要解决集体与个人之间的利益关系问题。为此,需要一种动力机制——"有选择性的激励",这一机制要求对集团的每一个成员区别对待,"赏罚分明"。具体是:对于那些为集团利益的增加作出贡献的个人,除了使他能够获得正常的集体利益的一个份额之外,再给他一种额外的收益;而惩罚就是制定出一套使个人行为应该与集体利益相一致的规章制度,一旦某个成员违背这一制度,就对之进行惩罚。尽管如此,由于集团规模大、成员多,要做到赏罚分明需要花费高额的成本,包括信息成本、度量成本以及制度的实施成本等。显然,不仅是收益分享问题阻碍了大集团实现其共同利益,而且组织成本随着集团规模的扩张而剧增也难以为继。但有一种例外,那就是小集团,小集团由于规模小、组织成本小,比较容易实行集体行动。

但是,能够组织起来的集团在多大程度上会组织起来,在不同的社会、不同的历史时期会有很大的不同。而且需要说明的是,奥尔森的逻辑前提仍然是理性人假设,问题是理性人并非就是自私自利的同义语,在大集团中,需要利他主义行为存在而且也确实存在,其原因在于行为人的道德满足感或其他个人偏好。从这个意义上说,人应该是经济人、理性人以及感性人的集合体,这几种行为倾向既存在于个体身上,也在群体之中有所体现,只是在不同的情境中、内外互动之下会有不同的侧重而已。

一般来说,具有相容性利益,尤其是与社会利益相一致的大型潜在性利益集团的集体行动可以通过"有选择性的激励",同时花费一定的制度实施成本方能达成目标。集体行动是困难的,在创建任何组织或合作新模式时,都会需要特定的启动成本,包括对陌生事物的恐惧与抵制。如果强制是一种选择性激励的话,这时需要坚强的领导,等待有利的时机。

总之,集体行动困境的克服既仰赖于制度安排,又有赖于行动个体行为的自主性。组织、权威、意识形态、具有某种偏好的"狂热分子"、有选择性激励及强制等制度与非制度性因素的综合运用,为大型集团的集体行动之达成所必需。

二 乡村危机下的集体行动困境

"集体行动理论是政治科学的中心议题,是国家正当性问题的关键"。[1]

---

[1] 埃莉诺·奥斯特罗姆:《集体行动如何可能?》[J],《华东理工大学学报》(社会科学版) 2010 年第 2 期。

随着国家权威的衰败,以乡村政治危机为主要表现形式的乡村危机与集体行动困境互为前提、共生相伴。以集体行动的逻辑为视角,可以解读乡村危机的背景下,为什么传统的村落社区范围的集体行动逐渐消失而小规模集团的土匪比较活跃,同时,超出村落范围的乡村中的绝大多数人,为何在面对共同的水患、匪患以及地方官员的欺压时,虽有明确的共同利益,却共同选择了沉默与逆来顺受,陷入集体行动的困境之中、在危机的乡村中挣扎而不能自拔。

1. 乡村危机

弗里曼等认为,"在维持堤防、慈善机构和能够为经济上受灾难性打击的人们提供最低限度的保障网络的粮仓方面,一个处于衰落之中且负担沉重的传统政府不可能应付新的挑战"。[①] 清朝灭亡之后,在军阀的暴政之下,情势持续恶化。国家政权的渗入和村庄共同体的衰落这两个方面互相影响,导致旧日关系的剧变,使地方的"土豪"和"恶霸"得有可乘之机,来滥用政权、蹂躏村庄。[②]

20世纪上半期的中国是一个传统秩序崩溃的时代,也是一个缺乏强有力的中央权威的时代——旧辙已破、新轨难立。历届政府不要说重新建构社会秩序,甚至不曾有过真正的政令统一、法令畅行。当然,对于18世纪以后的人口剧增、西方列强对中国的压迫和经济侵略等问题,更是无从积极应对。反而长期的军阀割据、持续战乱及军人政治,使地方土匪恶霸普遍兴起,占乡村人口大多数的中下层农户生存条件日趋恶化。

因此,新中国成立前商水县乡村的种种面相,在豫东甚至淮河流域的豫皖苏鲁一带具有一定的典型性。如,通过裴宜理对淮北地区百年社会变动的研究[③],我们看到,包括商水县在内的豫东、皖西北地区,在近代百年乃至更久远的历史以来就是一个灾害频仍、盗匪肆虐的地方。而李庆华对鲁西地区的灾荒与变乱的研究[④]、汪忠汉对苏北灾害的研究[⑤],使我们认识

---

① 〔美〕弗里曼等:《中国乡村,社会主义国家》[M],陶鹤山译,北京:社会科学文献出版社,2002,第27~28页。
② 黄宗智:《华北的小农经济与社会变迁》[M],北京:中华书局,2000,第284页。
③ 裴宜理:《华北的叛乱者与革命者(1845-1945)》[M],北京:商务印书馆,2007。
④ 李庆华:《鲁西地区的灾荒变乱与地方应对(1855-1937)》[M],济南:齐鲁书社,2008。
⑤ 汪忠汉:《灾害、社会与现代化——以苏北民国为中心的考察》[M],北京:社会科学文献出版社,2005。

到了鲁西地区、苏北与淮北一带相似的情景。

其实，几乎所有的中国近代乡村社会史研究都离不开"灾害""灾荒""土匪""贫穷"等反映水利失修、农业停滞、乡村社会秩序混乱的关键词。[①] 因此，商水县、淮北一带的情景只不过是民国年间乃至近代以来中国乡村社会的缩影——只是这里把水灾与灾荒、土匪与基层官员榨取等因素典型地叠加在一起而已。

2. 集体行动的困境

在乡村社会陷入危机的背景下，如果我们把面临共同威胁的乡村社会看做一个有着共同利益的相容性集团的话，我们便会看到乡村社会陷入了集体行动的困境之中。

具体到这个时代的商水县乡村绝大多数农户来说，自然灾害总是不期而至的，仍然处在传统农业生产技术条件下的农民，在灾害面前非常脆弱，同时乡村社会早已失去了互助功能——愈是灾害，利息愈高、迫租愈急。灾民的无力自救更加凸显国家（政府）救助的必须与必要，然而国家除了与乡村地方痞子一起榨取农户之外，并不能给乡村提供任何有意义的帮助。人口压力与不请自到的"无序干扰"打断了传统乡村循环往复的老路，粗暴的武力和稀缺的资本（也包括耕地）大行其道，有机会、有能力大力追逐私利的人损害着整个社会的利益，绝大多数人只能苦度光阴——丰年难得一饱，荒年辗转沟壑。社会无序化，法律与道德失效，支配社会运行的是弱肉强食的丛林法则。

显然，在国家不但不能提供必要的帮助，反而也是一种生存威胁因素的情况下，面对经常性的沙河、汾河决口造成的水患以及危害乡村生产生活秩序的土匪祸患，单个的农户、村落都是无能为力的。那么，为什么数量庞大、具有明显共同利益的区域范围的乡村民众不采取共同合作的方式，

---

① 如陈业新认为：明清时期，是淮河流域环境负向变迁时期。受黄河南泛的影响，地处淮河中游的皖北地区自然灾害频仍，该地社会生活与习俗也由此发生相应变化。作为环境变迁的一种社会应对形式和手段，崇尚武功在皖北滋蔓并成为普遍风习。与明清以来皖北地区武功盛郁风习相对应的，则是文事的日渐衰微。研究表明：文举方面，清代皖北进士、举人数额较明代大为减少，高层人才萎缩，教育下滑，学人及其著述减少；武举方面，清初以来，皖北尚武之风颇炽，社会热衷于武举，武举人数因此猛增；学额与举士数额间的比较，则反映了皖北社会明清时期经历了一个从文到武的变化，清代尚武风习颇盛。见陈业新《明清时期皖北地区灾害环境与社会变迁——以文武举士的变化为例》[J]，《江汉论坛》2011年第1期。

以集体行动来抵御共同的祸患从而改善自己的处境呢？为什么相对数量少得多的土匪却能"有效地"危害整个社会呢？

"各种利益受到忽视的群体之所以不能够有效地组织，在很大程度上并非他们非常贫穷，而是因为他们规模庞大，结构松散，很难将其动员起来。"① 经典作家认为，由于小农人数众多、生活条件相同，彼此间并没有发生多式多样的关系，他们"不能代表自己，一定要别人来代表他们，他们的代表一定要同时是他们的主宰……并从上面赐给他们雨水和阳光"。② 其实，农民并非完全没有集体行动。对此，裴宜理认为，农民的行为方式与更为广阔的社会政治世界以及他们赖以谋生的特定的自然基础密不可分，他们在特定的环境下，为了求生存而采取的最具有适应力的策略也许是集体暴力。淮北生活条件恶劣，一种攻击性的集体暴力模式随之产生，包括掠夺性策略与防御性策略。而且，采取群体生存策略的成员身份以及经常使用的意识形态理由取决于更有组织性的集体。③ 显而易见的问题是，相对于整个农村社会来说，这种以集体暴力模式表现出来的集体行动基本上属于较小的集团，而且大多起于一种亲缘或地缘关系，有组织、有领导人物，有的还有一定的信仰或文化传统，即这些规模较小、组织有力的小集团有效地制约了规模庞大、人数众多的松散的大集团。但是，在对国家权威的挑战层面上，他们总是很难与更大范围的行为者达成一致的集体行动而不可避免地归于失败。

由于缺乏必要的组织资源与核心权威、有效的意识形态理由以及日常的排他性利益彰显而相容性利益的时隐时现等原因，虽然官、匪、恶霸等小集团以及水患等危害着大多数人的利益，但出于个体理性考量，占人口绝大多数的农民仍然处于"一个一个的马铃薯"状态——大型的潜在利益集团尚处于"潜在"状态。

三 何以摆脱危机、走出困境

近代以来，中国面临三千年未有之大变局——内则衰世末世之变乱、

---

① 高春芽：《奥尔森集体行动理论研究》[D]，武汉大学博士学位论文，2007，第134页。
② 《马克思恩格斯选集》[M]，北京：人民出版社，1972，第693页。
③ 裴宜理：《华北的叛乱者与革命者（1845 – 1945）》[M]，北京：商务印书馆，2007，第10~13页。

外则饱受资本帝国主义列强的侵袭，民族民生问题乃当务之急。在此情势之下的工业化、现代化诉求，更需要凝聚共同的力量，以稳定政治秩序、提高物质生产效率，即以集体的力量应对危机。

传统的官民分治模式及其意识形态因其存在事实上的激励攫取而非创造的机制，从而使国家不可避免地走向贫穷，因而无力担负历史重任，跟在西方后面亦步亦趋的模仿学习也屡遭挫折。中华民族迫切需要一种基于凸显相容性利益（共同利益）基础之上的集体行动模式，方能达成主要目标、摆脱困境。

那么，在我们这个农村人口占绝大多数的国度，如何才能有效地动员绝大多数人、以实现大型潜在利益集团的共同行动？即何以摆脱危机、走出困境？

魏特夫的《东方专制主义》[①]认为，包括中国在内的一些东方国家，属于治水社会——因治水而形成官僚垄断、农业专制主义。此说虽招致非议，但中国传统上属于精英政治，确是实情，"中国人认为只要其人是贤者，就能够代表多数……所以国家的选举权，并不托付于一般民众"。[②]或认为，传统中国属于家国一体、皇权至上的社会，民众处于集体无意识状态。长期的专制历史，使社会没有发育，没有形成能与国家、政府博弈的合法利益集团与权力中心。也就是说，传统社会缺乏动员民众的社会性组织资源、能与国家相抗衡的权威中心等要素。

这是否意味着，作为整体意义上的农民，必须有人来代表他们而不需要他们的集体行动？问题是，这样的政府正是传统国家的统治理念，而这种理念不能解决近代以来，中国内则王朝治乱循环的衰世末世、外则资本主义列强侵略所导致的包括乡村危机在内的民族、民生问题。

通过易劳逸对南京国民政府的研究[③]，我们可以得到一些启示。

应该说，南京国民政府是在"革命"的口号中建立的，自称继承了辛亥革命的遗产，而且也确实在大革命中广泛动员了各个革命阶层的民众，并且迅速取得了北伐战争的胜利，统一了全国。但是，由于过多地掺杂了

---

① 〔美〕魏特夫：《东方专制主义》[M]，徐式谷等译，北京：中国社会科学出版社，1989。
② 钱穆：《中国历代政治得失》[M]，北京：生活·读书·新知三联书店，2005，第35页。
③ 〔美〕易劳逸：《毁灭的种子：战争与革命中的国民党中国（1937-1949）》[M]，王建朗等译，南京：江苏人民出版社，2009；〔美〕易劳逸：《1927—1937年国民党统治下的中国流产的革命》[M]，陈谦平等译，北京：中国青年出版社，1992。

旧的东西，终究导致了革命的流产与政权的垮台。

易劳逸认为，从1911年辛亥革命、1927年国民革命到1949年的共产主义革命，都是一种对新政治制度连绵不断的探索，这种新制度将给中华民族带来繁荣昌盛、长治久安（其实，还应该包括对一种新的精神文化的追寻——笔者注）。[①] 但国民政府刚刚在中心地区确立统治，革命力量与革命精神便骤然而逝——由于国民党不是一个有严格纪律或统一理想的生气勃勃的革命组织，而是纳入了过多的旧军阀与旧官僚等旧东西，切断了自己和它的革命动力源泉之间的联系、切断了自己与群众运动的联系、淘汰了许多最进步的积极分子，改变了国民党的性质，造成了国民政府的无效率、腐败、政治压迫和宗派活动横行，加之过重的苛捐杂税，加重了农民的苦难，使中国的大多数人，对这个专制统治不满。结果，导致政权结构失衡、统治基础薄弱，从而难以经受考验、应对挑战。

辛亥革命、国民革命以及国民政府对农民的忽视乃至压榨[②]，无疑是其无力动员民众、以有效的集体行动达成目标从而导致失败的根本原因之一。

因此，非但传统政府、传统文化不能解决中华民族面临的矛盾、使中国乡村摆脱困境，而且革命精神不彻底的政党政府也不能有效解决这一问题。或者具体而言，可以这样认为，农民固然需要有一个全国性的统一组织来领导他们，带领他们摆脱危机走出困境，但并非任何组织都能担负这个使命。

正是危机与困境、正是公共利益的需求，凸显出变革的需求与可能、凸显出大型共容性潜在利益集团集体行动的必要性——必须扩大集团规模，使之具有超出乡村范围之外的、国家层面上的集体行动，即使大型相容性集团的利益与整个社会的利益高度一致。只是，这种变革需要着眼长远、从解决根本问题入手。为此，需要初始成本条件，需要积极进取、灵活应变而非消极保守、僵化的精神；必须要有全新的组织形态、道德观念形态，需要领袖、积极分子以及必要的选择性激励与强制性手段；等等。即需要从外部的制度安排与个体主动性行为的激发两个方面着手，方能突破集体行动的困境。

---

① 〔美〕易劳逸：《1927—1937年国民党统治下的中国流产的革命》[M]，陈谦平等译，北京：中国青年出版社，1992，第1页。
② 章征科：《辛亥革命时期没有"大的农村变动"原因剖析》[J]，《安徽师范大学学报》（人文社会科学版）1994年第2期。

第二章　新政权对乡村的初步控制

1947年，商水县的历史发生了转折。

是年，中国人民解放军由战略防御转为战略进攻，刘邓大军渡黄河、千里跃进大别山。商水县地当中原要冲，国共双方大军往来穿梭，局势变幻不定。伴随着双方正规军在战场上的反复较量，地方武装斗争亦日益紧张、激烈。

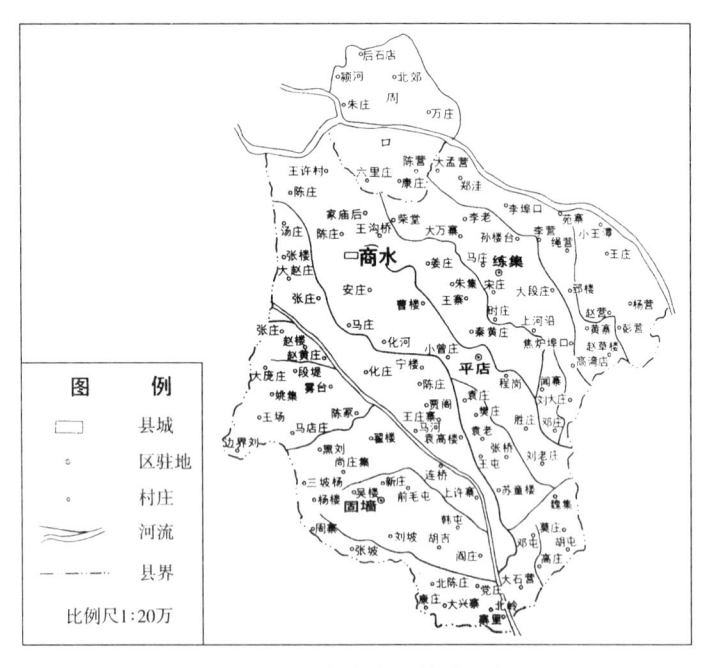

图2-1　1947年商水县境域示意图

随着刘邓大军过境南下，1947年12月，豫皖苏区党委西北工委（后改称七地委）在商水县东南部建立了中共商水县委、商水县民主政府，成立了商水县大队，先后建立了7个区政权（所辖区域如图2-1所示）；与此同时，豫皖苏五地委在商水县西部、郾城县东部、西华县西南部接壤地区建立了中共郾（城）商（水）西（华）县委和郾商西民主政府，先后建立了6个区政权（所辖区域如图2-2所示），同时将原西华县大队改编为郾商西县大队。

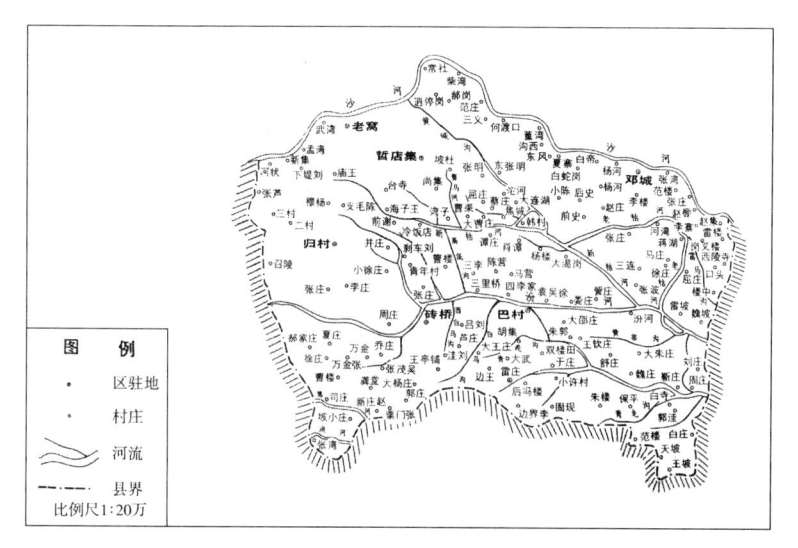

图2-2 1947年郾商西县境域示意图

1949年1月，淮海战役胜利结束，中原大地基本解放，局势日趋稳定，为适应形势发展的需要，1949年2月，豫皖苏中央分局决定，郾商西县和商水县合并，建立了新的中共商水县委、商水县民主政府和商水县大队，并建立了商水县妇女联合会、商水县农民协会，4月又建立了新民主主义青年团商水县委员会，县委、县政府驻地商水老城（今商水县城关镇），属淮阳专区。在此基础上，商水县委、县政府重新调整了区划，下辖10个区（所辖区域大致如图2-3所示）。从此，商水县新政权开始正式对全县行使统一的政府职能，在以前工作基础上，各项社会改革事业如火如荼地开展起来（见图2-4①）。

---

① 图2-1、2-2、2-3和2-4均出自商水县地方志编纂委员会编《商水县志》[M]，郑州：河南人民出版社，1990，第45~47页。

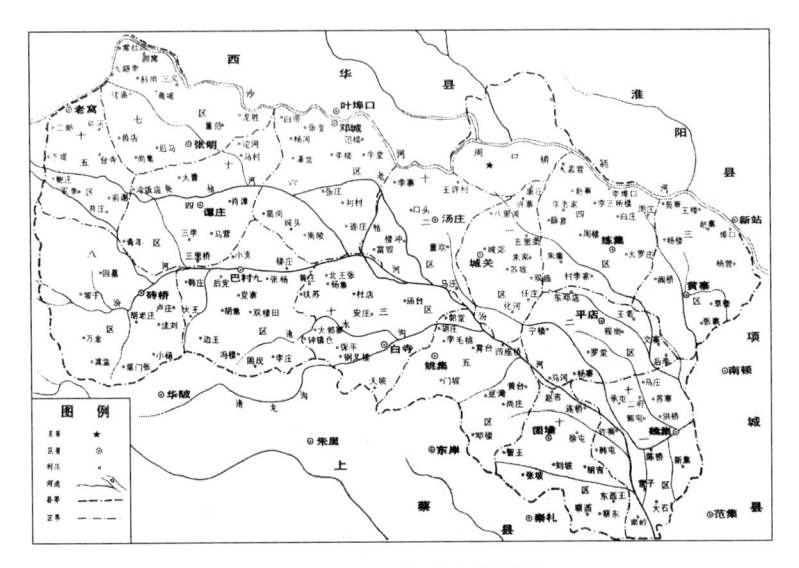

图 2-3　1952 年商水县地图

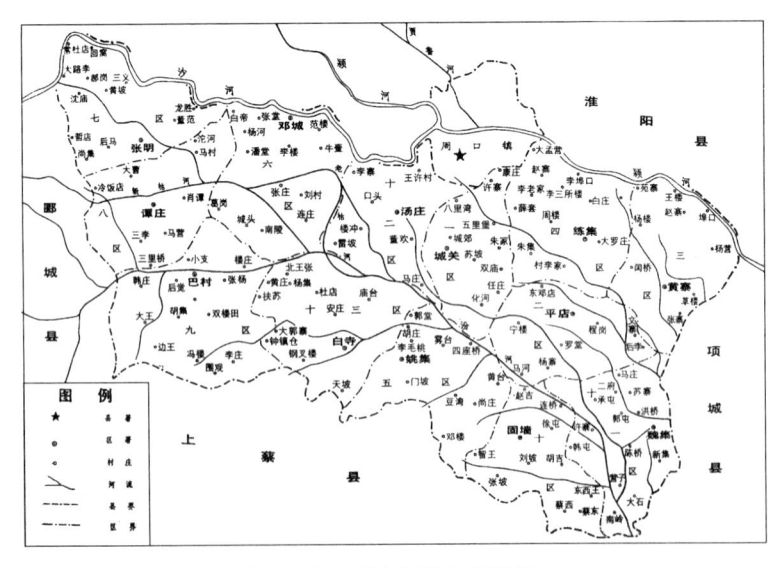

图 2-4　1954 年商水县地图

第一节 新政权的初建与武装斗争

一 革命政权的建立

1. 商水县革命政权的建立和发展

1947年12月，中共商水县委、商水县民主政府成立后，豫皖苏边区西北工作委员会副书记安明兼任县委书记，米光华任县委副书记，窦伯祥任县长（1948年5月，西北工委改称七地委，安明不再兼任县委书记，由米光华任县委书记、张甫任副书记，窦伯祥任县长、王忠范任副县长），与此同时，商水县建立了革命武装——县大队，县大队最初由豫皖苏军区独立旅34团2营3个步兵连组成，共500余人，安明（后米光华）兼大队政委，窦伯祥兼大队长。县大队随县委活动，主要任务是消灭国民党地方武装，保卫地方政权。

根据上级指示及商水县的客观形势，商水县委、县政府的工作方针是：以开展武装斗争为中心，消灭国民党地方武装、摧毁其地方政权，建立自己的政权，巩固胜利成果。商水县逐渐由南向北、向西发展，先后建立了平店、练集、固墙、务台、姜庄、杨集、白寺7个区政权——建立了共产党区委、区政府和区中队（具体情况见表2-1）。

表2-1 原共产党商水县新政权区级政权建立情况（1949年2月前）

区 名	固 墙	平 店	练 集	城 关	务 台	杨 集	白 寺
建立时间	1947.12	1947.12	1948.1	1948.2	1948.2	1948.3	1948.4
区政委	张耀南	张 早	蒋振武	戈 锋	秦春阳	李 权	无
区 长	张明君	张克敏	彭玉顺	陈（？）	张克敏	耿守谦	贺凤山

资料来源：中共河南省商水县委组织部编《中国共产党河南省商水县组织史资料（1927—1987）》[G]，郑州：河南人民出版社，1990，第16、17页。其中城关区后改称姜庄区，杨集区后改称城西区。

为加强干部力量，从1947年秋到1948年春，党的上级领导机关先后从老解放区抽调90余干部来商水开展工作。在1948年秋，随着区、乡政权的普遍建立，基层干部甚显不足，豫皖苏边区七地委和商水县委派戈锋、陆云路等同志在二府举办了一期近百人的知识青年训练班，主要讲解国内外形势和党的现行政策。七地委书记安明、专员李彬、商水县委书记米光华等，亲自到训练班讲课，为区、乡政权培养干部。随后，固墙、平店、练集等区也举办干部短训班，共培养了数百名基层干部，为区、乡、村政权的建立和巩固发挥了重要作用。

2. 郾商西县革命政权的建立和发展

1947年12月，豫皖苏区五地委在商水、西华和郾城县三县交界地区，成立中共郾商西县委员会、郾商西县民主政府和县大队，其区域北到沙河，南至华陂，西接漯河，东抵南岭、官坡，面积约450平方公里，人口约30万。

1947年11月，西华县沙河以北地区的解放区已经比较巩固，12月，解放军占领漯河后，豫皖苏第五军分区司令王发祥在漯河宣布建立郾商西县，以冯明高任县委书记兼县长，柴凯代理县委副书记兼县大队副政委，吕复权任县委组织部长，盛智仁任副县长，将西华县大队三个连300余人枪改编为郾商西大队，南豪军任大队长。由邓城、杨湾、白帝、屠家向南、向西发展——消灭国民党在该地区的武装力量，摧毁国民党区、乡政权，建立共产党的区、乡政权，实现对该地区的军事、政治控制。先后建立了邓城（政委张之田、区长周光武）、张明（政委许立文、区长赵瑞堂）、老窝（区长孙占远）、砖桥（政委吕复权兼、区长张学陆）、巴村（政委徐光、区长侯亚洲）、归村（政委丁铁锤、区长吕昆吾）等6个区政权和区武装力量。

与商水县一样，郾商西县最初的干部是从老解放区抽调的，先后共有40余人，他们在县委的领导下，组成开辟郾商西县的骨干力量。1948年9月，又吸收社会进步青年32人，在白帝、屠家举办了干部培训班，冯明高、盛智仁等领导同志亲自授课，讲解《目前形势和我们的任务》《土地法大纲》及减租减息政策、建立乡村政权的重要性和紧迫性的报告等，为建立区、乡政权培养干部力量。如，学员张和平、张金铭到邓城区白帝乡任正副乡主席、赵俊领（赵赖）任范楼乡主席、东培业任哲店区张明乡主席、吕丑任龙盛乡副主席等，其余学员，有的分到支前粮站、有的分到区、有的留县工作队工作，其中学员屈收、张耳朵学期未满即回龙盛沟村任村长和副村长。①

---

① 邱有功:《对举办三次干部培训班的回忆》，中共商水县委党史办公室:《商水风云》[M]，郑州:河南教育出版社，1992，第101~105页。

二 武装斗争

1. 商水县的武装斗争

虽然1948年全国解放战争发展迅速,整个战局对共产党十分有利,但在商水县,国民党还有相当大的势力,地方武装颇有实力:一个县大队、包括4个中队500余人,六乡一镇各有一个百余人的中队,其他地方武装数股,加之国民党正规军黄维兵团11师不时袭扰商水,给新政权造成很大威胁。商水县委领导县大队和各区队,在豫皖苏军区独立旅的支持下,避实就虚、不断消灭敌人的有生力量,同时加紧对敌政治攻势、孤立打击少数顽固之敌。

从1948年年初开始,共产党商水县地方武装连续扫荡、消灭国民党各区、保武装;1948年8月中旬,又一举打垮国民党最后一任商水县长单秉约残部,俘民政科科长以下8人,余众溃散。此举表明商水县地方武装土崩瓦解,共产党新政权基本控制了局势。

共产党商水县地方武装不但通过武装斗争逐步控制了商水局面,而且为全局性的武装斗争作出了贡献:在1948年6月27日至7月6日华东野战军和中原野战军发动的睢杞战役过程中,商水县大队和部分区队配合中原野战军某部,在周口狙击国民党援军黄维兵团,激战两昼夜、胜利完成任务;在商水县局势初步稳定、共产党新政权基本巩固之后,商水县大队除留部分干部外,回归改编为二野主力某营,同时把一些力量较强的区队升编为县大队。

2. 郾商西县的武装斗争

郾商西县成立时,其境内有国民党地方武装约2000人,中共郾商西县委领导县大队和各区队武装多次与之激战。

由于郾商西县位于漯河、周口交通要道之上,国民党正规部队不断沿周漯公路袭扰,1948年3月到6月间,国民党地方武装一度极为活跃,双方地方武装各在其正规部队的配合下积极行动,有几个月的时间,双方形成拉锯之势:以沙河为界,双方在南北两岸、往来争夺。5、6月以后,随着主战场上双方力量的此长彼消,共产党郾商西地方武装渐居主动。9月,县大队配合豫皖苏独立旅一举消灭国民党西华、西平、郾城地方武装数百人,又消灭国民党地方匪霸张豁子等部800余人。至此,郾商西境内成股的非共产党武装力量被全部消灭,共产党地方政权得到迅速发展并巩固。

三　商水县与郾商西县合并

1949年1月，淮海战役结束后，长江以北的国民党主力部队基本被消灭，东北、华北、中原地区全部解放，解放大军准备南下渡江作战，商水县局势趋于稳定。

为适应新形势的发展、完成新的任务，1949年2月，豫皖苏中央分局决定郾商西县和商水县合并为商水县。合并后的商水县归淮阳专区管辖，县委书记冯明高，县长王仲范，副县长盛智仁，张甫任县委副书记，吕复权任组织部部长，李权任宣传部部长，秦春阳任农协主席，陈晓光任团县委书记，王志英任县妇联主任。

经过调整，全县重新划为10个区：一区城关（政委戈锋、区长周仲民），二区平店（政委、区长张冬书），三区黄寨（政委徐保宽、区长刘金芳），四区练集（政委李广生、区长吴金玉），五区姚集（政委彭玉顺、区长牛润成），六区邓城（政委张之田、区长耿守谦），七区张明（政委许立文、区长陆学信），八区砖桥（政委刘耀、区长孙占远），九区巴村（政委贺凤山、区长房豫皖），十区固墙（政委李介农、区长杨正平），分别成立了党的区委会和区政府。[①]

至此，新政权在商水乡村全面建立并稳定下来，为此后的社会革命奠定了基础。

第二节　"急性土改"

一　新政权领导的"急性土改"

1. 中共商水县委领导的"急性土改"

1947年年底至1948年年初，原中共商水县委成立之初，即在固墙、二府一带，搞"走马点火""户户冒烟""大轰大嗡"，分地主浮财。1948年3月，停止"大轰大嗡"，进行土改，后称"急性土改"。土改工作队进村先建立贫农团，统计人口、土地数目，采取中间不动两头平的办法，把地主

[①] 中共河南省商水县委组织部编《中国共产党河南省商水县组织史资料（1927-1987）》[G]，郑州：河南人民出版社，1990，第17~20页。

的土地分给贫苦农民。如，1948年2月，中共姜庄区政权建立后，即组织工作人员访贫问苦、扎根串联，发动和组织群众分地主的浮财，给土改打基础。当时以姜庄（地主比较集中的地方）为中心，组织石庄、臧庄、瓦房庄几个村的贫下中农分姜庄地主的粮食、农具、家具等，基本上满足了贫下中农的要求。接着，组织贫农协会筹备组丈量土地，进行重点土地改革。区政府召开了贫农代表会，首先讲当前的形势；贯彻《土地法大纲》，进行诉苦和土地回老家教育；讨论土地分配方案……从老解放区来的革命干部们，根据已有的经验，在扎根串联、访贫问苦和分地主浮财等发动群众行动的过程中，在各村组织贫农小组、建立共产党领导的群众组织，成立正式的行政机构——乡、村行政组织；同时，积极发现、培养贫农积极分子，以便为进一步发动群众、推动土改等党的各项工作服务，一些表现积极、勇敢的贫下中农被推举为干部。如姜庄区石庄的贫农石大个子，办事公道、发言积极，被推举为区农会筹备组组长。

当时开展急性土改的共有20个乡、120个自然村，涉及9788户农民，分配土地124287亩。但由于当时国民党地方武装尚未完全消灭，政权不稳、时局多变，群众顾虑重重，有的白天分到土地契约，晚上又送还地主；有的白天分的东西，晚上扔到大街上；有的分到东西，赶紧设法变卖。

2. 中共鄢商西县委领导的"急性土改"

1948年3、4月间，鄢商西县由代理县委书记张申和县委组织部部长吕复权负责，组织了土改工作队。李德龙、刘富全任正副组长，在屠家、白沙岗、陈半台、杨河、白帝等村搞"急性土改"。工作队进村后，深入贫雇农家中，访贫问苦，与他们同吃、同住、同劳动，向他们宣传政策。经过发动群众、组织贫农团，开仓济贫，把地主富农的土地、主要生产资料分给无地和少地的贫苦农民。具体分地办法是根据各村人口、土地数目，除自耕农不动外，将地主、富农的土地一律按人口平均分配。

这里的土改工作队的工作方法与工作程序大体与商水那边的类似，而且连结果也基本一致：工作队在土改工作过程中虽然也召开了几次会议教育发动群众，但由于局势不稳定和时间仓促，群众未能充分发动起来，而且在某些村有侵犯中农利益的现象。因此，一些农民思想有顾虑，有的分了东西不敢要，也有的把分得的东西赶紧卖掉。

3. 地方旧势力对"急性土改"的激烈抗拒

作为新解放区，在对待农村的工作上，当时的条件并不允许按照老解放区的经验行事，贫苦群众对"土改"的重重顾虑并非杞人忧天。

今商水县练集乡五里堡村张庄地主张义理（外号"白脸奸臣"），在"急性土改"时跑了，解放军走后，他回来在街上大叫："拿我的东西，要不给我，叫恁一家死完！"把分他东西的几户农民吓得惶惶不可终日。① 1948年3月初，国民党正规军11师对周口、商水一带进行扫荡，国民党地方武装趁机活跃，共产党县、区政府转移，各村建立起来的贫农小组紧急隐蔽起来，暴露出来的斗争骨干、积极分子，有的逃往亲戚家躲避，有的潜藏起来暗中继续斗争。1948年农历正月二十三日（3月3日）夜，练集区闫桥村被斗地主闫士亭联系国民党地方武装百余人，包围闫桥村，搜捕群众积极分子，共产党员闫桥乡主席闫兴安的母亲、妹妹和身怀有孕的妻子，乡农会代表闫士望、闫士林等七人被捕，他们在惨遭毒打之后，或被绳子勒死，或被砖头砸死，惨不忍睹；1948年3月9日，国民党淮阳县大队副大队长智继水带领"还乡团"进入固墙区张桥、承屯一带，共产党员张桥村干部（人称穷人头）张书甫、承屯的承凤礼等被捕。3月10日，附近的尚庄逢集，"还乡团"把张书甫等押到集上，当众宣布铡死为共产党办事的穷人头（尚庄村被共产党政权嚯过财产的地主王国宝，自告奋勇回去搬来自家的铡刀）；同日，姜庄区石庄的石大个子被捕，经严刑拷打后被杀害。

东边商水县分地农民的顾虑，在西边鄢商西县急性土改中一样存在，当地旧势力的反扑同样凶狠。

1949年4月17日，国民党西华、商水地方团队2000余人，在国民党11师1个营的支持下，向鄢商西县委、政府所在地龙盛沟、邓城一带突袭。当日上午，杨河地主杨老七得知"还乡团"回来，认为机会来了，在街中大喊：中央军回来了，快烧茶水迎接中央军！并威胁贫苦群众把"土改"的地契烧毁。当日下午，杨老七即被中共邓城区委率区队在杨河村群众大会上枪决，但其子杨凤台（杨凤台在其所在的乡公所被共产党地方武装打击、瓦解后，积极参加国民党地方团队，即所谓的"还乡团"，配合国民党正规军向共产党地方武装进攻）进行了疯狂报复。4月22日夜，杨凤台将杨河村贫农积极分子史黑炭一家杀害；4月27日，杨凤台与其弟杨凤章带领"还乡团"200余人回村搜查村干部和土改积极分子，共杀害农会干部史

---

① 《五里堡乡大张庄典型调查材料》，《一区几个典型村的材料》，商水县档案馆藏，档案号：县委全宗—永久卷15，第167页。

树勋，农会组长（妇女）段翠、李苏氏，县大队战士史数，贫农李西彬父子（陈半台村人，从沙河北拉着家具途径杨河村，被认为是嗡地主家的东西，引起仇恨）等6人。另在4月23日，"还乡团"突袭陈半台村，当时土改工作队正在召开群众大会，猝不及防，土改工作队员、共产党郾商西县妇女主任赵海静在突围中遇害。①

"急性土改"过程中，反对势力的极力反抗与贫雇农干部、积极分子的牺牲，甚至土改工作队员的牺牲以及分地群众的惶恐不安等情况表明，华北老解放区的土改经验并不能完全适应新解放区的情况，也表明外力对乡村秩序的强行重构需要几个必要条件：强有力的武装力量支撑、较为稳定的局势、初步稳定的乡村新秩序、深入乡村的组织、贫苦农民对新政权的信心与思想认同等。

二 "急性土改"的停止及其原因

1948年6月，中原局发出"六六指示"：在新区不要急于搞土地改革，要先搞减租减息。商水县委根据上级指示，于6月24日召开县委第一次全体会议，决定停止"急性土改"，实行减租减息，制定了减租减息政策：发扬民主精神，采取群众评议，在未土改的乡区，地租分成是佃户得"六五"，地主得"三五"，债务偿清是利息不能超过本金一半。②

"急性土改"是当时全国性政治、军事斗争大环境下的产物。

1947年秋，刘伯承、邓小平率领晋冀鲁豫野战军主力，南渡黄河，征战中原、创建新的根据地。由于是脱离原来的根据地进行的大规模无后方作战，部队的供给是一个大问题。军需紧急，为了生存，只能没收地主的财物以解决部队的急需。结合中共中央关于贯彻《中国土地法大纲》的指示，新成立的中共中央中原局（当时商水县分属豫皖苏边区五地委、七地委管辖，受中原局领导③）于1947年10月12日向所辖部队和地方党委下

---

① （商水县第）六区委，《匪霸杨凤台之罪行：第六区杨河村于农民解放运动中遭受反动者的残杀事实》，商水县档案馆藏，档案号：县委全宗一长期卷3文件5。
② 《中共中央中原局关于执行中央五月二十五日指示的指示》，《中共党史参考资料》（第三次国内革命战争时期·下）[G]，人民解放军政治学院党史教研室编印，1979，第128~135页。
③ 中共河南省周口地委组织部编《中国共产党河南省周口地区组织史资料（1927-1987）》[G]，北京：中共党史出版社，1993，第104~110页。

发了《关于放手发动群众创建大别山解放区的指示》，要求坚决反对"右"倾现象，把土地改革作为创建根据地的有力武器，在有初步工作基础的地区，立即放手发动群众，分浮财、分土地，在五个月内完成土地改革。

由于处于战斗激烈的环境下，在一些区域，双方如拉锯般反复往来。比如，1947~1948年间，周家口镇就在国、共两军之间11次易手。[①] 因此，群众对共产党根据地政权能否巩固心存疑虑，仍在等待和观望，而当时的战争形势又迫切要求迅速完成土改，以争取群众、汲取乡村资源支持战争。势危事急，难免急躁、过激。中原局的指示发到各地后，不少地方的干部急于发动群众、扩大土改区域、完成土改任务，提出了"一手拿枪，一手分田，打到哪里，分到哪里"和"村村点火，处处冒烟，走一处点一处"等过激口号。

打土豪、分浮财的办法能在短期内解决部队的吃、穿所需，并为一些群众所欢迎，但容易发生不加区别乱打一通的问题，分浮财也常常是少数勇敢分子分得多，真正穷苦的群众反而分得少，甚至养成一些专门吃斗争饭的二流子，斗了地主斗富农，斗了富农斗中农，无利不起早。在斗完地主、富农的浮财后，负担就转嫁到了中农身上，中农承受不起，又将一部分负担转嫁到贫农身上，最终中农、贫农的利益受损。

地方党委就当时商水县的情况向上级报告说，商水县周口附近一带，"由于经常过（我们的）部队，都到附近要粮，军队和地方同志不管三七二十一，挨门收，后来群众端面盆给我们'跑反'……我们部队和地方同志见到地主、富农就要粮、要布，这样跑了很多地主，豫皖苏军区独立旅35团抓到一个地主，有10余顷地，开始要他2000万万元冀钞，后减到10万万元冀钞，现在只交到不到1000尺布。这样下边很乱，中农负担重。我们到庄上给老乡讲负担标准，大家感到好，可是地主不回来，征粮搞的乱，群众不满意。逃亡地主，在漯河租一间房子，一月租价180万元，消耗大，生活也很不好。沿汾河一带秋天常常淹，群众要求筑堤……""（嗡）不是好办法，是错误的……"[②] 中原局副书记李雪峰在给中央工委书记刘少奇的

[①] 瞿庆荣：《周口"拉锯"情况》，政协河南省周口市委员会文史资料委员会《周口文史资料》第六辑 [G]，1989，第33页。
[②] 《豫皖苏七地委关于〈商水情况〉的资料（1948年5月1日）》，中共商水县委党史办公室：《商水风云》[M]，郑州：河南教育出版社，1992，第210页。

报告中曾这样说,在分浮财的地方缺乏组织、阶级阵营不清,一村一村地辗转去分,实际是吃大户,叫做"嗡"。好处是满足了群众一些要求,激发了群众进一步分地的要求,但流氓、地富狗腿及伪装分子大批混入,浪费很大,这村打那村,引起群众之间的纠纷。

从 1948 年 3 月起,邓小平对中原各解放区特别是豫皖苏和豫陕鄂两大区的土改情况作了全面的调查。此时中原全区有 4500 万人,其中共产党基本控制区域大约有 2000 万人,游击区约有 1000 万人,没有到过解放军的崭新区约 1500 万人,在控制区和游击区中实行了分田的只有 400 万人,其余的地区大都只分了浮财。邓小平在调查中了解到各区在纠正"左"倾错误后,群众反映良好,豫西①、豫皖苏内地的地主武装也逐渐减少,集市开始恢复,社会秩序走向安定。通过调查研究,邓小平感到在新区马上进行分浮财、分土地是不适宜的,过早进行土改害处很大,要打只打那些首恶分子、大恶霸,最严重的反革命分子和最反动的乡长、保长。主要精力应放在发展农业生产,稳定社会秩序,动员群众支援战争上。②

1948 年 5 月 25 日,中共中央发出《1948 年的土地改革工作和整党工作》的党内指示,提出进行土地改革必须具备如下三个条件:第一,当地一切敌人武装力量已经全部消灭,环境已经安定、而非动荡不定的游击区域。第二,当地基本群众,雇农、贫农、中农的绝大多数已经有了分配土地的要求,而不只是少数人有此要求。第三,党的工作干部在数量上和质量上确能掌握当地的土地改革工作,而非听任群众的自发活动。如果某一地区在上述三个条件中有任何一个条件不具备,即不应当将该地区列入 1948 年进行土地改革的范围。按照中共中央的指示精神,1948 年 6 月 6 日,中原局作出了由邓小平起草的《贯彻执行中共中央关于土改和整党工作的指示》("六六指示"),这个文件全面总结了一年来新区工作的经验教训,强调指出:为了不重复错误,有效地团结一切社会力量反对美蒋,更早地完成全部解放中原人民的任务,全区应立即停止分土地,停止打土豪,停止乱没收。禁止一切破坏,禁止乱打人、乱抓人、乱杀人等现象。③

---

① 楚向红:《豫西解放区政策研究》[J],《学习论坛》2006 年第 7 期。
② 罗平汉:《邓小平与新解放区急性土改的停止》[J],《文史天地》2004 年第 3 期。
③ 中央档案馆编《解放战争时期土地改革文件选编(1945–1949)》[M],北京:中共中央党校出版社,1981,第 374 页。

解放新区"急性土改"的停止,一方面说明,新区在军事政治局势、基层政权的动员能力、各级干部的政策水平、农民的政治信念等许多方面,还不具备广泛开展土地改革运动的条件;另一方面说明,只从主观需要出发,试图凭老经验、不通过认真细致的工作,只想在短时间内解决全部的新问题,结果只能造成在实际工作中的挫折、失败——既不利于发展农业生产,也不利于稳定社会秩序,更不利于动员群众支援战争。

第三节 以"支前"为中心的乡村初步动员

"六六指示"以后,随着地方军事形势的好转,共产党新政权逐渐站稳脚跟,此时,经过主战场上一年多的激烈角逐,国共两党最终的军事大决战也渐渐拉开帷幕。对于共产党军队来说,根据地源源不断的人力、物力支持是其克敌制胜的法宝——能否就地顺利取得兵员、后勤补给乃生死攸关之事,根据地新政权的一切工作必须以此为中心展开。同时,艰巨的支援战争任务也是对初入乡村的新政权的考验。

一 对战勤与财粮工作的部署

结合形势的发展与上级的指示,中共商水县委在1948年6月24日的县委第一次全体会议上,具体部署了下一阶段的工作。

1. 党委的中心工作转为战勤和财粮工作

夏征。开办夏征工作训练班,先征收中心区,再征收边沿区,以自然村为单位。地方武装配合夏征工作,积极活动,打击土顽。

支前。县、区设支前指挥部,以行政负责人任指挥长,每百人出一副担架,编组担架队、小车队,负担上按每亩地准备白面两三斤,有人出人,有钱出钱,按人地计算为原则,禁止集体雇觅。

扩军。年底前(1948年12月中旬),在原有县大队、区中队基础上,扩至800~1000人,方式主要是个别扩大,不能拉夫,在成分上要求贫雇农,不要地主、地痞、流氓,各区委根据情况,坚决保证完成任务。

2. 对敌武装斗争问题

枪支问题。农村中各阶层所有枪支(不论地主、富农)一律停止起,原乡镇保甲公有枪支用动员说服方式起,不得多罚子弹,原有多少交多少,没有即算了。

对敌斗争。县、区具体讨论订出打击、争取、分化对象，县委提出主要打击朱占彪、争取雷兰坡，要求各区讨论、订出具体方案，并报告县委会；大力进行宣传，争取次要分子悔过自新，携枪投诚，按枪价值四分之一奖励；若有些人尚不能马上投诚，也得利用一切办法，叫他少危害人民生命财产，不极端反对新政权；除能控制地区进行政权改造外，其余的还可以利用旧的办公人员（但必须是人民对其不十分仇恨的人）。

3. 群众工作问题

停止土地改革问题。首先干部要打通思想，即从群众长远利益着想，不要简单进行土改——结果群众觉悟没提高、封建势力未被打垮，这是不对的；麦收前号召群众分恶霸逃亡地主之麦，仍需答复群众要求，但在打击面上要更小，策略更得讲究；过去已土改的，仍要支持群众既得的果实，并提高其觉悟。

减租减息问题。各区要调查一、两个能代表一般租佃及债务关系的自然村，报告上级，以便制定政策，同时各区委亦得加以研究；采取群众评议的方式进行减租减息，原对半分粮者，可改为佃户得"六五"，地主得"三五"，一般利息最多不能超过本金一半（如借一斗还一斗半）。

4. 领导与干部问题

财粮战勤工作由党委领导，应放在头等地位，能否完成由党委负责。对干部要树立正确的风气，过去犯的错误必须下决心改正，方能既往不咎。小组向区每日报告一次，区向县每逢三、六、九书面报告一次，临时有事，临时报告。

上述规定不能公开宣传，只能作为各级政府掌握的方向，具体由（豫皖苏）区党委规定再宣传。①

上述工作部署，可以说是"六六指示"后，中共商水县委停止急性土改、为保证中心工作顺利完成的一个战略转变：（1）对敌武装斗争采取缓和态势。不再强迫起枪，缩小武装打击对象的范围，能政治瓦解的尽量政治瓦解。（2）对乡村社会工作由激进的革命转向温和的改良。停止土改、缩小打击面，实行减租减息。（3）内部整合。即加强党委负责制的统一领

---

① 参见《商水县委第一次全体会议决议（1948年6月24日）》，中共商水县委党史办公室：《商水风云》[M]，郑州：河南教育出版社，1992，第203～205页。

导，强调报告制度，以便党委随时掌握情况，作出决策、指示，同时对犯错误干部的处罚又有所缓和：只要对过去犯的错误决心改正的，可以既往不咎。

二 初步动员下乡村的反应

1. 对乡村的初步动员

（1）支援淮海战役。在支援淮海战役之前，当时的中共商水县委和郾商西县委，在新政权立足未稳的情况下，动员乡村民众支援了1948年6月27日至7月6日华东野战军和中原野战军发动的睢杞战役。如前文所述，在睢杞战役过程中，商水县大队和部分区队配合中原野战军某部，在周口狙击国民党援军黄维兵团；郾商西县委发动群众，组织担架队300余人，赴商水、上蔡边界的双河寨一带前线抬运伤员，并大力征集粮秣供应解放军。

1948年11月，中共商水县和郾商西县又动员、组织大批民工，成立担架队，长途跋涉数百里，支援淮海战役。

1948年11月6日，淮海战役打响后，遵照上级指示，中共商水县委连夜召开区、乡、村干部会议，组织发动工作，仅三天时间，即组织3000个民工，300副担架，成立了商水县支前支队，县长王仲范任豫皖苏第七专员公署支前司令部指挥长兼政委、商水县支队长，于11月9日出发，日夜兼程，赶赴指定地点——安徽宿县双堆集附近某村。

中共郾商西县由组织部长吕复权任指挥长，组织民工2000余人，担架300多副，奔赴前线。

1948年12月中旬，黄维兵团被解放军歼灭，商水县和郾商西县支前的民工队伍也在经过一个多月的辛劳之后，完成了任务而返乡。

（2）支援大军南下渡江作战。1949年年初，淮海战役胜利结束后，长江以北地区基本解放，人民解放军积极准备渡江作战。1949年1月，商水县开始布置供应部队粮草工作，3月初，即有部队开赴商水。

1949年1月27日，商水县民主县政府训令各区政府："为确保在我县休整部队的供应，使工作由被动转为主动，特作如下布置：（1）今后全县应征集粮食数量：麦子151万斤、秋粮470万斤、柴火1480万斤（内有预借柴草720万斤）。（2）各区确保如下数量的麦子集中到仓，柴预备好，限于（1949年）农历正月十五日前完成"。（见表2-2）

表 2-2　各区确保限期集中麦子到仓数量及预备柴火数量

单位：万斤

	一区	二区	三区	四区	五区	六区	七区	八区	合计
麦子	30	30	2	3	5	5	3	5	83
柴	80	100	100	80	100	100	80	80	720

资料来源：本表根据《商水县民主县政府训令：令各区政府（1949年1月27日）》中商水县政府对各区布置的任务数量整理而成。见《商水县民主县政府训令：令各区政府（1949年1月27日）》，商水县档案馆藏，档案号：商水县政府全宗一永久卷3，第55件，第82页。

"同时，各区1948年秋征任务，限于2月底，基本上完成。以上任务都是带有时间性的，限期督促。望各区切实完成为要！"[1] 1949年2月13日，县府通知："顷奉专署通知，（二野）九纵二十五旅，昨日从许昌出发，日内即可到我县休整，前各区对部队单位柴火、马料、粮、面供给的分配，是三区、一区与二区东部供给这个二十五旅，今部队不日即到，望三区赶快把兵站建立起来，集中粮面，一区与二区东部也应迅速集中（物资），等部队到时，才可保证供给，不致手忙脚乱。"[2] 1949年3月1日县政府更发出紧急通知："我军四十三师（原二十五旅）今日上午已到商水一个团，今晚可能全部到达，住在五区的三里长，二区的吴露寺、杨寨一带，关于供给问题，作以下布置：马草、马料、烧柴，住在某区由某区供给……二区，限明日送秋粮面十四万斤到三里长附近兵站（可先派人到五区联络）；一区，限明日送麦面七万斤到三里长附近兵站（可先派人到五区联络）。以上任务，望遵期完成，不要延误部队供给。"[3]

当时，第二野战军第九纵队司令员秦基伟曾到商水并指示："部队驻在这里主要是休整，准备渡江作战，解放全中国。你们应继续努力做好支前工作。"[4]

从此，商水县大规模的支前工作拉开帷幕。

---

[1] 《商水县民主县政府训令：令各区政府（1949年1月27日）》，商水县档案馆藏，档案号：商水县政府全宗一永久卷3第55件，第82页。
[2] 《关于九纵二十五旅到我县供应的通知（1949年2月13日）》，商水县档案馆藏，档案号：商水县政府全宗一永久卷3第62件，第96页。
[3] 《紧急通知（1949年3月1日）》，商水县档案馆藏，档案号：商水县政府全宗一永久卷3第59件，第91~92页。
[4] 中共商水县委党史办公室：《商水风云》[M]，郑州：河南教育出版社，1992，第31页。

（1）动员组织。1949年3月初，中原临时政府、中原军区发出联合命令，成立中原支前司令部："为全力支援南下大军，保证供应，统一领导，着即成立中原支前司令部……"① 随即，1949年3月初，商水县成立了战勤指挥部（后改称支前司令部），以县长王仲范任指挥长，县委书记冯明高任政委。②

动员。1949年3月17日，商水县战勤指挥部发出紧急命令："三、四月份我们最重要的中心任务是全力供应东野百万大军渡江，这个任务是空前的艰巨与伟大，也是我县供应支前最后一次的巨大任务。全体干部必须百倍紧张动员起来，必须用革命突击的精神、对人民负责的态度，确保任务按期及时完成。……在这个非常时期，是考验我们全体干部同志的时期，定要赏罚分明。把全县45万人民动员起来，克服一切困难，完成供应。"③

在此过程中，商水县支前司令部不断督促、激励全县干部群众，克服困难、完成任务、勿稍松懈。如，1949年3月31日，支前司令部通知："南下大军第一批已经过去，第二批大约十天才能来到，各区党政军民要紧急动员起以突击的精神，大力集中粮面柴草，争取战勤主动……"④ 此后，支前司令部不断作出紧急指示，动员干部群众。"现在二批过境大军先头部队马上前来，而且大队陆续来临。我百万大军已横渡长江，并很顺利的解放了反动派长久统治的中心大城市南京，这说明大军进展很快，要争取早日取得全国的胜利，必须积极的、不留余力的、百倍紧张的、咬紧牙关、突破任何困难，支援大军南下，这是我们每个工作同志及全体群众当前责无旁贷的、刻不容缓的、神圣而艰巨的任务。另外，多数群众与村干，还幻想着二批过境大军不会来了，这么长时候还没见来，有的说队伍来了再腾房子、组织烧茶还不晚，这种等待观念大有害于我们事先的充分准备工作，希各区工作同志立即展开宣传，打破群众与村干的幻想与等待的右倾思想，把大军过江的胜利及二批南下大军已经来临的消息告诉群众，打消

---

① 中原临时政府、中原军区：《关于成立中原支前司令部的联合命令（民国38年3月）》，政府全宗一长期卷2第3件，第3页。
② 中共商水县委党史办公室：《商水风云》[M]，郑州：河南教育出版社，1992，第32页。
③ 商水县战勤指挥部紧急命令（1949年3月17日），商水县档案馆藏，档案号：政府全宗一永久卷1第1件，第1~3页。
④ 《通知（1949年3月31日）》，商水县档案馆藏，档案号：商水县政府全宗一永久卷2第4件，第5~8页。

不正确的想法，充分积极行动起来，突击我们的准备工作。要知道多准备点就会多获得支前工作之一部分成就。"① "数日来我们做充分准备的供应工作，现已来临了。也是我们支前机遇中每个同志大显身手的时机，望沉住气、加把劲，共同努力来完成这个保证全国胜利的伟大的支前任务！"②

商水县支前司令部反复强调："目前支前工作是我们一切工作的重心，必须集中力量尽一切办法确保完成……在我们作风上要艰苦朴素，走群众路线，克服一切思想上腐化享受、并脱离群众的命令包办等不良作风……争取主动，以打下支前工作完成之后全力开展城市乡村群众运动的基础。"③

组织。商水县设立沿途兵站。兵站有分站与小站两种：全县共设分站3个，小站7个。组织力量与分配：各站均设粮秣、总务、运输、车辆四股，每股各设股长、会计一人。每个分站干杂人等20~30人。干部、工人来源：除指派的站长、政委以外，其他动员、运用当地社会力量。任务日程安排：1949年3月20日至5月10日，共分四次供应部队。汇报制度：必须两天向指挥部报告一次。任务完成后必须总结、研究经验，以便交接。赏罚分明：对完不成任务者给予适当处分，决不姑息。各站需5天开一次全体会议，切实掌握社会力量。④

根据支前中出现的问题，商水县支前司令部对兵站进行调整，健全组织、制度：适当调整各站人员，分站30~50人，小站6人。明确规定各股的工作任务。县司令部直接领导各分站，分站领导本区所设各小站，分站内物资调度权属县司令部。分站两天向县司令部汇报，小分站每天向分站汇报。股长、会计联席会两天一次，全站会议七天一次，内容是检讨工作、生活和学习，半月与所驻村居民开一次联欢会，加强与群众间的联系，提高其支前热情。每早争取学习两小时，内容是报纸及有关支前的文件。⑤

---

① 《县司令部关于目前支前工作的指示（1949年5月7日）》，商水县档案馆藏，档案号：商水县政府全宗一永久卷6第10件，第56页。
② 《紧急通知（1949年4月23日）》，商水县档案馆藏，档案号：商水县政府全宗一永久卷2第29件，第40页。
③ 《全民动员完成支前准备开展群众运动》[N]，《支前报》（商水县支前司令部印）1949年4月28日第3期。
④ 《商水县战勤指挥部紧急命令（1949年3月17日）》，商水县档案馆藏，档案号：政府全宗一永久卷1第1件，第1~3页。
⑤ 《司令部关于抓紧时机充分准备支援第二批过境南下东野大军的决定》，商水县档案馆藏，档案号：政府全宗一永久卷6第3件，第14页。

其实，支前司令部、兵站等支前机构只是为更好地完成支前工作而设的临时供应军队的对口机关，物资的征集、运输、架桥铺路、社会治安等工作还需要行政机构的有效运转，因此，最关键的动员还是对区、乡、村政权机关与干部的动员。修路。"顷奉行署紧急通知，为迎接大军南下渡江，公路的路基及大小桥梁，都要赶修……每区要有一干部负责带领民工……这一任务关系南下军事行动，由上级派员蒋鸿亮同志直接负责指导修筑，望各区接到任务后，仔细研究分段分工，即刻布置下去，完成为要。"① 保卫。"查周口通商水的电话，从周口至六里庄一段，屡遭破坏、影响军事交通，仰各区、乡、村干部一律秘密注意侦察，并须责成沿电话线之村庄，负责保护，如发现破坏电话的分子，可即逮捕送县，从严法办，切切勿误为要！"② 征集粮草、清理公粮尾欠、护路等。"除完成送兵站物资任务外，沿公路两侧要以乡为单位建立小站，大力集中粮面，不靠公路的乡也要分别指定向小站集中……小站负责人如乡干部可靠且坚强者，可由乡干负责，否则派得力干部掌握之……（清理公粮尾欠工作）领导要有重点，区有重点乡、乡有重点村、村有重点户，选择重点要以富而有粮为先决条件，凡是重点，除个别真正困难者外，挨户彻底清理尾欠……公路两侧要栽柳树，机关干部人员每人保证栽树一棵。沿公路两侧村庄组织护路小组，以村为单位划段。负责经营、补修，保证畅通。希接此通知后认真研究执行。"③ 凡此种种，无不是对区、乡、村机构与干部的指令、要求与督促。

在群众动员方面，此次支前采取无偿劳务与有偿劳务相结合的办法。一些支差或修路工作是无偿的义务，如，"我县先修周口至项城的公路……民工自带给养，不能报销……"④ "在不误春耕、合理负担的原则下，有计划的、有重点的开展群众性的宣慰工作，进行献花、送过江袋、替部队打水、烧茶做饭、缝衣、担挑东西等，以实际行动来慰劳部队。在可能驻军

---

① 《紧急通知（1949年3月3日）》，商水县档案馆藏，档案号：政府全宗一永久卷3第58件，第87~90页。
② 《通知》，商水县档案馆藏，档案号：政府全宗一永久卷3第65件，第99页。
③ 《通知（1949年3月31日）》，商水县档案馆藏，档案号：商水县政府全宗一永久卷2第4件，第5~8页。
④ 《紧急通知（1949年3月3日）》，商水县档案馆藏，档案号：政府全宗一永久卷3第58件，第87~90页。

的村庄，切实动员群众腾房子、准备铺草。"① 其他劳务，"按中原军区禁止无价派差，实行给资包运。担架运送伤员及牛车、马车运送均按原规定二分之一发给，其余二分之一秋后补发。动员农村运输力仍按过去规定暂发运费三分之一。军务运输每百里百斤发杂粮十二斤，船只每百里百斤发给杂粮七斤。装卸工人工资：凡军械、弹药、被服、粮食等军用物资装卸费，每吨以六斤杂粮计算发给。后方机关零工（打扫仓库、挑水、劈柴等零工），城市可动员失业工人及其他劳动者，交使用机关临时建制，除由使用机关按战士待遇，供给其伙食外，另按任务轻重每日每人发给三斤至六斤杂粮工资，农村动员之民工，由使用机关按战士待遇供给其伙食。动用集市运输力，商营汽车长途运输二公里至卅公里者，每吨发给杂粮十斤……空返车亦计算在内。"② 甚至农民支差中损坏的牲畜也照价赔偿。如，"对于'1949年2月20日报告一件为谢亭贤之毛驴出差，驴腿折断，要求赔款由。'县府指示：这一问题的处理，依照上级规定，应根据牲口的大小老幼，由地方人士按市场价评议，订出公平的价钱，政府赔偿订价的三分之二，牲口价的三分之一，再按价折成秋粮赔偿，然后造表报县，请专署核销"。③ 另外，"各站应组织附近群众生豆芽及组织小贩多担青菜到部队住村去卖，一面解决部队的吃菜困难，一面增加农民收入"。④

（2）完成任务情况。商水县是个新开辟县，又处于灾荒之年，但迅速完成了上级分配的支前任务，分三批（1949年3月20日、4月10日、4月20日至5月20日）共向过境部队提供面粉600多万斤、柴草3000多万斤、军鞋10万余双、银元15000元、枕木360根。

在征集粮秣的同时，商水县根据指示，动员全县人民，加固周一商、商一漯公路，修筑了兰（封）罗（山）潢（川）公路商水段，长60华里，建桥12座，以利解放大军顺利南下。与此同时，商水县委号召广大青年积极参加人民解放军。很短时间内就有近1000名青年农民加入了解放军，县

---

① 《司令部关于抓紧时机充分准备支援第二批过境南下东野大军的决定》，商水县档案馆藏，档案号：政府全宗一永久卷6第3件，第14页。
② 《通知（1949年5月8日）》，商水县档案馆藏，档案号：商水县政府全宗一永久卷2第17件，第23~24页。
③ 《指令（1949年二月二十日）》，商水县档案馆藏，档案号：商水县政府全宗一永久卷3第61件，第95页。
④ 《司令部关于抓紧时机充分准备支援第二批过境南下东野大军的决定》，商水县档案馆藏，档案号：政府全宗一永久卷6第3件，第14页。

大队也升级加入正规部队南下作战。①

商水县在大军过境时，组织群众腾房子、设茶水站等，积极安排部队的生活；组织军乐队、秧歌队、歌咏队等迎送过境部队；并组织群众慰问解放军战士。而过境大军也给商水群众留下了深刻印象。"第一批过境东野某部在固墙区某庄住，买老百姓的大蒜，当时没给钱，第二天拂晓出发走的急，忘记付钱了，该部到汝南时，又把大蒜钱写信寄来，区里又在当地召开一个群众会进行宣传，影响很大；二次过的（部队）某师住城关，把队伍节余的伙食，米、菜金、衣服、毛巾等救济灾民，并在城关召开了群众代表会，当时把有些群众代表感动得掉泪。"②

2. 初步动员下乡村的反应

初入乡村的新政权在动员乡村人力物力支援战争的过程中出现的问题，折射出党—国家与乡村社会初步互动的情境。

（1）农民支差役的情况

支前旧称"兵差"，向被农民视为苦役，且不论差出的公平不公平，单就上前线来说，民工一怕趁机被抓了壮丁、编进部队去打仗，二怕上、下火线受伤，总之怕有去无回。因而，对于远赴战场，这些农民们心中不免忐忑，郾商西县支前的第一批民工队伍即有大批逃跑的，商水县的支前民工也有逃跑现象（后商水县对这些逃跑的民工罚了粮食，作为各区的办公经费③）。后经改进工作方法、加强管理，支前工作仍然得到了上级的肯定。根据《郾（商西）县担架队工作小结（1949年1月27日）》④，以郾商西县为例，对担架队工作中所反映出来的新政权对乡村社会的动员能力、动员手段、干部素质及农民的反应等问题，加以考察。

民工们的恐慌心理。毕竟是解放新区的农民，由于宣传工作不到位，出担架的农民，仍有支差的思想，认为抬担架是"世道逼的"，即便不情愿也是没有办法的事。又没有支前的经验，便信谣又传谣、加剧心理恐慌：

---

① 中共商水县委党史办公室：《商水风云》[M]，郑州：河南教育出版社，1992，第33页。
② 《司令部关于抓紧时机充分准备支援第二批过境南下东野大军的决定》，商水县档案馆藏，档案号：商水县政府全宗一永久卷6第2件，第5页。
③ 《关于各区须将处罚的逃亡担架粮交县统一管理的通知》，商水县档案馆藏，档案号：县政府全宗一永久卷2第12件，第17页。
④ 《郾（商西）县担架队工作小结（1949年1月27日）》，商水县档案馆藏，档案号：县政府全宗一永久卷1第3件，第13~30页。

"俺庄的担架三个月无音信","抬担架要上火线","八路军是巧取兵的,到前方就换上军装了","(往前走)二百里无人烟,井底的水都喝干了,哪里会有吃的呢","飞机带刀子,飞过去就把人咚光(一下子全整死)了"……

"谣言止于智者",但普普通通的农民毕竟不是智者,远离家乡几百里的战场以及传说中的飞机带刀杀人什么的,是远远超出农民知识和经验以外的事情,不害怕恐怕不是一件容易的事情。按已有的经验,一(逃)跑就(万事大吉)了。跑的早了占便宜快,不敢跑的是死鳖(有憨、笨、胆量小、不聪明等意)。

担架队的组织与领导。①准备不足。平时没有切实准备,当中共豫皖苏分局指示"九月份突击战斗一个月(准备)"的决议,仅做一般的号召布置,未做切实认真的有组织、有计划的工作,任务一来便慌起来,为了在限期内完成动员与开赴前线的任务,老少病弱都来了。通知每人带三天的口粮、鞋子、面袋、棉裤等,也没有认真准备……组织上、物质上的准备严重不足。②工作粗疏。乡干部当初动员的时候,说是支援徐州战役、临时担架,因此长期担架没来,来的多是凑起来的。到周口北崔楼,淮阳专署的李专员讲话:服务三个月,打下徐州就回来。民工大骇:这不是出的长期担架吗?干部在欺骗我们!由此民工们便对出担架时干部承诺的"民工出发后,家中生产、生活问题一律由政府解决"的话,产生怀疑,再加上担架出得不公平,怀疑与不满在民工心中潜滋暗长。这反映出工作中,上下级口径不一致。出发后,从赵寨、小王营到淮阳约110~120里,计划一天走到,但由于当天出发得晚,一天紧赶没休息也没喝水,天又阴了,饥寒交迫,黄昏时未到淮阳,只能住下,当晚又没吃饭。本来第二天早上应该给民工弄吃的,但干部认为几顿没吃饭了,只弄些红芋怕不吃(当时带的只有红芋),想赶到淮阳搞点较好的东西吃(思想比较机械,没有考虑具体情况)。这就给民工一个印象:路上都没吃的,到前线不是更没吃的了吗?③干部不力。工作的粗疏反映出领导担架工作的主要干部缺乏经验、能力,但如果中下层干部能发挥积极作用的话,失误或可补救。但下层的骨干,特别是不脱产的干部——中队长、分队长、小队长、班长等人,并非从群众运动中涌现出来的贫雇农积极分子或有威望的群众领袖,而是一些急性土改中产生的流氓、兵痞等勇敢分子,这些人非但起不到积极作用,结果成了全体逃跑的领导者。试想,如果主要干部得力、中层干部积极,全体干部工作深入的话，必能上情下达、下情上达，及时掌握民工思想动态，突发事件当能有效避免。总而言之，干部问题成为此次担架民工大批逃亡的一个关键因素。

改进工作。①稳定情绪。在逐渐接近前线，进入亳州附近的老区郝庄、李庄后，由于当地有支前经验，民工耳闻目睹一些支前的事情，打消了惶恐心理；同时根据民工的心情：怕家中挂念、怕家中生活没办法的思想，当地干部开展了三封信运动，民工给家中写信说明前方的胜利消息、驳斥谣言，并说明家中无粮吃时可向村长要安家粮，前方带队领导又给县长、区长、乡长写信，保证督促、检查解决民工家中的困难；尽量用当地干部带当地的民工，民工认为，都是本地人，能骗咱吗？②完善待遇。向民工反复说明，在前方是给价包运，后方是每天补助 4 斤粮食；四次派人回县处理逃跑民工、落实在前线民工待遇；保证前线民工的供给，特别是接到任务后，在大刘家营搞了一部分菜豆、小米，后来又买了一部分白面，逐渐调剂生活。③加强教育。向民工说明，逃跑是耻辱的、要受处分，完工是光荣的、会受表扬；领导干部深入民工内部、加强与民工的联系；加强时事教育、良心教育，逐步奠定了胜利的信心与参战的勇气，适时发出争取立功号召并组织实施。

改进工作后的民工表现。在立功运动的激励下，一些民工前后表现大不一样。如，邓城区杨河村原来两副担架、12 个人，逃跑 5 人，还有 7 人（本来 6 人一副担架），他们说有病号，后来让黄九台村补给他们 1 人。发起立功号召后，领导要他们拨出两人再组担架，他们不同意，积极要求抬两副担架。一些民工说，不管立了功回家有啥好处，东西多少不要紧、名誉要紧。民工们的情绪逐渐高涨起来，1948 年 12 月 18 日，一批伤员要转移到河南郸城去，路上本来是宿县 96 副担架在前面，但他们走走停停，耽误后面行走，大家一致要求超过去，于是一口气超过去，把他们落下五六里。到郸城后天不亮，在寒风中等了两个小时办交接，民工们无一人说怪话，反而说，干部跑上跑下，比咱还着急。同时对伤员更加爱护，端屎、端尿，毫无怨言。

以上情况，反映了党—国家在动员农民时的一种过渡形态。①权威的形成与农民的心理认同。群众对支前的认识仍从旧经验出发，"仍有支差思想，认为是世道逼的"；对干部不信任，如在上下级口径不一致时，认为干部骗人；强烈要求处罚逃跑民工："不罚他们可不中哩，我们心里想不通，再出担架就不来了。他们说我们是死鳖，（我们）真是一点波浪也不翻吗？"感到不处罚逃跑者，自己亏了，同时也有对政府不信任、向其施压的意味。凡此种种，反映出民工们总是从疑虑出发考虑问题，缺乏对新政权的心理认同，更缺乏一种权威认同。②基层政权的巩固与组织的完善。从前文可知，担架队出发时，准备工作严重不足以及"下层的干部——中队长、分队长、小队长、班长等人，并非从群众运动中涌现出来的贫雇农积极分子或有威望的群众领袖，而是一些急性土改中产生的流氓、兵痞等勇敢分子"等，反映出新政权在乡村的群众基础仍然有待巩固，基层的政权组织仍然有待加强。③积极分子的涌现与干部的培养。积极分子在群众中起导向作用，是干部联系群众的中介，是干部的后备军，往往起着事关成败的作用。如，民工支队部管伙食的张清彦，曾在旧军队干过吃空名贪污的事，此次管理25天伙食，即贪污粮票450斤、菜票500斤、中钞126元（买菜以少报多），还到处宣传贪污经验，让管伙食的都贪污。但邓城区中队供给干事苏学诚（一个刚参加工作的学生，非干部）对此坚决抵制，不但自己不贪污，劝导另一个供给干事屠其炳也不要贪污，并把张清彦贪污的事实报告给支队部。此事经支队开会并宣传之后，在领导和群众中影响很大，直接导致伙食账目实行三清（日清、旬清、月清），民主管理，节约归己，结果极大提高了民工的节约意识和工作热情。县委决定将支前中涌现出来的积极分子，经常教育、着意培养，使之成为以后的乡、村干部。④物质利益的诱导与思想政治教育相结合。要想有效地动员农民，首先得给予其实实在在的、看得见的物质利益，贫困的生存状态注定他们必须关注物质利益，否则一家老小何以度日？此次担架队改进工作就抓住了这一点：每天后方供应4~8斤秋粮，在前方是给价包运：每转运一个伤员行50里者，工价秋粮40斤，以此为标准类推，坚决兑现。同时，辅之以必要的教育和活动，如进行事实教育、阶级教育、良心教育，有计划地开展立功运动、干群互爱运动、单位竞赛运动等，有效地激发了民工的工作热情，民工返家后，又举行了大张旗鼓的庆功表模大会，处理了逃跑分子，这样，既可打消一般群众的顾虑，又宣示了新政权的权威。

（2）向农民征集粮草情况

"支差"只牵涉到少数农民，而征集粮草几乎涉及每一家农户，必然会引起更大的矛盾、反映出更多的问题。

那么，在具体的征集粮草工作中，商水县新政权是怎样处理军需紧急与农民贫困的矛盾；怎样处理事务繁杂与干部数量不足的矛盾以及怎样处理群众的意见等深层次矛盾的呢？

首先，征集公粮尾欠。1949年年初，商水县供应过境大军粮草之时，由于当地历年遭灾、积贫积弱，加之时逢春荒，还有1948年秋粮征收的部分尾欠难以收上来。但军情紧急，又非征集不可。"为了大力支持大军南下必须抓紧征收尾欠；为了确保商水南下大军之供给，在物资上宽备不缺，必须抓紧征集秋粮田赋之尾欠，将来支援大军全靠这个数目作为补充基础。"① 为此，商水县政府号召干部紧急突击、挨户清欠。"要紧急动员，以突击的精神，大力集中粮面柴草，必须坚决执行政策，又要完成任务。要广泛深入的政治动员，把大军过江与江北人民解放的关系结合起来，说服出粮户，只有对极少数众人痛恨的、富而不交的顽抗户才扣押，必须交清后，再当众释放、以儆效尤……挨户彻底清理尾欠。"② 若实在无粮，交布亦可。"为了迅速清理尾欠公粮，如农民确实无粮缴纳者，准许以布作抵（最少要一丈长才能收，零碎了工厂不能用），其价格根据目前各地布价，暂规定每尺（二尺码）一斤半到二斤秋粮。但布质量要好，不是什么布都收。"③ 为推进此项工作，县政府多次批评、督促。"区、乡干部一部分同志，产生一种皮塌、屈服客观困难的现象，因之在征挤公粮尾欠工作上，对站长会议的计划与执行距离较远。影响了预计收入，确保供应也会发生问题。"④ "抓紧时机，充分准备确保供应，征收尾欠，克服某些干部片面的强调春荒粮食困难，而不了解谁真苦、谁假苦，谁欠粮最多，谁有意的抗交公粮（的思想）。"⑤

那么到底当时商水县农民的生存状况如何？或者说"谁真苦？谁假苦？谁的粮食多？"据《（商水县）1949年公粮负担与1948年负担对比》所列

---

① 《商水县人民民主县政府通知（民国三八年四月二十三日）》，商水县档案馆藏，档案号：政府全宗一永久卷2第29件，第40页。
② 《通知（1949年3月31日）》，商水县档案馆藏，档案号：商水县政府全宗一永久卷2第4件，第5~8页。
③ 《通知（1949年4月15日）》，商水县档案馆藏，档案号：商水县政府全宗一永久卷2第11件，第16页。
④ 《县司令部关于目前支前工作的指示（1949年5月7日）》，商水县档案馆藏，档案号：商水县政府全宗一永久卷6第10件，第56页。
⑤ 《司令部关于抓紧时机充分准备支援第二批过境南下东野大军的决定》，商水县档案馆藏，档案号：商水县政府全宗一永久卷6第2件，第5页。

的王教庄、宁楼村、黄庄村、海子涯、王场村等5个村的统计，1948年各阶层公粮负担的税率普遍比1949年高，其中地主：30%~40%，富农：20%~33%，中农：7%~10%，贫农：约5%。① 由于缺乏1948年的详细统计，这里以1949年王道平村、梅营村、王石桥村等5村的统计为例，纳税后各阶层人均余粮如下：贫农64~186斤，中农120~438斤，地主富农210~1036斤，该年各阶层税率普遍比1948年降低。② 那么，在1948年税率较高的情况下，占人口大多数的中农、贫农人均余粮应该低于1949年。可以推测，大多数人即使不纳税，粮食也不足维持生活。1949年年初，在商水县局部有春荒的情况下，恐怕1948年的秋征尾欠确实难征，尤其是中农、贫农阶层。鉴于此，在1949年4月中旬以后，对于未收上来的秋粮尾欠，实行了分别对待的政策。"既要支援大军南下，又要保证地方上有吃穿……为了救济春荒，中农以下成份（分），所欠的尾欠，一律减免，但地富所欠的尾欠抓紧征收，否则会影响部分供应。"③ 稍后商水县民主政府又一次训令："为照顾春荒，减免尾欠，中原临时人民政府令把贫、中农（包括中农）以下的借粮及秋征尾欠一律减免。地富之尾欠原则上不减不免。令仰各区遵照，迅速研究布置，以期早一天解除群众当前最关心的问题。"④ 实际上把征粮指向地主、富农阶层，而这也是当时情况下唯一可行之策。

此后，主要是想办法搞地富的粮食。"时处春荒，为了确保供应，征集公粮的尾欠，但征集的对象，偏对中农，乡村干部不愿或不敢向地富要粮，由于青黄不接时群众不敢向地富借粮，我们开始时，领导支前与救灾结合的不够，因之很自然的群众普遍的反映——埋怨我们要公粮了，请求政府开仓……扭转群众的斗争对象，其主要办法是征挤公粮密切结合着救灾，实行社会互济，明确征挤公粮的主要对象（是地主、富农），把群众引向对地富的斗争，把地富粮食搞出来，先公粮，后再借给贫苦群众，所谓一举

---

① 《1949年公粮负担与1948年负担对比表》，商水县档案馆藏，档案号：政府全宗一永久卷7第6件，第6页。
② 《各阶层负担后的概况及税率表》，商水县档案馆藏，档案号：政府全宗一永久卷7第5件，第5页。
③ 《商水县人民民主县政府通知（民国三八年四月二十三日）》，商水县档案馆藏，档案号：政府全宗一永久卷2第29件，第40页。
④ 《商水县民主政府训令（民国三八年五月六日）》，商水县档案馆藏，档案号：政府全宗一永久卷6第14件，第64页。

两得。"① 方法是"有计划、有领导、有重点的召开地富（特别是较开明的）座谈会与个别说服突破的基础上，（把地富粮食搞出来），不能用组织与群众力量来威胁，但社会互助必须开始进行，如果进行得好，不仅完成支前任务，又能满足群众借贷的迫切要求，同时借贷必须与生产结合起来"②。

其次，解决干部问题。支前工作时间紧迫，事务繁多，上面对应着统一、高效的军队、下面是新解放区分散的农户，要把千家万户的粮食、人力等资源有效动员起来，本来就是一件复杂的事情。像商水县支前司令部所批评的："少数干部对支前工作存在着临时观点，工作不积极，不主动，以致等待被动；汇报不及时，数字不精确；组织不健全，任务不明确，司令部布置工作不具体；偏重物资供应，宣慰工作重视不够，没结合群众的生产救荒工作。"③ 这些问题似乎是难以避免的。但领导工作中反映出来的其他一些问题应该能够得到改进提高。比如，县、区领导机关，制定方针原则与深入的具体指导工作必须并重，不能偏激。由于新区群众觉悟不高，基层组织（党政）薄弱，得力干部少，致使只注意确定正确的方针，严格掌握原则性，发号施令，忽视了深入的、具体的指导，正确方针与政策也不能贯彻到广大群众中去，也必然会遭受到阻碍或歪曲，造成极恶劣的"三无"（无组织、无纪律、无政府）现象。一个中心工作运动当中，不必要时，组织不能大调整，不然就会影响中心工作的开展，如"此次支前工作中的区划及干部的大调动，引起部分干部的思想不安于位，不从事于未调动前的业务工作，给混入的坏分子搞鬼的机会。加上缺乏周密的布置、预防可能因此而产生的不良倾向，使支前工作遭受到不应有的损失"。因此，凡遇这种情况时，领导上必须有周密的布置，严防可能发生的问题，使中心工作少受损失或不受损失。

对于干部严重不足的问题，恐怕就很难在短时期内解决了，必须通过群众运动的锻炼与上级的培养。商水县委在总结《（支前）基本经验教训》时认为：由于任务的艰巨、干部的缺乏，有些工作（支前、征收）中必须

---

① 《基本经验教训》，商水县档案馆藏，档案号：政府全宗一永久卷6第15件，第65页。
② 《通知（1949年3月31日）》，商水县档案馆藏，档案号：商水县政府全宗一永久卷2第4件，第5~8页。
③ 《司令部关于抓紧时机充分准备支援第二批过境南下东野大军的决定》，商水县档案馆藏，档案号：商水县政府全宗一永久卷6第2件，第5页。

临时任用一批社会力量,参加辅助工作,以补干部之缺乏,这一方式今后在新区来说仍需相当时期采用。可是在支前工作中,任用社会力量发生了许多毛病。由于大批的使用了社会力量(任用时不慎,坏分子混入),且单独在一个工作范围内,尤其一开始就参加了财粮工作,某些领导同志又不能以身作则,领导上有使用、缺教育,因而坏分子乘机胡作非为,贪污与浪费站内物资、哈老海、借势捕人、吊打人、罚款等,层出不绝,造成极严重的无政府、无组织、无纪律现象,这主要是领导上没有认真深入的检查,光有政治教育,没有纪律的约束是不能解决问题的。

再次,说明领导作风不实、重于会议的领导方式,是不行的。社会力量的任用先决条件是选好(成分出身纯洁,没政治色彩),绝不能单纯的求量过多,任用时须经过一定机关的审查,民主决定,在任用期间必须加强理论学习及思想的改造,同时不断地采取民主评议的教育方式,并结合适当的清洗工作,尤其该单位的负责同志,处处事事以身作则,以好的作风影响他们,至关重要。工作结束时,表现好的应予以动员、提拔,吸收永久参加工作,经过一定时间的考验,作为培养干部的对象。①

最后,处理群众的意见。根据当时政府的工作总结,可以看到,当时群众尤其贫下中农,对于征集粮草、支援大军的反映也是多重的。如,头批东野大军过后,兵强马壮、纪律很好,给希望翻身的基本群众一个很好的兴奋刺激情绪,对于共产党、解放军的胜利有了信心与希望。然而过的部队多了,时间又长、任务又多,部队取之于民的多,大多数群众心里有怨言:养活不起,这得多少吃的,要过赶紧过去,要不过等到麦熟再过,免得我们老百姓作难。另外,支前工作正值春荒,为了确保供应,需要征集公粮的尾欠,但征集的对象偏对中农,而且由于开始领导上支前与救灾结合不够,群众普遍埋怨政府要公粮,加上群众生活困难,要求政府开仓,当然政府为确保供给,没有开仓。各站红面开始霉烂时,政府也没有借给群众,引起了他们的不满。红面霉烂得很厉害了,过往大军又不吃,于是才决定予以处理,借给基本群众,虽然群众大部分高兴借来吃,但不免发生些怨言,如说:"要公粮时没有的话逼死人,轻则批评,甚而打骂,现在弄很多的面坏了,不坏时不借,坏了才借,借了还得还,如还不起,不知

---

① 《基本经验教训》,商水县档案馆藏,档案号:政府全宗一永久卷6第15件,第65页。

又有啥点子哩！有的讨还不起时还要人哩（要壮丁的意思）！"有的说，"这面不是饿，就吃不下去，啥味都有"。

商水县委在支前工作总结中认为：总而言之，由于没有根据需要来准备适当的物资，加之政策上把握的不很准确（加重了中、贫农的人力、物力负担），情况不易掌握，形成了人力、物力的很大浪费；在工作方法上强迫命令多，造成基本群众不满，这是遗留今后群众工作中的一个创伤，需要注意，予以弥补之。办法是：今后中、贫农劳力的负担在支差或修路时予以减轻，在区、乡、村范围内切实调剂，出借站内物资的用意也就在于补救工作。召开中、贫农会，精神上予以安慰与鼓励，强调大军胜利过境，大功应是中、贫农的。包运工资，在麦收后一定算明、付清，有些村庄负担太不合理者，可以发动清算。劳力、物力上实行多退少补，以求得大致合理。① 在我们作风上，要艰苦朴素走群众路线，克服一切腐化享受思想及脱离群众的命令包办等不良作风。②

单单从动员民众、汲取资源、完成任务（目标）的要求来看，基层政权仍需进一步的巩固、乡村组织还需要完善，还需要大批的积极分子和积极分子出身的乡村干部，还需要在乡村树立新的权威、强化农民的心理认同，还需要对农民进行切实的物质利益诱导并结合思想政治教育，等等。如此，方能激发其参与热情、完成目标任务。

小结　国家介入下乡村集体行动的初步尝试

在武装斗争胜利基础上建立的新政权，与中国历史上反复轮回的改朝换代的本质区别，在于党在武装夺取政权的过程中，力图重构乡村社会秩序，从而获得彻底的社会动员能力，将乡村社会纳入既定的现代化目标。这是因为，改良、改革以及单纯的上层政治革命都不能解决近现代中国所面临的危机，历史的逻辑演变到最终只能通过中国共产党领导的、自下而上的较为彻底的革命加以解决。然而这种下层革命绝非易事。在中国这样一个经济、社会发展严重滞后于世界、国内外反革命势力十分强大的恶劣

---

① 《基本经验教训》，商水县档案馆藏，档案号：政府全宗一永久卷6第15件，第65页。
② 《全民动员完成支前准备开展群众运动》[N]，《支前报》（商水县支前司令部印）1949年4月28日第3期。

环境中，单靠革命先进分子，甚至单靠组织规模和成员数量有限的中国共产党自身的力量，不可能在剧烈的社会冲突里获得胜利。要想成功地推进革命，中国共产党必须首先获取底层民众的广泛支持，领导他们共同参与革命。不过，将底层民众转变为革命的支持者和参与者却需要克服种种障碍——需要对以农民为主体的下层民众加以组织并给予显著的利益，以革命的政治文化植入底层民众心理，树立起对于中国共产党的革命领导权威的合法性支持，等等。中国共产党主要通过运用政治动员方式将此可能转变为现实——以乡村中数量庞大的无地或少地贫苦农民为主要对象，将动员农民参与革命和满足贫苦农民获得土地的利益渴求紧密结合起来，凭借由政治动员所获得的资源优势和社会支持，取得胜利。

我们看到，1947年年底至1948年6月，党—国家正是以其老解放区成熟之土改经验，在商水县所在的豫皖苏以及豫西等新解放地区进行土地改革，希望武装斗争与土改互为因果：以军事力量为后盾，以村庄外在力量介入的方式，强行推行土地改革，以期通过土地改革发动群众，从而巩固新政权、更好的支援武装斗争，即土改、政权建设、武装斗争互相促进、互为条件，为解放战争最终在全国的胜利、建立新中国奠定坚实的基础，同时实现乡村社会秩序的重构。

但是，在初步的军事胜利之下建立的新政权，却不能立即有效贯彻党的土改政策，不能取得预期的效果，反而引起了惶恐与混乱。土改、建政、武装斗争互相促动的机制不能像老解放区那样顺利、有效运转。其中的原因，表面上看是由于军事局势变幻不定，新政权立足未稳，在变动的局势下，老百姓疑虑重重、不敢起来斗争。其实，深层次的原因在于只有外部的推动而缺乏来自乡村内部的呼应，没有形成一种内外互动。

显然，仅仅通过武装斗争胜利而建立的政权，只是获得了专断性权力。这时国家能够任意地行动，但是命令却不一定能够转化为现实。这是因为，"国家权力的基础维度——渗透社会并组织社会关系的能力——同样重要"。[1] 此时，党—国家组织和团结民众的能力尚且有限。而正是这一点对于现代国家有着不可或缺的重要性：传统国家往往强大而脆弱，喜欢统治社会关系被原子化的人口，但这样的国家不可能成为社会能量的高度有效

---

[1] 〔美〕约翰·A. 霍尔、〔美〕G. 约翰·艾坎伯雷：《国家》[M]，施雪华译，长春：吉林人民出版社，2007，第16页。

的生产者。所以，定居的农业居民总是易于被"偏远的游牧部落所征服。而部落之所以能位居高位的特质就在于社会团结"。①

国家权力的专断性、基础性二维划分对于理解共产党基于凝聚社会能量的政治动员活动有着重要意义。动员民众的前提必然是组织和团结民众。

李斌认为，政治动员是动员主体以宣传劝导为主要方式，辅以物质刺激和其他手段，引导动员客体接受和认同动员主体的权威及其价值主张，并在动员客体间构建人际联系网络，促使其展开主题特定的群体行动，实现动员主体设定的各项目标。② 简单说，也就是协调人力、物力资源为集体目标服务的活动。但是，作为宏观而统一的政治动员技术，总是要落实到具体而微观的村庄、个体层面。所以，从作为被动员对象的行动者视角的微观层面上说，动员又是为达成共同目标的集体行动问题。那么，党—国家渗透社会、不断强化基础性权力，以政治动员手段，在乡村施行的组织和团结民众完成任务的种种举措以及基于利益得失基础上的各阶层农民的种种反应，便可以以集体行动的逻辑进行解读，以考察个人微观动机与集团宏观行为之间的关系。

奥尔森认为，"没有出现马克思预言的那种阶级斗争，部分原因正是出于理性的功利主义行为。因为如果组成阶级的个体采取理性的行为，就不会产生争取阶级利益的行为……已经发生的马克思主义革命是少数精英分子在社会不稳定时期利用政府的无能促成的……马克思的阶级行动表现出大型潜在集团在争取实现集体目标时所具有的特点。"③

毛泽东论述了中国社会各阶级的特点及其革命的可能性。④ 但从大革命的失败到井冈山的斗争、万里长征以及共产党力量在抗战中的大发展，无不体现了忠诚、守纪律和富于牺牲精神的少数先进分子对于启动大型潜在

---

① [美]约翰·A. 霍尔、[美]G. 约翰·艾坎伯雷：《国家》[M]，施雪华译，长春：吉林人民出版社，2007，第47页。
② 李斌：《政治动员与社会革命背景下的现代国家构建——基于中国经验的研究》[J]，《浙江社会科学》2010年第4期。
③ 奥尔森：《集体行动的逻辑》[M]，陈郁等译，上海：上海人民出版社，1995，第128～129页。
④ 参见《中国社会各阶级分析》[M]，《毛泽东选集》第1卷，北京：人民出版社，1991，第3～9页。

利益集团集体行动的重要作用。正是这些革命先驱在目标激励下的斗争和宣传及其建立的组织，付出了阶级规模的集体行动的启动成本。

然而，行动总是具体的。在党—国家领导的村庄层面的集体行动，也需要特定的启动成本：给潜在行动集团以明显的预期利益、消除旧权威的影响、成立便于行动的组织、培养与发现积极响应党—国家号召的积极分子以及打破维护旧秩序的规范、形成对党—国家权威的认同与服从的新规范等。

"没有革命的理论，就没有革命的运动……只有以先进理论为指南的党，才能实现先进战士的作用。"① 但是，"先进理论""先进战士"并非革命运动的同义语，两者之间尚需要一系列的中介，才能链接起来。因此，这种条件不成熟的土地改革不得不被称之为"急性土改"并停止，非但反映了革命理论与社会现实之间的落差，而且说明了，即使新政权推行的土改及其随之而来的全国性胜利后的新秩序对乡村绝大多数农户来说是明显的改善政治经济状况的共同利益，但初入乡村的新政权在已有的组织之下，尚需要创造多种条件，方能领导民众走出集体行动的困境。

问题是，"急性土改"虽然难以为继，但党—国家必须从新解放区汲取资源支援急迫的战争。为此，新政权采取了体制内动员的方式。一方面停止"急性土改"、缩小打击面，另一方面利用下派干部及受过培训的当地干部，通过征粮、支前，坚定不移地打击乡村旧当权派势力，剥夺其优势的政治、经济资源，反复整顿乡、村政权组织、树立共产党新政权的权威，发动并依靠贫雇农积极分子，重新确立并稳定乡村秩序。在此过程中，党—国家注意精简节约、整顿内部、及时而自觉地改正错误、以较为灵活的策略与政策主动适应乡村的实际情况等。

凡此种种，非但提高了工作效率，而且节约了行政成本，加以征粮中按土地财产合理负担，剥夺富裕阶层，大大激发了贫困阶层的认同感，增强了政权的合法性与权威性，抓住了当时乡村社会的关键性矛盾——生存、秩序与公平，并有意识地避免政权深入基层后的内卷化，为国家从农村征发（收）资源及其以后对农村全面的社会改革奠定了基础。

---

① 列宁：《怎么办？》[M]，《列宁选集》第 1 卷，北京：人民出版社，1960，第 241~242 页。

总之，在暂时难以打破乡村集体行动困境的情况下，党—国家采取了以强制性手段为主、由体制内动员向社会性动员过渡的策略。这也反映了党—国家要以低成本、高效率完成中心任务、达成目标，还需要在乡村获得有效的动员能力，而要形成高度的动员能力，必须要通过一个切入点、一个载体，对乡村社会秩序进行革命性重构，使之达成与党—国家目标相一致的集体行动。

第三章 国家对乡村秩序的全面重构

1948年6月,"急性土改"停止之后,中共鄢商西县委与中共商水县委在农村实行减租减息政策。由于当时国共双方正在进行激烈的战争,共产党地方政权的主要工作还是武装斗争、夺取地方政权与征粮、支前。1949年2月,随着淮海战役的结束,长江以北地区基本解放、商水县全境解放,鄢商西县与商水县合并成立新的商水县。此后,为巩固政权、进行有效的乡村动员,中共商水县围绕支前、征粮工作,在全县范围内,尤其是新解放的区、乡,开展全面的剿匪、反霸、清算工作。具体步骤是先消灭残余的武装敌人、旧当权派,结合诉苦斗争、清算其财产、土地,分给受害者,先不动一般的地主、富农,使其中立,减少打击面,尽量保持社会稳定。匪霸肃清之后,转入全面减租、减息清算阶段,直至1950年10月土地改革前。在此阶段,主要由上级下派工作队进村,依靠贫雇农,扎正根子,重新建立或改造乡、村政权(当时的乡、村相当于今天的村、组,乡之上的区相当于今天的乡或镇),建立或改造贫农协会、姊妹团、儿童团、民兵等地方基层群众组织,发展党员、团员。一般先从重点乡的重点村开始,然后逐渐由点到面地扩展开去。

反霸清算与双减清算是外力强行建构乡村社会秩序的开始,也是新解放区土改的第一阶段。在利益的诱导与外力的推动下,贫苦群众被初步发动起来,旧的当权派与精英被打倒,贫雇农的政治优势被树立起来,新的精英群体开始崛起,全新的伦理道德进入乡村。

1950年10月,商水县的土改运动进入第二阶段,政府组织专门的土改工作队进入村庄,发动群众对地主诉苦、斗争并分配土地。通过划分阶级,把地主的土地、房屋、牲畜、粮食、农具等所谓的五大财产以及富农一部分土地没收(对富农的土地称为征收)并分给贫雇农,时称:"扳倒大树有柴烧,打倒少数地主,富了一大片穷人。"虽然事实远非如此,地主富农占有土地并不很多,土地集中程度并不高,但土改毕竟切中了当时乡村社会的另一个关键问题——贫困阶层的生存问题。正所谓"有饭吃有地种,咱的生活有保证",因而也就达到了社会政治目的:一方面,新政权得到贫困阶层的高度认同,另一方面,利益诱导下涌现出来的大量积极分子在斗争中及时得到发现并被着意培养,以代替前一阶段阶级成分较高,或贪污或立场不稳、斗争不甚积极的乡村干部。这些获益者理论上对新政权应该更忠诚、更能有效地完成上级布置的任务(但事实证明,"表达"和"现实"有不统一的一面)。分配土地的过程也表明:党—国家对乡村的人身财产有绝对的处置权力、获益阶层对国家有高度的依赖性。

1951年9月,商水县普遍开展一次土改复查、民主建政运动,详细调查土改后的乡村情况,主要是整顿乡村政权组织,逐步把政权转移到基层党支部手中,其意在于巩固土改成果、确立乡村新秩序。

土改过程中的征粮、扩军、抗美援朝宣传和镇压反革命运动是互为条件的,当时称土改、镇反和抗美援朝运动为"三面锣鼓一起敲",其实是在强大的专政、舆论宣传压力下,结合利益的诱导,在干部的推动和积极分子的带动下,群众被发动起来,国家成功地在乡村巩固政权、顺利汲取人力、物力资源的过程,在此过程中,新的乡村组织网络与乡村干部、积极分子起了关键作用。

第一节 剿匪反霸、清算与基层组织的建立、巩固

1949年7月,中共中央华中局认为,"华中整个国民经济,工业比重十分微小,重心是在农村,城市一般是商业性的消费城市,这些城市对农村的依存性很大,诸如粮食的供应、工业原料的取给、工业产品的推销,在在都仰赖着农村。而农村的封建体制与土匪特务势力却依然很强大,或者根本未受到人民力量的打击。道理是非常明白,农村的封建制度不打倒,农民不获得解放,我们的城市就会没有粮食,工厂开工了,却没有原料,工业品出厂了,也找不到销路……同时,华中全区今天一方面是部分地区已经没有战争,但仍然是解放不久的新区,巩固工作亟待进行,另一方面

还有不少地区尚未解放,因此,支援战争的工作,仍然成为全区当前一个最重大的任务。而我们要不取得农民的支持,或不发动农民起来积极支援战争,人民解放军就不能迅速解放全华中区,而且我们业已建立的人民政权也无法巩固。这些情况就是我们决定这个新方针(全华中区今后的工作重心首先放在农村)的原因……那么,新政权在农村如何进行工作呢?就是一定要按中共中央的方针:首先有步骤地展开反对土匪和反对恶霸及反对地主阶级当权派的斗争,经过一些必要准备步骤后再转入土地改革"。① 华中局的农村工作部署,与其后中国人民政治协商会议通过的《共同纲领》中,有关农村土改的规定相一致:"凡尚未实行土地改革的地区,必须发动起农民群众,建立农民团体,经过清除土匪恶霸、减租减息和分配土地等项步骤,实现耕者有其田。"②

因此,从商水县土地改革的历程上看,从1948年6月急性土改停止到1950年10月,可以称之为商水县土地改革的第一阶段:"减租减息,清匪反霸,打开政治局面,树立政治优势,建立政权基础。"③

一 剿匪、反霸清算与减租减息清算

据中共商水县委1949年7月调查,当时商水全县虽然没有公开的大股土匪,但小股散匪仍普遍的隐蔽活动着,虽经以往的清剿,但估计还有武装散匪六七百人,其中有国民党地方团队残余势力,也有以恶霸地主为头子的反动会门组织等,尤其淮海战役之后,会门组织发展很快。据了解,埠口区在1949年5月份发现有会门组织公开活动的村子50多个,占全区村数1/3。另外,巴村区与上蔡县结合部,匪首以"看家"为口号,组织农民成立联庄会,恃武力派款派粮,公然与政府对抗。

土匪活动方式是夜聚明散,抢劫、劫路、打黑枪(自1949年6月布置麦征后,有8人被暗杀),或造谣或威胁群众,还有的混入新政权内部(如县大队丁排副等),他们盗窃资财、武器、文件等(仅1949年上半年全县

---

① 《林彪同志在汉口(七一)纪念会上关于华中今后工作方针的报告(一九四九年七月)》,商水县档案馆藏,档案号:县委全宗一永久卷5,第23~26页。
② 《河南省人民政府布告——为实行土地改革由(1950年2月7日)》,《河南省土地改革文献》上册[G],中共河南省委农村工作部编印,1954,第204页。
③ 杜润生:《杜润生自述:中国农村体制变革重大决策纪实》[M],北京:人民出版社,2005,第4页。

即丢枪 12 支，显系内部人或接近内部人所为），甚至有些土匪活动严重的地方，白天是政府的天下，夜里是土匪的天下。巴村区石庄乡，黄昏的时候，乡长从本乡一村外路过，有土匪出来说：你敢再往前走算你漂亮！吓得乡长赶紧逃走了。又如，平店区关庙村，5 月份某个夜晚，土匪 20 余人冒充县大队武装人员，进村收走 5 支枪，打死村长 1 人、打伤群众 2 人……①

同时，旧乡村的当权派（恶霸）尚未受到致命打击，在乡村还有很大势力，仍在掌握着乡村政权或在幕后操纵着乡村政权，在新政权动员乡村资源的过程中，这些人还竭力像旧时代一样，隐瞒应纳粮的地亩、想方设法转嫁负担等，或者造谣生事，对剥夺他们经济、政治权势的新政权持敌视态度。

武装土匪、恶霸（旧乡村的当权派）对新政权的巩固构成了严重威胁。但在 1949 年 7 月以前，中共商水县要限时完成紧迫的征粮、支前与扩军任务，加上干部严重不足，因而，为了确保上级部署任务的完成，在专政力量不足的情况下，剿匪反霸往往结合中心工作进行，尤其在征粮的过程中，一方面结合剿匪反霸、改造乡村旧政权，另一方面，通过发动群众挤黑地、合理负担，剥夺乡村富有阶层，树立新政权的权威。

1. 结合征粮的剿匪反霸、合理负担

以 1949 年 5、6 月份的午征（夏粮征收）工作为例。

征粮中的剿匪反霸。商水县委认为，午征与剿匪必须结合，若不剿匪单纯午征，匪霸要造谣破坏。结合征粮工作的剿匪反霸，即以消灭破坏征粮的土匪为主，对其他匪霸的斗争，只限于合理负担，暂不作其他追究。比如，在 1948 年的秋征中，九区的土匪恶霸党四麻子、党进山不但拒不缴纳粮食，而且威胁其他老百姓也不缴：给狗吃，也不给八路军吃。在（1949 年 6 月的午征）征粮第二阶段，土匪活动开了，党进山又故伎重演，他带领（的土匪）有 15 支枪，很嚣张，威胁老百姓不缴粮。被发现以后，捉他几次，没有捉住，跑了。捉住其他三个土匪头子，还有 5 支步枪……虽然党进山没被捉住，但到底吓破了胆，赶紧把公粮缴了，想让政府以此免他的罪……土匪党进山缴粮后，对全乡各阶层触动很大，全乡的

---

① 《商水情况与下半年工作布置》，商水县档案馆藏，档案号：县委全宗一永久卷 5 文件 1，第 1~4 页。

公粮一天半就缴齐了，连大地主郭满会负担的一万多斤公粮，也全部缴齐。

其他各区也大体如此，对破坏征粮的匪霸进行了打击。比如，九区在1949年6月的午征期间，捉住匪首3个，瓦解土匪6名，争取小土匪15名，缴获小炮1门、步枪81支，卡宾枪1支、驳壳枪4支，步枪弹共计466发。①

单单从缴获的武器数量上来看，已是相当的惊人，因为这些武器是用来对付手无寸铁的老百姓的，一种绝对的优势不对等，而且土匪处于"乡村社会食物链"的顶端。他们不事生产、以打劫为生且具极大破坏性，譬如虎狼之与牛羊。装备这些武器的土匪，需要多少个农户才能供给他们奢靡的生活？他们的破坏能力又有多大？更重要的是，武装暴力也是一种权威，这种体制外权威的存在，本身就对新政权构成了威胁。因而，剿匪反霸实际上是打击掉旧乡村当权派及其他的黑恶政治势力，通过征粮中的合理负担，打击了旧乡村所有富有阶层的经济优势。

合理负担。征粮中的合理负担包括两方面的内容：按累进所得征税与挤黑地。具体到商水县1949年午征的税率，由于全县分为老解放区（实行过急性土改的地区，约占全县1/10）、半老区与刚被新政权控制的地区，加上个别地方受灾，因此，各个地方执行政策上有所不同，大致上不同阶层负担占其全部收获的比例：贫农负担不低于5%、不超过8%，中农负担10%~18%，富农25%左右，一般地主不超过35%，大地主最高不超过40%，特大殷实地主不超过50%（遇此情况要报告县政府）。同时，对具体经手收、派粮的村级干部约法八章，主要是：不准加派公粮，不准无故不摊派公粮，不准包庇地主，不准瞒地，不准贪污浪费，不准营私舞弊，不准破坏政策，不准打骂群众，切实做到照顾优待。②

关于挤黑地。清末以降，政府对乡村应纳税地亩总数与农户占有情况不能准确地掌握，不但使国家赋税流失、征收困难，也造成乡村基层政权

---

① 《午征总结大会纪录》（第二册），商水县档案馆藏，档案号：政府全宗一永久卷5文件1，第10~49页。
② 《商水县午征布置与总结（1949年6月18日）》，商水县档案馆藏，档案号：政府全宗一永久卷6第19件，第82页。

的腐败和乡村内部的矛盾，但由于涉及富有阶层的利益，加上"行政不下乡"①，虽经南京国民政府时期的田赋整理，但此痼疾一直未能根治。

新政权在征粮时，往往先召集干部及所动员的社会力量开会学习征粮办法，然后组织征粮工作队，分组、分头下乡工作，工作方式是先由地亩着手，挤黑地造册子。一般办法是，工作队以朴素的生活作风、接近群众，出没一个村，首先了解该村具体情况（如，先了解几个大户的地亩情况），召开村民大会宣传合理负担办法，说明瞒黑地穷人吃亏，要挤实黑地。使大户互相揭发，你说我的地亩不实，我说你的地亩不实，就把黑地搬出来了。比如，（练集区）白庄乡武庄地主武恒仁，有地30多亩，去年仅报了6.2亩，瞒了大部分黑地。今年（1949年午征）的征收政策及办法，经本村村民大会宣传、讲解，武看事不好，便把地报出29.9亩，但是报地时把自己的好地报成坏地。不过，他们企图未得实现。② 又如埠口区，"1949年7月，（午征结合）剿匪反霸、清算，共斗争匪霸31户，清算出粮食51965斤，分给2820人，并挤出黑地562亩"。③

1949年午征，仅九区就挤黑地64236.7亩，占原来纳粮地亩157129亩的41%，十区挤黑地40490亩，占去年纳粮地亩126929亩的32%，殊可惊人！

因过去大户瞒地，公粮分摊在小户头上，1949年午征挤出了黑地，征粮中大部分老百姓反映，今年公粮不重。④ 同时也从另一方面反映出，在公粮总数一定的情况下，乡村富户的公粮负担肯定是大大加重了。

2. 集中力量剿匪

随着形势的发展，商水县新政权的力量日益壮大——干部和县大队共有1000余人的骨干力量，而且经过减租减息、合理负担等，新政权有了一

---

① "行政不下乡"是"行政下乡"的对应概念，指新中国以前的皇权不下县对应的"行政不下乡"与民国时期的"行政下乡失败"。见徐勇《"行政下乡"：动员、任务与命令——现代国家向乡土社会渗透的行政机制》［EB/OL］．［2007-11-14］．http：//www．citychinese．com/bbs1/dv_ rss. asp？s=xhtml&boardid=350&id=83238&page=1&star=2&count=18。

② 商水县午征委员会编印《午征通报》第七期，（民国）三十八年七月十二日，商水县档案馆藏，档案号：商水县政府全宗—永久卷3（1949年）—1949年各项工作文件第78件。

③ 《商水县在午征大会上评功表模》，商水县档案馆藏，档案号：县委全宗—永久卷4，第69页。

④ 《午征总结大会纪录》（第二册），商水县档案馆藏，档案号：政府全宗—永久卷5文件1，第10~49页。

定的群众基础；另外，由于群众的痛恨，匪霸日益孤立。1949年7月份，根据上级统一部署，结合商水情况，商水县委召开大会，部署一次集中剿匪反霸斗争，要求把保卫生产，清算匪债，实行合理负担，整理财政工作结合起来。县委制定的工作方针是：深入发动群众，把拿枪的残余敌人陆续肃清，安定秩序，恢复生产，有步骤地进行社会改革。

为了加强对这一运动的领导，县委划分了巴村（包括砖桥），黄寨（包括练集）两个剿匪重点区，在县委统一领导下，分别建立了工作委员会和指挥部。李青山（公安局局长）、南豪军（县大队长）、贺凤山（巴村区政委）、刘耀（砖桥区政委）为巴村工作委员会成员，李青山任指挥部政委，南豪军任指挥长。刘正国（县大队副大队长）、徐保宽（黄寨区政委）、李广生（练集区政委）为黄寨工作委员会成员，刘正国任指挥长，徐保宽任政委。与此同时，县委组织30多人的武装工作队，分派到两个重点区；7月29日，淮阳军分区独立团和骑兵大队分别进驻这两个重点区，帮助开展剿匪反霸工作。

武装工作队深入乡村，大力发动群众，建立农民协会、组织民兵，培养骨干力量，和群众一道查匪情、捉匪首、挖匪根，对敌对分子采取分化瓦解的方法，贯彻首恶必办、胁从不问、自首从宽、抗拒从严、立功受奖的政策，争取团结多数、孤立打击少数顽固分子。如，"贺凤山带领工作组进驻（巴村区）党寨村，进村后，召开群众大会，大讲当前形势，说明来意，宣传党的剿匪反霸政策和决心，解除群众疑虑。会后，深入群众访贫问苦，扎根串联，了解情况，掌握匪霸罪恶事实，确定斗争对象。该村主要斗争对象是党满天，在抓捕的当天晚上，党逃跑。我们及时召开会议，分析他的去向和路线。据说党准备过长江。根据这一线索，我（时任巴村区龙盛乡乡长）和通讯员冯修身带民兵10人，由党的老佃户引路，星夜往上蔡方向追赶。凡到党有亲戚的村庄，就多方打听查访。到朱里店经查访了解，党在此村亲戚家。我们……把他连夜抓回。从他家搜出手枪三支，机枪一挺，后根据他的罪恶事实，将其处决"。①

在巴村、黄寨两个区重点突破的基础上，8月15日，商水县委召开全县干部大会，再次部署深入开展剿匪反霸运动。8月底，剿匪反霸运动在全

---

① 李德龙口述，杜朝恩整理《在沙南一带的对敌斗争》，政协河南省商水县委员会文史资料委员会编《商水文史资料》（第二辑）[G]，1987，第24~28页。

县范围内形成高潮。

自剿匪反霸运动开展以后,乡村社会各阶层群众的思想行动发生了很大变化。

普通群众。7、8月份剿匪的胜利坚定了一般群众的信心、打破了思想顾虑、鼓舞了勇气,积极报告匪情、斗争恶霸,有的甚至自动到周口、漯河、舞阳、驻马店等地捕捉匪首。如匪首朱狗跑、窦海金都是潜逃到漯河,被八、九区农会群众捕送政府的。群众说,这是一个翻天覆地的大事,小赖种(土匪)可不行了。国民党剿匪又打又骂剿不了、中央军国民党多少军队对土匪就没治下去。共产党的办法高明,你看那大小土匪每天不断向区部里认错登记、大小匪在大会上承认错误。光开土匪会就治住了。也有的说,麦征时开一次会,小赖种就不敢做坏事了,很平和的。我看这次再一办,就是开着门睡觉也无关系了。还有的说,从来也没有想着过这样的日子(甚至个别肉头地主富农①也这样认为)。

一般地主。一般地主认为自己没有什么罪恶,但看到农会、民兵捕捉匪霸,也有些恐慌不安。如砖桥地主李馨亭、李凌轩说,八路军这个软办法就是毒辣,像我们这样的,将来把地弄出去,只要留咱们命就够了。有的说,这次比大轰大嗡还怪啊,大嗡时嗡到就嗡,嗡不住还可以摸(混)过去,不治人,这次治人哩!八路军这个软办法狠着哩:红糖嘴、辣蒜心,你看那些悔过的,蹲不住,将来一个一个他都治你!

作为打击对象的匪霸们,更是惶惶不可终日。小匪霸、罪恶不大的,一般不跑,主动、大胆悔过,甚至一些恶霸地主也主动向政府悔过:认为早晚得经过这道手续;有的躲躲藏藏、夜间搬东西外出,如练集区的曹广义。有的罪恶重大的匪霸害怕群众报仇,吓得自缢或向群众叩首求饶,如平店区蔺楼村的匪霸焦尔飞,听说农代会有人诉他的苦,吓得自缢而死,杨寨匪首杨美月在开农民会时,农会会员郜占魁说,你可别参加,你是土匪!吓得上吊寻死,幸亏他儿子发现救下,刘楼匪霸刘其俊听到说农民王殿元在农代会上控诉他了,便亲自到王殿元家哭着叩头说,你要啥我给啥,我过去错了(因强奸事)。也有的匪霸仍不愿屈服,或想方设法与农会干部套近乎或积极对抗。如邓城区杨河恶霸地主张罗给乡农会主任介绍老婆,

---

① 肉头:华北一带骂人的话,指妻子和别人有染而无能为力的人。肉头地主、富农指旧乡村中有钱而无权势、受人欺压的富户。

哲店区地主杨敬德愿拿出小麦 2 石，让妇女主任给村长弄个女人（当老婆），也有的为防止财产流失，赶紧分家卖地。平店区秦楼土匪烧香盟誓说，谁要死，大家都要为他报仇，埠口区恶霸威胁群众说，谁讲赖话（检举匪霸、不利于己的话），打死谁！平店区邓楼恶霸地主曾在 1949 年 8 月份卖地买 2 支枪，组织假农会，巴村区固现集恶霸孙凤阁于 1949 年 9 月 1 日煽动群众数十人，企图谋杀积极分子。①

到 1949 年 9 月份，全县捉匪 148 人，悔过自新者 589 人，斗争匪霸 19 人，收缴长短枪 241 支，并且成立商水县人民法庭，在巴村张庄召开公审大会，枪毙了民愤极大的匪首朱占彪、窦海金等。至此，中共商水县新政权基本上肃清了拿枪的敌人，进一步巩固了区、乡政权，稳定了社会秩序。

拿枪的敌人（土匪、国民党残余武装等）被基本肃清之后，不拿枪的敌人（旧乡村的当权派）依然存在。因而，在剿匪取得初步成果之后，商水县紧接着组织力量，深入乡村发动群众，展开反霸清算斗争。

3. 深入乡村剿匪反霸、清算

（1）工作思路、方针政策与工作方法

工作思路。1949 年 9 月，在剿匪工作取得初步成果的情况下，商水县委总结经验，对以后的剿匪反霸工作提出新的工作思路。

几种不同的地区的情况及应走的道路。新区基本上分三种地区：剿匪重点区、反霸重点区、一般地区，在剿匪、反霸两重点区内均获得不少成绩，一般地区的成绩则不大，有的则根本没有成绩。在剿匪重点区内捉到一些土匪、自首了一些人，但还有一些土匪在打游击。在这种地区的工作，要更深入剿匪，要坚决的弄清尚在潜藏的土匪、特务，并可开始反霸，同时可以开展全面的剿匪工作。在反霸重点区要注意培养积极分子，霸斗之后要研究怎样对他进行清算，清算后要分果实，组织群众，改造村政权，继续下一步的工作，另外抽出一部分积极分子配合正规干部向外发展。一般地区仍应是以清匪为主，要用一部分力量开展面的宣传，找关系、了解情况，发动群众捕捉大匪，利用匪属及悔过者立功赎罪，先在这些地区内打下反霸的基础。

具体问题。有些干部受到剿匪反霸圈子的束缚，不敢大胆发动群众，

---

① 《商水县委在区书联席会上关于剿匪反霸、发动群众几个问题总结报告》，商水县档案馆藏，档案号：县委全宗一永久卷 4，第 45 页。

只知剿匪反霸,群众中的任何要求都不问,机械地执行上级布置,凭主观上的一套来安在群众头上,因此应提倡进村后要根据大多数群众的要求出发,群众要求搞大霸、便搞大霸,要搞小霸、便先搞小霸,要算清就可算清,不要主观,但也不要作群众的尾巴。应从群众的要求做起,引导他们到反匪反霸道路上去。注意以下几点:①进村后要给群众办事,不管大小问题都要问。能给群众做两件事,便提高了信誉,扎正了脚跟。不能光问大事,而不问小事,结果大事问不了,小事不能问,使群众不满意。②中农恶霸不准清算,可以在政治上打垮他。如他霸占人家的东西,可以退还,如果霸占人家的东西没有了,可以清算原来的产业。城市工商业坚决不能清算。③斗争的恶霸如系地主便要清算,群众要算便算。④民兵是在农会领导下的人民武装,不能以自我为主,同时要以好的农会干部当民兵的干部。

部队工作队的工作问题。党政军配合,由党委统一领导,部队的问题仍由部队管理,但任何一方不能混,都要在党委的统一领导下工作;如一个班或一个排,搞工作不要常调动,摸不清情况;部队到哪里便是哪里的工作队,现在要教育部队如何做群众工作,不要急不要躁,不要耍脾气,要作长期分散打算;现在可以每班抽出一个人去试验反霸,来教育全班其余的人。现在仍是深入反霸,但现在思想上就得做反霸清算的准备。①

商水县的剿匪反霸工作沿着这个思路,开始以军事手段剿匪为主转而以政治手段进行社会改造为主。派出工作队深入乡村,发动群众、进行反霸、清算斗争。

方针政策与工作方法。首先是大规模的群众性宣传工作。与群众相比,政府干部和部队的力量毕竟有限,大股土匪剿灭之后,商水县剩余土匪多为小股潜匪、散匪,多与恶霸地主结合、利用会门作掩护、或明或暗地活动。单纯的军事行动有其局限性,难以剿净土匪,必须发动广大群众。"群众不发动,土匪剿不净",只有把群众的力量充分发挥出来,才能给匪霸以致命的打击。但由于宣传不到位,大量匪霸隐蔽潜逃,仍然威胁社会秩序与政权稳定。因此,商水县委动员干部群众进行大量深入地宣传,讲明政策、揭破谣言。具体办法是,县、区、乡召开各级农民代表会议,以详细

---

① 《李副司令对剿匪现阶段提出的几个问题》,商水县档案馆藏,档案号:县委全宗一永久卷1,第56~60页。

具体的提纲，向群众宣传、解释党的政策。如，为什么要剿匪反霸：土匪恶霸是人民的公敌，不让咱们翻身，他有枪杆子，犯有打黑枪、劫路、强奸、霸占等恶罪，如不消灭土匪，老百姓不能安居乐业（多举实际例子），今后的中国永远是老百姓的中国，过去国民党统治河南的时候，兵灾、水灾、旱灾、蝗灾，人民受苦最重，没有过一天好日子，如今大家迫切要求剿匪反霸安心农业生产。宣传当前国内局势：报纸上刊登的解放军解放西北的兰州、东南的福州，江西、湖南全部解放，大军到达两广边境，正在胜利前进的消息等；参考报纸，把河南各地剿匪胜利消息广泛宣传，以鼓励群众捉匪霸的胜利信心，说明匪霸过去会往漯河、驻马店、信阳跑，现在到处捉匪（举捉匪例子），土匪失去了靠山，没有地方逃。对匪霸的政策：首恶必办（不必一律皆杀）、协从不问（不是不加管制）、立功受奖（不是不论功过大小），对贫农进行团结中农的教育，主要揭破地主匪霸各种阴谋（成立假农会、收买、欺骗造谣等），揭破谣言，要追谣追到底。宣传的方式：大会、小会（群众会，自新分子会，伪匪属会）讲，写标语、画漫画，广播台、黑板报，街头谈话，逢人便谈，对农民就结合农民本身利益，对商人就结合商人利益等。

其次是派出工作队深入乡村发动群众，进行反霸、清算斗争。商水县根据上级精神，提出了反霸清算的方针政策。反霸清算就是在彻底肃清土匪的基础上，依靠贫农，团结中农，联合、中立一切可能联合和中立的社会力量，把地主阶级当权集团从政治上打倒、经济上清算、武装上解除、组织上摧垮，把农民阶级基本上组织起来（一般组织起来的农民应占农民人口30%以上），建立人民武装，改造政权，解决贫苦农民土地财产需求，要求使基本农民在政治上取得在农村的初步优势。在反霸清算中要执行的政策：不准乱打乱杀、不侵犯中农利益、对工商业一律不准清算和分散（需要没收要由省府批准）。在重点村的工作方法应该采取以下步骤：宣传政策、了解情况、控制坏人、组织群众、扎正根子、串联诉苦，组织队伍（农会、民兵等群众组织），研究情况、确定斗争对象与斗争步骤，诉苦说理，进行斗争，分配果实。

那么，什么人才能称之为恶霸呢？所谓恶霸就是地主阶级的当权派，是地主阶级中最政治化的部分，包括现在公开当权、背后当权或不久以前曾经当权者，他们不仅有剥削的罪恶，而且突出地表现为有政治统治性的罪恶，严重地迫害农民、掠夺霸占、贪污等，一般是大地主，也有个别的中小地主及旧式富农,一般来说,占地主、富农户数的 25% 左右。减租减息是为适应新解放区农民改善生活的要求,加快农业生产、团结各阶级人民支援前线、解放全国与巩固人民民主专政,并有利于组织群众,扩大反霸的群众基础,为土改准备条件,同时也是农民改善自己生活的最低要求与普遍要求。双减是减轻封建势力对贫苦农民的剥削,并未根本改变封建土地制度,但双减只是强调减息、不强调退息,今秋(1949 年秋)以前的高租额不能搞清算,但今秋(1949 年秋)以前的欠租一律免缴。初步解决发动群众需要解决的土地、资本、民主、合理负担等四大基本要求。①

深入乡村的工作队要发动群众,需要与群众的迫切要求相结合。为此,工作队提出了"安定生活""保卫生产""诉苦复仇""清算匪债""合理负担""兴修水利""整理村财政""厉行节约""反对贪污浪费""改善干部作风"等口号。

具体到一个村,发动群众有以下几个步骤:①深入调查,接近群众、了解情况。比如,何时解放的?新中国成立前后有何群众斗争?有何灾难?是否经过大嗡土改(急性土改)?有何知名之士?村庄具体现状(土地、人口、租佃关系、政权组织、群众组织、村干情况、反动力量情况等),群众情绪及当前的迫切要求(有何痛苦、有何顾虑),对我态度、反动派如何造谣破坏等。②根据群众的迫切要求,找准发动群众的切入点。进一步扩大宣传,明确工作步骤。③发现与推动积极分子。通过各种关系(地方干部、战士等),发现积极分子,要扎正根子,必须是雇农、贫农及贫苦知识分子,其次是中农,不能是地主、富农及地痞流氓。对积极分子不能要求过高,要经过反复斗争的考验,往往先积极不一定都是好的,也有些地方开始主动接头的人,不是雇、贫、中农,而是其他成分,也可暂作桥梁利用,但绝不能停留在这些人身上。④通过积极分子组织农会。通过积极分子串联群众,慢慢扩大,最后成立农会。⑤选择对象、发动斗争。首先斗争匪首、匪霸,其次一般恶霸地主,要有策略性,绝不能像以前那样严重侵犯中农利益,更反对个别贫雇农的错误做法。⑥在斗争中教育群众、巩固组织。⑦发展邻村,扩大胜利。可以吸收邻近村庄农民参加重点村的斗争会,组织重点村积极分子到邻近村开展工作,对于罪大恶极的匪霸可采取联合

---

① 《问题祥答》,商水县档案馆藏,档案号:政府全宗一永久卷 2,第 45 页。

斗争，鼓励群众诉苦，这样由点到面地扩展开去。⑧组织人民法庭，进行公审，体现宽严结合的政策，以便掀起自动悔过立功运动。⑨整顿干部思想作风。干部要群众化，掌握政策、大胆泼辣、艰苦朴素。[①]

（2）由点到面的过程

1949年5月初，商水县组织一个40余人的工作队，由县领导带队，分头进入一区三个乡：五里铺乡、化河乡、三里长乡及三区的董欢乡，直接领导当地的午征挤黑地以及剿匪反霸、清算斗争。经过宣传、发动，贫苦群众逐渐开始接近、认同甚至依赖新政权。如，在对匪霸的斗争中，贫苦群众由最初的顾虑：怕受到报复、怕被打黑枪而不敢接近工作队，进而由偷偷密告到大会公开地控诉恶霸罪恶，要求改造乡政权、改造农会、民兵，要求免除额外负担，要求解决土地问题、兴修水利以及怕无人撑腰而不愿让工作队离开，等等。

各重点乡通过发动群众、搜集恶霸材料、组织诉苦积极分子，对民愤较大的匪霸、主要是地主当权派（匪霸一体化人物），组织了公开的斗争大会，而对一般的、民愤较小的则暂不斗争清算，以免打击面过大，造成乡村不稳定。如，一区化河乡大史庄村斗争了石登连，全村67户，告他的有27户，占全村户数的40.3%，第一次斗争会就有10多人提他的意见。三里长乡斗争了原联保主任郭守义、保长史文相、保队副李天经等人。对罪大恶极的匪霸进行处决或关押，并在会后对其进行了经济清算，根据其贪污霸占情况，清算其浮财、粮食和一部分土地、农具，但不扫地出门，留给本人或家庭生活门路。对于清算出来的斗争果实，进行了分配。起初，按苦大仇深的多分、诉苦积极的多分、农会内部的多分、干部多分等分配方法，以后随着政权改造与基层群众组织的建立，逐渐规范化、按照"大坑多填、小坑少填、没坑不填"的原则分配，并对苦主进行了适当的经济补偿。[②]

在重点村突破的基础上，各乡组织重点村的积极分子，由工作队带领，向邻村发展，以点带面，实行波浪式的推进。在此期间，通过总结经验、

---

① 《商水情况与下半年工作布置》，商水县档案馆藏，档案号：政府全宗—永久卷6文件1，第1~27页。

② 《商水县委在区书联席会上关于剿匪反霸发动群众几个问题总结报告》，商水县档案馆藏，档案号：县委全宗—永久卷-6文件6，第49~62页。

锻炼干部，县委组织师资、干部训练班学员900余人，充实工作队，在县、区级干部的带领下，分头下乡，以这种重点突破、以点带面的方式，在全县范围内展开深入的剿匪反霸清算斗争。① 全县清算、补偿情况见表3-1。

数字不表达思想，但反映事实。从表3-1看出，到1949年11月28日为止，商水县共斗争匪霸701人，获得斗争土地果实21498亩，根据该县1949年7月5日对淮阳专署的呈文显示：当时全县"10区共有人口526856人，地亩1524016亩"②，被斗匪霸约占全县人数的0.13%，斗争果实土地约占全县土地的1.41%，对于普遍缺乏耕地的商水县乡村来说，显然其宣示的政治意义要远远大于经济意义。

表3-1 商水县被斗对象及清算果实统计表（1949年11月28日）

区别	被斗对象（户）			清算的果实							分得果实的户数（户）				
	地主	富农	中农	土地（亩）	房屋（间）	粮食（斤）	牲口（头）	衣服（件）	农具（件）	家具（件）	中农	贫农	赤贫	雇农	其他
一	29	8	—	1817	238	61219	39	794	510	729	137	386	86	73	—
二	33	3	6	1366	58	8400	48	360	934	680	15	569	21	31	—
三	105	140	19	168	57	56000	5	218	83	33	258	1614	424	395	277
四	5	48	77	10679	163	20510	17	10	389	33	173	436	240	46	116
五	6	5	—	49872	1200	6	10	3	15	90	130	40	21	2	—
六	53	35	7	3750	296	93800	64	120	194	150	45	876	289	180	—
七	19	6	2	772	62	43319	21	83	120	410	121	513	14	55	16
八	11	6	1	824	46	24520	22	62	338	358	291	193	478	193	50
九	23	8	—	1330	97	30100	30	147	204	418	353	821	150	250	63
十	30	16	—	320	118	1410	5	161	386	344	68	188	32	29	—
合计	314	275	112	21524	1207	340478	257	1965	3161	3170	1551	5726	1774	1273	524
说明	(1) 农具包括犁、耙、锄、车等。(2) 家具包括桌、椅、凳、磨等。															

资料来源：《商水县剿匪反霸统计表》。见商水县档案馆藏，档案号：县委全宗一长期卷3，第136页。

---

① 《商水县九月一日至廿日廿天的工作汇报（1949年9月23日）》，商水县档案馆藏，档案号：县委全宗一长期卷3，第121页。
② "商水县甲种区概况表""商水县乙种区概况表"，《为划分甲乙两种区请予鉴核由》，商水县档案馆藏，档案号：政府全宗一永久卷5，第82~83页。

二 基层组织的建立与巩固

新政权对乡村进行资源汲取的过程（征粮、扩军与支前等）和发动群众挤黑地、剿匪反霸清算、减租减息清算的过程，也是一个新政权深入乡村内部，干预乡村政治、经济的过程，构建新的乡村秩序和乡村—国家关系的过程，更是一个利益重构的过程、一个充满阻力与矛盾的过程。无疑，推进这一进程的原动力来自新政权、来自上级的工作队，但进一步的推动力则有赖于乡村贫困阶层即获益阶层的自我组织与改造后的乡村政权。因此，建立基层群众组织与改造乡村政权，事关乡村社会改造的成败。

虽然1949年2月，新的商水县政权成立之后，成立了10个区的政权组织，但由于各区解放的先后时间不同，政权基础和群众基础也不同，加上干部缺乏、任务繁重，有的乡、村政权经过了改造，有的甚至还是原来的旧保甲人员或其代理人。在已经改造过的村庄，或者农会、民兵等群众组织和政权掌握在旧当权者的代理人手中，或者群众组织和政权需要整顿等。

剿匪反霸工作队进入村子之后，往往绕开原有的乡、村政权，队员分散住进贫困农户家中，与农户三同——同吃、同住、同劳动，取得农户的信任，在交谈中了解村庄的情况，然后根据情况，访贫问苦，扎正根子，即选择出身好、正派、在群众中有威信的人着意培养，并以此开始串联、发动群众。先召开骨干分子会议，宣传政策、了解群众要求、收集恶霸材料，在具体的工作中（征粮、扩军、斗争、诉苦、斗争恶霸）发现培养积极分子，以这些人组织或改造农会、民兵、村政权。如，张明区西张明村在斗争恶霸徐爱莲（徐是有四五百亩地的地主婆，有民愤、恶迹）的过程中，由于副乡长王东成被徐收买，斗争发动不起来。后来，王东成的副乡长职务被撤销，而以作风正派、有些办法的王大庆（王同时也是告发徐收买副乡长的积极分子）为领导骨干，组织、发动曾受徐迫害的苦主中的积极分子7人，去进一步发动其他苦主共36人，大家在一起谈苦、比苦、评苦，讨论为什么苦，谁给的苦，如何才能不苦，然后一直要求召开大会公开诉苦。为此，工作队先组织积极分子苦主进行了演练，给予指导、鼓励，然后，在大会上以这些积极分子组成主席团，并让他们讲话、主持会议，以树立其威信、锻炼其能力。在这些骨干分子的带动下，对徐的诉苦、公审大会共有2000余人参加，诉苦的共有149人。[1] 在实际斗争中得到锻炼的积极分子们，被提拔到乡、村政权和群众组织的领导岗位上来。

正是这些积极分子和有苦之人组成的群众组织，在诉苦复仇和清算匪霸财产可能得利的诱导下，推动着具体村庄的反霸清算斗争，以此打掉了旧的政治权威，树立了昔日边缘阶层的政治优势。借此，新政权行政下村，而且通过涵盖众多农户的群众组织，新政权深入到了农户家庭。也正是这些积极分子和群众组织，在完成政府下达的任务和工作队领导的社会改造中起到了不可或缺的作用。如，午征中的挤黑地、剿匪反霸中的抓捕匪霸等，"一区冀东村恶霸保长冀祥云跑了，几次三番抓不到，于是派出三个农会员，挑个挑子，装成小贩出去查访，查出该犯潜至汝南县，改姓于，充当当地金香铺乡的乡干部……被抓回。"[2] 1949年11月底，商水县群众组织情况见下表。

表3-2 商水县群众组织统计表（1949年11月28日）

团体 区别	农民协会		民兵		青年会		儿童团		妇女会	
	会员	村庄	民兵	村庄	会员	村庄	团员	村庄	会员	村庄
一	2096	126	404	36	251	2	1079	73	1532	75
二	3188	26	456	68	—	—	500	12	158	7
三	3500	129	251	33	—	—	—	—	—	—
四	3571	143	346	34	—	—	2007	109	468	33
五	1545	30	313	22	—	—	1060	143	209	8
六	3504	174	539	49	1483	127	5331	125	2677	156
七	10220	134	1875	80	—	—	5049	80	5431	15
八	3010	51	454	38	—	—	1007	27	153	4
九	2242	42	186	44	—	—	1850	40	1065	15
十	693	41	72	14	—	—	453	39	105	5
合计	33569	896	4896	418	1734	129	18336	648	11798	318

资料来源：《商水县剿匪反霸统计表》，商水县档案馆藏，档案号：县委全宗一长期卷3，第136页。

---

[1] 《西张明群众运动典型材料存根》，商水县档案馆藏，档案号：县委全宗一永久卷4，第70页。

[2] 《商水县在午征大会上评功表模》，商水县档案馆藏，档案号：县委全宗一永久卷4，第60页。

正如只有"铲除军阀",才能"消除内乱"一样,只有打倒旧权威,才能树立新权威。只有以军事手段消灭横行乡村的土匪、恶霸,才能建立巩固的乡村政权、确立党—国家的权威,才能按照党—国家的意愿,对乡村社会实行理性建构,开展各项社会改革事业。因而,随着剿匪反霸向纵深发展,全面剿匪就全面改造政权,重点反霸就重点改造基层政权,仅1949年10月份,商水县就新建乡4个、改造乡政权2个、改造村政权53个。①

第二节 土改、复查与民主建政

剿匪反霸、改造乡村基层政权及建立民兵农会等群众组织,不但为土改扫清了障碍、奠定了政权基础、提供了组织资源,而且大大强化了贫苦农民对党—国家权威的认同、增强了他们土改胜利的信心。正是在各种条件成熟的情况下,1950年2月,河南省人民政府发布命令,开始在全省范围内实行土地改革:"河南解放已达两年,随着全国胜利形势的发展,经过一年的剿匪反霸减租及其他革命政策的实施,社会秩序空前安定,广大农民已得初步发动,觉悟提高,并组织起来,建立了农民自己的团体——农民协会,因而迫切要求实现土地改革,发展生产。……为了实现这一重大社会改革,本府已有长期准备,研究情况,制定政策,训练干部,于今准备工作亦臻完成。经呈请中央人民政府批准,决定于1950年内基本上完成土地改革。"②

商水县属于河南省第三批进行土改的地区,依据的是1950年6月12日公布的《中华人民共和国土地改革法》③,1951年冬季至1952年春季,进行了土改复查,1953年春季又进行了民主建政运动,至此,商水县土地改革运动结束。之后,广大农民又被引导转入爱国增产运动。

---

① 《商水县人民政府综合报告》,商水县档案馆藏,档案号:政府全宗一久卷6第32件,第129~132页。
② 《河南省人民政府布告——为实行土地改革由(1950年2月7日)》,中共河南省委农村工作部编印《河南省土地改革文献》上册[G],1954,第204页。
③ 《河南省人民政府布告——为实行土地改革由(1950年2月7日)》,中共河南省委农村工作部编印《河南省土地改革文献》上册[G],1954,第204页。

一 土改

在河南省、淮阳专署的领导下，商水县委组织县、区干部以及此前已经过训练的干部共859人，先后组成11支土改工作队，结合本县情况，从1950年10月19日、10月21日，分别进入土改重点区一区三里长乡和二区宁楼乡进行土改，到1951年5月，共历时约5个月，经过突破重点、以点带面、波浪式展开，全县土地改革基本结束。由于土地改革法规定，"分配土地，以乡或等于乡的行政村为单位"①，因而，土改工作队的工作着眼点，也是以乡为单位的。在土改方针"在我党的领导下，放手发动群众，依靠贫雇农，团结中农，中立富农，分化敌人，运用合法形式，开展算剥削帐（账）的说理斗争，消灭封建剥削制度，发展生产"的指导下，要经历5个步骤，才可以完成一个乡的土改。②

1. 宣传政策、了解情况

宣传政策。土改工作队下乡以后，首先以乡为单位，召开会议，宣传政策。干部会议。会议参加者包括区乡土改干部、乡委员、乡村农民协会干部、党团员、革命知识分子等。会议既可集中召开，也可分别召开。会议内容主要是表明政府态度：为什么土改及土改政策、明确宣布干部纪律，同时研究本乡情况、如何进行土改及酝酿选举乡农民代表会议代表，为召开乡农民代表会议作准备。群众会议。干部会议之后，区乡干部分赴各自然村召开村民大会，广泛宣传土改政策，扩大影响；也可以召开一次全乡范围的民众大会，进行宣传造势。民众大会之外，工作队要深入群众，召开一系列的小范围的会议，以便了解情况、掌握各阶层动态，广泛宣传，尽可能做到土改政策，人人知道。

了解情况。通过基本群众，了解本村情况，包括反减情况、各阶层地亩占有情况及群众组织情况，并写出材料、造成册子。酝酿并选举乡农民代表，按中农一贫农二的比例选出，人员应包括妇女、村干及革命知识分子，具体数量，各乡根据土地与人口数量确定出适当比例。

---

① 《中华人民共和国土地改革法》，中共中央文献研究室编《建国以来重要文献选编（第一册）》[G]，中央文献出版社出版，1992，第338页。
② 《一个乡的土改具体做法与步骤》，商水县档案馆藏，档案号：县委全宗一永久卷29第8件，第52~56页。

召开乡农民代表会议。土地改革法第二十九条规定："乡村农民大会，农民代表会及其选出的农民协会委员会，区、县、省各级农民代表大会及其选出的农民协会委员会，为改革土地制度的合法执行机关。"① 在工作队主持的乡农民代表会议上，就此规定向代表说明会议的性质、权利和义务，报告土改方针、部署和步骤，发动代表对此进行讨论，通过一个具体的决议。这一阶段，正常情况下，规定为5天左右，然后转入土改的第二步。

土改的第一个步骤，除了宣传政策与了解情况之外，召开全乡农民代表大会还有一个重要的意义：统一贫雇农的思想、执行土地改革法。土改政策的宣传令地主惶惶不安，本是应有之义，但是，"富农对保存富农经济放心不下，自己是啥富农呢？有粪也不敢往地里上；中农对生产安心了，对土改袖手旁观，持不管不问态度；略有土地的贫雇农怕换地，没有土地的认为不动富农、中农没搞头……"② 同时，在讨论土改具体决议的时候，很多地方的代表都提出了一个共性问题：地富较多、土地集中的村庄，不愿以乡为单位分配土地。比如三里长乡在土改开始召开的第一次乡农代会上，就对此问题意见不能统一。③ 类似的情况在反减中就曾出现——农民不愿让本村财富出村，但那时减出的果实毕竟有限，涉及农户也有限，在工作队的教育、干部和积极分子的带动下，不通的人，后来也通了。这次却是参与乡农民代表会议的代表，即各村的贫雇农积极分子提出来的，想轻易打通思想，恐怕不容易，但中央统一的政策又是不容置疑的。那么，工作队在具体的工作中怎样调动贫雇农的斗争积极性？又怎么化解"财不出村"的矛盾呢？

2. 整顿队伍

宣传土改政策需要开会，整顿革命队伍更离不开开会这一革命法宝。

先召开全乡贫雇农代表大会。主要是进行阶级教育：算剥削账、拿自己与地主进行对比，启发贫雇农进行思考为什么土改？土改为谁？贫雇农在土改中应该起哪些作用呢？接着，具体布置整顿扩大农会的办法、对待

---

① 《中华人民共和国土地改革法》，中共中央文献研究室编《建国以来重要文献选编》（第一册）［G］，中央文献出版社，1992，第343页。
② 《三区陈楼土改重点乡工作总结》，商水县档案馆藏，档案号：县委全宗一永久卷33第12件。
③ 《商水县委向淮阳专署党委的报告（1950年11月8日）》，商水县档案馆藏，档案号：县委全宗一永久卷29，第88页。

干部的态度，说明这一阶段，主要的敌人是地、富，应该团结中农，尽量减少打击面。

妇女大会。全乡妇女大会主要讲过去妇女所受的苦、讲妇女应该在土改中起的作用，讲土改政策，选举妇女大会委员等。

民兵大会。总结民兵在反减中的作用，说明民兵组织的任务、纪律等，建立乡中队部（中队长由上级委派），选举村分队长、班长等干部。

结合全面的整顿、扩大组织，进行阶级教育，提高群众觉悟。一般来说，组织起来的群众要占到基本群众的30%以上。经整顿后，选举成立乡农民协会，各自然村成立分会，各分会主席为乡农民协会委员，选举出来的农会干部需经上级批准。同时布置划阶级方法、决议，各委员回村执行。这一阶段的时间是8天左右。

应该说，这一阶段的工作最显著的成果是在党的领导下扩大了组织与整顿了干部，而这正是土改顺利与否的关键。扩大队伍主要是大量吸收贫雇农加入农民协会、发动妇女加入妇女会、扩大民兵组织等；整顿干部主要是为了提高干部觉悟，改正缺点、加强内部团结，把斗争锋芒指向地主阶级。对干部的批评要有分寸，尽可能地以团结为主。在此过程中，由于青壮年贫雇农人数有限，一些品德较差的人也被吸收入会，引起群众不满。如："（三区陈楼乡）大陈楼陈学思，两次被开除出农会，这次扩大农会又入了农会，入会后偷了中农陈学俭3只羊到苑寨卖了14万元，群众非常不满。"同样，由于以团结教育为主，一些干部与群众的关系尚不十分融洽。如："（三区陈楼乡）宋营干部宋永庚、宋永超贪污果实，拿照顾粮换肉吃，学校摊派粮560斤，他们摊派1000斤。当着工作队面向群众作了坦白，工作队走了之后，又骂揭发的群众。半坡店村长，贪污、对群众粗暴，但仅认了错……群众说，俺啥都不怕，就怕您们走了理料（干部找茬整人）俺。"①

剿匪反霸时对旧当权派、恶霸的斗争，由于长期的被欺压，在解除了群众顾虑之后，苦主在申冤报仇的口号下，勇于与匪霸作斗争，但毕竟只是少数人的事情，主要彰显的是其政治意义。土改开始了，前一阶段有意使其中立的地、富，而今变成了敌人、变成了要被斗争的对象，敌人变了，

---

① 《三区陈楼土改重点乡工作总结》，商水县档案馆藏，档案号：县委全宗一永久卷33第12件。

斗争的理由要变、主要的推动力量也要变。剿匪反霸是为了政治翻身，土地改革是为了经济翻身。因此，从理论上说，无地少地的贫雇农必然要成为土改的主要力量，渴望土地的斗争积极分子也必然要在他们之中产生。但是，由于个人理性的作用，被寄予厚望的贫雇农并不总是能够按照党的意愿行事。

3. 划阶级

正如商水县委文件所说："划阶级的目的是分清敌我界线，提高觉悟，团结自己，向敌人进行斗争。这一步是艰苦、尖锐、复杂的阶级斗争，是政策是否贯彻、土改能否顺利完成的关键……必须充分发动农民，打破一切顾虑，与落后思想进行面对面的斗争，防止少数人及干部包办划阶级，应采取自报公议、民主评定、上级批准、三榜定案（的方法）。"[①] 土改工作队首先发动贫雇农及其积极分子，讲明他们应该在划阶级中起关键作用。然后广泛宣传划阶级的标准，把上级有关阶级划分标准的文件用墙报、广播等形式与各阶层农户见面，达到家喻户晓、人人皆知。

工作队分别下村，按照《河南省土地改革条例》第十三条之规定（关于地主富农成分之划定，以中国共产党中央委员会一九四八年五月二十五日公布的一九三三年两个文件为标准，由村农民大会邀集本人参加、民主评定之；评定时允许本人申辩，评定后报请区人民政府批准。本人如仍不服，得于批准公布后十五日内向县人民法庭上诉，经县人民法庭判决执行[②]），召开村民大会，面对面的自报、公议成分。然后经工作队与村农会小组负责人共同研究，逐户算账，张榜公布各户成分。如无异议，经上级批准，在农会领导下成立征收分配委员会（乡村、农会干部为当然委员并吸收其他积极分子参加）。这一阶段，讲、划、通、批时间约7天。

如果说前两步主要是弥合党所依靠力量的内部分歧、扩大力量的话，那么，在划阶级阶段，真正的乡村内部斗争便开始了。昔日像生命一样珍贵、能为家庭带来温饱和荣耀的土地，而今却为家庭带来了灾难。大难临头的乡村富户们竭尽全力，希望能规避地主这一称号，但往往是徒劳的，

---

① 《一个乡的土改具体做法与步骤》，商水县档案馆藏，档案号：县委全宗一永久卷29第8件，第53页。
② 《河南省土地改革条例（一九五零年二月八日）》，中共河南省委农村工作部编印《河南省土地改革文献》上册［G］，1954，第210页。

毕竟家有超过一般乡邻为多的土地是铁一般的事实，过去生活的反差也总是令乡邻们难以忘怀。

"（三区陈楼乡）赵庄赵绍普的儿子赵世凯，上学后在一私营企业当账房先生。划阶级时说：'我是地主出身，欢迎土改。我的土地、房屋都愿意分给穷人，我领着全家到地里拔草，房子坏了我一一修补。但我不愿意戴地主的帽子，因为地主是人民的公敌，我的思想是为人民服务。如果给我划个地主成份（分），（不就）把我的为人民服务思想打到十八层地狱去了吗？'这时有贫雇农代表提出来说：'你这会儿认识共产党、解放军啦？那年穷爷们拾你一把谷子、收你半个柴，给你说了多少好话，你站在门口喊：请叫你八爷（八路军）来吧！'"①

四区薛套乡在划阶级时，"大万寨的万如茂（外号'油子牙'）对把自己划为地主式富农不服，民兵将他拴起来还是不服，后来工作队组织贫雇农对他进行诉苦、算细帐（账），终于不得不服。本乡张庄的张维甲，给民兵小钻3斗绿豆、给村长高文彬几筐红芋，说：'东西反正不是咱这庄的吗？划不划我地主还不一样，划我个地主，东西还要往外庄弄，何必呢？'因此，在划阶级时，村长、民兵包庇说：'张维甲有劳动力，不是地主。'但邻村董庄找出了张的剥削证据，并且工作队免了高文彬的村长职务、把小钻开除出民兵队伍，终于在第二次划阶级时划了张维甲地主成份（分）……"②

毕竟是立等可取的存量财富瓜分，尤其是稀缺的土地对长期缺乏土地的乡村贫困农户的巨大吸引力，自然会加大参与者的斗争热情。但不可忽视的是，毕竟划阶级是一件有可操作标准的事情，事实不容易被掩饰；另外，群众的参与也在一定程度上避免了暗箱操作。因此，非但地主的花言巧语无用，硬抗软顶等多种努力方式，基本上都被一一挫败。

4. 没收、征收与分配（以土地为主的五大财富）

"这一步是最后消灭封建剥削制度，变地主阶级的土地所有制为农民的土地所有制、解决农民土地问题的最重要一环。"③

---

① 《三区陈楼土改重点乡工作总结》，商水县档案馆藏，档案号：县委全宗一永久卷33第12件。
② 《商水县委办公室对四区薛套乡划阶级没收分配两个问题的报告》，商水县档案馆藏，档案号：县委全宗一永久卷29第9件，第57页。
③ 《一个乡的土改具体做法与步骤》，商水县档案馆藏，档案号：县委全宗一永久卷29第8件，第55页。

各村农会召集地主富农会议，正式宣布各家成分，讲解征收、没收政策。各家要汇报自己的土地、牲口、农具、粮食、房屋、家具等财产的数量、价值，非法分散出去的土地也要如实汇报。对于这些汇报出来的材料，经村农会分别讨论、算细账，秋收冬藏毕竟是阳光作业，事实往往难逃乡邻的眼睛，正所谓家有黄金，邻居有秤，回报不实者要受到严厉斗争。

这一步的关键在于果实的分配。胜利的果实是一把双刃剑，分配得合理、公平，能促进内部的团结，否则，会激发内部的矛盾。为此，商水县委制定的分配原则是："先填坑，后补缺，以乡为单位调整，以村为单位分配。分配的过程是自报公议，三榜定案。"① 自然村内部按人均计算，按户分配。这一阶段的时间是 7 天。

果实分配的过程是复杂而艰苦的，当年的土改工作队员深有感触："（主持过三区陈楼乡土改工作的）徐彦杰说：'做好一个乡的土改，少活二年，真麻烦'，马怀德、杨清义说：'糊里糊涂，以为用手一指，地分了就中了，那知这么多事。'"②

国家建构乡村平等社会的意愿与贫雇农获取土地财富的意愿，在一致的前提下并非没有冲突。在具体的问题上，工作队的灵活性保证了土改工作的顺利进行。如，解决土地集中的村子不愿往外抽地的问题上，工作队在贫雇农的意愿与土地改革法之间作了折中："土地多的村适当向外抽一些，家具生产资料不抽，只在村内分配。我们的意见是全乡农民分得土地不一定都求得标准一样，只要求得农民同意，有个差不多就算了。这样还能行得过。"③ 又如，村庄内部果实的分配上，往往"由干部决定，根据诉苦时诉苦程度来分配果实，但群众意见纷纷，第二次再分农具时就分不下去了。此举并被斥为干部路线。后来改为群众路线，把东西拿出来，看谁需要，让群众评，结果很好——需要者出来比，比穷、比苦、比需要，结

---

① 《一个乡的土改具体做法与步骤》，商水县档案馆藏，档案号：县委全宗一永久卷29，第56页。
② 《三区陈楼土改重点乡工作总结》，商水县档案馆藏，档案号：县委全宗一永久卷33第12件。
③ 《商水县委向专署党委的回（汇）报》，商水县档案馆藏，档案号：县委全宗一永久卷29，第88页。

果一比，看你铁①还是我铁，大家就没话说了"。②

据1951年5月初商水县9个区（缺第10区的材料）的统计，共改出土地237729.8亩，得地农民207611名。从商水县全县的情况看，经过没收、征收地主富农的土地分给无地少地的农民后，地主（共划出地主4134户、占总户数的4.82%，人26790口、占总人口的6.65%）人均耕地2.1亩、富农（2771户、占总户数的3.23%，人17604口、占总人口的4.37%）2.46亩；中农（25390户、占总户数的29.6%，人12546口、占总人口的31%）2.9亩；贫农（52084户、占总户数的60.7%，人229078口、占总人口57%）2.4亩；其他（包括小土地出租者1382户，占总户数的1.6%，人3694口、占总人口的0.92%）0.64亩。从各区各乡来看，由于耕地宽狭不一，具体各阶层占有耕地有多有少，但基本按照贫农稍高于地主的原则，大体两头平。③

5. 健全组织、进行教育、转向生产

土地改革与中国历史上数次王朝初建时的均田制并非出于一辙，它不仅仅是一个简单的平分土地的过程，更重要的是一个借此契机，国家政权深入乡村、扎根基层的过程："土改第5步的目的是结束土改，稳定生产情绪，迅速的转入大生产运动，健全在乡村人民民主专政的基层组织。"④

果实分配之后，召开全乡党团员大会，吸收非党、团农民参加会议，扩大党、团的影响。在会上进行党、团员教育，成立临时支部，布置今后工作。这个环节实际上是开始扩大基层党、团组织的队伍及政治影响。

再一次召开全乡农民代表大会。一方面是对土改作出总结、解决遗留问题，另一方面，改造乡政权。把土改中涌现出来的积极分子、党员等，选入乡政权班子。取消村长制，实行村代表主任制，并布置生产工作，提倡防备灾荒、积肥生产、发家致富。这个步骤的是时间5天。

据1951年5月统计，经过土改运动，"商水县健全、扩大了以贫雇农为骨干的农民协会组织与民兵组织，计农协男会员68581人，女会员52318

---

① 铁：周口一带方言，有货真价实、能干、合适等意思。
② 《三区陈楼土改重点乡工作总结》，商水县档案馆藏，档案号：县委全宗一永久卷33第12件。
③ 《土改初步总结报告》，商水县档案馆藏，档案号：县委全宗一永久卷-53第3件，第18页。
④ 《一个乡的土改具体做法与步骤》，商水县档案馆藏，档案号：县委全宗一永久卷29，第56页。

人，民兵11272名，总计132171人，占总人口596076人的22.17%。民主选举了基层干部5468名，其中半脱产干部600名，不脱产干部4868名。建立了党团组织，全县共发展党员650名、团员2391名，建立党支部65个，部分乡村已树立起党的核心领导地位，共建立团支部114个，团组织在大部分乡村起到了党的助手与团结广大青年的核心作用"。①

之所以要以贫雇农及其积极分子为主建立群众组织，就是要建立强大的农民队伍、建立全面动员群众的组织基础，彻底割断与地主的联系，彻底打倒恶霸地主、封建阶级，树立党在乡村的政治权威，促进农民对新政权的认同。

据商水县委土改后的估计，"经过剿匪反霸、土改，工作较为彻底的一等村约占总数的41%，较差的二等村约占43%，问题较多的三等村约占16%"。② 看来，要使乡村发生彻底的、符合国家意志的变化，还需要国家作出新的努力。诚然，相对于千年延续的乡村土地财产关系、人际关系、乡村的百年老理，即便是一场翻天覆地的革命，5个步骤32天的土改时间也略显短暂，但毕竟表明，经过土地改革，国家已经具有了在乡村发动大规模运动的能力。

二 土改复查与民主建政

遵照省委指示，商水县全县的土改运动结束之后，紧接着，全县又普遍开展一次土改复查运动，又一轮新的群众运动。对于这次土改复查的原因，河南省委的论述是："河南全省范围的土地改革，从1949年冬季开始到今年春季（1951年），基本上全部胜利地完成了……根据去冬今春复查运动的经验，与目前各地复查试点情况来看，土地改革的结尾，必须有一个复查阶段。因为运动本身是不平衡的，同时，这样千百万人大规模的群众运动求得完全没有一点错误也是不可能的……其中有一部分乡村（约占20%），由于当时依靠贫雇农不够和发动群众不充分，地主阶级未打倒，农民未占优势，封建势力依然在政治上、经济上继续压迫、剥削农民。也有

---

① 《商水县委土改初步总结报告》，商水县档案馆藏，档案号：县委全宗一永久卷30第6件，第62页。
② 《商水县委土改初步总结报告》，商水县档案馆藏，档案号：县委全宗一永久卷30第6件，第63页。

部分乡村,地主阶级虽然基本打倒,群众处于优势,但尚有一部(分)漏网地主和不法地主,逃避了斗争或打击得不彻底,因而仍在或明或暗潜伏活动,乘机滋扰,以及收买拉拢,篡夺领导权。即使发动比较好的乡村,其中也有某些地区,由于从土地改革转入生产后,群众忙于生产,干部松懈麻痹,放松了对地主阶级的控制和专政,敌人乘隙反攻复辟,工作基础也发生了一些变化,(贫雇农的政治)优势并未完全巩固……"①

商水县委认为:"土地改革运动的成绩是伟大的,但运动的发展有粗有细、干部有纯有不纯、群众有发动充分不充分、敌人有打倒的彻底不彻底之分,加之干部群众忙于其他工作或生产,麻痹松懈、忽视对敌人的斗争与控制,而敌人则乘机破坏,使农村变化很大……"也就是说:"为进一步发动落后村、落后群众,促进群众觉悟进一步提高,消灭漏网和打击不彻底的敌人、解决土改遗留问题,必须再接再厉、扩大战果。"② 从 1951 年 7 月到 1952 年 5 月,历经 10 个月,中共商水县委及各区委分别组织工作队,以土改三等乡为主,分批在全县范围内,进行了重、副点结合的土改复查运动。

1. 土改复查的 4 个步骤

1951 年 10 月,商水县委根据 1951 年 7 月开始的土改复查重点乡的工作经验总结,提出一个乡的土改复查要经过 4 个步骤。

(1) 宣传政策、了解情况,发动群众、打倒敌人。宣传政策、了解情况。宣传政策的目的是为了调动群众、孤立敌人,因此宣传政策要分清对象、区别对待。对地主,要讲老实守法、分别对待的宽严界限。对富农,讲保护政策,弄错的东西要退回。对贫农,讲打倒敌人的反攻倒算、消灭漏网地主、保田保产、巩固人民民主专政。对干部,先讲成绩,说明当干部的光荣前途、检查改正缺点。途径是多开会。开党团员会、干部会、贫雇农会、地富会、家庭会、座谈会等,通过不同规模、多种形式的会议宣传政策、发动群众。同时,这也是一个通过干部、群众了解情况的过程,比如,干群关系怎么样、地富活动情况等。

整顿干部、发动群众。从新政权介入乡村开始,干、群关系问题就是

---

① 《社论:动员起来,完成土地改革复查运动!》[N],《河南日报》1951 年 10 月 22 日第 1 版。
② 《关于三个重副点复查工作向地委的总结报告》商水县档案馆藏,档案号:县委全宗一永久卷30第2件,第2页。

一个大问题,这一问题背后隐藏的其实是国家与乡村的关系问题,新政权在处理这一问题上,是比较谨慎的。在土改复查中,一方面促使干部改正错误,另一方面把犯有严重错误的干部撤职查办。同时,党在乡村基层政权的巩固仅仅依靠少数干部、积极分子是远远不够的,必须尽可能的动员大多数农民。这不但是巩固政权的需要,也是国家顺利动员乡村的需要。因而,对后进群众的动员很为必要,所谓后进群众指:老佃户、老雇工、地主近门("近房")、历史上有错误的人、下台的干部、洗刷掉的农民协会会员、开除的民兵等,工作队大力扭转干部、积极分子对他们歧视的观点,通过教育,让他们重新加入队伍。

打倒敌人。复查中工作队特意强调,对敌人的斗争要有深度:今后教育干部、群众对地主开展追思想的斗争,关键要看敌人服不服。这实质上是为贫雇农对敌斗争树立了一个永久性的靶子,诉苦、开斗争会、是否遵纪守法等都有一定标准,服不服的标准怎么掌握呢?这个要求为以后的群众运动与乡村斗争,留下了广阔的空间。

(2) 查阶级、查田,解决遗留问题。查阶级、查田。通过复查,对地主进行重新认定,高的降下来、漏网的坚决补上。其目的,一是为了通过算剥削账,教育农民,打破好地主、坏地主的区分,二是给所有地主一个最后鉴定。查田主要看斗地主彻底不彻底,农民分得公平与否。当然,既然是斗地主,必然又有新的果实分配,这一点与土改时并无二致。

(3) 发土地证。发土地证既是稳定地权、安定生产情绪的重要步骤,也是国家掌握乡村确切的土地、人口数据的决定性一环。清末以降,乡村基层政权建设的内卷化、国家应对灾害的乏力乃至乡村的动乱与革命的兴起等,无不与国家无力掌握确切的应纳税、服役的土地人口数据有莫大的关系。在给农民发证前,要打破群众顾虑,发动群众报实地亩,经民主评议后发证。

(4) 民主团结、选举。这是一个内部团结的过程。发动群众自我批评与互相检举,划清与地主的界限,以达到内部的团结。根据情况,在加强对敌专政的基础上,选举群众组织领导人、乡政权领导人。教育群众明白:专谁的政、谁来专政,引导群众进行新旧政府的对比。

商水县土改复查的过程中,1951年年底前后,河南省政府指示各地结合"三反五反""整党",开展一场民主运动。对于这场民主运动,河南省政府要求要有几点深入的认识:农民要彻底消灭他的敌人(地主阶级),必须依靠长期的专政、树立长期对敌斗争的观念；民主运动的过程，也就是在政治上、思想上、组织上充分发动群众的过程，也是更深入、更细致、更艰苦同时又是规模更宏大地发动群众的过程；民主建设是一个异常艰苦的过程。①

由于民主运动与土改复查有相通的地方，都是为了深入发动群众、巩固乡村基层政权，即逐渐把乡村的革命成果，以日常秩序的形式固定下来。因此，从1952年起，商水县的土改复查与民主运动相结合，称为"土改复查与民主建政"运动，土改复查的4步走的后2步变为颁发土地证与民主建政。②当然，具体到不同的乡、村，情况可能会有些差异、侧重点可能会有所不同，但运动的手段和目的应该是统一而明确的。这里，我们对此过程作一深入乡村的考察。

2. 具体乡村的土改复查与民主建政过程

（1）三区宋王乡③的土改复查

复查前情况。三区宋王乡共有10个自然村504户，2154口人，6595亩地，地主29户、富农20户，为土改二类乡，群众未从思想上彻底发动，对敌人打击不彻底。组织起来的群众计有：农会男会员352名、女会员242名，民兵35名，共计629名，占总人口的29%。其中先进的126名、占20%，中间189名、占30%，后进314名、占50%，乡、村干部19名，有强迫命令行为的4名、多占贪污的4名、雷玉思想④的2名、敌我界线不清的5名、不当家的3名、破落地主1名，党员9名（其中积极的4名、一般的2名、不起作用的3名），团员2人，都积极。敌人方面，地、富49户，

---

① 吴芝圃：《开展民主运动的几点意见（1952年1月20日）》，中共河南省委农村工作部编印《河南省土地改革文献》上册 [G]，1954，第573~581页。
② 笔者注：由于运动发展的不平衡性，商水县的民主建政运动在有的区乡也叫民主团结运动或干部"洗脸擦黑"（意为向群众认错、改正错误，取得群众谅解、继续工作）运动，往往与整党相结合。这一运动断断续续一直持续到1952年年底。见商水县档案馆藏商水县委全宗一永久卷14，各区民主运动总结报告。
③ 1951年4月，商水县根据中南局规定，以2000人到3000人划为1个乡，10个乡到15个乡组成一个区的精神，将原10个区169个乡改划为15个区201个乡。1952年8月，周口市由专署辖市改为县辖镇，划归商水县。见中共河南省商水县委组织部《中国共产党河南省商水县组织史资料（1927-1987）》[C]，郑州：河南人民出版社，1990，第32页。
④ 松懈、退坡，不愿意继续革命的思想，相当于湖南省的李四喜思想。所谓李四喜思想，是指土改以后出现的农民和乡村基层干部的松气思想。见王瑞芳《"李四喜思想"讨论：建国初期中共教育农民的尝试》[J]，《史学月刊》2006年第9期。

其中4户（占8%），造谣、破坏，不老实，有反攻倒算行为的23户（占47%），老实守法的22户（占45%）。

宣传政策、了解情况、确定方针。工作队召开乡村干部会、群众会，宣传政策、表明来意；召开地主、富农会，说明分别对待；通过贫雇农户座谈会和干部、党员、团员会，回味对比，讨论雷玉思想，了解到一些情况：如宋王庄地主宋永焕（国民党员），当过17年保长，政治上未动，土改时没收不彻底，贫雇农（如宋勇良）没房子，他8口人留7间房1匹马，顶子床3张；干群关系普遍存在问题，如赵营破落地主当村长，吃喝浪费，把机动地课的20石粮食弄完、村办公室不许群众进去；勾营地主勾杨氏造谣说"这次是查中农的"。把4户中农吓得光睡觉、吃不下去饭；富农乱放东西，贫农认为没油水、斗争不起劲。根据以上情况，决定发动群众，团结起来、打倒敌人。召开乡农民代表会，讲政策、查情况，具体讨论作出决议，让代表回去提高先进、发动后进，解决干群关系、团结起来向敌人开展斗争。

提高先进、发动后进主要通过以下几种途径得以实现。

第一，解决干群关系。在部分村里，干群关系为突出问题，经过了解情况、教育双方，干部检讨、群众提意见，弄清情况，初步解决问题。这里有两种做法、两种结果：一种是双方酝酿成熟，干部检讨得彻底，群众也敢提意见，领导上适当作出结论，结果达到干群团结；一种是双方酝酿不成熟，干部检讨不彻底，群众不敢大胆提意见，领导上也没作出适当处理，结果群众仍然不满，如勾营、赵营、马庄等三村都是。总之解决得粗糙，也没有根据情况，普遍检讨，好干部没有表扬。干部认为来次运动，干部就有次坦白，如马庄干部说："到丢人的时候啦，啥法呢！"

第二，提高先进、发动后进。经过回味、诉苦和差别教育，提高先进发动后进。这里也有两种做法、两种结果。一种是通过先进去个别串联发动后进，如宋王庄等9个村经过回味、诉苦、三查、一比，提高了觉悟，分组讨论发展对象，大会通过后，分工个别教育，诉苦、串联和大会诉苦表明态度，凡这样做的不但先进、后进达到团结，而且后进经过串联、诉苦、教育，积极行动起来，迫切要求入会。如赵营村赵国厘、赵伟文因年纪小（17岁），村干部不让他们入会，就哭着说："俺们包庇过地主么？过去受地主的苦，今天非入会不中。"一种是抛开先进，去提高、发动后进。如前苏唐村，干部入村即召开后进干部、群众会议，经过诉苦吸收入会，并对干部提些意见（因提的意见不正确，被误会）。村主任老黑光睡觉、不工作，说："我分的四亩地拿出来，再出 1 石 2 斗麦算完，我还担我的菜挑子。"又说："土改时，耿队长说，好的不要多、只用三五个，架鹰、架兔，不架稀屎鸭子。我说句话批评我半天，现在我直没劲。"结果形成先进、后进两边的对立（已扭过来）。

经过这次诉苦、串联、发动群众，又新发动、吸收了一批男女农会会员，这样，根子正、队伍巩固、扎实、有组织的群众共计 789 名，占人口 37%，阶级觉悟提高了一步，打破了好地主的模糊思想、孤立了敌人。如宋王庄地霸宋勇焕，控制着村东头近门的，西头不敢斗，把近门发动起来后，大家提出非斗争不中。近门宋日仁说："过去出欠，将 8 亩地卖给他，他还装着说没钱。以前我只知道我和他是近门，我现在才知道我是中农、他是地主，我非斗（宋勇焕）不中。"

第三，向敌人开展斗争。①开展斗争。打击首要，分化、孤立敌人，是斗争胜利的关键，全乡斗争了 2 个（地霸宋勇焕、赵国材），分村斗争 3 个，判了 2 个，放了 3 个。打击的对象是漏网霸、破坏严重的地主，由于发动了近门，所以对敌人打击得准、打击得狠。②查阶级。通过各种会议（干部会、群众会、农民代表会），慎重而严格地划出提高阶级户，经县批准，中农升地主 1 户，富农升地主 1 户，小量出租户升地主 2 户，贫农升地主 2 户，共 6 户。经群众会查、划，代表会通过、区委批准，地主降富农 1 户，富农降中农 3 户，小量土地出租户降中农 2 户、降贫农 4 户，共 10 户。③发动群众、追要尾欠。经过反霸、查田、查阶级，面对面的斗争壮大、锻炼了队伍，通过干部、积极分子会议，回头查看一下，后进面仍然很大。确定发动群众追要尾欠，但还是回味、诉苦老一套，群众不愿诉，工作队根据情况、分析研究，提出：查穷人当家不当家、查和地主一心不一心，广泛开展批评与自我批评。如赵营群众说：地主能扒墙、扒藕，穷人不能扒，能算当家吗？接着又诉起苦来，有的也哭起来了。民兵班长赵国民说：别说人家啦，我就和地主没划清界限，俺家还放地主一个柜，农会组长赵国明说：我家还放地主三斗谷子……在干部带头下，全村 91 户中，报出放有地主东西的 22 户，报出衣服 4 件、家具 27 件、木料 7 件、农具 3 件，共计 41 件。大家说早这样，地主还能当家吗？农会组长赵文郎在会上批评他母亲说："你还包庇地主哩，你的会员咋当呢？你到底思想怎想哩？"他母亲检讨说："我还是想着与地主近门，割不断联系，你批评我是对哩。"中农赵国峰他奶奶是地主,估计他家放的有东西,但他娘不说,就去他奶奶家说:"你把东西放俺家哪里?不说把你捆起来。"结果说出柴火下7件新衣服。又找他娘说:"咱放俺奶东西没有?"他娘说没有,他把衣服往地下一摔,哭着说:"没有?你看这是啥?"全乡检讨出和地主分不开家的76名(有组织群众中),在此基础上,发动群众摸底、开展追尾欠斗争,召开地主会,说明两条出路,宣布分别对待,实在没有,尾欠可以减免。其中也有两种做法、两种结果:一是先摸清地主的底,打通群众思想,讲明说出实情不算包庇,并在农会先讨论好,对老实地主在斗争中实行分别对待。如赵营等村,追得顺利又快。一是不摸底或摸底不加减免,一律硬逼。结果,群众怕说包庇,不敢说实话,地主或硬着不交或交不出来。如宋营村宋老四,欠16石粮,出不起,结果拿出来的果实很少,群众泄气。

对地主应该讲明政策,老实守法才是出路、狡猾软抗死路一条。如赵营赵国珍哭穷不交,后把他三口人分头教育、指明政策与出路后,他才说:"只要政府给我作主,我明天保证还完账。"当晚从地洞里扒出麦子还了账,而且直接影响了别的地主:如地主赵国秀说,剃头割辫子,一下子图个凉快,交了算了。群众说,这次比土改时吊打的效果还好。结果(赵营)全村地主14户,免追尾欠4户,其余10户,三天交齐了。全村追出果实粮7049斤、农具3件、家具308件、衣服212件、房9间、牲口5头。

第四,查后进、提高后进。在追尾欠斗争中,仍有部分群众和地主分不开家。如宋营农会员郝金斗对地主说:可不要慌,复查快结束啦!他是镇呼镇呼你,不准打人。根据以上情况,由部分群众开好家庭会,提高先进、发动后进。用回忆、查比的办法,家庭会放在过年开,比甜、比苦、比过年。如赵营村,家庭会讲得全家大哭的26户。赵国恒家诉苦:逃荒回来,因拾麦地主把锅碗打烂,家里没法过,11口人都大哭,他父亲(后进群众)正在炒着半锅肉,丢下锅铲也大哭起来。家庭会诉苦,加强了阶级仇恨心,因而过年时加强了对地主的管制,地主都关着门在家,不敢出头。

为响应毛主席精简节约号召,该乡过年未放炮、烧香。现正在进行民主团结运动,全乡现有农会会员789名,其中先进的251名,占32%,中间419名占会员53%,后进119名,占会员15%。

存在问题。敌人基本打倒,但宗派矛盾、干群关系问题以及会内外后进面还很大,一些有缺点的、被开除的老会员和部分后进群众仍未发动。如勾营、赵营等五个村统计,有缺点的上中农38个,其中大部分都可去帽入会，马庄 30 户，就有 7 户未入会（6 户上中农，准备划富农没有划上，仍在会外）。在民主团结中应分别串联发动，吸收入会，达到内部团结，分化孤立敌人。在回味诉苦中，没有追根，没有把苦联系到蒋美身上，这一点可放到总结教育中来搞。①

通过以上材料可以看出，对于群众的发动，基本上是沿着两条线发展深入：一条是循着积极分子—进步群众—后进群众到有缺点的群众、犯错误的民兵、干部、农会会员等，向广泛的方向发展；另一条是向着地主近门、地主家庭内部（祖孙、母子）、一般农民家庭内部等，向纵深的方向发展。尤其是后一个发展方向，在民主建政阶段，表现得更为突出。

（2）一区干河涯乡的民主运动

该乡民主团结工作是土改复查第三步（解决遗留、分配果实）、第四步（丈量土地、发土地证）两个阶段搞的，在打倒敌人的基础上进行的，大致进行情况如下。

自然情况。全乡共有六个自然村（五个办公村），543 户（其中地主 36 户、富农 12 户、中农 99 户、贫农 383 户、小土地出租 13 户），2580 人，有组织群众，包括农会员 543 人、妇会员 343 人、民兵 106 人，合计 992 人，占全乡总人口的 38.5%，内有党员 7 人、团员 31 人，属于土改后二等乡。

农村内部不团结的几种类型。

第一，干群关系复杂：①乡村干部贪污腐化、搞女人、包庇地主的有 6 个，如乡主席李茂顺，贪污、喝富农李茂赏的酒；乡财粮刘永和，包庇地主刘洪道、富农刘汪林、包庇坏村干、封锁农村情况；乡委员李如明，强奸地主的女人、打骂群众、贪污果实粮 4 石有余、款 150000 元；刘永顺，搞地主的一个闺女、经常威胁群众；党支书刘永明，包庇地主苏殿才、刘洪道、吊打群众，已成了群众的大老爷，人送外号"扭头别"（一说三不干）。团员李路，卖苹果时嫖女人，没钱小布衫被留下，在群众中影响极坏。②有雷玉思想的乡村干部 15 名，为民兵中队副刘文义，不工作、光生产，说："剿匪反霸，土地改革咱都搞啦，这次复查也该歇啦，让人家搞几天。"乡委员吴绍云说："天天在外跑，回家老人骂；搞不好工作，上级批

---

① 《商水县县委检查组对三区宋王乡发动群众打倒敌人介绍（1952 年 2 月 5 日）》，商水县档案馆藏，档案号：县委全宗一长期卷 9 第 2 件。

评,群众咕哝,三面受气。啥活都耽误了,不干啦。"干部、党团员在群众中失掉了威信。

第二,土改遗留问题多。大体上分为几种:①果实分配不公,干部多占。②土地、宅基界线不明。大魏庄给地主留的均是好地、好房,农民胡其度、胡其林、赵双大三户分一小院,谁也不知谁的边界到哪。③划分阶级混乱。苏坡村,推小车、磨粉、养猪、积肥,均算成剥削账,结果有6户农民的成分被提高。

第三,宗派矛盾、家庭不和睦。宗派矛盾,如大刘庄,胡姓与刘姓分裂;家庭不和的,如干河涯小威与他叔父,因分家不清,七八年不说话。吴庄,吴绍云与他父亲吵嘴、和他老婆打架,家庭不团结(因他当干部,家里人说他耽误生产)。

第四,党、团内部不团结,在群众中威信不高。党员不知道领导、教育青年团员,如苏坡村党员苏麻珍与团员苏殿一(团的小组长)吵嘴,团里开会,不让党员参加。

第五,新老干部不团结。大刘庄老干部刘永安,刺激新干部胡其度说:"我干的早啦,劲头用完了,你新上任,心劲大,以后啥事不用找我,你办吧。"背后则说:"看他新上去,有劲啦,那一点做错了,一脚将他踢出去。"在群众中造成不良影响。

农村内部不团结的主要原因。一是土改粗糙,二是土改后党、团干部未得到教育,三是民主团结的口号提得不响亮、仅仅是讲形式走过场。

具体解决的办法。

首先,通过分配果实,解决遗留问题。召开各种会议(党团员、干部、群众、小组、家庭等各种会议),开展回味对比教育、提高觉悟,通过查危害、找根源,追到了地主身上,提高政治认识,打破了怕丢人、怕报复、自私本位观点,解决了干群关系、宗派矛盾。如乡主席李茂顺、乡委员李如明,都贪污、包庇地主,李茂顺首先在群众大会上作了深刻检讨,后李如明也坦白了自己的错误,最后上级领导教育群众,把仇恨转到地主身上,很顺利地得到解决,同时影响到全乡村干部,打破了怕丢人的顾虑。有毛病的干部均向群众作了检讨,群众怕报复的心理也减掉了,加强了干群团结。刘庄两姓不团结,经过查危害,找根源,追到了地主身上,这村是历史性的不团结。国民党时期,是大地主刘庚臣统治全村,新中国成立后地霸刘度武打入人民内部,在农会当先生(文书、会计一类的工作),统治全村，土改后漏网地主刘洪道在农会当先生，又是统治全村。自始至终是敌人在内部挑拨、造成了两姓分裂，农民看清了地主阶级的恶毒，在打倒敌人的口号下，加强了内部团结。

干群关系、宗派矛盾解决后，又反复对群众进行了天下农民是一家、谁养谁、要团结谁、打倒谁的教育，接着在先公、后填坑补缺的原则下，分配了果实。

其次，结合丈量土地，进一步解决了土改遗留问题、宅基地界线不清及农民之间纠纷、家庭不和等问题，这一点是在保田、保产，建立乡村政权的口号下进行的，着重运用调解组的力量，全乡共解决161条问题，其中地边不清的纠纷问题32条、家庭纠纷问题4条、土改遗留问题45条。如，干河涯村小威与他叔父不和（因分家不公）、七八年的老仇，经过丈量土地、划清他两家的宅基地界线，又经过团结教育，两家和顺了。吴庄吴绍云与家庭不和，通过开家庭会，开展回忆、对比（以过去的苦与现在的甜比），问题适当得到了解决。吴绍云提出了过去受气、今后不打人之后，他父亲、母亲、老婆都说："今后你套劲干吧，家里活由我们做。"吴绍云再去工作，家里人也不咕哝了。

由此，工作队得出了几点体会。①首先要结合运动，了解情况、摸清乡村干部、群众一切历史上及现有的纠纷问题，以便针对实际制订计划，工作不走弯路。②开始解决问题应由上至下、由内到外、由干部到群众进行解决。③开展民主团结运动，应讲明过去苦是蒋介石与地主阶级血腥统治强加给我们的，今天的甜是共产党、毛主席的英明领导与全体人民的努力而得来的，要讲清社会的发展的前途及复查后的转入生产的方向与道路，以提高农民群众的政治认识，更进一步地加强团结。①

以上材料中提到的在民主建政运动中，"在保田、保产，建立乡村政权的口号下解决宅基地界线不清及农民之间纠纷、家庭不和等问题……全乡共解决161条问题"，体现出国家权力已经介入农民日常生活、国家权力边界推进到农民家庭内部，而且这种发动群众、以运动形式解决问题的方式，显示出一种社会生活、家庭日常生活的政治化、一种社会政治的斗争运行模式。

---

① 《商水一区干河涯乡民主团结工作总结报告（1952年1月25日）》，商水县档案馆藏，档案号：县委长期卷16第1件。

如果说，土改是一个乡村基层经济、政治问题并重的话，土改复查与民主建政运动就是一个政治重于经济的过程，一个巩固土改后的乡村秩序的过程，一个乡村内部新秩序、新的国家—乡村关系再次磨合的过程。

第三节 "草根精英"的兴起与乡村文化的重构

土地改革不仅是乡村贫困阶层经济上的翻身，更是政治意义上的翻身以及随之而来的乡村主流价值观念的变化，正如张鸣所说："农村古老的社会权力结构，经过这场变动（土地改革）被全部颠倒了过来，没有人可以再凭借土地财富和对典籍文化的熟悉获得威权，原来的乡村精英几乎全盘瓦解，落到了社会最底层，从前所有的文化、能力、财富以及宗族等资源统统不算数了，社会价值整个颠倒过来了，土地改革第一次颠覆了中国农村的千年老理……"①

一 "草根精英"的兴起——以农村干部和农村党员为例

相当多的学者持有这样的观点："在共产党乡村变革中，基层政治精英的生成机制与传统时代相比发生了实质性的变化。传统时代的乡村精英主要依靠自身拥有的财富知识声望等资本在村庄社区中发生作用，而共产党基层政治精英大多来自过去的贫困阶层，并不具备上述各种资本，其精英身份主要来自党—国家权力的授权认可，而为他们获得这种授权的，又主要是其阶级身份和政治表现，不过，传统价值取向（如'会干活'）和道德因素（如'人品好'）也会继续发挥一定的作用。"②

但时期不同、地域不同，新的精英阶层的崛起与成功之路也并非完全相同。这里，我们从新政权介入商水县农村以后崛起的乡、村干部和农村党、团员的出身状况以及新政权对他们的评价出发，对新的基层精英群体的特点，予以具体的考察。

---

① 张鸣：《乡村社会权力和文化结构的变迁（1903－1953）》[M]，南宁：广西人民出版社，2001，第250页。
② 李里峰：《变动中的国家、精英与民众——土地改革与华北乡村权力变迁（1945－1953）》[R]，《南开大学历史学院博士后研究工作报告》，2004（未刊稿），第141页。

1. 农村党员群体分析

(1) 农村党员群体的大致状况

据1951年5月统计,"商水县农村原有党支部23个、党员301人,土改期间发展了67个支部、党员731人,合计农村党支部90个、党员1032人"。① 这些党员,都是"在运动中产生的积极分子、经过运动考验的、出身成份(分)好、历史清白、立场稳、大公无私、能联系群众、愿为共产主义奋斗的人"。②

以商水县第8区(砖桥区)为例。第8区农村在"土改前原有1个支部、2个党小组、8名党员,土改中发展了9个党支部、17个党小组、99名党员,土改后农村党支部为11个、党小组19个、党员达到107人"。③ 以数量而言,党员人数约占当时农村人口的0.2%④。他们不仅有党内职务,而且往往是乡村政权或群众组织的主要领导人物,因而,可以称之为新崛起的精英阶层的代表群体。

(2) 农村普通党员⑤群体分析

根据1951年6月的《砖桥区农村党员登记表》⑥提供的信息,在46个普通农村党员⑦(除去担任乡长、乡农协主席的党员)中,男党员29名、女党员17名。从文化程度上看:文盲34人、占74%,粗识字及初小肄业者3人、占6.5%,初小及高小毕业者9人、占19.5%。从阶级出身看:贫雇农35人、占76%,中农11人、占24%。从年龄段看:20~30岁的有22人、占48%,30~40岁的有13人、占28%,40岁以上的有6人、占13%,20岁以下的有2人、占4%,其中20~40岁的有35人、占76%。在这46人中,担任基层干部(包括民兵、村代表)的有26人、占56.5%。如表3-3、3-4所列举情形。

---

① 《商水党的组织情况(1951年5月18日)》,商水县档案馆藏,档案号:县委组织部全宗一永久卷8。
② 《组织工作目前情况与今后计划(1951年11月24日)》,商水县档案馆藏,档案号:县委组织部全宗一永久卷4第2件,第2页。
③ 《商水县八区党的组织统计表》,商水县档案馆藏,档案号:县委组织部全宗一永久卷8。
④ 当时商水县约有527000人、砖桥区约有53000人。见《为划分甲乙两种区请予鉴核由》(1949年7月5日),商水县档案馆藏,档案号:县政府全宗一永久卷4,第82页。
⑤ 为了分析的方便,这里的农村普通党员指除去担任乡长、乡农协主席的党员群体。
⑥ 《砖桥区农村党员登记表(1951年6月28日)》,商水县档案馆藏,档案号:县委组织部全宗一永久卷8。
⑦ 砖桥区农村党员的基本情况见本章后附表:附表3-1至附表3-8。

表 3-3　砖桥区农村男党员情况

姓　名	张　位	张东和	张东振	娄铁磙	徐启运
性　别	男	男	男	男	男
年龄（岁）	27	40	36	36	45
职　务	—	—	—	—	—
籍　贯	8区夏庄	8区夏庄	8区夏庄村	8区徐阁	8区徐阁
成　分	贫农	贫农	贫农	中农	贫农
文　化	文盲	文盲	文盲	文盲	初小毕业
工作、入党时间	1951.4	1951.4	1951.4	1951.4	1951.4
家庭经济状况	有地9亩、人5口、牲口1头	有地5亩、人2口、房3间、牲口1头	有地4亩、人2口	有地10亩、人5口、房3间、牲口1头	有地14亩、人7口、牲口1头
出　身	种地	种地	种地	种地	种地
工作简历	乡委员	村主席	乡委员	村主席、乡委员	村主席、乡委员

资料来源：《砖桥区农村党员登记表（1951年6月28日）》，商水县档案馆藏，档案号：县委组织部全宗一永久卷8文件8。

表 3-4　砖桥区农村女党员情况

姓　名	张桂兰	王香财	李　氏	王秀连	董玉兰
性　别	女	女	女	女	女
年龄（岁）	27	26	54	22	19
职　务	乡妇联主任	乡委员	乡委员	—	副乡长
籍　贯	8区陈庄	8区河崔村	8区河崔村	8区固庄	8区大姜庄
成　分	贫农	中农	贫农	贫农	贫农
文　化	文盲	文盲	文盲	文盲	初小毕业
工作、入党时间	1951.2	1951.2	1951.2	1951.2	1951.4
家庭经济状况	有地22亩、人11口、房8间、牲口1头	有地40亩、人14口、房12间、牲口2头	有地4亩、人2口、房3间		有地16亩、人6口、房5间、牲口1头
出　身	纺织、种地	纺织、种地	纺织、种地	—	上学、纺织、种地
工作简历	—				

资料来源：《砖桥区农村党员登记表（1951年6月28日）》，商水县档案馆藏，档案号：县委组织部全宗一永久卷8文件8。

从表3-3、3-4列举的情况看，这些昔日从事耕织、难敷温饱的村夫、村妇们，经过土地改革后，不但有了自己的土地、房屋、牲口，而且昂然走向村庄政治舞台的中心。

砖桥区农村党员的情况与商水县农村党员的情况基本一致：中共商水县委第二期党训班学员共有"224人，其中正式党员46人、候补党员178人，男212人、女12人，农民（除恶霸、地主、富农以外的农村阶层）222人、工人1人、其他（成分的）1人；（从文化程度上看）文盲185人、小学程度39人，青年70人、壮年119人、老年35人。培训时间在一个半月左右，全部为不脱产"。①

又据商水县委组织部1951年9月的统计，"全县共有党员1321人，其中本地党员1255人，外来党员66人……"② 相对于全县土改后新选拔出来的约5500名乡村基层干部③来说，1000余名乡村党员应该是他们中间的佼佼者，或者虽不是干部但肯定属于居于村庄政治中心的人物。

因此，从以上情况看，经过新政权发动的以土地改革为中心的、一系列的农村群众运动，一批昔日贫穷、缺少文化、种地出身的中青年农民，开始登上乡村政治舞台，尤其引人注目的是：出现了为数不少的女性青年基层政治精英。如，张桂兰，女，砖桥陈庄人，任乡妇联主任，27岁，文盲、贫农，从小纺织、种地；董玉兰，女，砖桥大姜庄人，任副乡长，19岁，初小毕业、贫农，从小上学，后在家纺织、种地。甚至年过半百的老大妈，也加入共产党，成为小小的乡村政治名人。如，砖桥区河崔村的李氏，54岁，纺织、种地出身，土改后全家2口人，有地4亩、房3间，1951年2月入党，在党员人数只占农民总人数0.2%的乡村，李氏不名而何？

2. 乡长与乡农协主任群体分析

商水县新政权初步巩固之后，在全县逐步废除保甲制，推行区、乡制。乡为区下级行政单位，一般每区设15～20个乡、每乡辖人口2000～3000

---

① 《中共商水县委第二期党训班学员统计表（1951年10月30日）》，商水县档案馆藏，档案号：县委组织部全宗一永久卷8。
② 《党组织情况（1951年9月12日）》，商水县档案馆藏，档案号：县委组织部全宗一永久卷8。
③ 《商水县委土改初步总结报告》，商水县档案馆藏，档案号：县委全宗一永久卷30第6件，第62页。

人。一般来说，乡设有乡长（主席）、乡农协主任（或称乡农会主席）、乡财粮员与乡民兵中队长4大员，为半脱产干部。由于《河南省土地改革条例》第十二条规定："乡村农民大会暨选出的农协委员会或代表会，区县省等各级农民代表会及其选出的农协委员会，为改革土地的合法执行机关，在土地改革中为了保护贫雇农应得的利益，得单独召集贫、雇农大会或代表会议。"① 因而，土改期间乡农协主任在发动群众、斗争与分果实等方面的政治作用甚至一度压过乡长。当然，乡长在落实扩军、征粮等上级任务方面，是主要的负责人。作为国家—乡村的直接中介人，乡长与农协主任也是从群众运动中选拔出来的乡村基层政治积极分子，与普通党员、积极分子相比，这一群体应该是乡村新崛起政治精英群体的核心部分。

这里以商水县委组织部的《党员、干部登记表（1951年8月）》所载的、籍贯为八区的40位乡长、乡农协主任的个人材料②为例，对这一群体的出身、文化程度等基本情况，做一大致的分析。

这40位乡长、乡农协主任全部为男性，其中乡长20人、农协主任20人，乡长、农协主任中各有10人为党员。从出身看，贫农31人、占77.5%，雇工4人、占10%，中农5人、占12.5%，贫雇农加在一起，占87.5%，这一比例高于一般党员贫雇农占76%的比例。由此我们可以推测，这一群体，主要由昔日家庭贫穷的农民组成，或者说，贫穷是其必要的资本。从文化程度看，除18人为文盲外，有22人粗识字或具有初小以上的学习经历，最高学历为师范肄业，识字率为55%，远高于一般党员26%的识字率。以表3-5、3-6所列举情形为例。

表3-5 党员、干部登记表（1951年8月）

姓　　名	王金收	王得应	刘双喜	高贯村	赵学法
性　　别	男	男	男	男	男
年龄（岁）	22	22	31	30	36
乡　　别	乔屈乡	舒桥乡	芦庄乡	万金乡	栗门乡
职　　务	农协主任	农协主任	农协主任	农协主任	农协主任

---

① 《河南省土地改革条例（1950年2月8日）》，中共河南省委农村工作部编印《河南省土地改革文献》上册［G］，1954，第207~211页。
② 笔者注：40位乡长、乡农协主任的个人材料见本章后附表：附表3-5到附表3-12。

续表

籍贯	8区乔庄	8区王老店	8区张庵村	8区万金	8区新赵庄
成分	贫农	中农	贫农	中农	贫农
文化程度	文盲	文盲	文盲	初小肄业	初小肄业
参加工作时间	1950.12	1951.3	1951.4	1951.3	1950.8
家庭经济状况	有地11亩、人5口、房3间、牲口1头	有地13亩、人3口、房4间、牲口1头	有地8亩、人8口、房2间、牲口1头	有地19亩、人8口、房8间、牲口1头	有地10亩、人3口、房4间、牲口1头
出身	从小给别人种地	1948年曾在专署当兵	14岁做活、19岁被抓壮丁、25岁回来	自小种地、做生意	上学、当兵8年、回来做生意
工作简历	1948年当民兵、副村长	农会组长	任村长	1948年当村长、民兵、农会组长	1949年曾任本村村长

表3-6 党员、干部登记表（1951年8月）

姓名	杨敬香	王海洲	刘套	王文秀	唐全喜
性别	男	男	男	男	男
年龄（岁）	29	31	43	24	31
乡别	大杨乡	大王乡	青年乡	三里店乡	坡于乡
职务	农协主任	农协主任	农协主任	农协主任	农协主任
籍贯	8区大杨村	8区大王村	8区纺车刘村	8区十字井村	8区唐庄村
成分	贫农	贫农	贫农	贫农	贫农
文化程度	初级肄业	初级肄业	文盲	文盲	私学5年
参加工作时间	1950.10	1950.10	1951.3	1951.3	1949
家庭经济状况	有地19亩、人7口、房3间、牲口1头	有地13亩、人7口、房4间	有地16亩、人7口、房4间	有地15亩、人5口、房3间、牲口1头	有地15亩、人8口、房5间、牲口1头
出身	从小上学、种地	种地	种地、做小生意	种地	种地、做生意
工作简历	1948年当村长、民兵、农会组长	1948年当农会组长、农协委员	1950年任本村农会组长	195年当民兵	1949年曾在9区工作

资料来源：《党员、干部登记表（1951年8月）》，商水县档案馆藏，档案号：县委组织部全宗一永久卷8。

表 3-5、3-6 所反映出来的这一群体的出身、文化程度两个方面，我们可以认为：这一群体的崛起，除了贫穷这一必要条件之外，个人素质恐怕也是一个不可忽视的条件，因为还有一个现象同样引人注目：在 18 个文盲当中，有当兵、讨饭、当雇工、做小生意等经历的人有 15 个、占 83%，也就是说，这些人有超出家庭甚至超出村庄、超出地域范围的生活（谋生）经验。至少，生活的风浪锻炼了他们与人打交道的能力。如，刘双喜，31 岁，芦庄乡农协主任，八区张庵村人，贫农，文盲，14 岁做活、19 岁被抓壮丁、25 岁回来。刘套，43 岁，青年乡农协主任，八区纺车刘村人，贫农，文盲，从小种地、做小生意。

当然，工作的历练也是很必要的，它既是对个人能力的考验过程，也是个人经验积累的必由之路。这 40 人中有 37 人曾在较低的职位上任职或是参加过民兵、任过村代表等。如刘双喜曾任过村长，刘套曾任过村农会组长。

3. 模范干部群体分析

革命是一场突如其来的大变动，伴随着旧的乡村精英突然的土崩瓦解、新的乡村精英似乎在一夜之间被推到了前台。但是，其兴也疾、其亡也忽，很多人思想还没有转过弯来、其一生最灿烂的时代就过去了，很多乡村干部由于种种不合新政权执政理念之举而被迅速地洗刷掉了。如，商水县"随着剿匪反霸的深度和广度而改造基层政权，全面剿匪就全面改造基层政权、重点反霸就重点改造基层政权。据 10 月份统计，全县因包庇地主、贪污、吸老海、搞女人而被洗刷的有乡干部 6 名、村干部 142 名、工作员 3 人。同时，动员乡干这乡到那乡工作 19 名、提拔村干 98 名……"[①] 同时，商水县还不断组织、培训干部。如，在 1949 年的剿匪反霸中，商水县一次就培训乡、村干部 319 名。[②] 组织部还有计划地组织一些专门干部培训班。如，本次"共训练民兵 155 人，全为男性。其中党员 30 人，团员 62 人，成分包括雇工 3 人，贫农 131 人，中农 21 人，本人出身工人者 24 人，农民 95 人，学生 26 人，士兵 6 人，商人 4 人，文化程度：文盲及稍识字者 130 人，

---

① 《商水县人民政府综合报告（1949 年 11 月 12 日）》，商水县档案馆藏，档案号：政府全宗一永久卷 9 第 32 件，第 130 页。

② 《通知：为通告九、十两份工作计划即精简节约实施情形由（1949 年 9 月 19）》，商水县档案馆藏，档案号：政府全宗一永久卷 3 第 92 件，第 149~151 页。

小学 25 人，全部为不脱产的乡民兵中队长、中队副。"①

由于没有了财富、学识和宗族威望等需要长期艰难积累的条件的限制，新精英的门槛大大降低、人数激增，因而，他们的成功之路注定是一个大浪淘沙的过程。只有符合党—国家意志的、经受住考验的人，才是真正的新精英，草根精英的崛起并非只是时代因素与个人素质、能力问题，个人的积极应对从来都是关键之举。

商水县每年甚至每次大的群众运动之后都要大张旗鼓地举行评功表模大会，以表彰先进、激励全体干部的工作热情，同时也向干部、群众彰显国家的执政理念与主流价值观念。因而，受到表扬的模范，无疑应该是新政权下成长起来的新的乡村精英中的出类拔萃者，众多草根精英们中间、为时不久的政治生涯的成功者。以下是从商水县委组织部 1952 年的《模范干部登记表》中随机选出的 10 个二、三等模范的材料，借此对乡村模范干部群体作一大致的分析。

表 3-7 《模范干部登记表》（1952 年）

个人基本情况	个人简历	模范事迹与模范等级
李公平，男，33 岁，乡长，商水县六区李寨小方村人，贫农，文盲，14 口人，1950 年参加工作，1951 年入党。	新中国成立前做生意、种庄稼，给地主种过地。新中国成立后加入农会，任乡农协委员，1950 年 6 月任本乡乡长至今。	1. 土改中：工作积极负责、忠诚可靠，能执行政策、走群众路线，立场稳、斗争坚决，吃苦耐劳、思想进步。 2. 扩军工作中：能按期完成任务，服从领导、执行决议。 3. 在生产救灾工作中：帮助灾区春耕，安排 119 犋牲口耕种。 二等模范
刘国玉，男，38 岁，乡农协主任，商水一区四座桥乡刘寨人，贫农，文盲，7 口人，1950 年 3 月参加工作，1950 年 12 月入党。	自 15 岁起当长工 2 年，后种地土地、做小生意。1949 年参加农会。1950 年 3 月任四座桥乡农协主任，1950 年 5 月任该乡乡长。	1. 坚决依靠贫雇农、不替地主叫苦。 2. 能坚决领导群众向反革命分子开展合理合法斗争。 3. 敌我界限明确，服从农民决议，遵守上级指示。 4. 动员新战士 4 名。 5. 领导全乡搞副业有成绩、能解决 100 人半月的生活，又领导群众挖坑、挖泥。 二等模范

---

① 《训练武装干部统计表》，《县委训练班每期学员统计表（1952 年 2 月）》，商水县档案馆藏，档案号：组织部全宗一永久卷 8 第 5 件。

续表

个人基本情况	个人简历	模范事迹与模范等级
马如林，男，34岁，乡长，商水二区平店乡马庄人，贫农，文盲，5口人，1949年7月参加工作，1950年12月入党。	10岁上学，1年后做小生意，3年后种地。1949年7月参加贫农团，先后任村长、乡长。	1. 能执行政府法令，认真掌握土改路线，表现在干部8项纪律上执行得好。 2. 敌我界限明确。 3. 作风艰苦朴素，能提前完成任务，果实分配公平。 4. 作风民主，遇事与群众商量。 5. 生救工作表现积极，组织挖藕摸鱼小组。 6. 动员7名新兵。 7. 善于安置军属生活，耐心动员群众捐粮食，解决军属生活。 二等模范
曲永田，男，26岁，乡长，商水二区文寨乡戚楼村人，贫农，文盲，5口人，1950年2月参加工作，1950年12月入党。	逃荒、当兵1年、种地曾任村文书、乡长	1. 能执行政府法令，认真掌握土改路线。 2. 敌我界限明确。他哥吸老海、当过保丁，他父亲包庇他哥，他说他父亲是狗腿子。 3. 作风艰苦朴素，带头克服困难，对他村的宗派矛盾，耐心解决。 4. 作风民主，遇事和大家商量。 5. 能经常注意匪特活动，每晚去调查匪特情况。 6. 动员3个新兵。 二等模范
韩庚辛，男，22岁，乡长，商水五区白寺乡韩庄村人，贫农，粗识文字，3口人，1950年1月参加工作，1950年6月入党。	做生意、种地曾任村农会主任、乡长	1. 能执行政府法令，认真掌握土改路线。 2. 敌我界限明确、不加入任何乡村宗派斗争。 3. 作风民主，遇事和大家商量，又能坚决服从上级指示，不阳奉阴违、不虚报情况。 4. 生活朴素，不腐化、不受贿，不假公济私。 5. 能依法打击地主、揭破匪特谣言。 6. 发放急赈贷款及时。 7. 能完成扩军任务。 二等模范
陈修，男，25岁，工作员，商水七区尚店乡曹庄村人，贫农，读过私塾3年，9口人，1949年参加工作，1951年入党。	9岁上学，13岁回家种地，曾任民兵队长、乡长、工作员	1. 能执行政府法令，认真掌握土改路线。 2. 敌我界限明确、不加入任何乡村宗派斗争。 3. 作风正派，不贪污、浪费、受贿，不多占斗争果实。 4. 能想办法捉回土匪。 5. 作风民主，遇事和大家商量，又能坚决服从上级指示。 6. 正确实行急赈贷款，积极领导群众捕鱼、挖藕。 7. 扩军及军属安置工作做得好。 二等模范

续表

个人基本情况	个人简历	模范事迹与模范等级
刘清华，男，29岁，乡长，商水二区刘庄人，中农，高小毕业，10口人，1948年9月参加工作，1951年2月入党。	15岁下学后到饭铺当伙计2年，当兵1年，种地曾作为社会力量帮助政府工作，任乡长	1. 能执行政府法令，认真掌握土改路线。 2. 敌我界线明确。在新庄查情况，把地主放的20斤芝麻、1斤12两银货找出来。 3. 艰苦朴素。分果实时群众把一件大衣给他，不要。 4. 能接近群众。 5. 生救与扩军工作好。 6. 学习精神好。 二等模范
于保全，男，24岁，工作员，商水七区鲍庄乡支毛陈村人，中农，初中肄业，10口人，1949年7月参加工作，1950年1月入党。	15岁下学后务农，22岁参加工作先在尚集乡午征在商水干校学习后参加剿匪反霸工作队，1950年到淮阳地委干校学习后又参加县委工作队	1. 工作积极、立场稳。他表侄是地主孩子，不予见面。 2. 劳动观点强。亲自带领群众劳动。 3. 群众路线强。 4. 努力学习。 5. 土改中揭发本村地主分散30亩地、卖2头牲口。 6. 扩军中工作积极。 三等模范
陈子正，男，27岁，乡农协主任，商水七区许寨乡陈姜村人，贫农，上学1年，10口人，1951年4月参加工作。	18岁耕田，19岁在练集干4、5年，又回家种地1951年9月任许寨乡农协主任。	1. 工作积极。 2. 群众满意佩服。如点庄农会长、民兵队长包庇地主，在群众要求下把他们撤职。 3. 服从领导，分配哪村即到哪村。 4. 立场稳，即使对曾和自己一起做生意的地主李松财，斗争也很激烈。 5. 坚决打击地主。 6. 扩军工作积极。 三等模范
王于林，男，33岁，乡农协主任，商水一区八里湾乡老庄村人，贫农，文盲，4口人，1950年4月参加工作，1950年6月入党。	5岁起讨饭5年，10岁起做小生意5年，16岁起做雇工2年，19岁起拉车5年，后来种地。1950年任乡主席。	1. 能深入联系群众，敌我界线清楚、带头诉苦。 2. 能打通贫雇农思想、帮群众分果实后群众没意见。 3. 吃苦耐劳、不自私、防匪防特。 4. 完成扩军任务。 5. 领导生救工作，组织拉粪、做扫寻。 三等模范

资料来源：《模范干部登记表》（1952年），商水县档案馆藏，档案号：组织部全宗一永久卷4。

表3-7所列举10人中，贫农8人、中农2人，文盲及粗识字者7人，

年龄最大者38岁、最小者22岁,8位贫农均有耕作以外的、较为艰难的谋生经历。如,王于林"5岁起讨饭5年,10岁起做小生意5年,16岁起做雇工2年,19岁起拉车5年,后来种地。"又如,"马如林,10岁上学,1年后做小生意,3年后种地。"2位中农显然系改造利用的农村小知识分子(一个高小毕业、一个初中肄业),应该说,他们主要来自昔日目不识丁、在艰难中挣扎生存的乡村贫困阶层。

从他们的模范事迹,或者说新政权倡导的行为来看,主要体现在以下三个方面:与群众的关系、与上级的关系以及个人品质方面。(1)与群众的关系。包括"群众路线强""能接近群众""坚决依靠贫雇农""群众满意佩服""能深入联系群众""能打通贫雇农思想"等。(2)与上级的关系。一是政治上忠诚,包括"服从领导、执行决议""敌我界线明确""立场稳""坚决打击地主"等;二是能按期完成任务,包括"生救工作表现积极""扩军工作积极"等。(3)个人品质。包括"吃苦耐劳、不自私""生活朴素,不腐化,不受贿,不假公济私"等。

如果说个人品德的修养以个体的自律尚能达到一定的水平的话,那么,既要"服从农民决议,遵守上级指示"或者说"作风民主,遇事和群众商量,又能坚决服从上级指示"便需要相当的技巧与工作耐心了,当然,按时或超额完成上级的任务也需要必要的工作量。尤其在立场问题上,不惜与家庭、亲友、乡邻决裂(如,曲永田"敌我界限明确。他哥吸老海、当过保丁,他父亲包庇他哥,他说他父亲是狗腿子"),显然系非常时期的非常之态。以此推测,这些模范干部们——昔日艰难求利谋生的人,显然更多地压抑了个人理性而为工作付出了更多的努力和承受着更大的家庭与社会压力。

二 乡村文化的重构

一方面,长期以来,以儒家伦理道德观念为核心的传统乡村文化[①],

[①] "文化"这个词指的是社会成员共享的一整套知识、信仰、态度和行为规则。一般来说,现有的文化基础很大程度上决定了能够接受什么样的新变迁,不同的文化表现出了不同程度的接受变迁能力和准备程度。见〔美〕瓦戈《社会变迁》[M],王晓黎等译,北京:北京大学出版社,2007,第191页。据此,这里"乡村文化"主要指乡村社会的行事原则与标准,即主流道德规范体系。

不仅规范着乡村社会的价值判断,而且制约着人们的行为方式。另一方面,作为传统乡村文化载体的政权与各种正式制度,在近代以来已成为农村危机的直接根源之一,传统乡村文化不可避免地沦落为乡村腐败政治的帮凶:"因为在中国这样一个具有长期集权文化传统的国家,国家行政权力主导社会发展是其最为基本的特质之一。特别是相对传统的乡村社会而言,经济利益总是以各种方式被掩盖,最直接的表现是政治权力决定经济资源的配置,而其文化形态也只能是权力支配性的宣扬。"[1]

伴随着共产党领导的乡村社会革命的进程,"从枪杆子里打出来的红色政权,创造了中国革命的新模式,也创造了崭新的文化模式。这种文化模式最突出、最重要的特点是由伦理道德型向阶级斗争型转化"。[2]因而,根据毛泽东对新民主主义的文化的定义,"新民主主义的文化,就是无产阶级领导的、人民大众的、反帝反封建的文化"。[3] 在某种程度上,我们可以这样理解土改期间乡村新文化的特点:新政权领导下的、以革命为准则的、乡村贫困阶层广泛参与的斗争文化。从乡村的角度看,它表现为国家强制性灌输的、大众参与的、以革命价值为准则的、为政治服务的、以斗争为手段的、不断在历次群众运动中被强化的新型伦理。

1. 服务于中心工作的革命伦理灌输

根据不同时期的形势与任务,新政权在乡村有不同的中心工作,对群众灌输的革命道理的内容也往往随着中心工作的转移而有不同的侧重。

土改时期。暴力剥夺地主的土地和财产、无偿分给穷人,这与农村流传的千年老理是对立的:杀人偿命、欠债还钱是天经地义之事。俗云:名不正则言不顺,言不顺则事不兴。于是,土改开始后,首要的问题是打通农民的思想。河南省第一次农民代表大会告全省农民书云:"以前咱总认为'穷总是命穷','祖先没有留下土地','坟地风水不好',现在咱们的觉悟提高了,明白了这都是地主阶级制造出来的欺骗咱们农民的迷魂汤。原来一切土地,都是咱们祖先用手开种出来的,地

---

[1] 陈国和:《乡村政治与四五十年代的土改小说》[J],《湖北社会科学》2007 年第 1 期。
[2] 汪木兰:《中央苏区文化模式论》[J],《江西师范大学学报》(哲学社会科学版),1993 年第 2 期。
[3] 《毛泽东选集》(第 2 卷)[M],北京:人民出版社,1991,第 633 页。

主的土地是霸占剥削来的。人民政府、共产党领导咱们搞土地改革，消灭地主阶级，废除封建半封建的土地制度，就是土地返老家、合理又合法。"① 河南省委农村工作部总结全省各地提高农民觉悟的经验是这样的："关于提高农民觉悟问题：根据各地经验，其主要方式是诉苦、挖穷根、算剥削帐（账），批判'好地主思想'，批判'穷人没有地主给地种就活不成'的糊涂思想。"②

商水县在总结一个乡的土改具体做法与步骤时，对提高农民的觉悟，按不同阶段作了不同安排。第一步宣传土改政策，着重宣传为什么土改；第二步整编队伍，着重宣传"劳动光荣、不劳动可耻"的思想，结合讨论：穷人咋穷的？地主咋富的？算剥削账、说明农民养活地主、地主剥削农民的罪恶，激起阶级仇恨，并进行阶级教育，说明没有共产党领导，穷人不能翻身，翻身靠谁呢？要自己靠自己，在人民政府和共产党领导下，组织起来动手干，自己解放自己，党员干部是在领导穷人翻身中产生的，不能把犯错误的党员干部同地霸一样看待，要允许他们改正错误；第三步划阶级，着重宣传划阶级的目的是分清敌我界线。把地主、旧式富农划进自己的队伍中来，那叫"引狼入室"，狼是要吃人的；把自己人划进地主、旧式富农的队伍中去了，那就伤害了自己的亲骨肉。第五步分配果实，着重对群众教育，要十分重视生产节约，把果实用在生产上，不要耽误种庄稼。③

土改复查和民主建政时期。这一时期主要针对干部群众土改后的斗争松劲情绪。河南省农协会在《告农民书》中已经指出："我们千万不要麻痹，我们要不齐心，不团结，不斗争，地主阶级还是打不倒的。"④ 商水县委在复查中主要引导群众讨论了雷玉思想，进行了回味、诉苦，结合挖穷根、对比教育来扭转干部群众的松劲麻痹思想，进一步划清敌

---

① 《河南省第一次农民代表大会告全省农民书（1950年3月21日）》，中共河南省委农村工作部编印《河南省土地改革文献》上册 [G]，1954，第331~333页。
② 阚枫：《许昌专区前六县土地改革中整编农民队伍经验介绍（1950年4月18日）》，中共河南省委农村工作部编印《河南省土地改革文献》上册 [G]，1954，第470页。
③ 《一个乡的土改具体做法与步骤》，商水县档案馆藏，档案号：县委全宗一永久卷29第8件，第53页。
④ 《河南省第一次农民代表大会告全省农民书（1950年3月21日）》，中共河南省委农村工作部编印《河南省土地改革文献》上册 [G]，1954，第331~333页。

我界限。通过丈量土地发证，解决农民之间的纠纷，安定生产情绪。①民主运动时期，主要向群众宣传：过去的苦是蒋介石与地主阶级血腥统治给我们的，今天的甜是共产党毛主席的英明领导与全体人民的努力得来的。②

2. 新政权推动下的大众参与

通过土改运动，新政权对以贫雇农为主体的农民进行组织的过程，也是一个塑造新的阶级意识的过程。农会、妇女会、青年会等群众组织的成员更多具有身份的意义——一个区别敌与我、先进与落后、基本群众和非基本群众的身份认证，一种权利保证。但是，组织之所以能为他们提供某种权利，是以他们服从、认可某种规则为前提的，否则，组织无法成立、亦无法有效运转。当然，共产党所领导的群众组织，必然以党的理念为原则，成为革命思想的载体。比如，河南省农民协会第二条规定：本会宗旨为团结全体劳动农民，彻底实行人民政府的各项乡村社会改革政策……并与城市工人阶级取得密切联合，及联合各民主阶级人民，为彻底完成反帝国主义、反封建主义、反官僚资本主义的人民民主革命，及建设独立、自由、民主、统一、富强的中华人民共和国而奋斗。③这就意味着通过划分阶级、重新分配土地，要使农民成为彻底的反帝反封建反官僚主义的力量、建设新中国的力量。因此，新政权推动农民组织加入的过程，也是一个从广度和深度上对农民进行思想改造的过程。

在工作队的积极推动下，组织起来的农民们，为斗争地主，不但打破了传统的宗族观念，而且突破了传统的家庭观念。如本章第二节提到的《商水县三区宋王乡发动群众打倒敌人介绍》④中，贫农勇斗近门地主，儿子检举祖母、母亲等。更神奇者，甚至家庭矛盾也由于家庭成员在组织中

---

① 《商水县复查运动总结报告（1952年5月4日）》，商水县档案馆藏，档案号：县委全宗一永久卷57第5件，第22~35页。
② 几个区、乡的民主运动总结（1952年11月），商水县档案馆藏，档案号：县委全宗一长期卷14第5~12件。
③ 《河南省农民协会组织章程（草案）（1950年2月）》，中共河南省委农村工作部编印《河南省土地改革文献》上册［G］，1954，第319页。
④ 商水县县委检查组对三区宋王乡发动群众打倒敌人介绍（1952年2月5日），商水县档案馆藏，档案号：县委全宗一长期卷9第2件。

受了思想教育，而后在比甜比苦的自我阶级教育之下被顺利化解了。①

根据商水县土改后组织起来的基本群众占总人口的22.2%②报告，再考虑到这些有组织的群众大多数是青壮年农民，可以推测，当时商水县乡村绝大多数农户处于组织中，如果除去被管制的地主、富农、恶霸家庭，则几乎整个乡村的农户均处于党领导的、以新的理念与行事原则支配的群众组织之中。

---

① （商水县五区）二郎乡解决家庭纠纷材料：于位林，贫农，全家八口人、五间房，原有八亩地，土改时新分得地三亩七分，两个儿子，长子已去参军，次子也结婚。两个女儿，长女被妇女会选为代表，工作很积极，长媳程秀月（军属）也被选为代表，整天很光荣地发动群众搞复查工作，而她与家庭并不团结，与其弟于访十余年没有说过话。原因是一次做饭（面条）不够吃，于访叫程秀月再做点，程没做，吵了几句，在这样的情况下，他俩不说话了。一次，于访因穿衣服叫自己的老婆快点找，其老婆叫他自己找，说找不着不穿。根据这几句话，于访便打起自己的老婆来。在打时程秀月在一边看着也不管，这样一来，程秀月的弟媳与她也不说话了。两年间，不团结现象渐渐严重起来，闲来无事你比鸡骂狗，他打东骂西，妯娌俩在做饭时，一个锅上看锅，一个锅下烧锅，在锅开时看锅的不哼气，烧锅的加烧大火，结果把锅淤得四外流，弄得一塌糊涂。生产上也是互相观望对比，没有兴家治业的思想。气得于位林长出短气，吵骂一阵，唉声叹气，没有很好的解决办法。根据这种情况，我们发觉后，与程秀月及于访的妹妹于自美（代表）进行教育，以家庭和睦教育，阶级教育，打通了她的思想，以她俩作为开家庭会的骨干，在她们开家庭会时，程秀月首先以家庭和睦教育、打通其父亲的思想，由他父亲作为开会的领导人，这样容易使弟媳服从领导。在家庭会议上，程秀月与于访的妹妹于自美作了比甜、比苦，说明过去地少、家贫，每年的收获不足糊口，经常借债，因要款拿不出来，受本村保丁逼，逼得老父亲哭。又讲共产党来后，因家贫曾减粮二年（四九年，五零年），土改时又分得三亩七分地，现在生活没有问题了，其老父亲听了说："可不能忘共产党毛主席。"又结合说家庭不和睦的危害，结合谈起自己过去与弟弟、弟妹不团结的错误，作了充分的检讨说："那不光怨你。"特别是检讨到做饭刚别扭的事时，弟媳争着检讨说"那不能光怨你，我有时给你弄脸看，也是我的不对"，这时他弟也插话说："我的脾气不好，说话不讲方式，因为做饭与你不说话，追根上还是我的不对哩。"这样互相检讨，达到团结以后，程秀月又说："以后我开会，保证不叫误生产"，其弟媳说："以后我做活可不能比着你了，不能看着你不干我干了。"结果大家都说，复查过去，咱家订个生产计划。他父亲于位林说，"开会真好，你开了会，真比过去懂得事啦"，并说其次子媳，"以后你也去开会吧，开会多了就是长知识"。这样解决以后，家庭就和睦了，如于访早晨上漯河，要在家吃饭，程秀月起来在弟媳前面，先把饭做好，等于访起来好吃提早往漯河去，现在他家里磨面打水，都是争着干的。现在于位林高兴地向群众说："共产党真铁，俺家我打骂不解决问题，开开家庭会好啦。"现又给媳妇程秀月置了个灯笼，以便使其媳妇晚上开会照路之用。见《第五区民主团结材料汇报（1952年1月29日）》，商水县档案馆藏，档案号：县委全宗一长期卷16第8件。

② 《土改初步总结报告》，商水县档案馆藏，档案号：县委全宗一永久卷-53第3件，第18页。

3. 革命伦理①的运动强化机制

运动是指在一定的时期内，党和政府把某项任务作为压倒一切的中心工作，通过动员（包括政治、组织和思想动员等）的方式，充分发动干部群众、以达到广泛的社会参与，从而有组织、有目的完成任务的过程。发动与领导群众运动以达到革命目标、完成革命任务是共产党从战争年代延续下来的传统，也是与国民党及其他政党相区别的优势所在。同时，群众运动的过程也是革命伦理初步实践的过程，最初的革命伦理宣传也在运动中得到进一步的强化、群众组织在运动中得到进一步的发展壮大，作为一种不断重复的社会运作模式，群众在此过程中不断被训练和塑造。而运动开始的思想动员，运动中的纠偏以及运动结束的总结、表彰等教育群众、灌输革命伦理的一个主要方式就是开会。

土改期间，除去政府内部科层间上传下达的会议之外，频频召开的各级各类群众大会，一般离不开两个关键内容：诉苦与斗争。这两个议题，或单独成会、或合而为一，作为提高农民觉悟的最为主要、最为有效的手段，其实也构成了革命伦理传播与实践的主要途径。

从剿匪反霸开始，商水县组织的工作队即开始大规模下乡组织农民协会，并通过广泛的组织群众诉苦，以推动群众觉悟的进一步提高、农会的进一步扩大、巩固。如："（从1949年7月到9月），商水县一区董欢乡在8个村子、组织了59个农会员，进行了两次诉苦说理会……朱冢乡进行了3次诉苦说理会，其中一个诉苦会有20多人诉苦、1200人参加，另一个诉苦会有24人诉苦……在三里长乡的诉苦大会上，诉苦者达120余人、参加群众3000多人。"② 商水县委工作队对诉苦说理大会的总结认为，诉苦是说理大会的灵魂，关键是事先开好苦主会，以苦引苦、化私仇为公愤。通过组织好苦主、诉好苦，能激起群众对统治阶级的仇恨、提高群众的阶级觉悟。

在此后的历次群众运动中，商水县各级政府及其工作队，为达到目标、完成任务，组织贫、雇农开会诉苦走向机制化：为剿灭地主阶级当权派而发动群众申冤诉苦，为划阶级、斗地主而诉受穷、受剥削之苦，为整顿阶

---

① 这里把这一时期的革命伦理看成和新的乡村文化相统一的概念，革命伦理指为了实现革命的理想，革命群众应按照革命的原则与标准行事，这就构成了革命的伦理道德，而革命的原则与标准约等于当时党和政府对贫雇农的启发、教育、宣传的内容。
② 《商水县城关区重点群运总结报告（1949年9月26日）》，商水县档案馆藏，档案号：县委全宗一永久卷-6第4件，第19~38页。

级队伍、扩军、抗美援朝等而诉旧社会之苦、忆新中国之甜、感谢共产党毛主席等。

这些大同小异的场景当时在全国各地反复重演，成为运动政治的一个不可或缺的环节，其余响至"文革"不绝。正如程秀英所认为，诉苦的力量不仅在于它通过最大程度渲染个人痛苦，从而感染听众的情绪，使他们采取革命的行动，而且在于它的启发性，把隐藏在苦背后的东西挖出来，这就是挖苦根。使农民在天命、运气之外找到了痛苦和贫困的现实根源，那不是作为个人的地主，而是作为一个阶级的地主，因而，诉苦的过程也是一个打碎旧的社会生活解释框架、建构新的社会生活解释框架的过程。①

诉苦会有内部诉苦会，如民主团结诉苦会、家庭忆苦思甜会等，但意义更为深远的是诉苦斗争会，当场诉斗争对象的苦。在苦主诉苦时，场下群众呼口号，比如斗争对象反驳时，群众高呼："反对狡辩！"迫使其低头。如："1950 年 11 月 23 日，3 区陈楼乡经过酝酿准备，召开了 2000 余人参加的诉苦说理大会，斗争陈东方、王心平。苦主陈胜奎说，陈东方吊打我娘、霸占我的宅子，我腿上长疮不能走路，还得给他干活……诉到痛处，失声痛哭，引得很多人落泪……其后在 4 天内，全乡又召开 4 次诉苦斗争会、斗了 8 人，其中陈敬业被当场处决。"② 经过诉苦，当场宣布斗争对象的罪状，甚至当场判决。当然，斗争对象的罪状必为革命伦理所不容，其实也是一种革命伦理的当场实践。

除了诉苦与斗争会之外，每次群众运动还有其他大量的会议。如土改时期一个乡的土改完整程序是 5 个步骤、约 35 天，明确要求召开的正式群众会议就有 20 个以上，还有大量小规模的不同阶层群众参加的座谈会、攀谈会等。③ 每次会议无不是国家抽象权力与群众的具体面对，无不是新政权思想体系的灌输、行为方式的推行与革命话语的传播过程。"开会作为一个权力关系展开的过程存在着三种仪式：'场景及互动过程的模式化、反面典

---

① 程秀英：《诉苦、认同与社会重构——对"忆苦思甜"的一项心态史研究》[M]，北京大学社会学系硕士学位论文，1999，第 19～23 页。
② 《三区陈楼土改重点乡工作总结》，商水县档案馆藏，档案号：县委全宗一永久卷 33 第 12 件，第 36～50 页。
③ 《一个乡的土改具体做法与步骤》，商水县档案馆藏，档案号：县委全宗一永久卷 29 第 8 件，第 53 页。

型及羞辱仪式、信息传递的仪式化'……开会作为一种仪式不仅从认知上影响人们对政治现实的定义，而且具有重大的情感影响力。'反面典型'的展示，其目的不单单在于对人的智识上造成冲击，他更多的是基于对人的精神和情感的影响力。……崇高理想的灌输、意识形态说教和重大理论的解释，都比不上实践来得重要，而最为有效的恐怕是仪式化的行动这一权利实践的方式，配合以象征与形象建构的过程。"①

据今商水县汤庄乡农民1958年的回忆，从1948年当地解放后到1954年，共经历过19个群众运动。② 历次的运动、纷繁的被召集开会，无疑强化着当事者的记忆。阶级观念、国家认同意识等，就在运动、开会的过程中被逐渐建构起来。

4. 对重构的乡村文化之理解

美国社会学者瓦戈认为，中国属于高语境社会，"在高语境文化中，讯息的口头部分只包含极少的信息，而传播的语境中则含有较多的信息，它包含了背景、联系以及传播者的基本价值观。"③ 不管是组织农民协会还是党和政府的中心工作，本质上都是外在于乡村社会的东西，诉苦斗争会的革命伦理传播也是以国家横暴权力为背景的——毕竟，贫雇农也只是在党—国家确立的框架下进行选择的。因此，对于上述这些虽有广泛、深入与不断被强化的特点的、外部灌输的革命伦理灌输方式，惯常的思维会引导出这样一些问题：这种外部灌输的效果如何呢？虽有一些诉苦积极分子、乡村干部的激昂革命言语、海誓山盟般的革命决心与承诺，但一部分人的思想、感受能反映出全体或者说大多数贫雇农的感受吗？即便是这些人的言论，由于所指和能指的并非完全一致性，谁又知道他们是否言不由衷、心口不一呢？诚如其所言，又能坚持多久呢？

也许，郭金华对土改中诉苦研究得出的结论具有一定的启发意义：在土改过程中，党希望通过诉苦的实践来达到重构农民世界观和农村社区结构的目的，即改造社会、改造思想。但农民的世界观并不像革命预想的那

---

① 樊红敏：《日常政治视角下的地方权力运作研究——河南省黄市的体验观察与阐释》[D]，华中师范大学政治学研究院博士论文，2007，第146～147页。
② 《蒜张村档案（1958年12月）》，商水县档案馆藏，档案号：汤庄全宗一卷4第2件，第4～8页。
③ 〔美〕瓦戈：《社会变迁》[M]，王晓黎等译，北京：北京大学出版社，2007，第191页。

样发生了翻天覆地的变化，农民的日常生活并未被意识形态化，革命化表达只是出现在特定的场合之中。①

诚然，在商水县土改运动的诉苦会上，经过工作队挑选、事前演练的苦主们，所诉的尽是受欺压之苦、生活艰辛之苦、身体伤痛之苦，所诉对象要么是抽象的一句"万恶的旧社会、吃人的旧社会"，要么就是那些乡村恶霸，所作所为即便旧道德也不容的恶人，由于当地租佃关系并不发达，真正追租、逼租的现象并不普遍，对于乡村富户的控诉大多是为富不仁：小到不让去他地里拾谷、大到关键时刻不肯慷慨相助。从大量的诉苦材料看，更多的还是苦于官、苦于匪，究其实是农民与旧政府的矛盾：乡村政治腐败、公正公平缺失与人口资源紧张之下农民生存艰难的矛盾。而且，从农民在正规场合的所谓革命言语看，他们更多的只是套用几个革命词汇而已，其根本思维并未脱离乡村的生活经验与惯常的思维习惯。

但是，事情似乎并不仅仅如此。1952年2月14日商水县九区区委书记吴金玉汇报、县委宣传部长戈锋执笔的《双路田乡总结教育》②中有这样一段对话，颇有普遍性，对于理解党—国家灌输下最有可能接受革命伦理的部分农民的思想可能会有所帮助。

1952年1月26日，区书吴金玉同志与工作员召开乡农协总结教育会，吸收党员、团员及部分积极分子参加，其中党员5人、团员18人、积极分子9人、乡农协委员13人，共45人。首先由乡主席说明：总结教育是土改复查转向生产的不可缺少的一步。通过回味对比、两追四比③，来提高农民认识。在会议上分组讨论，找出典型总结，大家讨论提高觉悟……

    杜毛说："你翻身没有我翻的狠，俺从前7口人，只住一间破车屋，一条破被子盖多年，俺姐没吃的饿死……"
    领导引导提出："杜毛，你咋穷的？"
    "穷到地主身上，被地主剥削穷的。"

---

① 郭金华：《有差异的诉苦与土改目标的实现——作为一种社会主义运作机制的公共表达》[D]，北京大学社会学系硕士学位论文，2001，第23页。
② 《双路田乡总结教育（1952年2月14日）》，商水县档案馆藏，档案号：县委全宗一永久卷57。
③ 回味对比：比过去苦现在甜；两追：追地主根子、蒋介石后台；四比：比新旧社会、新旧政府，十一师（蒋匪军）与解放军、国民党与共产党。

"别人咋穷的？"

田方和说："我说杜毛穷是地主剥削的，天下穷人都是穷到地主身上。"

"地主是谁领导的？"

大家都争着讨论说："是保长、蒋介石领导的。"

"蒋介石后台是谁？"

杜毛说："是美帝国。"

"你现在怎样？"

杜毛说："我分了三十亩地，六间房子，三眼楼，一个大牛，一辆大车，还有粮食、磨、被子，我也有吃，也有穿，也不给别人扛活啦，现在得法①啦。"

"这得法日子怎样来的？"

杜毛说："是共产党毛主席领导的。"

"毛主席又未到你庄上来。"

杜毛说："毛主席领导的县、区、乡和俺庄上的干部，领导我们大家都起来斗争。毛主席共产党领导干部叫我们穷人都组织起来把地主斗争，分了东西、分了地，我们才过了这样得法日子。"

从杜毛一家翻身经过，大家讨论分析，一致认为毛主席共产党是人民的大救星，永远跟着共产党走，今后大家都到合作社买农家历上的毛主席像。如农民田方和说："不敬老灶爷了，敬老灶爷几辈子也没翻身过好日子，要过好日子，只有敬毛主席、听信毛主席的话。"从杜毛这个典型翻身总结例子，推广到村小组每个家庭，进行讨论分析，联系个人进行总结。如柴桂兰说："不总结不知道自己翻身是怎样翻的，这一总结知道了，翻身这样翻的。"

经过这样总结，农民普遍认识到爱护毛主席，跟着共产党走。如曹来成说："可招呼②好点毛主席，操心着哩，别把毛主席累坏了。"

对话中，领导有意引导的苦甜对比有两条线索：
苦：地主剥削—保长、蒋介石—美帝国

---

① 得法：豫东一带方言，有"心里感到高兴、合适、舒服"等意思。
② 招呼：河南方言，这里有关心、关怀、安排好生活工作等意思。

甜：干部领导—我们起来斗地主，分东西、分地—毛主席领导的干部—感激毛主席

结论是：经过这样总结，农民普遍认识到爱护毛主席，跟着共产党走。

在这里，我们即便不考虑汇报者的结论，只从农民朴实的语言里，也是可以看出这些土改的获益者对毛主席共产党的感恩之情的，似乎不完全是冠冕堂皇的官话。

但是应该清楚地认识到，这是农民在政府官员（领导）启发下的回答，是党—国家与农民在具体场景下的呼应，从这种呼应里面，双方在"敬毛主席、听信毛主席的话"与"农民普遍认识到（应该）爱护毛主席，跟着共产党走"这一点上交汇，但差距终究还是有的：农民得出的是故事叙述的结论，而党—国家希望他们有一个革命的思想框架——跟共产党走、去实现革命的理想，并非仅仅是出于对最高领袖的仁德感恩而发出的一句简单的亲情表达："可招呼好点毛主席，操心着哩，别把毛主席累坏了"——似乎未出旧道德知恩图报的范畴。不过，党—国家也似乎并不讳言这一点：欲取先予之意相当明显。如，1950年4月，商水县全面土改之前，县委对各区书记、区长训示："毛主席说，我们的党是靠农民起家的，如果不给农民土地，他就不会拥护咱……我们在土改中，给了农民土地，要争取农民的90%。土改是争取农民最好的机会，土改后给农民东西就少了，并且要这要那。如不能争取农民的80%至90%，分了土地也不能称完成任务……土改不是光为了分地，要求在土改中取得农民，达到战略任务——发展生产、巩固人民民主专政。"①

由此，似乎可以有以下理解：在给农民土地、农民拥护党—国家这一建构过程中，党—国家在对乡村实行强制性结构变迁的同时，也适当采取了一些诱致性手段，以便革命与传统的顺利链接。就乡村文化的重构来说，就有以下几种新旧链接方式：

置换：打倒旧权威、树立新权威与传统的威权主义。

重合：共产党的平等主张与乡村贫困阶层渴望的平均主义。

合谋：党—国家灌输的阶级斗争文化与行动，通过诉苦斗争，达到受压迫农民申冤报仇之目的；党—国家号召的斗地主恶霸、分胜利果实，贫

---

① 《区书、区长联席会议组织工作报告（1950年4月）》，商水县档案馆藏，档案号：县委全宗—永久卷9第2件，第93~113页。

困农民在个人理性私利的驱使下积极参与。

认同：党—国家对干部为人民服务、廉洁自律、批评与自我批评等的要求与农民对传统的清官、好人、德治主义等的高度向往相一致。

但毕竟乡村的现实与党—国家的理想存在距离，因而走向建构目标的艰难过程，恐怕也是难免的。如，仍是商水县九区双路田乡，在对抗美援朝宣传工作的检查材料中，有这样的描述："该乡开展抗美援朝首先运用开代表会、诉苦会来教育群众，使群众知道抗美援朝的意义（蒋、日、美的罪行），然后由宣传员到各村开群众会进行宣传，力求把群众发动并行动起来，形成抗美援朝的热潮。自四月十六日（1951年）在区开了农代会、妇代会以及党员会议，布置抗美援朝宣传，进行诉蒋、日、美罪行工作。乡召开了农代会，有苦的诉苦、没苦的引苦：由受地主苦、被保长抓壮丁引到蒋介石身上，由蒋介石不抗日受日帝的痛苦引到美帝身上……据了解该乡约70%的群众（全乡人口3270人），知道抗美援朝，保家卫国的口号，而不知道抗美援朝的道理。如大寨村王大汉说：'抗美援朝不就是打仗的吗？'又如，农民王青海在割着麦，喊着抗美援朝、和平解放西藏的口号，有人问他啥是抗美援朝？为啥要抗美援朝呢？他回答说：'你别问我，这一条我不清楚。'……有些没开过会的老头老婆，不知道啥叫抗美援朝。"[①]

对于这些近乎文盲的贫穷农民来说，在得到了土地、加入了组织（农会等）并在党—国家革命伦理的持续灌输之下，虽然崇拜革命领袖、高呼毫不质疑的革命口号，但终究只是一种低水平的、感性的政治认知："你别问我，这一条我不清楚"，他们知道的，也许只是革命伦理所公开维护的经济利益。

土改期间，革命伦理进入乡村的方式与农民的接受状况，此后屡经反复，长久地影响着乡村社会生活。

第四节　乡村社会秩序变动中的恐慌与希望

在土地改革这场涉及乡村所有人的社会秩序变动中，几乎每一个亲历者都会有自己的认识。但作为农民，他们是"沉默的人"，这里仅以档案里

[①]《商水县九区双路田乡抗美援朝检查材料》，《批转九区双路田乡总结教育（1952年2月22日）》，商水县档案馆藏，档案号：县委全宗一永久卷57第2件，第7~10页。

所见的谣言案例、县区政府及工作队的工作报告中所列举的不觉悟群众的言行及商水县各界代表大会上代表的提案为例,来解读村民的心声。

从共产党介入乡村秩序开始,几乎各阶段在社会上都有结合时事流行的谣言,这些谣言往往起于受冲击的人,内容多表达不满或自己的希望,最后伴随严厉的追查和大规模的宣传而消失。

如果说谣言带有破坏性质的话,不觉悟群众的言行所反映的往往是对新事物的疏离和对旧事物的持续认同。如,在选举乡村干部时,有人认为原来的保、甲长比现在的干部能干,不如让他们当干部等。

商水县在新中国成立初期召开数次各界代表大会,乡村代表主要是贫雇农及其积极分子,所提提案反映了昔日乡村贫穷阶层的希望和要求。

面对变革,这些不同表达除了源于得失的不同及预期的差异之外,还有新政权深入乡村后的国家正式制度与民间非正式制度的冲突、乡土秩序与国家秩序的冲突以及乡土文化与新兴主流文化的冲突、现实的低下的生产力与农民迫切的物质生活需求的矛盾,等等。这是因为,任何急促的社会变革都是社会资源的强行重新配置,对整个社会来说,转型之痛在所难免、所有阶层概莫能外,同时也表明:革命并不能解决所有问题。虽然在强大的革命话语压力下,不同的声音被冠以种种非法的称谓受到打压而隐伏——毕竟人首先要服从生存的需要,但这些现象只是暂时的,在小农家庭传统农业经营方式仍占主导地位的历史阶段,国家、农户遵循什么样的行为逻辑?与农民日常生产、生活并非完全一致的革命伦理经得起实践的考验吗?

一 变动时期纷传的谣言

"任何人类需求都可能给谣言提供推动力。性兴趣是产生许多流言蜚语与大多数丑闻的原因;焦虑是我们常听到的恐怖威胁性谣言的动力;希望与渴望产生白日梦式的谣言;仇恨产生指责性的谣言与诽谤。"[1] 在土改运动前,由于权势和财富甚至生命遭到即将丧失的威胁,在焦虑和仇恨的驱使下,旧乡村的当权者、富有者往往制造或积极散布谣言,在土改运动之后,由于历史的惯性,特别是由于文化观念变迁的缓慢与不平衡性,面对

---

[1] 〔美〕奥尔波特等:《谣言心理学》[M],刘水平等译,沈阳:辽宁教育出版社,2003,第19页。

一些不熟悉的事情或突发性的灾变，农民仍然习惯用已有的思维方式与经验考虑、处理问题，落后群众往往成为谣言的制造者与传播者，但党—国家在处置这一问题上，却依然秉持阶级斗争的理念。

1. 各阶段的谣言举例

（1）支前征粮至1949年7月剿匪反霸期间的谣言。1949年3～5月间，商水县分三次供应过境大军的粮草供应，军情紧急、任务繁重。当时商水县绝大部分地区没有经过"急性土改"，加以当地历年遭灾，公粮任务主要落在地主、富农身上，并结合中心工作对旧当权者进行了打击。由于正处于新旧转换时期，社会各阶层心理普遍不稳定，社会上传播的流言较多。

据商水县支前司令部向淮阳专署的报告，大军未来前的谣言主要有："八路军过江是假的，八路军根本过不去，有江防，江中有夹子，江里有水雷。""听说现在不打啦！讲和啦！蒋介石的老婆已去北平，毛主席当国防部长了。"东野来了之后的谣言主要有："这些军队都是农会里拉来的八路军，不是过江的，是跑出来的，日本人占领了东北，还有美国兵在后面追赶着，过江的八路军都没过去，在江边被中央的飞机放电电死了很多。"在大军渡江、解放南京后，又有谣言说："现在又出一个平两党，蒋介石不行，共产党也不中，平两党逮蒋介石，也逮共产党"。"蒋介石垮了，毛主席也不中，打着打着即出皇帝了，皇帝现在周口要饭"等。[①]

在1949年午征期间，又有不少的谣言。"刘邓划华东了，中原划给林彪了，因之中原的各级地方干部要调到华东去，现在县里、区里开大会就是为了这个事。""国共不打了，和平了"，等。据当时姚集区政府的收集、统计，主要的谣言内容如下：①"开会是要壮丁"。②"开会是大小干部过长江，周区长走是去干区长的"。③"农民会不准成立啦"。④"不准减租，要是减的话，不是对半分，是三五、六五、地主得六五"。⑤"地不准回，回的得倒回"。⑥"林彪保中央啦，已来周口。毛主席调不动他，八路、中央他都打"。⑦"和平啦，八路军的地区在黄河北，新中央在平汉路西，新中央的首领是冯夫人"。⑧"老蒋又带好多飞机到北平啦，到北平又有好多的队伍，安好民众。林彪是他学生，也保他啦，东北的队伍是不向这过啦"。⑨"七月一号世界大战开始，先打苏联，八路不打自跑"。⑩"粮食

---

① 《商水县支前司令部报告》，商水县档案馆藏，档案号：政府全宗一永久卷6第26件，第106页。

由开大会的老百姓领着吃"。⑪"开会时被评坏蛋的,弄几个望蒋杆,叫坏蛋上杆子"。⑫"全区合一个集,粮食订官价啦,八元一斗,只准买二斗,买三斗的就没收"(当时粮食涨得厉害,市价十四块钱一斗)。①

麦征将结束,县里集中一批干部开会,接着又是麦征全县干部大会,这时有人借机到处散布谣言。如:①"现在又调部队下江南啦!把乡长都调去,可是乡长不愿去,又来调代表去过江"。②"这地区属林彪了,不属刘伯承了,这地方乡、区、县干部都要走了"。③"现在又和平了,八路地段分在黄河北,河南是中央管"。④"今年麦子集中大仓了,你吃一斗发一斗,你吃二斗发二斗给你",等等。各村选乡干及区、乡代表会代表时,正谣言纷纷,当时来的代表报到不敢说真名字,到区的代表都是老头多,青年少。②

据商水县人民政府通报(兹将最近九区教育干部及时揭谣打击造谣分子问题通报如下):(1949年)六月十三号巴村乡长报告称:"巴村北头村长邵长海听到很多谣言,吓的群众、农会员、村干来乡找我,董村村长被吓跑了,大邵家农会员陈书材、蒋茂妮吓的向地主送礼,闹得人心惶惶。"据此严重情况,即召开临时干部会议,报告国内外形势、揭露匪特、恶霸造谣威胁农民,破坏、扰乱社会秩序的阴谋、企图,仅据会上反映的谣言就有:①"美国原子弹在苏联掉三个,将俄国炸平了,斯大林被炸死了"。②"八路和平啦,投降中央军啦,打台湾的刘伯承带领二百多万兵,枪不响,进去台湾不见兵了"。③"河南划给老蒋啦,中原划给美国啦,人民票不用啦,都换成中央票啦,八路旗换啦"。④"案子都放回来啦(因轻案保回收麦),中央军来了就放不及啦"。⑤"八路军要车,要走啦(因我运粮要车)"。③

在此阶段,随着基层政权的巩固与群众组织的巩固、扩大,政府对谣言采取了严厉追查与扩大宣传两种应对手段。如,上述1949年6月13日巴村的谣言,经过分析、了解,结果追到巴村街朱占彪之弟朱得先(朱的三

---

① 1949年6月23日《午征通报》第一期,关于午征部署的补正,商水县档案馆藏,档案号:政府全宗一永久卷3第71件,第106~112页。
② 《城关区麦征人民代表会议总结报告(1949年6月26日)》,商水县档案馆藏,档案号:政府全宗一永久卷8第2件,第12~21页。
③ 《通报》,《1950年商水县教育工作上半年总结及下半年计划(1949年7月7日)》,商水县档案馆藏,档案号:政府全宗一永久卷14第23件,第51页。

弟朱四毛曾任机动队队长)、党点（其父党文头，恶霸，现被押)、城关村包铁块（朱占彪的大队长，兵痞、老海鬼）及固县南陵村XXX身上。随将以上诸人传来，经过说服、动员、教育，朱得先等坦白捏造了以上谣言。如党点说："我造谣言是盼中央来了好干事，我父亲被押，中央军来了就出来了。"

为了彻底揭穿敌人的谣言、安定群众情绪，巴村区政府令其在区农代会上坦白、悔过，承认造谣、破坏都是他们捏造的。结合处理，又令他们在大的集镇上和乡、村农代会上坦白、悔过，借此扩大宣传，结合召开临时干部会议，报告国内外形势。揭露匪特、恶霸造谣威吓的阴谋。使群众清楚地认识到谣言是恶霸、地主、会门造的，是吓唬农民积极分子的。经过揭谣和宣传，群众情绪很快稳定了，群众说："这些家伙都是坏分子，就得这样治他了"。

商水县政府认为：造谣的坏分子多系兵痞、老海鬼，伪匪、地霸分子。虽经剿匪反霸，反霸减租，但仍有部分人不但不向群众低头、安分守己劳动生产，还在继续活动，造谣破坏、威吓群众，阻碍各种中心工作的顺利进行。为此干部应广泛宣传、教育群众，提高警惕、严防匪特分子乘机扰乱社会秩序。

(2) 土改前后及生产救灾期间的谣言。山雨欲来风满楼，即将到来的恐惧最令人担忧。这一时期，商水县纷传的谣言往往发生在即将开始土改的时候。如，一区三里长乡王教庄地主王活水，在土改前的午征中说："地、富要出4000多斤一户，中农要出1000多斤一户，将来中农都要被斗，东西给你拿完，还要把人给你押起来。"[①] 另据一区八里湾乡老庄村的调查，在该村即将土改的时候，村里纷纷传言："现在仗也不打了，地也不分了，毛主席和蒋介石和平了"。"毛主席在黄河以北，蒋介石在黄河以南"。"毛主席被苏联扣住了"。"蒋介石是七国的总指挥，美国也已经出兵到东北了。美国的原子弹厉害，八路军也已经跑了，光掉土八路在这里收公粮，准备拿着钱、拉着粮食就跑了"。"公粮不要了，收到一块，他们也拿不完"。[②]

[①]《(一区三里长乡)王教庄材料初稿（1950年7月14日)》，商水县档案馆藏，档案号：县委全宗一永久卷15，第191页。

[②]《城北八里湾乡老庄村典型调查材料》，商水县档案馆藏，档案号：县委全宗一永久卷15，第172~179页。

此时，乡、村政府对谣言的应对仍然是追根、揭露及打击造谣者，针对谣言展开宣传。其后，由于土改期间群众活动的积极踊跃，政府、工作队深入乡村、深入农户家中，不断扩大群众组织、频繁召集会议，并且根据惩治不法地主条例，对造谣者进行严厉惩处。① 在斗争的氛围之下，地主、富农极力避让尚且不及，哪里还敢有什么不轨言行！因而，在此社会变动最为激烈的时刻，谣言反而消失了。但痛定方能思痛。在压力稍微减轻之时，谣言，主要是怨言又出现了。据土改复查与民主建政期间中共商水县第七区委员会的报告，"地主屈文善的小孩说中央军来，先杀干部后杀群众报仇"。② 四区孟营村地主孟清玉说："三反已经开始了，赵寨乡长已经被打死了，这次运动是斗争富农，地主已经斗过了，这次地主是不碍事了"。牛滩乡富农牛瑞林听到该地主的谣言，赶紧把牛卖了，把东西连夜运到李埠口亲戚家。③

其实，经过土改划阶级及阶级教育之后，地主、富农在乡村已处于事实上的被隔离状态，时刻处于贫下中农的监视、监督之下，即便想造谣、传谣，也已失去了条件，只是偶尔发出一些无可奈何的怨言而已。如，据商水县委工作报告，一区董欢乡犯罪分子李德元说："穷小子，山里红子是猴吃的，老母猪一吃就倒牙。晌午不能常晌午，总有不晌午的时候"。④ 又如，在商水九区双路田乡1952年年初召开的总结教育会上，"某乡委员说：'咱庄地主田瞎赖在复查后还说不服气话，他说天晌午，不能老晌午，甜不能老甜'。乡主席也说：'俺庄地主于文华女人，她说不服气话，清竹竿十三节，不知道谁过到那节'。大家一致认为这两个地主要斗争，要管制"。⑤ 显然，这两例怨言都是面对急风暴雨般的革命及全新的革命伦理，从"世

---

① 《中南区惩治不法地主暂行条例》第六条规定："造谣惑众，挑拨农民与人民政府之间的关系，致发生严重影响者。按其情节轻重，处三年以上五年以下有期徒刑。"见商水县档案馆藏，档案号：政府全宗一长期卷11，第6页。
② 《中共商水县第七区委员会关于民主运动工作总结报告（1953年2月13日）》，商水县档案馆藏，档案号：县委全宗一永久卷80第12件，第114~132页。
③ 《县委会关于六个区的区书码头的总结报告（1952年11月17日）》，商水县档案馆藏，档案号：县委全宗一永久卷57第12件，第79~90页。
④ 《商水县委三四月份工作报告》，商水县档案馆藏，档案号：县委全宗一卷永久29第3件，第9页。
⑤ 《商水县九区双路田乡抗美援朝检查材料//批转九区双路田乡总结教育（1952年2月22日）》，商水县档案馆藏，档案号：县委全宗一永久卷57第2件，第7~10页。

事变幻、人生无常"的千年老理出发而发出的感慨,但在当时,被认为是对变革的不满。这也确实在某种程度上反映了对党—国家的不认同。

此后,更多情况下落后群众往往成为谣言的制造与传播者。如镇压反革命时,社会上又纷纷传言:①"朝鲜战争紧急啦,这些坏蛋都弄到前方抬担架去了"。②"八路军他不要壮丁,先搞坏蛋去当兵,然后就得好人去哩"。③"郾城县漯河车站用火车将坏蛋都载到北边去开荒了"。① 一时弄得人心惶惶。又如,一区苏坡乡,群众纷纷传言当地的一座已封死多年的古墓里有神水,致使最近有人又把填死已久的古墓扒开。② 1953年年初,商水县农村普遍流传着:"53年互助,54年合作,55年社会"的谣言,致使有的农民不上肥料,不买农具、牲口,还有的偷偷吃好的、装穷叫苦,等等。③ 更有甚者,会门活动猖獗,很多谣言往往由他们传出。十一区南坡乡梨树庄三官道堂主魏莲修(女)下神造谣说:"再迟二年,真龙就出现了,毛主席还有二年的天下"。"毛主席和人争夺天下,这些魔鬼胡闹三光,快把他们收回去了"。十四区肖潭乡张庄村内纷纷传言"(有个)坑内有红绣鞋,会唱洋戏,将过路大车拉的柜子及小孩拉下坑去"。据称此村有会门活动。④

2. 对乡村谣言与政府应对的分析

由于没有看到谣言发展的动态性——造谣分子已由"兵痞、老海鬼,伪匪、地霸分子"转向一般的落后群众(大多是由于迷信而造谣、传谣、信谣),商水县委、政府在处理谣言问题上,似乎并没有与时俱进,而是采取了一以贯之的方式:"除责成公安局组织专人进行破案外,我们必须教育所有群众提高警惕,严防敌人之破坏活动,一旦发现应跟踪追查及时揭破、坚决镇压,达到维护群众利益和社会秩序良好之目的。特别是今后动员参军运动中更应注意敌特的谣言破坏活动。"⑤

---

① 《商水县七区逮捕反革命分子经过报告(1952年12月18日)》,商水县档案馆藏,档案号:县委全宗一卷永久卷60第9件,第38~41页。
② 《县委关于生产、治安、扩军等工作的指示(1952年3月20日)》,商水县档案馆藏,档案号:县委全宗一永久卷60第1件,第1页。
③ 《结束改革转建设必须做好农村春季互助合作的报告(1953年3月27日)》,商水县档案馆藏,档案号:县委全宗一永久卷71第1件,第1~5页。
④ 《对一、四、六、九、十四等区匪霸敌特火烧抢劫偷盗谣言活动的通报》,商水县档案馆藏,档案号:县委全宗一永久卷52,第96页。
⑤ 《县委关于生产、治安、扩军等工作的指示(1952年3月20日)》,商水县档案馆藏,档案号:县委全宗一永久卷60第1件,第1页。

认识的偏差必然导致政府具体工作与社会现实的脱离。如，商水县三区在处置一起由于谣言引起的群体性事件中，曾发生了公安干部持枪打死农妇的事情，引起了许昌地委与河南省委的关注。

1953年4月11日夜，商水大面积麦田遭受霜冻灾害，麦苗被打坏。三区赵寨乡群众普遍产生悲观失望情绪，到处烧香求神。不但群众自己烧香，还要求区、乡干部叩头许愿，埋怨干部过去不该领导打虫运动等。有的骂党团员、积极分子、干部：你们怕什么，一月100多斤粮食，吃得又白又胖，群众将来没吃的怎么办？有的群众开始准备卖牲口逃荒，甚至在家哭。该乡北赵寨村中农赵殿喜之妻赵袁氏，47岁，因灾而发愁，三天没吃饭，在家大哭，哭时可能由于精神高度紧张，说了一些胡话，这样一来，群众认为是神附身成神婆了——此种现象在全县有一定的普遍性。当时全县谣言四起，干部教育群众不听，制止又制止不下去，局面混乱，干部束手无策。

商水县在1953年4月19日传达地委救灾紧急会议精神后，干部分头下乡发动群众救灾。分赴该区的县委委员、公安局长杨家发对此前区、乡干部持枪镇压、驱散烧香请愿群众的做法持肯定态度。正在此时，百余名群众（主要是中老年妇女）又一次以赵袁氏为首，涌到区公所，要求区长、乡长同去烧香叩头许愿……由于认为是敌人领导暴动，干部惊慌失措，赵袁氏被公安局侦察员王杰民开枪打死……[1]

"从社会心理学的角度看，谣言的传播一般主要有这样几个社会心理机制的存在条件：一是社会大众有某种共同的价值趋向，二是人心普遍的紧张和担心，三是人们对处理事物的社会组织缺乏了解和信任。只要这三个条件一旦具备，谣言就有可能发生，而且其传播的速度异常惊人。而社会心理学也同样认为，干扰和减弱社会谣言的最有效手段，应该是社会组织采取的最有效解释和处理该问题的有效措施。"[2]

从过程描述看出，这是一起由于灾害而产生惶恐，进而产生谣言、导

---

[1] 《中共许昌地委纪律检查委员会关于商水县三区赵寨乡在生产救灾中因群众烧香被干部持枪打死赵袁氏事件的调查报告》，商水县档案馆藏，档案号：县委纪检委全宗一卷永久卷3。

[2] 刘萍：《谣言：源于恐慌止于智者——谈谈产生谣言的社会心理机制》[J]，《中国改革》2003年第6期。

致落后群众非理性行为的一种集体行为以及干部处置不当的事故性事件——干部的"一种严重的错误行动"。其中把落后群众的错误行为当成敌人暴动,应当是导致此恶果的主要原因。

这一时期蜂起的谣言并非河南商水县所独有。有学者研究指出,"在朝鲜战争爆发特别是在美军仁川登陆后,中国一度出现谣言较多、思想混乱的状况,不少地方尤其落后的农村地区甚至是谣言蜂起、谣言猖獗。如谣传'要变天了,国民党要回来了','朝鲜失败了,第三次世界大战来了,国民党要登陆作战'等。"① 除了涉及时事的谣言之外,还有学者研究指出,新中国成立初期,曾有波及数省的专题谣言——不同版本的"毛人水怪"谣言,并认为"在谣言制造和传播的过程中,除了普通老百姓之外,有两个重点人群起了至关重要的作用,一是普通越轨者,一是变革中的受冲击者",原因是"当社会发生巨大的变革时,或者社会中蕴含着强大的不安定因素时,民间聚集的骚动能量没有得到疏通,就可能引发各种恐慌"。"谣言的爆发与民众的利益得失有关系,当民众感到利益得不到足够保障时,谣言往往应运而生。"而且官民矛盾往往会成为矛盾的焦点。这是因为"民众与基层干部之间存在矛盾是不可避免的现象,特别是基层干部代表上级、执行上级意愿的情况下,官民之间的冲突矛盾就是一种常态"。②

如果单单从商水县公安干部持枪打死农妇事件出发,便可以看出这样的脉络:突发灾害导致群众的利益严重受损—谣言四起—在谣言的激发下引起群众对干部的不满(埋怨干部过去不该领导打虫运动等)—在要求干部带头烧香、叩头请愿得不到满足后,进而骂干部(你们怕什么,一月100多斤粮食,吃得又白又胖,群众将来没吃的怎么办)。由于存在明显的官民矛盾,因此被误认为是敌人暴乱。

因此,在此社会变动时期,对于谣言的应对,除去追根、揭露、镇压、宣传教育群众之外,党—国家对于群众根本利益的关切以及政府对实际情况的及时掌握和工作人员的素质、工作技巧等更是解决问题的关

---

① 侯松涛:《抗美援朝运动中的社会动员》[D],中共中央党校博士学位论文,2006,第34页。
② 李若建:《社会变迁的折射:20世纪50年代的"毛人水怪"谣言初探》[J],《社会学研究》2005年第5期。

键之举。

二　不觉悟群众的言行

从剿匪反霸时期的"依靠群众，组织群众，开展剿匪政攻与反霸清算，就有很大可能团结人民力量，消灭土匪"[①]到土改时期的"广大农民已经得到初步发动，觉悟提高，并组织起来，建立了农民自己的团体——农民协会，因而迫切要求实现土地改革，发展生产"[②]，党—国家一直强调动员群众、组织群众，即，把分散的农民组织起来，使其成为政党组织网络中的成员；使无政治的农民具有政治意识，并被动员到党的目标之下，将一个传统的乡绅社会，改造成为一个现代政党领导和组织下的政治社会。[③]

但是，在党—国家对乡土社会的整合过程中，非但受冲击者不时以各种或明或暗的方式发泄不满，即使基本群众甚至获益的贫雇农阶层，也总在以其不觉悟的言行，显示出与党—国家意志、目标的偏离。

1. 淡漠的阶级意识与强烈的追求财富意愿

（1）淡漠的阶级意识。在党—国家动员、领导群众进行土地改革的过程中，总有相当一部分群众表现出某种程度的政治觉悟低下，尤其是阶级意识淡漠、不积极斗争，甚至忘记阶级斗争。

如我们上文提到的，在剿匪反霸期间，商水县一区三里长乡三里长村在斗争恶霸史文相时，史文相的佃户老张说："先叫分史文相的地，你们都不分，要得开大会斗争他哩，你们这些人真叫孬（坏），我看史文相的生命算危险。"史文相的近门、贫农史好德说："我听说在学校里要求枪毙史文相，你们将他地分了算了，如果还不解恨，再押他三四年，为啥要枪毙他哩？"

如果说这些佃户、贫农只是出于主佃关系、近门家族而发出上述言论的话，或许是出于一种情面的考虑，而邻村王教庄王银中的言论，却是在

[①]《中共河南省委宣传部关于开展剿匪反霸宣传的指示（一九四七年七月二十一日）》，中共河南省委农村工作部编印《河南省土地改革文献》上册［G］，1954，第36页。

[②]《河南省人民政府布告——为实行土地改革由（一九五零年二月七日）》，中共河南省委农村工作部编印《河南省土地改革文献》上册［G］，1954，第204~205页。

[③]徐勇：《"政党下乡"：现代国家对乡土的整合》[J]，《学术月刊》2007年第8期。

新的政治环境下，对旧当权派政治合法性的继续认可。王教庄是三里长乡的一个自然村，132户、634人、1698亩地。民国年间由于派款和土地纠纷问题，村内以家族为基础分东、西两派，双方打官司数次，东头王乱子的父亲曾因官司失败而被押十几天。新中国成立后，在双减清算中，地主、富农为减轻负担，把土地大量分散出去，东西两派互相攻击，宗派斗争愈发激烈，村内干部更换频繁，上级工作无法有效开展。由于1948年秋上台的村长王天机、王振华在群众中影响不好，1949年6月24日，工作队同志计划改选正、副村长，农会组长王天德不动。村内四角各提一个候选人，但在选举中，工作队属意的模范没有选上，西头提名的两个人却全部当选（分别得61票、58票）。但工作队仍然让得票较少的王乱子（东头人，得40票）任村长，群众说："为什么得票少的反而当了村长呢？"造成工作被动，王乱子自己也干劲不足。西头的贫农、农会员王银中于（1949年）7月16日对王乱子说："你们都不想干，咱庄叫王汉民（地主，为保长）当村长、叫王丙安（富农）当副村长，叫王文耀（地主）当会长（农会组长），咱庄不就弄好了吗？"经调查，地主、富农本人没有说过要当村长、会长的话。工作队认为，地主阶级当权派尚未从政治上打倒，群众觉悟不高，对他们还有幻想；另一方面，61票不能当选、40票却能当选，加上以前干部多系勇敢分子，有劣迹，群众可能认为旁人干不好，还是叫地主干就弄好了。①

即便是在土改期间，大部分群众已经发动起来、阶级斗争如火如荼进行之时，仍有群众表现得极为消极。如，"三里长乡的西郭庄，群众在土改期间有很大顾虑：就是怕得罪人、得到利益少，就是得到一点东西，也不能解决生活问题，反而把人得罪了，东西还要被外庄得去。参加农会也没有啥、没有利益，还耽误生产。该庄虽然也有农会，并红红火火的，但也只是表面现象，对地主斗争不激烈"。② 这种不愿斗争，不愿得罪人、打不开情面的现象具有一定的普遍性。如，在土改没收地主东西时，"三里长村的大多数贫雇农情绪都很高，很积极的搬运，争着拿，只怕落了后，而贫农史文鲁，叫他拿东西，他不拿，又有人说叫他拿，他一扭头回

---

① 《王教庄材料初稿》，商水县档案馆藏，档案号：县委全宗一永久卷15，第191~200页。
② 《商水县第一区三里长乡三等村西郭庄典型材料》，商水县档案馆藏，档案号：县委全宗一永久卷15，第257页。

家睡了（大白天）"①。

在土改期间，尤其是占人口和户数30%以上的中农阶层，普遍斗争消极。如："三里长村的中农，有的持坐山观虎斗态度。搬地主东西时，有人叫史洋仁（中农）去搬一个羊角子，他说：'我就是看着不搬。'"②"西郭庄的中农们怕动他的利益，经常三五个聚在一起说话，看见干部和积极分子走近就散了"。③

王教庄的例子反映出，在宗族较为发达的村庄，农民道义性的成分多一些：一方面，平时邻里之间要多一些守望相助的关系；另一方面，宗族之间的斗争，也使同宗族内的农民之间有了更多的共同利益以及与外宗族的更深的矛盾，如民国年间双方为派款和土地纠纷而打官司，"王乱子的父亲官司失败而被押十几天"。因而，党—国家灌输的以阶级斗争为核心的革命伦理遭到某种程度的抵制，毕竟在生活经验中，阶级斗争不是第一位的东西，加以新上台干部的个人素质与能力问题，使群众忽视了阶级斗争的存在而仍然怀念旧的当权派。

（2）浓厚的物质财富兴趣。如果说阶级意识淡漠，斗争不积极还只是表现在部分群众中间的话，对物质财富的浓厚兴趣，却是表现在有机会得到物质财富的乡村社会中中农以下阶层的一个较为普遍的现象。

①希望多分土地等土改斗争果实。土改前夕，一般贫农都对分地的期望值很大。"（工作队）来了就说是分地哩，今天推明天，明天推后天，推到现在又不动富农的地了，地主都斗过了，咱还分啥啦，穷还是该穷。"④商水县委土改工作队在重点土改乡三里长乡领导土改时发现，由于土改迫近，群众为了多分一份地，千方百计借故要娶媳妇，导致早婚现象普遍存在。如王教庄的女孩孔秀枝，17岁，订婚的未婚夫才14岁，男方就要求结婚；该村王新志的妹妹才15岁、男方才14岁，就要求结婚，还很迫切，但

---

① 《三里长点工作总结（1950年6月19日）》，商水县档案馆藏，档案号：县委全宗一永久卷15，第87页。
② 《三里长点工作总结（1950年6月19日）》，商水县档案馆藏，档案号：县委全宗一永久卷15，第88页。
③ 《商水县第一区三里长乡三等村西郭庄典型材料》，商水县档案馆藏，档案号：县委全宗一永久卷15，第258页。
④ 《商水县委调查材料（1950年9月10日）》，商水县档案馆藏，档案号：县委全宗一永久卷11第3件，第15~19页。

女方是坚决不愿去，怕不会做活，受婆子气，其他各村也有同样事情。① 在该乡土改第四步，抽补调整分配果实时，让群众自报公议，"中农一般都想降低自己的成分，也想分东西。有人说，要是不分东西，我就不要了，也不干了。贫农绝大多数人想多占果实，如李存林说：'我跟我爹分开，我也是鳏寡孤独，不也可多分点吗？'又如王有恒说：'斗争地主我也诉苦了，咋就分给我这些哩？'又如史盘说：'报告，我提个意思（见），我并不是自心自利（自私自利），像我吧，3口人、4间房子，光分给人家东西，不分给我，那（哪）怕分给我一点荒地哩，我也没意思（见）。如不分我东西，闹到北京毛主席那也不中'。如此者，不胜枚举。"②

据商水县委土改工作队的报告称，一区八里湾乡老庄村在分配土改果实时，也产生了种种偏向。"开始评议时，有一部分中农与一部分有农具、家具的贫农，怕自己分不到东西，就打连环保、互相评，排斥翻身不彻底的贫雇农，不给贫雇农评上（翻身不彻底的贫雇农少，不占优势）。如，分到织布机的九户中，只有三户贫农，而6户都是中农"。"怕自己分的东西少，排斥外来户、小姓。如，在分果实中，提出外来户一律都得回去拿迁移证，不拿不叫分（是企图叫去拿迁移证，去几天就叫果实分完啦）"。"最后还有52000元钱、五斤盐和高腿会用斗争果实买的衣服都不愿意叫分（中农、生活好的贫农干部不愿意）。如，村长王天贵不愿分钱，说留着上学点灯用，中农不愿把钱分下去，怕以后上冬学还得自己拿钱。工作队最后经过再三强调，是贫雇农的果实要分下去，要分给八户没吃的人家。强调的狠啦，没办法，中农假装通过。王天芝（中农）说：'中，咱就依了他，我报两万给牲口买草。先假分，以后再拿出来上冬学用'"。"还有个别自私自利，分不到东西就大哭、大骂。如，民兵中队长的父亲（中农），分不到东西就骂他孩子：'你成天跑的啥？'要与他孩子拼命"。③

②部分贫农的吃斗争饭思想与其他阶层的不安情绪。土改结束之后，

---

① 《商水县三里长重点土改乡第四步抽补调整分配工作简单报告》，商水县档案馆藏，档案号：县委全宗一永久卷15，第58页。
② 《商水县三里长重点土改乡第四步抽补调整分配工作简单报告》，商水县档案馆藏，档案号：县委全宗一永久卷15，第214页。
③ 《八里湾乡老庄村分配果实总结报告》，商水县档案馆藏，档案号：县委全宗一永久卷66第1件，第1~6页。

一方面，党—国家号召农民，由土改转向生产，把生产搞好，多打粮食，为国家多作贡献；另一方面，土改后许多贫雇农第一次在自己土地上进行劳动，生产积极性大大提高了。

但是，"由于干部的思想混乱，对政策宣传不深、不广，方向道路交代不清，各阶层思想上还有不少问题。有的贫农以为'穷光荣'，有靠吃斗争饭和农业社会主义的思想，普遍反映'中农、富农地多，这不还是穷的穷富的富吗？'同时存在着靠政府救济和靠天吃饭的思想。如，有的说：'共产党、八路军反正不能叫饿死活人，没得吃了他能不救济。'"①

无独有偶，商水县四区一些贫农，在土改结束近2年之后，一些贫农还不积极搞生产，念念不忘继续吃斗争饭。1953年春荒期间，商水县委工作队调查发现，四区"大多数贫农劲头不大，生产上有悲观失望、等待救济、吃斗争饭的思想。如，罗庄乡小罗庄村全村有40户人家，一家做生意的也没有，工作队同志问：'你咋不做小生意啦？'罗应本等说：'做啥生意呀，卖柴火每趟能赚多少钱？出远门天落雨了咋办？净多招麻烦事，政府总要想办法的。就是斗争有劲，搞地主啥也干啦'。有些想吃斗争饭的贫苦户更是积极，如该乡南街村贫农私下把两户中农划地主已经划好了，剥削账也算出来啦，东西分给谁、分啥都好啦。如，贫农孙现忠说：'今年斗争了，就能度过春荒啦，就是这些中农，共计15户'"。②

土改结束后，一部分人还想斗争、吃斗争饭，必然引起另一部分人的惊恐不安。以一区五里堡乡为例。"柴庄柴玉瑞说'光说上粪、上粪，胜上我地里吗？到秋后还不知咋着，就是我的，打了粮食还能分几个？'大张庄富裕中农张德令，土改时被抽出五亩非法买进的土地，土改后他怕再次改到自己头上，就大吃大喝，天不明就背着粮食上化河集，卖了吃点、喝点，再买点拿回来，又怕人家说，到天黑才回来。有的想献地、出粮。富农怕二次土改，怕说有剥削，光睡觉不积极生产。如，大张庄张万仁说：'不知什么时候地分给别人，种它干啥'。于是光睡觉，也不往地里送粪"。地主经土改，镇压反革命，土地被没收征收，牲口大都没有了，

---

① 《商水县生产重点五里堡乡由土改转生产的几个问题（1951年9月8日）》，商水县档案馆藏，档案号：县委全宗一长期卷4第8件，第69页。
② 《商水县四区第三坡八个乡民主运动进展情况报告（1953年1月6日）》，商水县档案馆藏，档案号：县委全宗一永久卷80第7件，第65~73页。

在镇压反革命的威力和群众管制下不得不参加生产,但怕追尾欠,生产无法。①

经过历年的斗争,一有风吹草动,乡村中就往往到处弥漫着不安的情绪,谁知道下一轮的斗争又会不会落到自己的头上。1952年年底至1953年年初的民主运动开始时,"地主怕,不知多深、多浅,如,四区周庄乡李营村地主惧怕追要尾欠的赔偿粮、怕再斗争,想藉故往外出(没允许),还有一些在家整天睡觉。中农与富农心中不定、惊慌失措,对民主运动认为还是复查的,如朱集乡菜庄中农董中会说:'啥是民主运动呢?就是三次土改的,不过是换台词了,反正不是和韭菜一样呀,割了这茬割那茬'。四区五寨乡刘波村富农刘新书,运动一进乡,生产也不干啦,正磨粉的停了下来不干啦,吃了睡,睡了吃,光吃猪肉饺子。单身汉车也坏啦,有人要借他的车拉粪,他说:'车我也不修理啦,明儿谁分去谁修理妥啦'。中农刘新忠向团员林桂荣说:'今年划阶级是咋划法呀,我能划地主不能,若划上了,我事前做好准备,将我家东西分一些子给农会,我当个开明地主'。"②

后来,商水县县、区政府经各种会议、各种形式,宣传了《发展农业生产十大政策》③,明确提出了增产一成的政治口号,号召组织起来发展生产、整个农民一齐向上升,逐渐打破了思想顾虑,安定了生产情绪。"如,练集地主姚宽,开罢地主会,讲明分别对待、鼓励生产后,他回到家里背着烟箱子去卖烟去了,心中非常感恩,地主姚尚贵天不明就起来去拾粪、背土;中农刘海月听说今年不分阶级了,他正好生个小孩没有起名字,他随即起个名,叫'得法';想吃斗争饭的贫苦户,经过教育也扭转了思想,如贫农刘文宣说:'不能光斗争,生产困难在(于)生产解决。斗一户吓倒一大片呀'。"④

---

① 《商水县生产重点五里堡乡由土改转生产的几个问题(1951年9月8日)》,商水县档案馆藏,档案号:县委全宗一长期卷4第8件,第70页。
② 《商水县四区第三拨八个乡民主运动进展情况报告》,商水县档案馆藏,档案号:县委全宗一永久卷80第7件,第65~73页。
③ 1951年1月,中共中央批转了华东局关于颁布《发展农业生产十大政策》的请示。十大政策的主要内容是:保护农民土地财产与合法劳动所得,贯彻中央奖励生产的负担政策,根据自愿和等价交换原则发展农村互助合作,借贷与雇佣劳动自由,督促地主、懒汉积极参加生产,等等。见中共中央文献研究室编《建国以来重要文献选编》第二册[M],北京:中央文献出版社,1992,第17~19页。
④ 《商水县四区第三坡八个乡民主运动进展情况报告》,商水县档案馆藏,档案号:县委全宗一永久卷80第7件,第65~73页。

2. 对党—国家的疏离与对政府的依赖

（1）对党—国家的疏离。

①不愿开会。由于土改前后运动频繁，不断召集群众举行各种各样的会议，以至于运动排挤了生产。农民毕竟要靠农业生产为生，群众不免对运动、开会产生了抵触情绪。如，在1953年的民主运动期间，"商水县四区周庄、罗庄等乡没有以生产工作为主，结果群众运动发动不起来，罗庄乡蒋观村开会群众都不来。蒋光反映说：'不能勒住肚子开会吧，生产要紧'。"①

同样的事情在商水县别的地方也有反映，甚至是一些曾经的斗争积极分子也因参加运动、斗争无利可图、耽误了生产而产生了怨言。如，商水县一区三里长乡南郭庄，剿匪反霸后，村内2户地主，34口人、有地62亩；1户富农，4口人、有地15亩，而全村共有62户、362口人。加上在土改斗争中村干部贪污果实，群众收获不多，斗争也不激烈，后来复查中想再斗争，已没有地主可斗。由于无利可图、群众又对干部不满，开会召集不到人，上级布置的工作，干部回来说谁谁不听。一些群众牢骚满腹。王全荣的妻子说："我去年（1950年）冬天开了几个会，斗争罢了，啥事都不叫我知道，分东西时啥都没分到。我一冬天穿了一个破袄。我几个月纺花也能换个新袄穿。"李贵元的妈说："干部（村）西头多，分地他们分的好地，又分的布，我干慌张，我图啥哩？不还是穷。"农会员王才说："开会好，就是我没分到东西。我家6口人全靠做小生意吃饭的，一冬一春也没做生意，家里没得吃。分果实吧，分几亩坏地，打的粮不够交公粮。"王清义说："麦罢我们都去跑生意吧，在家不能作活，还尽得罪人。"②

②不愿互助合作。党中央认为，"农民在土地改革基础上所发扬起来的生产积极性，表现在两个方面：一方面是个体经济的积极性，另一方面是劳动互助的积极性。农民的这些生产积极性，乃是迅速恢复和发展国民经济及促进国家工业化的基本因素之一"。"但是，党中央从来认为要克服很多农民在分散经营中所发生的困难，要使广大贫困的农民能够迅速地增加

---

① 《商水县四区第三坡八个乡民主运动进展情况报告》，商水县档案馆藏，档案号：县委全宗一永久卷80第7件，第65~73页。
② 《三里长乡第二类型村南郭庄情况》，商水县档案馆藏，档案号：县委全宗一永久卷15，第210~211页。

生产而走上丰衣足食的道路，要使国家得到比现在多得多的商品粮食及其他工业原料，同时也就提高农民的购买力，使国家的工业品得到广大的销场，就必须提倡'组织起来'，按照自愿和互利的原则，发展农民劳动互助的积极性。这种劳动互助是建立在个体经济基础上（农民私有财产的基础上）的集体劳动，其发展前途就是农业集体化或社会主义化。"因此，在农村互助合作问题上，放任自流是不对的，强迫命令也是不对的，应该积极引导，教育农民提高其觉悟。[1] 河南省政府强调，在结束土改的民主建政运动中，要结合生产，整顿互助组织，领导农民开展生产运动。[2]

但是，商水县在对民主与生产运动的检查中发现，农村各阶层对于生产互助疑虑重重、并不热心。以商水县一区乌沟庙乡为例。根据《商水一区乌沟庙乡民主运动工作检查报告》：各阶层普遍在生产中有思想顾虑，对生产道路、方向及生产政策不明确，对社会发展的前途模糊，怕到社会主义是大合锅、大和泥，不分你的、我的，尤其对搞互助有顾虑。有人问工作队干部："到底到社会主义是啥样，你给俺讲讲不中吗？"

对于生产互助，各阶层各有所思。地主因自己没农具牲口，生产上困难大，思想上不起劲。富农对政策不明确，甚至疑惑、不相信，也不能参加互助组，不敢大胆生产，怕生产的多了提升为地主斗争。中农因自己农具全，与贫农互助一块，农具变为公用，怕用坏了自己吃亏，思想上不乐意与别人互助，如李小寨中农王计功说："人牲口评分，车、犁、耙咋办哩，用坏了能算一家吗？"贫农因今年（1952年）秋季减收，红薯被水泡坏，生活困难，自己没有农具牲口，生产上有困难，与中农互助，怕中农看不起，不叫参加，丢脸。如，小李庄李家山说："光说与人家互助，咱无牲口、农具，若人家不要咱，不怪丢脸吗？"贫农与贫农互助在一起，牲口、农具没法解决，是个大问题。

在具体的互助实践中也有种种问题，并非只有中农不愿意参加互助活动，一些贫农也因种种原因不愿或不能参加互助组。贫农往往因今年

---

[1] 中共中央文献研究室编《中共中央关于农业生产互助合作的决议（草案）（一九五一年十二月十五日）》，《建国以来重要文献选编》第二册 [M]，北京：中央文献出版社，1992，第 510~522 页。

[2] 《河南省人民政府关于胜利结束土地改革开展民主建政与生产运动的指示（此指示适用于黄河以南地区）（一九五二年十二月十二日）》，中共河南省委农村工作部编印《河南省土地改革文献》下册 [G]，1954，第 715~718 页。

(1952年)秋季减收、生活困难,搞副业没有本钱,被挤出了互助组。如,董芽村赵丙银组,搞副业打木柴,全组贷款60万元,因本少每人再拿10万元作本,盛百昌拿不起,被挤出了互助组。还有的贫农生活困难,感觉自己地少,没有单干自由,最好做个小生意,故对参加互助组不愉快。如,郭庄贫农郭盖与四户生活好的贫农互助,一齐都到周口买粪,他连吃的都没有,更买不上粪。他说:"人家都有钱买粪,我也没钱买粪,天天也得跟着跑,肚子饿哩跟狼掏着哩样。"

互助组内普遍的存在着不两利的情形。不是自觉、自愿组织的,认为是上级的号召,不互助就是思想落后。如,李小寨中农李科说:"互助起来干不好,地锄几遍啦,苗还没打开哩,能长好庄稼不能?全组都是用的我的车,膏的我的油,啥话也不能说,一说又该问是啥思想啦。"全乡普遍地存在着喂牛户用人家的驴拉磨,不给报酬,喂驴户不满意。在干部会上讨论时都说,说多啦,一弄都崩圈(散伙的意思)。

县委认为,互助生产之所以不成功,原因是:首先,乡、村干部对领导生产没有办法,不知道怎样领导,又怕耽误自己的生产,不会利用以生产领导生产的办法,认为领导生产与自己生产有矛盾。如姜庄陈维修(乡委员)说:"我也光想叫互助组领导好,也不知道咋领导哩,俺家里能不做活码?"其次,群众普遍对生产方向、道路不明确,对社会发展的前程模糊,对生产盲目的干。对以上问题的解决办法是:首先,召开乡委员、党团员会研究对敌人分别发落的界线,说明分别发落的目的,打通其思想,把生产政策、道路、方向贯彻下去,明确分一下工,订出领导生产的会议制,利用以生产领导生产的办法去领导生产。其次,召开地主会,结合检查其守法情况,宣布该解除管制的解除管制,该宽的宽,该严的严,达到更进一步的分化,讲明政策,安定大多数人的生产情绪。再次,召开代表会、互助组长会,明确贯彻生产政策、方向、道路,强调互助要自愿两利,把了解到的互助中存在的问题,如,使用农具、修理农具,用驴拉磨不给报酬等一些问题,让大家讨论出解决的办法。提倡"因地制宜",能搞啥搞啥、会搞啥搞啥,以生产领导生产。[①]

这种情况在商水县其他地方也不同程度的存在。"一部分群众不愿互

---

① 《商水一区乌沟庙乡民主运动工作检查报告》,商水县档案馆藏,档案号:县委全宗—永久卷80第2件,第11~19页。

助，还说：'生意好做，伙计难搁'。如五区姚集乡芦庙村群众反映说：'组织互助净找麻烦，有人、有牲口的，何必互助呢，反正不是生产吗？'"①

　　商水县委给出的解决方案并没有触及问题的实质，仍然是以阶级斗争来推动生产的模式，仍然是试图以政治方式解决经济问题的思路。问题是，首先，农业生产是一种较长周期性的生物性生产，过程与结果之间有着很大的不确定性，管理难以量化，互助生产中的"工"与最后的收获之间的换算具有很大的技术性困难。其次，有一个生产要素的稀缺问题。当时普遍缺乏的是生产资料，相对充裕的是劳动力，在互助生产中，劳动力报酬过高，拥有较多生产资料的农户吃亏，这样的制度会诱使他们退出或降低生产资料投入，但若以自然形成的市场均衡价格计酬、分配的话，劳动力价格势必低贱，这与党—国家的意志、目标相违背。再次，互助组、互助生产的"互助"二字，有着革命伦理的色彩，在某种程度上是把革命伦理在具体社会经济活动中的实践化，而这种实践的主体又是土改后生活略为富裕一些的中农阶层，他们本身缺乏合作的冲动。因而，单单从经济因素看，互助合作运动的种种曲折似乎是难以避免的。

　　③逃避当兵义务。土改前后，时逢抗美援朝战争爆发，党—国家号召翻身农民积极参军、保家卫国，但农民并没有像希望的那样，翻身青年农民踊跃参军，却表现出觉悟低、逃避当兵义务的现象。商水县委扩军总结报告认为，由于"宣传不够深入，加之干部的任务观点和锦标主义（怕没选够、丢人），在个别乡、村发生欺骗、强迫、摊派等现象。如，二区闻砦乡，有的村干说：'参军一月9本纸、两瓶墨水'。也有的说：'一月几万挂钱，又不出县'。六区牛堂乡朱湾村用比的办法，兄弟三个就得干，将兄弟们多的集中在一个院子里，让其自报（其实是硬逼），不报出来不叫吃饭，后逼来三个团员，但思想不通，结果到县大队全都又回去。二区伊庙乡石冈村来一青年团员任常，是三百斤麦子买来的。六区陈砦乡大马庄村用一头牛、20万元钱买一个青年去当兵，牛堂乡用二石麦子买一个，结果没有验上，麦子也浪费了。家属工作做得差，对动员上和已经动员成熟的新战士影响很大。如六区某某刚到县上，第二天来了八个亲属叫他回去，五区

---

① 《姚集乡民主运动工作进展情况//商水县第五区民主运动进展情况（1953年1月9日）》，商水县档案馆藏，档案号：县委全宗一永久卷80第9件，第105~113页。

某某、三区曾演义,都是老婆哭着硬拖回去的。未走前,第三连一天来过85个家属。"①

有的乡连扩军群众会都开不起来。"商水县第五区姚集乡是今春(1952年)复查后的一等乡,全乡有六个自然村,554户,2874人,7884亩地。现在有贫农307户,1566人,3669亩地,中农179户,879人,3076亩地,小量出租15户,47人,164亩地,富农21户,140人,337亩地,地主32户,248人,276亩地。在土改运动中,加入农会组织的男会员有273人、妇女会员321人、民兵173人,组长以上干部129人,党员6人,团员18人,从形式上来看,各种组织都已健全,占全乡总人口30%以上,但思想发动的差、政治觉悟低,土改复查后群众忙于生产,组织涣散。如,芦庙村8个农会组长和大庄村16个农会组长都不知是跟谁一组,妇女会员从复查到现在没有召开过会,在扩军中开两次会都是干部硬拉、硬叫,谁到会一时不见就溜。"②

甚至一些团员、转业军人、民兵等,也表现出很大的消极情绪。"少数团员、民兵,怕群众叫他们带头,思想恐慌,甚而吓病逃跑。例如,(第四区)周庄民兵吴更会,听说扩军就跑了,团员刘作玉听说扩军就吓病了。有些村子民兵愿去参军,但首先把私人利益放在前面,要求把坏地换成好地,要求照顾。开会时妇女和不合格的男的发言积极,说什么我不中,我要中,我就去,而合格的青年人低头不语。还有不少人从中破坏,如,(第四区)大杨楼贫农高老五说:'你知道朝鲜打死多少人吗?咱才不去叫肚皮跟枪子碰哩。'"③"(第一区)有个别的群众觉悟未有提高,存着思想顾虑。如,杨庄乡转业军人王璞玉,说他表嫂子思想不通,拉他的腿。朱塚村朱奔说:'这次上县去验兵,翻正是肉包子打狗,有去的路,没有回来的路。'杨庄乡杨天朗(转业军人)说:'你别套啦,套我也不去参军。'"④

(2)对政府的依赖。新中国成立初期,商水县几乎年年遭受轻重不一

---

① 《商水县委关于扩军工作的总结报告(1952年4月9日)》,商水县档案馆藏,档案号:县委全宗一永久卷60第2件,第4~14页。
② 《姚集乡民主运动工作进展情况》,《商水县第五区民主运动进展情况(1953年1月9日)》,商水县档案馆藏,档案号:县委全宗一永久卷80第9件,第105~113页。
③ 《第四区扩军报告(一九五二年九月二十五日)》,商水县档案馆藏,档案号:县委全宗一长期卷12第3件,第11~18页。
④ 《商水县第一区动参工作总结报告(一九五二年九月二十九日)》,商水县档案馆藏,档案号:县委全宗一长期卷12第2件,第7~12页。

的自然灾害，政府一面救济，一面领导群众开展生产自救运动。但仍有不少群众消极等待，依赖政府的救济与贷款，甚至有的乡村灾情并不十分严重，也想搭便车，让政府减免公粮征收数量。

1953年4月，商水县六区张庄乡霜灾严重，"政府大力扶植了灾民，恢复了生产上的政治元气，农民得到精神和物质上的可靠寄托，如该乡自霜灾后，连发放救济款三次，为数在1409500元（旧人民币）。三次共解决了934户断炊农民的生活问题，每次救济一般的都确实针对了极为贫困、疾苦的劳动群众，但目前群众仍有单纯的依赖思想，要求政府扶助副业生产资金，但有的群众已有副业生产底子，也有的具有充分副业基础，不过因水灾而停止，却仍等待政府贷款，怕搞起来政府不再帮助。更有的人以威胁手段于街头造出舆论，说什么要不贷款的话，就逃荒、要饭、卖牲口，好像是为政府才搞副业的，错误思想严重。人民政府'不让一人饿死'的口号，被游手好闲、不事生产的懒汉二流子抓着，这些人有的得到政府救济或贷款，群众极为不满，如张庄一农民说：'他们都可以吃上救济粮，我们下力人不如早死了'。有的群众，每次救济都有他，但每次都是得了五六千元，没有再生产的能力，这样即造成天天救济，天天断粮，被政府养起来。"①

据商水县五区的报告，由于1952年秋雨连绵，"商水县五区黄冲乡耕地存水面很阔，未能及时排下，麦子大部未种，秋苗受灾减收到70%～80%强，又加上红薯烂坏，因此群众普遍反映灾荒，生活艰难无门，搞副业自救没有信心，抱着依赖、等待政府贷粮救济的思想。虽然我们前段（抢救）工作安定了灾民的灰心丧气思想，树立了生产思想，但仍有群众存在着单纯依赖思想。如西黄冲村黄登勤，贫农，经我们动员搞副业生产，他说：'叫搞副业生产没有本钱咋搞呢？'这说明了不愿搞副业，如搞副业政府必须付给款，政府不能看着人饿死。由于该乡各村受灾大小的不同，因此亦就有着不同的要求。A、灾村要求排水补种麦子，贷款搞副业生产，贷给麦种，公家收购副业生产品（油、席、彩条）等。B、无灾与轻灾村除有以上要求外，也要求政府贷款搞副业生产"。②"商水县四区

---

① 《商水县六区张庄乡生产救灾工作》，《地委第二次工作检查团第三次报告（1953年6月）》，商水县档案馆藏，档案号：县委全宗一永久卷78第21件，第113～120页。
② 《第五区黄冲乡生救工作简洁回（汇）报（1953年1月21日）》，商水县档案馆藏，档案号：县委全宗一永久卷75第1件，第1～4页。

生产自救的生产方针，贯彻的不够，依靠政府的思想仍没有打破。如，周庄组织副业生产组，一组织，架子也搭起来啦，就是光想着叫政府贷款作本，叫自己筹本思想不通，如，周庄村周云说：'政府不贷款谁用啥搞副业，不贷款不干。'"①

这是一个旧难题在新时期的反映——近代以来，华北绝大多数小农家庭长期处于绝对贫困状态。② 即便没有遭灾，由于生产资料缺乏，群众也有贷款的要求，遑论遭受灾害侵袭。如："1951年春，（经过土地改革后）商水第一区各阶层从事生产的情绪普遍高涨，但群众当中普遍缺乏牲畜、农具，要求贷款。"③ 仅仅从农民生产与救灾度荒来看，土改只是有限社会财富的存量瓜分，只是给贫困农民提供了生存的基础，在生产力水平依旧的情况下，发展生产、抵御灾荒，还需要农民与政府的共同努力。

三　翻身农民代表的意见与提案

为了团结各革命阶级，加强政府与群众联系，贯彻政府法令，吸取各界人民意见，以改进工作，增加克服困难的力量，商水县从1950年到1954年共举行了五届各界人民代表大会。④

1. 翻身农民代表的状况

商水县在第一届各界人民代表大会前曾广泛宣传："同胞们！咱县（将要）召开第一次各界人民代表会议，这是咱们一件切身大事。咱们要认真选举代表，谁要当代表，这就是谁的光荣，谁就要很好的代表大家意见，

---

① 《商水县四区第三坡八个乡民主运动进展情况报告》，商水县档案馆藏，档案号：县委全宗一永久卷80第7件，第65~73页。
② 具体研究成果可参阅以下著作相关各章对当时华北小农生存状况的描述：〔美〕弗里曼等：《中国乡村，社会主义国家》[M]，陶鹤山译，北京：社会科学文献出版社，2002，第29~30页；苑书义、董丛林：《近代中国小农经济的变迁》[M]，北京：人民出版社，2001，第135~172页；侯建新：《农民、市场与社会变迁》[M]，北京：社会科学文献出版社，2002，第190~212页；徐浩：《农民经济的历史变迁》[M]，北京：社会科学文献出版社，2002，第380~417页。
③ 《商水第一区春耕生产总结（一九五一年五月）》，商水县档案馆藏，档案号：县委全宗一长期卷4第3件，第32~38页。
④ 商水县委指示：开好各代会，是完成政治任务必需的组织形式，是中央人民政府的决定——县每三个月要召开一次各代会，也是群众发动地区开展民主运动、提高群众民主认识的方式……会议的决议，要变为广大人民群众的行动。见《一九五〇年上半年民政工作任务与要求》，商水县档案馆藏，档案号：政府全宗一永久卷14第1件，第1~3页。

认真办事，咱们要充分准备意见，交给代表带到大会上来。"① 从各代会的代表成分看，有农民代表、工人代表、工商代表、妇女代表、青年代表、教育代表、回民代表、党代表、政府代表以及特聘代表等。

由于农民占了商水县人口的绝大多数，农民代表的名额及所占比例也是各界代表中最多的。以商水县首届各界人民代表会议为例（见表3-8），在全部280名代表中，农民代表179名，约占64%，若扣除县政府直属机关代表37人、加上农民妇女代表，农民代表约占75%以上。

表3-8 商水县首届各界人民代表会议代表名额一览表

机构\种类	农民代表	工人代表	工商代表	妇女代表	青年代表	教育代表	回民代表	党代表	政府代表	特聘代表	合计
第一区	23	4	3	3	2	1	—	—	1	1	38
第二区	14	—	—	—	—	—	1	—	—	—	15
第三区	16	—	—	2	1	1	—	—	1	—	21
第四区	16	—	—	—	—	1	—	—	1	—	18
第五区	12	—	—	—	—	1	—	1	—	—	14
第六区	20	3	4	1	—	1	—	—	1	—	30
第七区	29	3	4	2	—	1	1	1	—	1	42
第八区	15	2	3	—	—	2	—	—	1	1	24
第九区	16	—	1	—	1	—	1	—	1	1	21
第十区	18	—	—	—	—	1	—	—	1	—	20
合 计	179	12	15	8	4	8	3	3	7	4	243

注：除各区代表之外，还有县直机关代表37人，共280人。
资料来源：《商水县首届各界人民代表会议代表一览表》，商水县档案馆藏，档案号：政府全宗一永久卷14，第23页。

就农民代表的来源看，从农民代表的提案中的提案人出身阶层看，大多为农民积极分子或农会干部。如，第一届各界人民代表大会第十五区的农民代表提案人中有这么几位农民代表：老窝村的中农刘志元、贫农孔玉真，二郎乡进德村的贫农刘学政，前谢乡后谢村的农会干部谢万富，前谢乡富营村的农会干部张宪堂，等等。② 由于未见到直接的材料，推测农民代表应该是经过各乡的农民代表大会选举产生的，因为在河南省民政厅对商

---

① 《通知（1950年1月27日）》，商水县档案馆藏，档案号：政府全宗一永久卷14第2件，第4~9页。
② 《农民代表提案》，商水县档案馆藏，档案号：政府全宗一永久卷26，第30~41页。

水县政府关于各代会的批复中有这样一段话:"通过农代会来提高农民代表当家作主的思想,同时应对农民代表进行教育,使其了解到自己应该主动成为团结其他各界的核心……"① 同时,从这段话中也可以再次看出,正是党—国家所倡导的发动贫苦农民、依靠贫苦农民、树立贫苦农民当家作主思想的种种举措,这些昔日乡村的边缘阶层,才能走出村庄、参与到统一的国家政治生活中去并发出自己的声音。

2. 翻身农民代表的意见与提案

每次各界代表大会召开之前,商水县政府都要求政府工作人员、当选代表向群众广泛宣传、充分准备提案。如商水县在第一届各界人民代表大会前曾通知:"各界父老兄弟姐妹们:(一九五零年)二月四日(阴历一九四九年十二月十八日)咱县召开第一次各界代表会议,为啥要开这样的会议呢?咱县人民政府自成立以来就忠实的替咱老百姓办事,像清剿土匪,使咱们能过安生日子,打倒恶霸,使咱们能翻身抬头,挖沟治水,使咱们能种上庄稼,设立学校,使咱们子弟能求学,去年春荒,又领导咱老百姓渡(度)过荒春。这些都是咱们的切身大事,办的挺好,挺有成绩,现在政府想把咱们的事办得更好,更周到,使咱们的过得更(得法)些,所以召开各界人民代表会议,要咱们人人想办法,个个出主意,向政府贡献意见,提出方案,有啥说啥,集中大家意见,依照上面法令,作出决议,政府领导咱们,咱们协助政府,大家一股劲,就把咱们的事办得更好了……"②

商水县的各界代表,尤其是占代表总数约2/3的农民代表,响应政府号召,在大会讨论中有啥说啥、踊跃发言,倾吐心声,并提了许多事关自己切身利益的意见与提案。这里,仅以商水县1951、1952年两次各届代表会议中农民代表所提的意见与提案为例,借以剖析这些开始被赋予一定话语权、初具政治意识的翻身农民代表们,在乡村社会乃至中国社会的空前变革时期,在与党—国家的沟通交流中,有着什么样的关怀与希望。

(1)对干部及政府机关的意见。以商水县1951年7月召开的第四届各界代表大会二次会议为例,农民代表对各级干部及县区机关所提意见共计

---

① 《河南省民政厅公函·函复商水县政府有关各界人民代表会议的几个问题》,商水县档案馆藏,档案号:政府全宗—永久卷14第3件,第10~11页。
② 《通知(1950年1月27日)》,商水县档案馆藏,档案号:政府全宗—永久卷14第2件,第4~9页。

70余条，集中反映了群众的不满情绪。

①对干部工作作风问题的意见。

农民反映干部作风问题主要是工作方法粗暴，官僚主义，甚至吊打捆绑群众等侵犯人身权利的事件。典型事例有："县农林科乔俊英到三区治虫时，向群众说，庄稼没吃光杆，汇报啥，叫我们瞎跑腿。并说群众应该检讨。""七区农会主任樊展林，查田定产时作风不民主，在杨河乡，群众段乱子问：'这地是咋评的？'他就叫段乱子跪那儿，两个评议员说情也不中。""县财粮科王振江，在十二区口头乡马庄村检查查田定产工作，胡坡评议员在那查田时，他问评议员这地评的是几等，评议员说是四等，他说还不胜评成十等呢，要叫评为三等，评议员不愿意。他说，我没穿军装他不怕我。他又回来穿上军装去耍态度。又在一区任庄乡查田时，他嫌评议员评的低，群众说他不公平，王振江说，谁再说不公平，把他送公安局去！""十区武装干事苏殿俊到刘坡乡召开群众会，有个群众叫郭顶（此人不当好，有些吊儿郎当）的去晚了，苏殿俊派民兵当时把郭顶拴到乡公所吊打一顿。郭顶的母亲到乡公所去看，他又将郭顶母亲骂了一顿。"

个别干部的生活问题也令群众反感。"一区公安员刘心广，到乡下吃饭拣着吃，谁家干净去谁家吃。在城郊乡刘庄郭世荣家吃饭，没有给他弄菜，用广播（广播）两黑里（晚上）"。"十区青年干事李绍唐到蔡庄去工作，群众给他弄的便饭他不吃，并说我的衣裳一天还要换三四遍的，叫我吃便饭。"更有的干部大吃大喝或吃饭不给钱，群众十分不满。"工作员张苏性在十二区汤庄乡苏庄村进行土改工作，苏庄村干为了想多分东西，朝天（整天）用鸡子、油条、大肉、洋烟招待他。土改没结束，就浪费斗争果实一石八斗粮食。""县青委陈主任土改时在十一区营子乡营子村吃群众的饭40多餐，到现在未还，现在干部到那工作吃不到饭。""银行李玉琴，在四区卖有奖抽蓄时，不宣传、硬卖给群众，形成摊派；吃群众饭不打饭条，也不给钱。"①

②对干部贪污、腐化的意见。

贪污、徇私行为。"十一区南陵乡乡长李华衮，现在调十区了。在南陵乡贪污教育粮283斤，查田定产时贪污评议员伙食400斤，借王姚村群众小麦七斗，土改时群众斗争的衣服他穿走两件，不还。该乡教育粮原有4100斤，交

---

① 《作风问题》，《第四届各界人民代表反映材料》，商水县档案馆藏，档案号：政府全宗一永久卷16第1件，第1~10页。

代时只有3600斤，空500斤不知弄到何处。""九区娄庄乡乡长魏和道，作风不民主，借机徇私。牲畜贷款时，不通过民主评议，私自贷给他哥35万元，他哥不但不买牲口，反而卖了一头牲口；贷麦种时，他哥不缺麦种，他贷给他哥20斤；午征时，不经民主评议，私自减免他哥40斤公粮。群众反映很厉害。""三区全区有贪污行为的干部10人，共贪污150万元、一斗高粱。其中陈楼乡赵营村村干赵文龙贪污群众入社费70万元。""一区化河村干黄云楼、花怀仁日常压迫群众、统治群众，贪污粮食二石九斗、人民币38万元，去年（1950年）秋征和今年（1951年）午征，派洋烟费300多万元。""一区化河乡化河村村长王贵良（团员），花捐献款20多万元。"①

腐化行为。

"十三区乡、村干部搞女人是普遍现象，将以下几个例子说明。扶苏乡乡长与扶苏寺村王世敬的老婆通奸，扶苏乡乡农会主任（党员）、王文学（党员）两人同与扶苏集岳梁氏通奸，有一次，乡农会主任和王文学上岳梁氏家去，碰了头，两人就吵了起来。岗李乡农会主任郭保领与农民郭筒的老婆通奸，被民兵抓住。岗楼村民兵郭保德（团员），与某农民的闺女通奸。杜店乡乔庄民兵分队长乔黑子，搞个寡妇，现在怀了孕，吃药打掉了。天坡乡营子李村民兵分队长李应奇搞地主的女人。郭大寨乡位木杨村干王贯，搞村干陈留义的老婆。安庄乡穆庄民兵班长周华南，搞地主周耀德的老婆。天坡乡郭老家民兵班长郭大偏搞地主郭方廷的老婆。""（三区）全区乡、村干部搞女人的9人。如，周桥乡民兵队长郅瑞先，因搞女人将自己女人怀的胎儿打掉。"②

代表反映的干部贪污、腐化问题主要集中在乡村干部、民兵及党团员身上，作为党—国家与乡村民众联系的主要中介人，他们的日常行为时刻在群众的关注之下，其借机贪污、腐化的行为最为群众所愤恨。

③对政府机关的意见。

与干部个人行为相比，政府机关的行为往往被群众认为是某种政策、某种价值观念、某种行为方式的方向性昭示，因为它本身应该代表着某种普遍性、稳定性的东西。因而，与其说群众对政府机关有意见，毋宁说群

---

① 《贪污问题》，《第四届各界人民代表反映材料》，商水县档案馆藏，档案号：政府全宗一永久卷16第1件，第1~10页。
② 《作风问题》，《第四届各界人民代表反映材料》，商水县档案馆藏，档案号：政府全宗一永久卷16第1件，第1~10页。

众在就某些具体问题向政府质询。

如:"八区群众挖黑河时,县里同志在那借群众的大麦,到现在也未还,不还也不要说借呀。""冷饭店仓库买群众木柴,说的是以市价为价,结果给价很低。如买何庄乡孟湾村孟集的榆树,能值小麦300斤,结果只给60斤,群众反映政府说话不算话。""二区群众反映,县银行牌价不一。归还贷种时,最初每斤是按价700元,后改为795元,又改为800元,又改为830元。群众反映增加,收款困难。十区群众同样有此反映。""砖桥税务所罚一个剃头的30万元,结果群众想搞副业都不敢干了,群众很不满意。""十三区代表反映查田定产不公平。如十三区扶苏寺乡与九区张杨乡为邻,九区张杨乡的地评为八等,而十三区扶苏寺乡的地却评为六等。"

但是,有些群众反映的问题并非真正的政府机关存在的问题。如:"政府贷给十一区的豆种,又笨又杂,种上打秋风了,群众收入损失很大,反映政府严重的官僚主义。""一区和六区代表反映,县司法科放案子不经群众同意,只管放。如一区肖庄村肖冠之,当过伪乡长,不经群众同意,放了。"①

从这些意见来看,个别犯错误的干部确需整顿,政府部门的工作也确需改进,但从群众方面看,还有一个和党—国家的沟通问题、群众自身素质提高的问题。

3. 对政府的要求与希望

乡村代表们对政府的要求与希望之切,在他们的提案中有集中的反映。这里,以商水县1951年7月召开的第四届各界代表大会二次会议中,商水县五区、六区农民代表的31件提案②为例,作具体的分析。

(1) 农民自身的权利诉求。农民的权力诉求主要集中在财产权、财产及人身安全与合理负担等几个方面。如:"六区农民代表,苑楼乡的张文栋提出:①群众要求发土地证,其用意是早日确定土地地权。②群众要求将耕地普遍丈量一遍,为的是合理负担,老实人不吃亏。③认为镇反工作太宽大,该杀的不杀。如,牛堂乡小张庄地主张明轩,过去当保长,杀9人,

---

① 《对机关意见》,《第四届各界人民代表反映材料》,商水县档案馆藏,档案号:政府全宗一永久卷16第1件,第1~10页。
② 《第六区代表提案》《第五区代表提案》,商水县档案馆藏,档案号:政府全宗一永久卷16第5件、第6件,第55~87页。注:有的提案为一人所提,也有的为两人或三人所提,所提问题也有一件或多件不等。

政府宽大放回来，也未征求群众意见。"

张文栋提案中透露出来的翻身农民的顾虑有一定的普遍性。如："五区农民代表李布华代表群众意见提出：发土地证。没有土地证，恐怕不牢稳，地主再把土地要走了。""五区农民代表郭良民代表群众意见提出：镇压反革命，把土匪都镇压起来。理由是：土改时咱分了地主恶霸的东西，他不高兴，还想破坏。如，俺乡文庄文连三，土匪头子，过去打死过人，现被扣押，因他还不想学好，要是不镇压，以后还是压迫老百姓。办法是要求政府替人民申冤，把他杀了。""五区农民代表王连臣代表群众意见提出：把查田定产工作做好，出公粮公平合理。好叫人努力生产、出公粮满意。办法是动员群众，都大公无私的把土质分好、产量定好、地亩挤实。"

社会秩序的安定，也是农民代表们的一个关注热点。"六区农民代表，牛堂乡张德胜提出，要加强组织、整训干部，谨防坏人造谣破坏等不法行为。如，我乡朱湾村被盗三次，偷去裤子、汗衫、包袱等东西。""五区农民代表郭群代表群众意见提出：农村中还有个别游民分子不老实。还有个别坏人不生产，拔红芋、偷东西，叫庄上不安。办法是教育改造、强迫劳动，个别屡教不改者，要求政府法办。"

有关这一方面内容的提案大约占31件提案的1/4，所提问题大多紧密联系生活实际，具体问题较多。

（2）要求解决生产困难。土改后，翻身农民的生产困难是个大问题，这一点在农民代表的提案中也得到了证实。如："五区农民代表李布华代表群众意见提出：新分地农民缺乏耕畜、农具，迫切要求解决。因为本来就缺乏土地、耕畜等生产资料，土改时才分得了土地，没得到多少粮食。解决办法是：互助起来，把地种好，多打粮食；要求政府帮助解决一部分生产资料困难的问题。"五区特聘代表梁玉顺也代表群众意见，提出解决生产中的困难。他提出："土改后农民有了土地，还不能完全解决困难，没钱买农具、牲口，生产困难很大。办法是：政府贷放粮款解决一部分，自己生产一部分。"

（3）希望政府主持兴修水利。由于商水县的地理环境，决定了水利问题是一个关乎农业乃至社会安全的大问题，因而在农民代表们的提案中，水利问题是关注的焦点，约占所有提案的1/2。典型的提案如，"六区李楼乡农民代表王户、李天全、张景云等提出：挖顺河沟、修沙河堤。理由是：①咱乡年年水害，群众对生产顾虑很大，挖顺河沟一方面是群众的要求，另一方面兴修水利也是政府的责任。②沙河从前连年决口，水性厉害，我们大家要遭到很严重的灾荒。修堤要不辞劳苦的加油干。""六区城下乡农民代表曹志钧提出：修筑枯河、汾河河堤，挖坡地、挖沟排水。理由是：①根据我乡各村农民反映，枯汾二河，河底比地面还高，河堤破烂不堪，时常遭受水灾，近年灾情重大，农民逃荒要饭，得不到饱暖，每年冬春，农民都饿得面黄肌瘦。去冬今春，要不是共产党、毛主席领导得好，给咱们贷粮食贷款发救济寒衣，不知道又要饿死多少人。②关于排水。群众反映，由于河没有治好，上面挖的沟很多，一落雨，水都流到坡地里，形成重大水灾，甚至房倒屋塌。方法：群众要求把枯、汾二河的河底挖深，三岔河加宽修堤，让上面的沟水排到河里。"曾提出过关于修枯、汾二河的提案的，还有五区连庄乡的张秀荣、徐乃俭等人。

同样是有关水利的提案，以下几位农民代表的提案带有更直接的针对性，也反映了不同地区之间农民关于水利问题上的矛盾与政府协调的必要。"五区的农民代表张永江提出：俺乡正骑着一个青河，年年下雨要淹庄稼，老百姓受大害，能挖的深深的、宽一些就好些。沟太大，光俺这乡挖不好，要政府领导着挖。""五区三里长乡南李庄李云亭代表各村群众提案：挖沟放水，群众免受水灾，还可多收五谷杂粮。去年挖的沟只通到二区周庄，水大的时候流不下去，希望二区能参考群众意见，把沟挖通。""六区南陵坡乡农民代表訾德立提出：政府准备从谭庄区挖两条新沟，把上坡水排到下坡去。但由于南陵坡地势低洼，三岔河河堤失修、河床高，水流不出去，沟里的水都积在南陵坡，都形成南陵湖了。群众纷纷反映，必须把汾河、三岔河修好，否则不许挖新沟。"

水是农业社会的核心资源，水利是一项全局性的事业，在我们这个传统的小农社会里，单个的农户、局部的乡村社区往往无能为力，需要政府作全局性的统筹规划与利益协调——水利与治水往往超出了村庄与地方社会的能力。①

---

① 魏特夫认为：东西方社会是两个完全不同的社会形态，东方社会的形成和发展与治水是分不开的。由于大规模修建水利工程和有效地管理这些工程的需要，必须建立一个遍及全国至少是遍及全国人口中心的组织，"因此，控制这一组织的人总是巧妙地准备行使最高统治权力"，于是便产生了专制君主、东方专制主义。"治水社会"又可以划分为核心地区、边缘地区和次边缘地区，而中国正是这样一个"核心地区"，"治水社会"的一切本质特征在中国便得到集中而充分的体现（见〔美〕魏特夫《东方专制主义》[M]，徐式谷等译，北京：中国社会科学出版社，1989）。另见行龙《从"治水社会"到"水利社会"》[J]，《读书》2005年第8期。

"滴水如油""洪水猛兽"是商水县农民的切肤之痛,但如何"治水",如何抗旱、如何泄洪、如何合理配置和利用水资源等,却不是他们所能掌控的事情,他们只能以殷切的恳求,寄希望于政府。

第五节 一个村庄的革命实践

社会实践毕竟是复杂的,任何成功的经验都需要接受实践的再检验。同样,方针政策、工作方法等,也还有一个在实际工作中具体运用的过程,而且,不同的村庄,由于历史、结构不同,群众运动的过程与结果也会有所差异。

商水县一区三里长乡(今商水县化河乡三里长村①)是商水县剿匪反霸清算的重点乡(1949年8月商水县委曾组织10余人的工作队进驻该乡)与土改重点乡(1950年10月商水县委曾组织50余人的工作队进驻该乡),两次的工作队都曾对该地情况作了较为详细的调查,并且对调查期间的工作作了总结报告。这里,以当时的三里长自然村为例,并结合当时三里长乡的情况,对新政权深入商水县乡村以来,经剿匪反霸、清算到土改期间的革命实践作具体的考察。

一 三里长村的基本情况

各阶层土地占有情况与村民文化资源占有情况。全村有"贫雇农67户、330口人、土地228.625亩,中农37户、133人、土地320.3亩,富农13户、94人、土地500.8亩,地主6户、45人、土地814.6亩,其他(指以手工业或药铺为主要生活来源者)3户、14人、土地11亩,总计全村126户,616人、土地1882.5亩。该村共有李、史、史(常)、马、黄、王、陈7姓,主要的三姓:村东头是李家,户数最多,虽有些势力、但较贫苦,计54户、288人,有地500亩。西头史家(本姓常,因遭当时大姓史姓的欺压,为避患改为史),有钱有势,共33户、183人,有地1200亩,中间是史家,没钱没势,共33户、118人,只有98亩地"。另据1949年4

---

① 商水县一区三里长乡是1950年土地改革试点乡,共有十个自然村,既不靠近县城(距今商水县城关镇约十几华里),也不邻近商贸交通要道,地理位置和土地占有状况在全县有一定的代表性。笔者曾于2006、2007年三次前往进行口述调查。

月的调查，三里长全村共有青壮年男女人口 291 人（其中地主富农成分的有 63 人），文盲及稍识字人口 587 人，占总人口的 95.3%，其余小学文化程度的 20 人，中学文化程度的 9 人。在这 29 名文化人中，地主富农成分的有 18 人。①

旧势力、旧当权派的情况。民国以来主要的统治人物有史臣甫（史文彬之父），1926 年后任三里长寨公局长，对待乡邻颇有手段。如："1926 年修三里长寨时，史马驹出工晚了，被押在铁笼里一天、锁在土炮上一天，又被罚了 2500 文钱。"1936 年后，以史文相（联保主任）、史文彬（副乡长）、李天经（保长、队长）、李惠甫（清末监生）为首，并结合南郭庄李成先（联保处书记），控制本村及周围 22 个村庄多年。史文彬虽是副乡长，但为时很短，多年在国民党商水县政府的财政部门工作。史文相（地主）任保长 4 年，联保主任 6 年，但砍大橛（政治影响力大、干预能力强）20 多年，其间"强拉壮丁 65 人，强奸 4 人，霸占 53 户财产，直接或间接迫害人命 36 条，曾勾结土匪枪杀革命工属 1 人"。李天经（富农）任保长时自称"灭门保长"，直接人命 7 条，也是枪杀革命工属的积极分子，李成先、李惠甫与其沆瀣一气。还有一个李天朗，现年（1949 年）60 岁，青年时代当过土匪、后在西北军当团副，1937 年回三里长开大烟馆，当时该村即有吸烟者 50 人，加上周围各村，吸食者 100 余人，夜间烟灯一片明，土匪、烟鬼都到他那里吸大烟，为此倾家荡产者不计其数，对周围 20 里之内危害极大。除此之外，尚有几个无恶迹的（好人）头面人物：史金明、史岭、常天、刘尚义等人。②

从以上材料看，三里长村全村人均 3 亩耕地，其中地主 6 户、45 人、814.6 亩地，人均 18 亩。除去地主，全村 120 户、户均占有耕地 8.9 亩，人均占地 1.87 亩，而中农以下阶层的农户共有 477 人、占全部人口的 77.44%，人均占有土地只有 1.15 亩——大多数农户只有少量土地，有少部分人家没有土地，仅靠做小生意维生。③ 这是一个土地较为集中、小自耕农

---

① 《人口调查统计表》，《商水县一区三里长村群运材料》，商水县档案馆藏，档案号：县委全宗一永久卷-6 第 1 件，第 3 页。
② 《商水县一区三里长村群运工作总结》，商水县档案馆藏，档案号：县委全宗一长期卷 3，第 1~22 页。
③ 笔者 2007 年 4 月 30 日在当地访谈中，听李东仁老人讲，他家 6 口人（父母、本人和二弟一妹），新中国成立前十几年间，仅靠其父在姚桥集杀猪为生。

占大多数的多姓杂居的村庄、而非一个血缘联系紧密的统一宗族，从其他材料中也没有发现有所谓的祠堂、宗族公共地产（但有54亩的公共学田，新中国成立后分给贫农大户自种，其中李天心种18亩、李朗山种11亩、李天喜种9亩、李丙志种7亩、史作丙种4.5亩、李东明种4.5亩[①]）之类的大宗公共财产，仅仅是一个地缘聚居区、一个缺乏公共资源支撑的无亲和内聚力的村落共同体，或者说是一个强制性的内聚区[②]（如1926年，三里长寨公局长史臣甫为防匪——斯时土匪猖獗，因修寨而惩罚史马驹），也是一个多灾环境下大多数农户生存艰难而无公共救助的村庄。

就近代乡村基层权力结构的变革历程来看，"纵观近代'国家—乡村社会'重构中的一个显著特征是独裁专制政体以军政和行政等强制性手段，通过建立乡村组织实现对乡村社会的统制。由于近代社会处于变动不居和军阀各自为政的格局，国家无以制定覆盖乡村社会的统一的管理制度，只有通过地方政府以构建基层组织的形式推进乡村统制……由于不是出自农民内在的需要，因此乡村本身是被动和消极的。"[③] 实际上，民国以来，国家只是榨取农户，甚至为了在乡村汲取更多的资源，放任乡村地方恶势力胡作非为，遑论给乡村提供任何有意义的帮助。如果说新中国成立前的商水乡村是民国年间中国乡村社会的缩影的话，三里长村便是商水县农村的缩影。区区一个保长（李天经），竟自称灭门保长，把自己抬到封建时代县令的地位，而且还有人命案，权力如此之大，非匪而何？加上李天朗公然开设烟馆、危害乡邻，反映出农民向国家尽了义务（被抓壮丁、出粮款等）而国家却没有给乡村提供应有的公共产品（治水、治匪、禁烟等），因而其统治不存在合法性基础。

周锡瑞在解释义和拳运动的社会成因时，论述了其与"贫穷、经济不景气、盗贼极盛、耕地占有差距大"[④] 等的关系，说明乡村中的大多数人不仅仅是"被动和消极的"，只是没有"主动"的机会而已。

[①] 《商水县一区三里长村群运材料》，商水县档案馆藏，档案号：县委全宗-永久卷-6第1件，第12~13页。

[②] 内聚指以自然村落为单位的人与人之间的亲和性。相关论述见王建革《近代华北乡村社会内聚及其发展障碍》[J]，《中国农史》1999年第4期。

[③] 刘娅：《解体与重构——现代化进程中的"国家—乡村社会"》[M]，北京：中国社会科学出版社，2004，第43页。

[④] 周锡瑞：《论义和拳运动的社会成因》[J]，《文史哲》1981年第1期。

二 新政权的初步介入与斗争（1947年秋至1949年8月）

1947年刘邓大军南下途经此地时，该村曾进行过"急性土改"（大轰大嗡、分浮财斗争），解放军他去之后，旋即又被倒算回去。1947年秋至1949年年初，由于国共两军在周口一带反复争夺、你来我往，形成拉锯状态。局势变幻不定，为安全起见，史文相以每月给100斤粮食相诱，安排见过世面的贫农史大顺出面与共产党接头，约定："八路军来了、你保我的险，国军来了、我保你的险。"但经长期教育后，史大顺逐渐靠近共产党，并当了共产党的副区长，史文相把握不住了。群众有顺口溜："三里长公事不用问，路北找着史大顺。史大顺不好找，瞎个左眼是记号"，又云："史大顺办公平（合理负担），地主恼的不能行"。恼怒的史文相在1948年6月25日晚，勾结国军张国启部，来三里长村捕捉史大顺，捕捉不成，张部将史大顺的妻子枪毙，并在村里抢去牲口28头、东西无数。史文相等人放出口风："要不是史大顺当共产党的区长，咱庄也不合被抢得这样狠"，并伺机活埋史大顺。

史文相与史大顺的合作是偶然的、暂时的，决裂才是必然的。他们的决裂正是新政权介入乡村之后，贫困阶层与富有阶层的公开决裂、乡村内部边缘阶层与旧当权者的公开决裂。共产党新政权介入当地村庄之后，同旧政权一样也需要从乡村汲取资源，但不同的是，新政权依靠的是贫困阶层、剥夺的是富有阶层——不管是"急性土改"、征粮支前，还是剿匪反霸，直接指向的都是这些旧的当权者、既得利益者。即便不从共产党的思想、理论出发，只从商水县、三里长村的实际情况考虑，武装夺取政权的共产党新政权这样做，也是不二的选择：非如此不能筹集钱粮、非如此不能取得大多数农民的支持，谁当了共产党的干部都要如此——生存法则使然。正如群众顺口溜所谓："大地主你别烦，张玉年（区长）他有权，这事与我啥相干？"史文相也许知道，决定他命运的是国共两党所属军队在主战场上的对决，但他也许不知道，在乡村，是依靠他这样的富有、当权阶层还是史大顺那样贫困的大多数农民，才是新旧政权胜败的关键，一个史大顺的行为，并无碍历史的走向，乡村贫困阶层在共产党领导下的组织化，才是翻天覆地大变革不竭的力量源泉。

此后，经过1949年的午征挤黑地（该村挤出600亩黑地）与剿匪、反霸、诉苦、清算斗争，到1949年8月，已基本肃清了武装土匪、纯洁了内部组织，并组织起农会员83人，妇女会47人，民兵19人、枪（长枪与土枪）近60支，儿童团36人，共计有组织的群众138人，占全村贫苦农民465人的近30%，在以贫雇农为骨干领导的农民协会的基础上，选举了村政权，以贫农李文林为村长、李东树为农会组长。李文林是小裁缝出身、李东树做小生意出身，两人虽穷，但也应该算是见过世面的人，当选后一度工作相当热情。

　　三里长村的贫雇农非但执掌了村里的大权，而且贫农李天佑还当上了三里长乡乡长、其兄当上了邻乡李毛桃乡的乡长，雇农史金岭当上了三里长乡农会主任——贫雇农初步树立了政治优势。如，新中国成立前三里长村素有顺口溜："马瘦毛长屁眼子松，财主说话有嗡声，财主放了个出溜屁，又甜又香又好听——地主放个屁都是香的。马瘦毛长奔拉鬃，穷人说话没人听——穷人说的再好也不中。"但世道变了，知识、财富、门第出身不再是得到别人尊敬的社会财富，能否得到新政权的认同、手中是否握有权力成为受人尊敬的重要指标。当选为农会主任的老雇农史金岭回忆说："我比人家长几辈，以前该喊啥不喊啥，都是提名道姓的，或者叫我的小名——小猫，有时还带着骂。现今我当了农会主任，替农民办事，都看起了我。现在该喊啥喊啥，我的辈份（分）才算长上去。"不过，变中有常：权力永远是社会地位的标志。

　　力的作用是相互的。由于旧势力未受到致命打击，他们或者对正在遭受的打击充满怨恨（如，史文相的爪牙李天福被押起来之后，其子告诉他说："就是你死在这里，不还有兄弟几个吗？非打死他们几个给你报仇不可"），或者依然暗中活动。如，支前出担架时，这些人造谣说：战场上一个原子弹能炸几百里，人都死光了……战场上挖的大沟几丈深，大炮一响都把人吸沟里淹死了……今春（1949年）为破坏农会、威胁群众，说："中央军从黄河北嗡过来，沾点八路气的都把你头割了……"在群众组织初发展时，旧势力显然感到了极大的威胁，从而作出了积极反应。史文初参加农民协会时，地主史文彬的老婆说："你参加农会未有好处。"并和他父亲说："你未有粮食吃，我有粮，未有钱，我有钱。你要多少有多少，何必参加农会呢？"经过软化，他们的情绪就低落下去了。又如，史朱氏参加妇女会时，恶霸李天经说："我给你3斗粮食，你不要参加妇女会提我的意见。参加了妇女会，将来要过江和解放军战士配成两口子。"影响了很多妇女不敢参加妇女会。

　　同时，一些勇敢分子却积极加入农会：李新友、李龙其在初成立农会小组时，即加入了农会，而且斗争积极。但是后来发现，他们处处自私自利、压迫欺负群众。实为兵痞出身，劣性不改。上文提到的史大顺，后来的表现也与新政权的理念颇为相悖。在眼前的危险尚未完全消失、新政权的进一步巩固尚需作出很大努力之时，史大顺就已经迅速的堕落腐化了：1948年11月，他私自娶一风流女子（当地人称"破鞋"）为妻，并依仗权势向附近村子派麦5石，待客60余桌，一时似乎风光无限。但群众颇不以为然，顺口溜云："史大顺瞎胡闹，三班子鼓乐两乘轿，结果娶了个小钢炮（当地指个子矮、厉害的女人）"。此后，史大顺屡经上级教育、终不能符合党—国家对乡村干部的要求，被洗刷掉。此事在群众中造成了恶劣影响（史大顺本是卖假元宝出身、到处行骗之人），群众说：根子不正早晚歪。从史大顺的官场生涯浮沉可以看出：出身贫穷、斗争积极勇敢固然是新政权选拔干部的主要标准，但是否符合党—国家的要求、是否在群众中有威望，也是关键因素。不过，史大顺并没有在三里长村的政治舞台上消失，关键时刻，不时有他的声音出现。

　　一方面是旧势力尚未彻底打倒、尤其是其远较政治翻身的贫雇农强大的经济基础仍然存在，另一方面是群众组织尚未充分巩固、乡村干部也需要进一步的锤炼。这对于新政权在乡村的巩固极为不利——贫苦群众仍然不敢接近工作人员，惊惧不安、仍有疑虑。如，苦主李石头[①]的娘说："光说叫诉苦，解放军还走不走？要是走了，史文相的后人那么多，恐怕要报仇，像史大顺的老婆（一样），落个枪毙。"即便是参加农会等群众组织的人，也是更多的出于一种现实利益的考虑："解放军站住了，咱不就翻身了吗？""财主瞒地少出粮，咱们得和他算帐（账）。""大春天没啥吃，参加农会能分粮。""参加农会能把以前荒年贱卖给财主的地回过来"……总之是出于翻身的目的、合理负担的目的、要地要粮的目的等。但很多人心里还是有些嘀咕："八路军能站住（脚）吗？中央军来了咋弄呢？"

　　不是东风压倒西风，就是西风压倒东风。社会革命既然已经开始，就

[①] 笔者2007年4月30日在三里长村访谈中，听人讲，大概是1946或1947年，国民党军队某部在三里长村征集的军粮放在三里长小学校里，夜间被人偷了，联保主任史文相等汇报说是李石头等偷的，因为他们几家穷、没吃的，估计是他们干的。该国军某部就把李石头、李南、史明等抓了起来，后来这几家设法赔了麦子，但李石头还是被当众活活勒死在三里长村寨沟东南边，以儆效尤。

像山顶的巨石已经向山下滚落，半途而废是不可能的，必然要一步步的走向深入。

三 全县的剿匪反霸重点（1949年8月至1950年春）

1949年8月28日，县委工作队进入三里长村后，访贫问苦、扎根串联，在原有农会组织的基础上进行了审查整顿。接着，押起了史文相、李天经、李成先、李惠甫、李有荣。工作队指示农会召开群众大会，在苦主的公开控诉下（苦主155人，公开诉苦的有120人），经群众公审和上级批准，对史文相、李天经处以死刑，判处李成先、李惠甫有期徒刑5年，李有荣有期徒刑半年，并对他们的财产进行了清算。一时人心大快。

镇压匪霸、清算匪霸的过程不仅仅是一个"国家—乡村"关系的重构、"贫雇农—旧乡村当权者"之间利益的强行调整过程，同时也是一个除匪霸（旧乡村当权者）之外的乡村其他阶层利益关系的初步调整过程，而新政权的种种政治理念，通过工作队精致的工作技巧，体现在对匪霸的诉苦、公审与清算果实的分配过程中。

1. 诉苦与公审

诉苦是树立国家权威、向群众灌输革命伦理与发动群众、争取群众的重要环节。当时的口号就是"诉苦复仇"，潜台词就是工作队要为受欺压的穷苦人作主。既然是为了复仇，有了复仇机会，那当然是越狠越好。诉苦中的以偏概全、夸大其词必然在所难免，在怎样处理匪霸上必然有感情冲动。比如，"史文相罪恶太大了，枪毙太便宜他了，应该让他受受罪"，"下油锅"，"点天灯"，"乱棍打死"，"把心掏出来看看他究竟是啥心"，"先割掉舌头，再把肉架子上的铁钩子借来，钩住他挂到诉苦台上，谁有苦，割一块情（只管、应该）走了，这是钱买的"……苦主们在仇恨的驱使下，以自己的想象勾画了种种的惩罚方案。但是，革命暴力并非毫无原则，群众路线与民主作风并非不要领导。一方面，罪大恶极的匪霸也并非把村庄的每一个人都得罪了，即便是贫雇农，也并非每一个人都想让他死。比如，史文相的佃户老张说："先叫分史文相的地，你们都不分，要得开大会斗争他哩，你们这些人真叫孬（坏），我看史文相的生命算危险。"史好德说："我听说在学校里要求枪毙史文相，你们将他地分了算了，如果还不解恨，再押他三四年，为啥要枪毙他哩？"另一方面，作为打击的对象，个别人的背后是一个阶层的人，过分的恐怖不利于争取大多数人，容易混淆一个时期的主要矛盾与次要矛盾，可能打乱社会改造的步骤，毕竟，三里长村的地主富农占有70%的土地，负担着公粮的绝大部分，过早的对其冲击，至少不利于征收公粮。比如，在斗争匪霸时，其他的地主、富农普遍处于惊惧不安之中，无心生产、破坏牲畜农具。甚者，可能激起武力反抗。如，在1949年9月26日公审史文相时，有路会头子萧贵良活动100余人，在会场请求释放史文相，还计划用刀子割断绳子，放史文相逃跑。在1949年10月14日审判李成先时，有很多人大喊减刑……

作为以农村为根据地成长起来的政党，此一时期共产党关于农村革命的理论与实践已经成熟。商水县委工作队在收集恶霸、旧当权派罪恶事实时，不仅从苦主的诉苦中定其罪恶，还要加上侧面材料的了解。因为"群众觉悟不平衡，有部分群众可能没来得及诉苦，大会诉苦的材料不一定全面或全面真实，对诉的材料不能盲目相信"。对于苦主，苦大苦小都要给诉的机会，如果苦主太多，就安排一部分在小会上诉，主要苦主、诉苦积极分子安排在公审大会上诉，这样既节约时间，又能以生动深入的诉苦材料教育群众；同时"既要发动苦主诉苦，又要进行禁止乱打乱杀的教育"。在公审中，苦主诉苦，也要允许对方辩白，这样才公平，显示诉苦有理有据，使匪霸口服心服。如，公审史文相时，史文相辩白说："我要去杀过一个人，全家8口人抵命。"一老大娘反驳说："你没杀？你没派人杀吗？"史无言以对。又如，李天经辩白说："打王叫花的女人，我不记得有这回事。"王叫花的大嫂"呼"的一声站起来，说："在你的地里，把俺的筐都砸坏，你说有没有？"当李天经发誓说没有勾结过土匪时，有一老大爷站起来说："某月某日晚上，我到你家去，谢小全（土匪头子）在你家锅灶后的黑影里藏着，是不是？"李不答。① 在处理匪霸时，既要倾听群众的呼声，也要经过主席团（贫雇农积极分子组成，事前已经由工作队开会打通了思想）的合议，处理案犯比较全面，死刑、徒刑、释放区别得很清楚。如公审李成先时，当场宣布判处6年徒刑，但李提出家有老娘，要求减刑3年。主审判人程青龙当场问台下群众同意不同意，台下有1/3的群众高呼："判3年减3年……减3年。"程认为是群众意见，就宣布减3年。但此事引起其他群

---

① 《商水城关（乡）区重点群运总结报告》，商水县档案馆藏，档案号：县委全宗一永久卷-6文件4，第32页。

众极大不满:"他有老娘,别人就没有老娘了吗?""判3年太轻了!"后来调查发现,是有人鼓动喊的"减3年",有的人不了解情况,也跟着喊了几声。此事经农会讨论,报县批准,改判5年。

诉苦公审大会对旧当权派的斗争判决,与其说体现了有组织的贫雇农——这些昔日乡村边缘阶层的力量,不如说使村民们直接体会了国家力量的强大:在新政权的打击之下,这些失去政治依托的乡村旧势力,不管曾作出过何种努力,一瞬间便土崩瓦解、烟消云散。

同时,改判李成先一事反映出,在把党—国家意志转化为群众行动之前,必须先解决群众内部的意见分歧,否则,一个群众一条意见,走群众路线便无从谈起。但问题是,统一的群众意见是如何形成的?政府意志又是如何贯彻到统一的群众意见中去的呢?对此,我们可以通过对清算出来的匪霸财产的分配加以考察。

2. 分配果实

三里长村在对史文相、李天经等人公审判决之后,组织了清算说理委员会,因为是全乡联合斗争,清算委员会除三里长村代表外,还有有关村的代表参加,同时让被清算者的家属知情。清算方法以当时市价折粮,共算出小麦640石,但被清算者家中全部财产仅250石,于是又算出一部分土地。当然,其中并非没有波折。如,被清算者往往转移财产,转移在本村的,在农会的压力下,不敢不拿出来,否则,作为恶霸的狗腿子,公审斗争的时候是要陪站的,严重一点,划为爪牙,还要被斗争。已经转移到外村的就比较麻烦了,因为非常时期,别村的农会也有权没收恶霸财产,取回这些东西,需要经两村代表协商才能追回一部分。但分配果实的过程中,如何弥合村际、户际的分歧、达成一致的群众意见,才是问题的关键。

商水县委有大致的分配果实的原则和范围:"原则是先公家后私人,先贫后富,不贫不要,范围是财不出本村。如与邻村有关系,是苦主也应照顾。匪霸财产已经分家的,根据群众意见处理,工作队根据具体情况加以掌握。"[①] 以后又加以补充:"分配果实问题,原则是先公后私,先贫后富。大坑多填、小坑少填、没坑不填,互尊互让、不闹意见。必须注意以下几

---

① 《商水城关(乡)区重点群运总结报告》,商水县档案馆藏,档案号:县委全宗—永久卷-6文件4,第37页。

点：1）加强政治阶级教育，提高觉悟。强调说明，阶级敌人未打倒，必须加强团结，根据需要分配果实。2）充分发扬民主，经过农会，大家讨论分配果实，我们的干部工作同志，不要包办代替或规定办法。3）分配果实要与生产相结合，作长期打算，要把果实用在生产方面，防止大吃大喝的浪费现象。"① 以此原则为基础，工作队在主持分配果实的实践中有一个"大体平均"的理念贯穿在里面。

工作队认为，与周围几个村子相比，三里长村土地较为集中，果实分配上理应照顾外村，况且别村也有人诉苦，但该村有抵抗情绪。"不是说哪里土填哪里坑，哪里泥打哪里墙吗？""知道这还不胜不诉苦，一诉苦东西叫外庄分走了。"那么，如何才能由这种"自私狭隘"的思想转移到"大公无私"的思想上去呢？工作队的办法是：（1）打通三里长村干部思想，再进行个别谈话，酝酿成熟之后，工作队召开村农代会、农民大会对村民进行"天下农民是一家"的教育，引导大家热烈讨论。由积极分子作引导："咱诉苦人家也诉苦了，咱分人家也该分。""东西咱庄都分了，咱不也成了财主了，人家不斗咱吗？"大部分人思想通了之后，少部分人只好跟着来了。（2）召开全乡的农代会，对三里长村的大公无私进行表扬，同时确定村与村分果实的依据——基本上按人口、土地、收入，作一个大体平衡的分配。

对于村内户际果实分配的讨论比村际分配时的讨论还要热烈。如被撤职的干部史大顺等人提出，"不诉苦的不能分，咱们打了天下能让他坐"，"早在会的跑前跑后，拼命流血要多分"，"在会晚的少分，没在会的不分"，"史龙起干过土匪、李欲有好吃懒做，不能分"，"有手艺、有进项的不能分"，"包家5口人，能打、能跳不能分"，等等。在同样的打通干部思想、召开群众大会教育、群众热烈讨论之后，采取中间不动两头平的方法，即根据已有财产，从分配后可能达到"大体平均"的效果向前推的方法，最后，较为顺利地将全部果实分配到户。

不管是村际还是村内斗争果实的分配，有资格分配者的所有的意见似乎都有一个指向：个人理性——我想尽可能的多分。人的趋利避害的本性也许永远不会改变，但处理这些问题的环境与方式是会变化的。作为一个

---

① 《商水县委在区书联席会上关于剿匪反霸发动群众几个问题总结报告》，商水县档案馆藏，档案号：县委全宗一永久卷-6 文件6，第61页。

理性人，在争论果实分配的时候，既然能够想到多分果实，也必然会想到，正是共产党把他们组织起来、进而取得了胜利果实，那么，取得权益的前提应该是服从组织规则、认同新秩序下的新权威与新伦理。正如三里长农会组长史作非所说："以恁说苦大的多分，叫我看来还是一样分才好。为什么呢？大家看，解放军解放咱们，咱们才得到翻身，领导解放军的是毛主席。还不都是毛主席的功劳吗？"争论不休的贫雇农一致佩服史作非的高论、服从了史作非的意见，纠正了那些人的"思想偏见"。这就不难理解，作为权力之源的县委工作队，用"大公无私""天下穷人是一家"这样与农民生活尚有一定距离的说法能顺利打通村干部、农会干部的思想，进而干部、积极分子又打通群众的思想。同时，走向平均主义的分配方式也是最简单可行的一种方法，这样既与共产党的理想相一致，又能满足大部分干部和积极分子的愿望，因为他们往往是"坑大"的农户。当然，经由工作队及时打通思想的干部与积极分子的模范带头作用也是斗争果实得以顺利分配的不可或缺的因素。

从表3-9、3-10可以看出剿匪反霸前后，三里长村各阶层财富的变化情况。

表3-9　剿匪反霸前三里长全村基本情况统计表（1949年8月前）

项目 阶级	户数	人口	耕地	宅基	荒场	房屋	牲口	大车	犁耙	耕套	锨	锄	其他	人均耕地
地主	6	47	578.1	13.9	17.2	116	7	6	12	23	37	13	5	12.3
富农	13	94	492.6	18.2	12.6	121	18	6	20	28	65	20	4	5.24
中农	37	133	395.2	21.4	11.8	134	26	9	38	45	99	36	8	2.97
贫农	53	289	281.5	18.7	5.8	148	27	9	18	33	89	22	10	0.97
雇农	14	41	27.9	4.5	0.3	29	6	1	—	6	17	6	—	0.68
其他	3	14	14	—	—	—	—	—	—	—	—	—	—	—
合计	126	618	1789.3	76.7	47.7	548	84	31	89	135	307	97		2.90
说明	单位：户数/户，土地/亩，房屋/间，大车/辆，农具/件。													

说明：此表与1949年8月商水县委工作队的调查有出入，与此表相比较，其中地主土地减少200多亩，而各阶层土地均有增长，推测原因是：新政权介入后，地主负担较重、受冲击最大，为减轻公粮负担或弥补亏空，可能出卖一部分土地。同时，也可能有统计误差的存在，因为以前的数字很可能是口头调查。

资料来源：《三里长村基本情况统计表》，商水县档案馆藏，档案号：县委全宗一永久卷15文件1，第1~2页。

表 3-10　剿匪反霸后三里长全村基本情况统计表（1950 年 5 月 25 日）

项目 阶级	户数	人口	耕地	宅基	荒场	房屋	牲口	大车	犁耙	耕套	锨	锄	其他	人均耕地
地主	6	45	286.1	10.2	17	90	5	3	9	12	26	10	5	6.36
富农	13	94	414.6	16.2	11.6	109	14	4	18	20	60	17	4	4.41
中农	37	133	395.2	21.4	11.8	134	26	9	38	45	99	36	8	2.97
贫农	53	289	436.1	18.7	5.8	148	30	14	18	33	89	22	10	1.51
雇农	14	41	18.3	4.5	13	29	8	1	1	6	17	6	—	0.45
其他	3	14	14	—	—	—	—	—	—	—	—	—	—	1
合计	126	616	1619.5	71	46.5	510	93	26	89	116	291	91	27	2.63
说明	单位：户数/户，土地/亩，房屋/间，大车/辆，农具/件。反霸清算外村分去 1 头牲口，178 亩耕地。													

资料来源：《三里长村基本情况统计表》，商水县档案馆藏，档案号：县委全宗一永久卷 15 文件 1，第 1~2 页。

通过表 3-9、3-10 的对比，可以发现，经过剿匪反霸、双减之后，土地等财富已由受打击的乡村富有阶层大量的转移到贫农手中，受削弱最严重的是地主，其土地减少了 50% 以上，而富农土地也减少了近 20%，中农基本未受冲击。

四　剿匪反霸后到土改前的情况（1950 年春至 1950 年 10 月）

1. 惶恐不安的富有阶层

剿匪反霸非但使三里长村的旧势力政治上受到毁灭性打击，而且经济上也受到极大冲击，同时由于清楚地知道即将实行全面土改，整个乡村富有阶层惶惶不可终日。

一方面，在合理负担的政策下，富有阶层的负担大大增加；另一方面，在减租清算的政策下，富有阶层的收入大大减少。更重要的是，乡村当权派被斗争之后，革命的矛头便直接对准了这些财富较多、生活较为富裕的农户。

为了避免负担、缩小目标、缓和斗争，地主普遍要求卖地与分地。地主史文钦说："今年的收成不好，公粮出的又重，现在（1950 年 6 月）就没有粮食吃了，非卖地不中，不然要饿死人。"并向农会里说："政府什么时候能分地呢？你们先把我的地分种了吧。我自己也种不完，今年未有种地的啦，伙计走了，眼看这地就要荒芜了，不如分了好。"地主李文启也说："不如把地分了好。"在斗争的大气候下，富农也惶恐不安，主动要求分地。史文礼、史廷保说："什么时候才能土改？把地分了后心里也就干净了，生产才能有劲。"

中农也有些不安。史廷佑地种得比较好，每年粮食收得富足一些，由于害怕农会斗争、粮食等财富不保，开始在生活上浪费起来：不但常吃麦粮，有时夜里偷偷吃肉，并说："到底斗争不斗争中农，我总是不放心。"①

2. 斗志低落的干部、群众

双减期间，县委工作队趁机在乡村整顿、扩大组织，在农民中间开展评查运动：查出身成分，比谁斗争勇敢、工作积极，评谁大公无私、作风正派。以此为契机，发展党、团员，并召开乡农民大会，庆祝清匪反霸的胜利。

本是敌消我长、革命形势一片大好的时候，干部与得利的积极分子的思想行为却悄悄发生了变化。

乡村干部。据1950年6月县委工作队的调查，村干部的表现大致可分为两种。

一是由于对村干的家庭生产没有适当的照顾、开会多而影响了生产，现在家庭尤其是老婆拉腿，上级领导干部又多采取批评态度、缺乏教育，干部没有从觉悟上提高，因而在工作中不求上进、情绪低落。如史金岭，在双减中分得8亩地，收了500斤粮食，不但有地种，也有粮食吃，也能当家了。却由于老婆拉腿，工作都不愿干了。群众反映他在年前（1949年年底）接收地主2斗粮食，吃了地主的酒，好占果实。现在情绪不高，工作不深入、不负责，并说消极话："当党员有啥好处呢？有了错处，上级也说，下面也提"。表现为有思想包袱，怕碰钉子。

这种情形相当严重，带有一定的普遍性。三里长乡南郭庄的积极分子郭贵金，每次开会回来，他父亲都要骂他：光开会、光会吃饭不干活。甚至打着不叫他吃饭。他老婆更是拉腿：晚上回家不给他开门，并且手里拿一根绳子挂在梁上，作上吊状，来威胁他。因此他的工作热情就低落了。

---

① 《商水县三里长庄材料调查：一区三里长群工调查材料》，商水县档案馆藏，档案号：县委全宗一永久卷-6文件3，第11~18页。

二是有的干部根子不正、作风不良，贪污、多占果实。听说要整顿组织，就怕起来，东奔西走，手忙脚乱，威胁群众、不让暴露其缺点，想继续其统治。三里长的村长李纯林，怕查根子、怕暴露他的错误，就团结他的一帮相好的，叫包庇他的错误或减轻处理。李纯林，24岁（1950年），本是裁缝出身，于1949年7月当选村长，当时工作积极，能完成上级交给的任务。但作风不民主，自高自大、不团结人，工作队也批评他几次，但没有改进。剿反以来，更是命令包办，工作队认为由于他的原因，农会、妇女会都停止了活动。分果实想多占，斗争的近20亩地，没经群众讨论，就召集几个亲近的人分掉了，自己分得3亩好地。今春（1950年）政府发了生产贷款粮4000斤，没经群众讨论就贷下去了，贷得不公平，有的穷人没贷到，他自己贷了200斤，又私自贷出去一部分吃利息：贷1斗还2斗。更重要的是，工作队认为他阶级路线不明确，斗争外姓积极，斗争近门子就不干了。叫他诉苦，他说他没有苦，并且与地主李文启（不是剿匪反霸的斗争对象）联系密切，1949年8月，李文启给他5亩地，他欺上瞒下想独吞，农会查清才要回来。他的父母整日骂他开会多、不干活，自己也不想干村长了。

在李纯林的影响下，三里长村农会组长李东树也不积极了。李东树，24岁（1950年），贫农出身，有时做小生意，剿匪反霸时担任村农会组长，老实无话，整天忙着做生意、时常不在家，在任近半年，没有召开过一次农会，连个农会花名册也没有，甚至有几个会员都不知道，更不用说在他领导下，农会的发展壮大了。受李纯林的掌握，工作逐渐不积极、不主动，立场不稳，地主李文启退减租粮时，佃户都说退了1斗半，他非包庇说已经退了2斗半。工作队认为，此人根子很好，主要是受了村长的掌握。

还有表现得比李纯林更甚者，三里长乡大史庄农会主任刘心荣，当兵十余年、干过土匪，曾冒充八路军牵过半河桥村的牲口。一贯的压迫群众，群众敢怒不敢言。工作队到该村，他放言："工作队不会常驻咱村，那（哪）一个说错话，漏了我的情况，等工作队走了再给他算帐（账）。"群众很害怕。郭金贵管工作队的饭，刘心荣一再威胁，让他少说话。李步云向工作队反映情况后，说："千万不能让别人知道是我说的，要是别人知道了，你们走后，我可该死了。"其胆怯程度可见一斑。

基本群众。自剿匪反霸、反霸减租以来，恶霸基本被打倒，经济方面得到基本的翻身,觉得没有什么事可干了。过去开会多,耽误生产,再加上过去干部分果实不公、自己又有些地,同时副业生产忙,群众思想上就不愿开会、耽误生产,群众对参加农会、发动斗争啥的热情锐减。普遍反映说:恶霸打倒了,地主地也分一些了,土改也没啥搞头,反正在农会不在农会,也是生产过日子。

比如,三里长乡西郭庄的农会组织不起来,原因是群众忙于副业生产——捕鱼、种菜、日夜磨粉,会开不起来。群众反映说:"叫我们生产,我们就在干着。叫我们出公粮,我们一天送齐。叫我们出车运粮,我们一时就可办到。叫我们闲坐着开会,我们不去。"其他各村也是这样,妇女会开会,去的尽是老婆,一个青年妇女也没有。①

3. 矛盾重重的生产互助活动

在1949年10月反霸结束后,正值种麦期间,根据上级指示,三里长村召开群众大会,经过大会动员后,通过调查,村干部把全村的人力、畜力组织起来,包括地主恶霸在内,全村编为5个生产互助组,每组牲口13~15头、劳力25~27人。有的群众觉得组太大,不愿意参加,村干部生产委员李风光就说:"谁不参加互助组,谁就出去,但别的组的牲口你不能使。"每组的生产由各组长负责,全村的生产由生产委员李风光负责,哪个群众思想不通,就找李风光强迫他。

由于互助组不是自觉自愿成立的,因而生产总是在逼迫下进行,群众情绪不高。送粪时,套车晚、卸车早,以前每天能送9车粪,现在只能送6车。由于盲目互助,恶霸地主也编在内,群众给恶霸史文彬家拉了3天粪、20多车,不给工资,又给恶霸史金明送粪5车也不给工资(互助不计工)。群众说:给自己干活,干多干少都没啥,现在自己有活不能干、得先给人家干,不互助又不行。另外,地少的、劳动力多的、劳动力棒的也觉得吃亏,难免消极怠工、议论纷纷。如说:"陪着别人忙一季子,到时候人家吃饭,咱饿着,耽误拾柴、耽误做生意。""牲口使瘦了、农具使坏了,就没人管了,还不是有牲口、有农具的吃亏,不如把牲口卖掉算了。"在这种情况下,有人就开始卖牲口:其中地主卖掉1头、富农卖掉5头、中农卖掉3头、贫农卖掉1头。就这样,缺乏互利、徒有互助之名的互助组终于在旧历

---

① 《三里长点工作报告(1950年6月)》,商水县档案馆藏,档案号:县委全宗—永久卷15文件5,第51~61页。

年（1950年）前散了。①

此后组织的互助组类似情况反复发生。生产互助组是一种经济组织，其经济行为是以经济人理性为前提的，应该是一个包容利益差异、要素差异和收益差异的过程，忽视个体差异、强行以行政手段干预生产、实行经常性的强迫管理，预期中的高效率并没有出现，反而出现了低效率。看来，新政权对于生产的管理，还面临着经济规律、生产规律以及干部管理能力等方面的考验。遗憾的是，当时党—国家往往用"干部群众觉悟不高、阶级敌人破坏"等意识形态标准来解释这种现象，其纠正的方法也往往是教育群众、整顿组织。

4. 整顿组织

1950年6月，商水县及一区政府又一次组织工作队进入三里长乡，结合午征，对乡村政权、群众组织进行整顿。

工作队进村后，首先召开村干部及积极分子会议，叫大家收集群众对村长的意见，以便上级彻底、全面的了解情况。情况了解确实后，本着治病救人的方针，要求李纯林向群众认错，同时向他指出："向群众承认错误不算丢人，这也是改造、提高自己的方式，将来还是有前途的。"在随后召开的村民大会上，李纯林向群众进行了检讨并提出辞去村长职务，说："大家如果留我在农会，当个农会员，我一定能改去以前的缺点，好好为人民工作。"群众讨论后，根据大多数人的意见，撤去了他的村长职务，当个农会员。接着，选举史作克为新村长。

在整顿群众组织方面，工作队对青年的组织、发动，颇有技巧，较为成功。首先召开老婆会，批评其害怕女青年"跑疯了""懂得道理管不住了"等不正确的思想，说明开会是为了翻身、学习，揭露其对青年妇女的统治，告诫她们，以后要大胆的放手把青年妇女交给人民群众、交给政府教育，这是不会错的。这其实是一种压力，一种党—国家与家长争夺青年的斗争，由于双方力量的绝对不对称，家长们不敢再明目张胆地反对了。在打破家庭阻碍之后，根据年轻人爱活泼的特点，由工作队带领她们唱歌、跳舞，以提高兴趣。然后，经过座谈，让她们感受过去不平等、无说话权利的痛苦，告诉她们，不自由的妇女不算人，要在政府的领导下，作一个真正的人，以此巩固、

---

① 《三里长村互助组组织情况（1950年6月）》，商水县档案馆藏，档案号：县委全宗—永久卷15，第247~249页。

扩大妇女会。男青年相对更好组织一些，经过发动组织，扩大了农会、民兵。同时，在青年中发现积极分子，吸收其加入共青团。

与成年人相比，一方面，青年人一般没有家室之累，在家庭中有较多的闲暇；另一方面，青年人易于接受新事物，而且往往不满现状、对未来充满期待，勇于进取、较少受人情、面子等乡村潜文化的影响。因而，在社会变革中，青年人往往是推动力量、革命力量。如，工作队认为："三里长乡的7个团员，工作热情肯干，历次重大活动都非常积极。女团员孔秀枝，年龄虽小，但非常积极，每次开会督促叫人，都是跑前跑后。办夜校识字班，也是以团员为骨干办起来的。这些团员常出去协助工作队员工作，回来后对于在外面的工作情况，在青年中进行了大力宣传，对青年人启发很大。""相反，三里长乡仅有的2个党员，三里长村的史金岭、李明钦，还没有他们积极。"[①]

对于生产互助组，此次工作队没有实行强迫命令的方式。根据当时夏种贫农普遍缺乏耕畜、农具的情况，动员群众自愿合作，以人力拉耧播种。为带动群众，工作队女队员雷爱云、姜云婷等3人带头，拉一张耧，用半天时间，播种了6.5亩地。在工作队员的带动下，三里长村没有耕畜的群众互助合作，1天即人力播种39亩地，带动附近其他各村纷纷仿效，如，王教庄1天即人工拉耧播种40亩。群众说："种地时，用这个方法能解决没有牲口的困难。"[②]

消极者自消极，积极者自积极，互助的失败与成功都应该归因于人性的自私自利。但凡此种种并不影响乡村革命继续向前推进。乡村的土地占有仍然不平均，总给缺乏土地的贫农以希望。

经过整顿组织，工作队认为："经过剿匪反霸减租斗争的洗礼，一些贫苦群众的阶级觉悟大大提高，迫切要求土改分地。贫农李行林、李三里说：'八路军来了这么长时间，土匪也剿完了，恶霸也打倒了。为什么还不分地？今年不分地，明年不还是穷？我心里真着急。'并要求解决没粮食吃的问题。"[③]

---

① 《三里长、王教庄、西郭庄三村的党团情况》，商水县档案馆藏，档案号：县委全宗一永久卷15，第244~245页。
② 《三里长材料：夏种情况，商水县档案馆藏》，档案号：县委全宗一永久卷15，第260~261页。
③ 《商水县三里长庄材料调查：一区三里长群工调查材料》，商水县档案馆藏，档案号：县委全宗一永久卷-6文件3，第11~18页。

五　全县的土地改革重点（1950年10月后）

1950年10月，三里长乡作为全县土改的重点试验乡，拉开了全县土改的序幕。10月19日，商水县县委书记卢鹤年和第一区区委书记康允周，带领由县、区干部组成的土改工作队53人，进驻三里长乡，并吸收乡主要干部9人，成立了土改工作委员会，组成8个组分赴各自然村，由工作委员会通过农民协会统一领导，进行工作，以50天的时间，经过了解情况、宣传政策，整编队伍，划阶级，没收、征收和分配，健全组织等步骤，完成了三里长乡的土地改革。

1. 了解情况、宣传政策

工作队进三里长村后了解到，经过剿匪反霸和1950年春天的进一步发动群众与地主算剥削账，已经打垮了地主的政治威风、大大削弱了其经济势力，基本群众的觉悟空前提高，基本与地主划清了界限。如史左利说："过去穷人谁不怕人家（地主、恶霸），现在谁也不怕他。吃饭睡觉谁也不和他一堆，他们看见咱农民脸发红，稍不老实，农会、民兵就揭发他们，开他们的悔过会。"

一般来说，地主、富农普遍在等过土改关。变卖牲口、分散土地、生产消极、愁眉不展、装穷叫苦。中农也惶恐不安、生产不积极。如，史体经7口人、21亩地、牲口1头、农具较全，粪堆在街上不往地里上、地也不犁。心情极度矛盾：地不种吧，又怕说自己破坏生产，种吧，又不甘心白操劳。

贫农强烈要求土改、生产救荒。如贫农史凤岗，3口人、3亩地。说："八路军来了，恶霸打倒了，只想土改再分2亩地，维持住2头驴和全家生活，也不受地主剥削、也不怕土匪劫路了，作个小生意就怪好了。"又如上边提到的史左利，7口人、1间房，曾被保长抓了多次壮丁，只有一套旧木匠工具，整天做木匠活、给地主种地，被史文彬霸占去他家的房基。反减中，他家分了1头驴、3间草房、50斤粮食、10.5亩地，政府又贷给他10万元卖张犁。他说："我可翻身了，做庄稼不缺啥了。要不是毛主席领导好，啥也没有。这次土改，再分2亩地，光生产就过好光景了。"

但工作队也了解到，少数干部与群众有矛盾、吃饱不愿干；少数群众不愿参加会、怕误生产。尤其是中农，反映说："政府为啥要咱出头呢？啥咱也不管，能多生产就行了。"

第三章　国家对乡村秩序的全面重构　189

　　针对上述种种情况，工作队对土改政策进行了大力宣传，争取做到家家户户知道，能对照政策、自己对号入座划阶级。商水县划阶级的标准，在 1950 年 8 月政务院有关规定①的基础上有所变通，遵循的是 1948 年的标

---

① 中央人民政府政务院认为 1933 年瑞金民主中央政府为正确地解决土地问题而公布的两个文件，即《怎样分析农村阶级》和《关于土地改革中一些问题的决定》，除一小部分现时（1950 年）已不适用外，其余全部在现时的土地改革中是基本上适用的。中央人民政府政务院特将这两个文件稍加删改并加以补充后，再行公布，作为今后正确解决土地问题的文件。
　　一、地主
　　占有土地，自己不劳动，或只有附带的劳动，而靠剥削为生的，叫做地主。地主剥削的方式，主要是以地租方式剥削农民，此外或兼放债，或兼雇工，或兼营工商业，但对农民剥削地租是地主剥削的主要方式。管公堂及收学租也是地租剥削的一类。
　　有些地主虽已破产了，但破产之后有劳动力仍不劳动，而其生活状况超过普通中农者，仍然算是地主。军阀、官僚、土豪、劣绅是地主阶级的政治代表，是地主中特别凶恶者（富农中亦常有小的土豪、劣绅）。
　　二、富农
　　富农一般占有土地。但也有自己占有一部分土地，另租入一部分土地的。也有自己全无土地，全部土地都是租人的。一般都占有比较优良的生产工具及活动资本，自己参加劳动，但经常依靠剥削为其生活来源之一部或大部。富农剥削的方式，主要是剥削雇佣劳动（请长工）。此外或兼以一部土地出租剥削地租，或兼放债，或兼营工商业。富农多半还管公堂。有的占有相当多的优良土地，除自己劳动之外，并不雇工，而另以地租、债利等方式剥削农民，此种情况亦应以富农看待。富农的剥削是经常的，许多并且是主要的（政务院补充决定）。
　　三、中农
　　中农许多都占有土地。有些中农只占有一部分土地，另租入一部分土地。有些中农并无土地，全部土地都是租人的。中农自己都有相当的工具。中农的生活来源全靠自己劳动，或主要靠自己劳动。中农一般不剥削人，许多中农还要受别人小部分地租、债利等剥削。但中农一般不出卖劳动力。另一部分中农（富裕中农）则对别人有轻微的剥削，但非经常的与主要的。这些都是中农。
　　四、贫农
　　贫农有些占有一部分土地与不完全的工具。有些全无土地，只有一些不完全的工具。一般都须租入土地来耕，受人地租、债利与小部分雇佣劳动的剥削。这些都是贫农。
　　中农一般不要出卖劳动力，贫农一般要出卖小部分劳动力，这是区分中农与贫农的主要标准。
　　劳动与附带劳动：在普通情形下，全家有一人每年有 1/3 时间从事主要劳动，叫做有劳动。全家有一人每年从事主要劳动的时间不满 1/3，或每年虽有 1/3 时间从事主要劳动，但非主要劳动，均叫做附带劳动。
　　1. 富农自己劳动；地主自己不劳动，或只有附带劳动。故劳动是区别富农与地主的主要标准。
　　2. 规定劳动的标准时间为一年的 1/3，即 4 个月。以从事主要劳动满 4 个月与不满 4 个月作为劳动与附带劳动的分界（即富农与地主的分界）。有些人把有半年时间从事主要劳动的还算作附带劳动，这是不对的。　　　　　　　　　　　　　（转下页注）

准："地主是占有较多较好的土地，自己不从事农业劳动，以向农民（佃户）出租土地，收取地租，作为其全部或主要生活来源的人们，连续生活三年以上者。若家中有1人劳动，且全年劳动时间超过4个月者，应定为旧式富农。……乡村中的高利贷者，按地主待遇。旧式富农：占有较多较好的土地、耕畜、农具及其他生产资料，自己参加主要农业劳动，但是经常依靠以半封建方法剥削雇工，或其他封建剥削的收入，作为其主要或重要生活来源，而其封建性剥削的收入，超过其纯收入的1/2，在一般条件下，超过1/4的人们，连续生活三年以上者。"①

通俗地讲就是：新中国成立前三年，本人不劳动或只有附带劳动、剥削量超过总收入的70%者为地主；本人参加劳动，其剥削量超过总收入25%者为富农；但因失去劳动能力，小量土地虽全部出租，其剥削量虽超过25%者应为小土地出租；自耕自种、生活自给，或少有剥削他人和被别人剥削者为中农；少地和无地全靠租种地或抗长工为生者为贫农或雇农。同时，宣传省政府的规定："没收地主的土地、耕畜、农具、粮食及房屋，征收旧式富农多余的（超过当地中农水平的）土地、耕畜、农具、粮食及房屋……对地主分给与农民同等的一份土地和生产资料，不得扫地出门。"②

由于事关乡村每个人的利益，群众极为关切。经过广泛宣传，人心大定。三里长村的地主拿大轰大嗡时受到的斗争与土改相比，说："早知道这

（接上页注①）3. 构成地主成分的时间标准，以当地解放时为起点，向上推算，连续过地主生活满3年者，即构成地主成分。

4. 富裕中农与富农不同的地方，在于富裕中农一年剥削收入的分量，不超过其全家一年总收入15%，富农则超过15%。这种界限的设置是实际区分阶级成分时所需要的。

5. 在某些情形下，剥削收入虽超过全家总收入15%，但不超过30%，群众不加反对者，仍为富裕中农。这里所谓"某些情形"，是指剥削分量虽超过15%，但家庭人口多，劳动力少，生活并不丰富，更有遭遇水旱灾害，或逢疾病死丧，反而转向困难者。在这些情形下，剥削分量不超过30%者，不能认为是富农，而应认为是中农。如没有这些情形，则剥削收入超过总收入15%者即为富农，不应认定为富裕中农。这些情形的正确判断，依靠于当地群众的公意。见《中央人民政府政务院关于划分农村阶级成份的决定（一九五零年八月四日政务院第四十四次政务会议通过）》[N]，《人民日报》1950年8月21日。

① 中共太行区党委翻印《中共中央关于土地改革中各社会阶级的划分及其待遇的规定》，1948，第14~27页。
② 《河南省土地改革条例（1950年2月8日）》，中共河南省委农村工作部编印《河南省土地改革文献》上册[G]，1954，第207~211页。

样,也不用害怕了,好赖还给留几亩地,也可以安心劳动了。"富农也安心了,一般表示拥护土改。如史廷佑(7口人、33亩地,过去有70亩地,经常雇工兼放高利贷,牲口2头、农具较全)说:"过去害怕土改,老想着谁地多就分谁的,也不敢上粪、好好种地。这次说改地主、保护富农,可好、真合理! 我生活虽得法、富农虽地多,也是半夜睡五更起劳动得来的,出租地多,自己种不了,土改分了可应当。"又如上文提到的史体经,了解到上级"不动富农,中农更不会动"的政策后,高兴地说:"毛主席办法好、看得清。今后可以安心生产、多上粪多打粮食。"

部分村干、贫农对不动富农不满,反映说:"地主没油水,土地、农具都分光了。光改地主,一天就改光了。"更有村干说:"过去谁接近富农,说走地主富农路线。整天三更半夜的跑,光等着分2亩地,上级又不叫动富农了,不干了,卖2斗粮食下南乡干生意吧,咱不通。"更有南郭庄农会组长王鸿勋说:"地主、富农孩子参加工作,当了大官,包庇富农呢。"①

土改本是以党—国家的权力强行改变生产资料占有方式的政治行为,利益受损者不满是应有之义,得益者再有什么不满,那就不是党—国家的初衷了,由此也可以看出,土地改革并非只是分配土地这样简单的改变乡村经济结构的过程,而是一个党—国家对乡村经济、政治、文化等全方位的建构过程。

2. 整编队伍

根据第一步了解的情况,在大张旗鼓的政策宣传之后,根据乡农民协会的决议,工作组在村里组织农会员开大会、开小会,又一次进行阶级教育。

首先是比劳动、算剥削账,诉苦。三里长村的诉苦典型是贫农李柄南、史金东。如史金东说:"我给地主史文彬冬天磨粉,说的是给多少多少工资,打破一个缸,还要扣1/3工资,吃他1斗粮食,算账时还要按大斗多算些,他剥削办法真多,穷人怎么也不中。"领导启发他:"地主有没有好的? 比如开明地主史文钦?"史金东站起来给大家说:"那地主没一个好的。史文钦是专靠地剥削穷人——来文的;地主史文彬等是有权有势,又统治又压迫又剥削——来武的。"最后,大家算了许多细账,一致认为,穷人受穷

---

① 《商水县第一区三里长乡重点土改试验第一步工作综合报告(1950年10月29日)》,商水县档案馆藏,档案号:县委全宗一永久卷15,第149~159页。

都是地主剥削的。领导告诉大家说:"从前地主享福,认为他家有财神。他不劳动他吃啥?还不是咱穷人把粮食打下来,他拿回去吃吗?穷人才是他的财神爷!"

工作组认为:通过该不该分地主的地、敢不敢斗争地主,教育、启发提高了群众觉悟与斗志,打破了认为"人家的肉长不到咱自己身上"与"爷们情面"的落后思想、树立了土改是合理合法的思想。

接着,通过启发教育,进一步扩大了农会等群众组织,发现、培养一批新的骨干、积极分子,开群众大会,结合群众对干部提意见,重新选举、整顿乡村政权组织。三里长村对干部的反映是:干部作风不民主、生产贷款、生产组的借粮不公等20余条。仅村长史作克身上就有300斤粮食的问题。此时史大顺又发出老大的怨气:"村长说贷款,我找村长说,贷给我点款,买张锄吧,也不贷给我。你们干部都多贷,贷麦种也不贷给我,一提还打击我,要开除我出会。"

史作克虽然作了检讨,但在选举中仍然被淘汰。群众说:"民主选举真好,少数人拥护史作克就选不上他,多数人拥护李钦就能选上他。"与此同时,又召开了全乡的妇女、民兵代表会议,进行了更深入的教育、动员。①

显然,这是一个整合力量、团结内部,将斗争目标引向地主、准备斗争的步骤。

3. 划阶级

与剿匪反霸时经过大会诉苦斗争,最后枪毙恶霸史文相、李天经相比,三里长村土改的划阶级,并没有像工作队期望的那样展开又一轮新的、激烈的群众性阶级斗争,反而显得有些波澜不惊,比较平和。

首先在村农会小组内部通过算剥削账,划出各阶级的典型户,列出第一草榜,公布于众。按照统一的计算方法,各家自我对照。

以三里长村划的地主典型户李文启、富农户史有仁为例。

> 李文启,7口人、94亩地、房17间、全套农具。自己不劳动,出租地4亩、收租1.2石,租出菜园2亩、收租3斗,雇工1人、把牛2个,种88亩地,三七分,雇工定4厘,实际是主74佃26分,佃户光

---

① 《商水县第一区三里长乡重点土改试验第二步整顿扩大队伍工作综合报告(1950年11月8日)》,商水县档案馆藏,档案号:县委全宗一永久卷15,第62~80页。

分上腰柴，分法如上，粪亦按相同比例出。按每亩年产5斗算，主家分：44-11.44=32.56（石）

雇工伙食工资按4石算，主家余28.56石，加上租稞1.5石，共30.06石。

柴与牲口草每年约有10000斤。

粪约出1石粮食的，拿出粮1石磨粉，约可节约粮5石。

由于李文启全家不劳动，所以他的剥削率是：100%。据此，农会划他为地主成分。

史有仁，18口人、151亩地、22间房、4头牲口。外拉鞭2人、种地88亩，自家劳动折合1.6个劳力（实际上有7口人都能劳动）。拉鞭地种子农具是史有仁的、锄镰锨头等小农具是佃户的。佃户农闲磨粉，粉浆粉渣给他，约计剥削4.5石。加放账收入，约计剥削29.5石。其总收入为80石，剥削率约为37%。据此，农会划他为富农成分。①

其他地主还有史文钦等户。在开全体村民会议让自报阶级成分时，史文钦等地主上台先主动承认错误：我是地主，以前剥削大家，我错了。求大家给我分几亩地，我好搞生产。台下群众或者哈哈大笑，或者沉默不语，用工作队报告中的话说就是："有和平土改的偏向，群众发动的不充分。"② 但是，对于昔日苛刻、划成分时又竭力辩白的富户（人），情形就大不一样了。

李桂林，有地27亩、放高利贷很多，新中国成立前三年，自己不参加劳动。划阶级时，他不认为自己是地主。以下是他在划成分的自报公议群众会上与一些积极分子的对话。

李桂林的侄子李文德站起来对李桂林说："我种你17亩地（三七分的拉鞭地），1石粮分你3斗，每年可分3石2斗，你不劳而获7石4斗粮食。"

---

① 《商水县三里长拉鞭地材料及意见》，商水县档案馆藏，档案号：县委全宗一永久卷15，第28~30页。

② 笔者注：此种情形在三里长乡其他村也有，如王教庄的王汉民。上台开口即说："老少爷们，邻居父老们！我是地主，尽剥削大家，吃好的，对不起大家啦。我情愿把地分了，给我赖好留几亩，好上生产。我说得不对，请大家原谅。"见《三里长土改总结》，商水县档案馆藏，档案号：县委全宗一永久卷29，第123页。

群众又说:"你放高利贷,去年还到二区要稞子账。"

李桂林说:"那不是我弄的呀。"

群众乱说:"你说你放没有?你1石放出得几石。"

李桂林说:"我放啦,那是李胡,不是借我2斗绿豆嘛,我以下没放过。"

史金庚说:"咦,你没放过?前年你拿的,叫我放给史金广100万(旧币)块钱,有没有?"

李桂林说:"算一回。"

史金庚又说:"那年唱大头吼戏,晚上我拿你5升麦,还你是1斗。没有吗?"

李桂林说:"就算又一回。那是你情愿呢。"

群众站起来纷纷乱说:"为什么说就算呢?那还能是假的吗?你还放给外庄很多账。"

李桂林说:"就算我放啦,我有钱。你们划我是贫农是贫农,是中农就是中农。我说是中农吧。"群众哄然站起来高喊:"还中农呢,你有地不劳动,又放账剥削,还是中农。你得站起来说说。"李桂林说:"我小时候种地,买的地。我种过拉鞭地。"

群众说:"只说解放前3年,你不劳动、放账剥削。"

他侄李文德又站起来补充一句:"我种你的地,打1石我分3斗,你不是主要劳动者。"

李桂林哼了一声,表示不满。

史大顺、李良田说:"你还耍态度。"

群众说:"你抵抗土改,咱们得一个一个跟你算。"

(大家算了一遍)

李小驴说:"双庄你的6亩地是出租的,杨庄门你出租3.5亩,不是你收的租吗?"

李桂林最后承认:"地是我放账要的,我是个地主不妥啦。"[1]

虽然划阶级时的斗争不如剿匪反霸时激烈,但也是一个斗智斗勇的过

---

[1] 《三里长土改总结》,商水县档案馆藏,档案号:县委全宗一永久卷29,第122~123页。

程，双方都学会了用党—国家倡导的革命伦理来说事，而且也必须在此框架内对话。辩白是需要勇气的，但注定是要受到当场打击的：虽然拥地收租、放账收息在当时是天经地义之事，但在新的革命伦理之中，已成为罪恶的行为。再者，作为昔日为生活所迫曾有求于他的乡邻，在危难时取利无异于趁火打劫，那么此一时便无道义可讲；坦白与主动认错无疑是理智的，至少不当场激怒众乡亲。

4. 没收、征收和分配土地与扩大党、团组织

经过以上阶段的工作，没收和征收土地等财富的过程较为顺利。首先没收地主的牲口、农具、房屋、家具、粮食，经过检查登记，集中统一保管。有个别地主作弊，但怎能躲过邻居们犀利的眼睛：三里长村的史文贞，把3挂耕套放在墙洞里，还送到亲戚家一部分农具，但在没收登记时被当场辩证，不得已都拿了出来。

随后，没收地主富农土地。但在执行地主、富农非法买卖土地问题上，阻力很大。前一阶段宣传，新中国成立后地主、富农卖出的土地一律无效，由卖主赔出损失，交由农会统一没收分配，但经屡次斗争，卖者已无力赔偿地价，要从买主手中抽地，无疑一种没收。但由于当初买时价钱较低，在工作队压力下，中农买地者被全部抽回，贫雇农买地者被适当抽出一部分，此问题在双方妥协下得到解决。

土地分配是以乡为单位调整、以村为基础分配到户。工作队在分配土地中强调：这是由与地主阶级斗争转向农民内部斗争，必须重复教育农民达到内部团结，求得公平、合理、适当、调整分配。但是，三里长乡土改的这一步还是遇到了很大困难，内部斗争很尖锐。在乡召开的农民代表会上，很多人说："其他东西都能让人，惟有老婆、土地永不能让人，千年、百年只有分这一回地。"[①] 争论非常激烈。三里长乡的单堂、南郭庄、西郭庄、王楼等5个村，没搞出土地，且以前与其他村相比本来就缺地，即便经过分配，一些地少的贫雇农也只能人均1.2亩地，而三里长村经过分配，地最少的贫雇农也能人均1.8亩。这样，就需要从三里长等村抽出一部分土地，大约抽出的土地够三里长村人均0.15亩。三里长村代表坚决不让，但西郭庄连撤走代表2次，以抵制会议："让别村土改翻身吧，俺村不土改翻

---

① 《商水县三里长乡土改重点试验第四步没收征收与分配工作综合报告》，商水县档案馆藏，档案号：县委全宗一永久卷29，第162页。

身啦。"代表们回到村里对群众说："上午分地，咱下午就去行署打官司，翻身翻到河里了。"三里长村代表也撤走代表1次，后经领导叫回。最后终于达成一致。但在从三里长村抽地时，又有群众拦住不让抽，说单堂村是三七瞒地。要对单堂村的土地插标丈量，无奈领导上允许量了几户，果然有黑地。单堂村反过来要量全乡的地，至少也要量三里长村的地。三里长村提出不解决单堂黑地问题不让量自己村的地，并且不经工作队，在村里连续召开农民大会，组织村民准备与单堂打架。① 后来工作队领导坚决制止了这种违背党—国家意图的行为，从三里长抽出76亩地。但是，接受土地的村庄又嫌地不好，有的户不想要，又经过调整让步：好坏搭配、村不留机动地，全部分下去。终于把地分了下去。

三里长村分配土地的过程也不无争论，得地的农民非要平均不可。如刘狗，在分房子时未分废地，与别人比少了0.2亩，于是在农会争吵到半夜："别人有废地，我为啥就没有，非要不可。"后经领导批评，才不吵了。

工作队对此阶段工作的内部斗争的教训是这样总结的：第一，未彻底放手发动贫雇农。应先通过查霸查租、反破坏，先打击一下地主的政治威风，树立起贫雇农的骨干作用，团结中农。第二，由于未发动群众，很多工作在干部手中卡住了，造成了内部无原则的斗争。第三，在宣布调整土地前，应先在群众中酝酿讨论一下，打下一定的思想基础。第四，三里长村丈量单堂黑地，领导未坚决制止，造成群众对立。结果既耽误了时间，黑地也未弄清楚，不利于问题解决。②

虽然三里长村与单堂的矛盾最终得到解决，但也可以看出，党—国家还需要加强在农村的专政，在给农民土地的同时，还需要进行对党—国家权威认同的教育、强化其对政府领导的服从意识，这就是工作队所说的"打击地主的政治威风，树立起贫雇农的骨干作用"。当然，在此过程中，非但需要上级制定的政策能恰当地切入大多数农民的生产、生活，即所谓的结合解决农民迫切需要解决的问题以达成党—国家的既定目标，更需要面对农民的基层领导干部具备高度的工作技巧与方法、较高的个人道德修

---

① 《商水县三里长乡土改重点试验第四步没收征收与分配工作综合报告》，商水县档案馆藏，档案号：县委全宗一永久卷29，第162~164页。
② 《商水县三里长乡土改重点试验第四步没收征收与分配工作综合报告》，商水县档案馆藏，档案号：县委全宗一永久卷29，第164~167页。

养等。

土地等果实分配以后,农民的生产积极性空前高涨,土改前堆在街上的粪,现在都忙着往麦地里送,拾粪的每天早上乱碰头,不少农民赶集、走亲戚都带着粪篮子。如李光斗、李真云说:"过去多少年没有地,有钱也买不到。不是毛主席领咱穷人翻身,怎能有了地,可该多上粪、好好生产。"工作队主持召开了三里长乡、村贫雇农代表大会以及贫雇农座谈会,大家在座谈会上也一直提出要多积肥、搞副业、种地多打粮食。工作队主要安排解决遗留问题:大力启发,继续向地主算细账、要粮食、要地富非法分散土地的地价。由于已经多次斗争,地富财产急剧减少,因而收获不大。三里长村只从地富那里算出2000斤红芋和一些赔偿的家具。

土改工作队在包括三里长村在内的三里长乡的土改过程中的一个贯穿始终的重要工作就是广泛宣传、扩大党团的影响,多次在贫雇农代表大会上讨论党与穷人的关系、什么人可以入党、什么人不可以入党。在民兵、青年中讨论团的性质与任务,打下发展团的基础。结合运动中的表现,通过重点培养、个别谈话、个人申请等程序,公开举行了入党、入团仪式。在土改运动中,全乡先后发展党员17名、团员21名,全乡党员达到22名、团员达到28名。土改后全乡各村均建立了党小组,乡建立了党、团支部,确立了党的核心领导地位。不少的积极分子提出了入党要求,而且相当迫切。三里长村的李凤先请求入党,乡支部内部提出此人各方面都好,但坐过监狱,弄清楚再说。李凤先说:"亏死了,入不了党,还不如死了。"李德久、史全岗问区委的张寿山:"什么条件才能入党,为什么李天保、李成强能入,我们就不能入?"[①]

土改结束后,三里长乡重新选举了正、副乡长及各村的农会代表主任(取代村长职能)。此后,乡、村政权的领导核心逐步转移到党支部手中,以青年积极分子构成的团支部、团小组对完成上级布置的各项工作起到了不可或缺的推动作用。

---

① 《三里长乡土改重点总结报告(1950年12月27日)》,商水县档案馆藏,档案号:县委全宗一永久卷15,第11~26页。

小结　国家建构之下乡村集体行动困境的突破

亨廷顿认为，在政治发展和现代化过程中，分化和日益增加的社会复杂性逐渐使共同体依赖于政治，而政治意识形态和政治制度在提供共同体方面变得至关重要，此种情况并不是因为社会获得了发展，而是由于社会遭到了摧毁。……革命在重新确立社会平衡时，采用的是一种暴力的、摧毁性的但也是创造性的方式。……而且，革命的政治任务的完成，依赖于创造新的政治结构，从而使权力的集中和扩大得以稳定化和制度化。[①] 正是在历经数十年战乱，社会遭到严重摧毁的基础上，党—国家经过剿匪、反霸清算与减租减息清算，没收地主土地、浮财，分斗争果实以及大体上的平分土地，土改复查与民主建政等一系列的群众运动，巩固了基层政权组织、党团组织，从而以全新的意识形态和组织制度，建构了包括绝大多数人在内的贫下中农共同体，并以此为基础，重新确立了社会平衡。

在此过程中，乡村"草根精英"的兴起——昔日乡村的边沿群体，纷纷以农村基层干部、党团员等身份进入乡村权力中心；土改的一系列过程，也是一个乡村文化重构的过程——以阶级为中心的身份认同话语体系以及翻身斗争、反剥削、积极等话语成为乡村主流文化；财富、权力结构、文化体系的改变，解构了基于血缘、地缘村落认同为主的人际关系，建构了新的、基于阶级基础之上的平等的人际关系，大大强化了农民与国家的联系。

在党—国家的建构之下，乡村形成了在国家政权的外在性强制之下，以新的阶级斗争、阶级认同文化为内在维持因素的新秩序，与旧时代相比，新秩序无疑建立在乡村大多数人基本生存得到保障的基础上——除了起源于敌对阶级的谣言之外，通过基层干部，组织之下的农民可以面对国家表达自己的意愿，而且也往往得到某种程度上的回应。深入乡村的政权组织、党团组织构成了新秩序的组织、制度保证，党—国家以前所未有的力度深入社会底层，强化了基础性权力。

革命必然是一场应对社会危机的社会利益的重新调整，矛盾与冲突、

---

① 〔美〕塞缪尔·P.亨廷顿：《变化社会中的政治秩序》［M］，王冠华、刘为等译，上海：上海世纪出版集团，2008，第257页。

破坏与倒退都是应有之义。从三里长村的革命实践可以看出,主要由贫雇农构成的、刚刚登上乡村政治舞台的乡村干部,由于经验、能力、文化水平与旧的生活经验的影响等因素,还需要一个锻炼的过程;而普通的乡村民众,也需要有一个在经历党—国家在乡村发动的社会运动中,逐渐领会、适应这种新的国家—乡村社会关系的过程。当然,党—国家在具体村庄的政策贯彻,也有一个与具体情况相结合的过程。

同时,从微观机制上看,土改的一系列过程,也正是党—国家打破乡村集体行动困境、形成集体行动的过程。

首先,党—国家以财产为标准,通过阶级划分的方式,把乡村大多数人(贫下中农)归入一个与地主富农对立的利益集团,以贫穷、受剥削、受欺压等经济政治利益的诉求来凸显集团的共同利益基础。需要说明的是,党—国家划阶级的单位是家庭(农户),但时常鼓励个体突破家庭的限制、在维持集体利益方面发挥个人的主观能动作用。这样,在面对集团共同利益时,具有集体理性的积极分子不可避免会与以家庭为单位的"家庭理性"发生冲突。

其次,把集团中的个人分类纳入组织体系。

党—国家初入乡村,就通过一系列手段,推动乡村贫困阶层建立自我组织,即分类建立基层群众组织:农民协会、民兵、青年会、儿童团、妇女会等,这些组织覆盖面之广,基本包括除地主、富农等反动阶层之外的所有农户,可以说,经过土改运动,基本群众几乎都在组织之中。正是党—国家领导下的广泛而众多的组织,构成乡村集体行动的必要条件。这是因为:"组织并非是一种自然形成的现象,而是人为的一种建构,解决集体行动的问题,合作的问题……这种合作只是要运用集体的力量来解决大家所面对的共同的难题。"①

再次,灌输规范。党—国家对农民进行教育、提高农民阶级觉悟的过程,也就是对集团中的个体进行行动规范灌输的过程。如诉苦、挖穷根、算剥削账,批判"好地主思想",批判"穷人没有地主给地种就活不成"的糊涂思想,宣传劳动光荣、不劳动可耻的思想,算剥削账、说明农民养活地主、地主剥削农民的罪恶以及说明没有共产党领导,穷人不能翻身,

---

① 〔法〕米歇尔·克罗齐耶、艾哈尔·费埃德伯格:《行动者与系统——集体行动的政治学》[M],张月等译,上海:上海人民出版社,2007,第2~3页。

翻身要靠自己，在人民政府和共产党领导下，组织起来动手干，自己解放自己，等等。就是为了说明："我们千万不要麻痹，我们要不齐心，不团结，不斗争，地主阶级还是打不倒的。"① 即规则是必不可少的，规则可用于游戏的维系。为着达成目标的集体行动的组织需要进行整合，一是通过限制或通过对其后果的推理以及对感情和意识形态的操纵来实现，简而言之，即通过强加或谋求共识的形式，使参与者的部分意志，服从于集体的意志和目标。二是通过契约（协商、谈判和交易）来实现。②

最后，也是最重要的一条，实行选择性激励。从"急性土改"时分地主浮财，到剿匪反霸时跟地主恶霸算剥削账、分斗争果实以及随后的分地主富农土地，都是党—国家从物质利益上对贫雇农实行的选择性激励措施。当然，"可以肯定，经济激励不是唯一的激励；人们有时候还希望去获得声望、尊敬、友谊以及其他社会和心理目标……当不存在经济激励驱使个人为集团利益做贡献时，可能有一种社会激励会驱使他这么做……社会制裁和社会奖励是选择性激励；即它们属于可以用来动员一个潜在集团的激励。社会激励的本质就是它们能对个人加以区别对待：不服从的个人受到排斥，合作的个人被邀请参加特权小集团"。③ 因此，贫雇农出身的积极分子加入党团组织、被提拔到乡村基层干部队伍中来，乃至加入农会、民兵组织等，都应该属于党—国家在乡村采取的社会激励举措。

因此，党—国家以外力介入的方式，以动员—运动手段重构乡村秩序并形成动员—运动的治理模式，与微观机制上打破集体行动的困境相耦合④，在对乡村的日常治理以及应对重大社会问题时，显示出低成本、高效率的优势，具有前所未有的有效性。

---

① 《河南省第一次农民代表大会告全省农民书（1950年3月21日）》，中共河南省委农村工作部编印《河南省土地改革文献》上册[G]，1954，第331~333页。
② 〔法〕米歇尔·克罗齐耶、艾哈尔·费埃德伯格：《行动者与系统——集体行动的政治学》[M]，张月等译，上海：上海人民出版社，2007，第7页。
③ 〔美〕奥尔森：《集体行动的逻辑》[M]，陈郁等译，上海：上海人民出版社，1995，第70~71页。
④ 笔者注：耦合原本作为物理学概念，是指两个（或两个以上）系统或运动形式通过各种相互作用而彼此影响的现象。后被很多学科（尤其是工科）借用作一个综合概念，现已成为一个很热的中文词汇，就是"结合与集成"，比结合多了"内部互相作用"的含义。对应英语主要有couple，combine，integrate。见古小军《中国政治民主化与公民社会之耦合趋势分析——应然与实然的视角》[J]，《理论月刊》2011年第2期。

附表

1. 乡长与乡农协主任群体分析

附表 3-1

姓　名	张法山	王国清	赵功贺	王相雨	徐尚志
性　别	男	男	男	男	男
年龄（岁）	30	28	52	24	27
乡　别	善庄乡	井庄乡	唐桥乡	舒桥乡	大桥乡
职　务	乡长	乡长	乡长	乡长	乡长
籍　贯	8区张庄	8区开庄	8区赵湾	8区舒桥	8区大桥
成　分	贫农	贫农	贫农	贫农	贫农
文化程度	文盲	初中肄业	私学8年	师范肄业	高小毕业
参加工作时间	1950.11	1950.11	1951.2	1949.6	1951.9
家庭经济状况	有地7亩、人3口、房2间	有地11亩、人4口、房2间、牲口1头	有地10亩、人5口、房2间	有地21亩、人7口、房5间、牲口1头	有地15亩、人5口、房3间
出　身	小农、给别人种地	下学后种地	种地、当过甲长、做生意	下学后种地	种地
工作简历	曾当民兵	曾任本村村长	乡农协主席	曾任乡财粮员	曾任村长

资料来源：《党员、干部登记表（1951年8月）》，商水县档案馆藏，档案号：县委组织部全宗一永久卷8。

附表 3-2

姓　名	宋修荣	庞德明	索合德	刘学勤	刘振荣
性　别	男	男	男	男	男
年龄（岁）	33	28	33	44	24
乡　别	薛金乡	青年乡	坡于乡	湟刘乡	何崔乡
职　务	乡长	乡长	乡长	乡长	乡长
籍　贯	8区薛金	8区瓦墩	8区党庄	8区湟刘	8区孙刘
成　分	贫农	中农	贫农	贫农	贫农
文化程度	文盲	高中肄业	粗识字	文盲	初中肄业
参加工作时间	1950.8	1950.10	1949.9	1949.3	1951.3

续表

家庭经济状况	有地7亩、人3口、房2间	有地16亩、人5口、房9间、牲口1头	有地8亩、人3口、房3间	有地？亩、人5口、房5间	有地15亩、人7口、房5间、牲口1头
出身	1939-1948年当兵、回来种地	上学、学织绸缎、种地	自小讨饭、做雇工	种地	种地
工作简历	曾当民兵队长	农会组长、民兵队长、乡农会主任	1949年任村长	曾任工作员、审判员	曾任乡财粮员

资料来源：《党员、干部登记表（1951年8月）》，商水县档案馆藏，档案号：县委组织部全宗一永久卷8。

附表3-3

姓名	宋金善	张献群	温文喜	乔何钢	杨守占
性别	男	男	男	男	男
年龄（岁）	33	30	35	46	33
乡别	芦庄乡	三里桥乡	光堂乡	乔庄乡	徐阁乡
职务	乡长	乡长	乡长	乡长	乡长
籍贯	8区芦庄	8区三里桥	8区温王	8区乔庄	8区万金张
成分	贫农	中农	贫农	贫农	贫农
文化程度	文盲	文盲	初小肄业	文盲	文盲
参加工作时间	1951.3	1950.4	1951	1951.1	1951.3
家庭经济状况	有地14亩、人6口、房3间、牲口1头	有地21亩、人6口、房5间、牲口1头	有地9亩、人4口、房5间、牲口1头	有地11亩、人3口、房4间、牲口1头	有地26亩、人11口、房9间、牲口2头
出身	小种地户、农闲做生意	种地、做生意	种地、曾当兵1年	自小讨饭、后种地做生意	小农、造纸
工作简历	农会组长	农会组长	任村长	—	本村农会组长

资料来源：《党员、干部登记表（1951年8月）》，商水县档案馆藏，档案号：县委组织部全宗一永久卷8。

附表 3-4

姓　名	崔心共	唐大寅	刘文祥	冀鸿勋	王国清
性　别	男	男	男	男	男
年龄（岁）	37	48	49	30	28
乡　别	河崔乡	唐桥乡	洼刘乡	回墓乡	井庄乡
职　务	农协主任	农协主任	农协主任	农协主任	农协主任
籍　贯	8区河崔	8区唐桥	8区洼刘	8区回墓	8区井庄
成　分	贫农	中农	贫农	贫农	贫农
文化程度	文盲	私学4年	私学2年	初中肄业	初中肄业
参加工作时间	1949.6	1951.3	1949	1949.2	1950.11
家庭经济状况	有地6亩、人2口、房2间	有地7亩、人3口、房6间、牲口1头	—	有地23亩、人5口、房8间、牲口2头	有地11亩、人4口、房2间、牲口1头
出　身	种地、当兵5年、其中在解放军2年	上学、种地	—	种地	种地
工作简历	受伤后入荣军学校，回来后当乡长	当村长、土改中任评议员	大王乡副主席、芦庄副主席	财粮员	曾任本村村长

资料来源：《党员、干部登记表（1951年8月）》，商水县档案馆藏，档案号：县委组织部全宗一永久卷8。

附表 3-5

姓　名	李文学	韩素其	王桂枝	朱聚昌	张天朗
性　别	男	男	男	男	男
年龄（岁）	31	25	24	40	34
乡　别	三里店乡	砖桥乡	胡老乡	韩庄乡	栗门乡
职　务	乡长	乡长	乡长	乡长	乡长
籍　贯	8区三里店	8区砖桥	8区裴王	8区韩庄	8区栗门村
成　分	贫农	贫农	雇工	雇工	雇工
文化程度	文盲	初小	文盲	文盲	初小肄业
参加工作时间	1951.1	1950	1951.3	1949.3	1950.3

续表

家庭经济状况	有地16亩、人5口、房5间、牲口1头	地7亩、人口、房6间、牲口1头	有地7亩、人3口、房3间	—	有地8亩、人4口、房3间
出身	从小种地、19岁被抓走当兵3个月	上学、种地	自小当雇工	—	当雇工、做生意
工作简历	1948年任民兵队长、农协委员	当村长、土改中任评议员	民兵队长	—	曾任农会会长

资料来源：《党员、干部登记表（1951年8月）》，商水县档案馆藏，档案号：县委组织部全宗一永久卷8。

附表3-6

姓名	刘中保	朱自来	胡友信	王怀珠	王文香
性别	男	男	男	男	男
年龄（岁）	44	22	24	31	24
乡别	光堂乡	韩庄乡	胡老乡	大王乡	三里店乡
职务	农协主任	农协主任	农协主任	农协主任	农协主任
籍贯	8区光堂村	8区朱村	8区胡老村	8区大王	三里店
成分	雇工	贫农	贫农	贫农	贫农
文化程度	私学4年	文盲	文盲	初小	初小
参加工作时间	1951.4	1951.3	1951.2	1950.2	1951.2
家庭经济状况	有地13亩、人7口、房3间、牲口1头	有地18亩、人7口、房3间、牲口1头	有地13亩、人6口、房5间、牲口1头	有地13亩、人7口、房4间	—
出身	从小上学、种地	种地	种地	自小当雇工	种地
工作简历	1949年在7区当财粮员	曾当民兵	民兵、农协委员	民兵、农协委员	—

资料来源：《党员、干部登记表（1951年8月）》，商水县档案馆藏，档案号：县委组织部全宗一永久卷8。

2. 以下为 8 区（砖桥区）农村党员登记表

附表 3-7

姓　名	唐全喜	于湖海	刑保枝	乔合岗	胡连梅
性　别	男	男	男	男	女
年龄（岁）	31	37	31	46	26
职　务	乡长	乡财粮员	副乡长	乡长	副乡长
籍　贯	8区唐庄	8区坡于	8区邢庄	8区乔庄	8区张茂
成　分	贫农	贫农	中农	贫农	中农
文　化	高小肄业	高小肄业	文盲	文盲	文盲
工作、入党时间	1949/1950.8	1950.1/1950.3	1951.3	1951.4/1951.4	1951.4
家庭经济状况	有地14亩、人7口、房5间	有地17亩、人6口、房3间、牲口1头	有地22亩、人8口、房5间、牲口1头	有地13亩、人3口、房3间、牲口1头	有地24亩、人9口、房7间、牲口1头
出　身	种地、曾当雇工2年	上学、16岁后学医10年	种地	要饭、逃荒、种地	纺织、种地
工作简历	工作队长、乡农协主任	乡财粮员	民兵、村长	曾任乡委员	曾任乡委员

资料来源：《党员、干部登记表（1951年8月）》，商水县档案馆藏，档案号：县委组织部全宗一永久卷8。

附表 3-8

姓　名	王二连	胡兆强	胡选呼	朱梅英	杨凤连
性　别	男	男	男	女	女
年龄（岁）	34	21	24	46	20
职　务	民兵中队副	团支书	乡农会主任	乡委员	乡妇联主任
籍　贯	8区唐庄	8区胡庄村	8区王村	8区胡庄村	8区胡庄村
成　分	贫农	中农	贫农	贫农	中农
文　化	文盲	初小肄业	文盲	文盲	文盲
工作、入党时间	1951.2	1950.1/1950.2	1951.2/1951.1	1951.2	1951.2/1951.1
家庭经济状况	有地19亩、人7口、房5间、牲口1头	有地21亩、人6口、房7间、牲口1头	有地7亩、人3口、房5间	有地11亩、人4口、房2间、牲口1头	有地21亩、人6口、房7间、牲口1头

续表

出 身	种地、当雇工	种地	种地、当雇工	纺织、种地	纺织、种地
工作简历	民兵	—	乡委员、乡长	—	—

资料来源：《党员、干部登记表（1951年8月）》，商水县档案馆藏，档案号：县委组织部全宗一永久卷8。

附表 3-9

姓 名	崔 针	王 牛	王本善	张耕蓬	张凤瑞
性 别	女	男	男	男	男
年龄（岁）	46	27	44	31	25
职 务	乡委员	武装委员	村代表主任	—	乡农协主任
籍 贯	8区胡庄村	8区裴王村	8区裴王村	8区万金张	8区夏庄村
成 分	贫农	贫农	贫农	中农	贫农
文 化	文盲	文盲	文盲	文盲	初小毕业
工作、入党时间	1951.2	1950.2	1951.2	1951.4	1948.12
家庭经济状况	有地11亩、人4口、房2间、牲口1头	有地6.9亩、人3口、房3间	有地10亩、人4口、房3间	有地11亩、人6口、房3间、牲口1头	有地9亩、人5口、房3间、牲口1头
出 身	纺织、种地	种地	种地	种地	种地、1948年入伍
工作简历	—	—	—	乡委员	工作员、乡农协主席

资料来源：《党员、干部登记表（1951年8月）》，商水县档案馆藏，档案号：县委组织部全宗一永久卷8。

附表 3-10

姓 名	张 位	张东和	张东振	娄铁碾	徐启运
性 别	男	男	男	男	男
年龄（岁）	27	40	36	36	45
职 务	—	—	—	—	—
籍 贯	8区夏庄村	8区夏庄村	8区夏庄村	8区徐阁	8区徐阁
成 分	贫农	贫农	贫农	中农	贫农
文 化	文盲	文盲	文盲	文盲	初小毕业

续表

工作、入党时间	1951.4	1951.4	1951.4	1951.4	1951.4
家庭经济状况	有地9亩、人5口、牲口1头	有地5亩、人2口、房3间、牲口1头	有地4亩、人2口	有地10亩、人5口、房3间、牲口1头	有地14亩、人7口、牲口1头
出身	种地	种地	种地	种地	种地
工作简历	乡委员	村主席	乡委员	村主席、乡委员	村主席、乡委员

资料来源：《党员、干部登记表（1951年8月）》，商水县档案馆藏，档案号：县委组织部全宗一永久卷8。

附表3-11

姓名	吕震中	吕长中	刘耀中	卜然	刘捧
性别	男	男	男	女	女
年龄（岁）	25	36	28	33	33
职务	民兵中队副	—	—		
籍贯	8区吕刘村	8区吕刘村	8区吕刘村	8区吕刘村	8区吕刘村
成分	贫农	贫农	贫农	贫农	中农
文化	文盲	文盲	文盲	文盲	文盲
工作、入党时间	1951.2	1951.1	1951.2	1951.2	1951.2
家庭经济状况	有地18亩、人5口、房10间、牲口1头	有地6亩、人3口、房1间	有地4.5亩、人2口、房2间、牲口1头	有地29亩、人12口、房9间、牲口1头	有地15亩、人6口、房4间、牲口1头
出身	种地	种地	种地	纺织、种地	纺织、种地
工作简历	乡中队副	村代表	—		

资料来源：《党员、干部登记表（1951年8月）》，商水县档案馆藏，档案号：县委组织部全宗一永久卷8。

附表3-12

姓名	吕金营	刘本芒	王尊	张双来	张国栋
性别	男	男	女	男	男
年龄（岁）	37	27	18	29	38

续表

职　务	—	乡委员	—	—	—
籍　贯	8区吕刘村	8区砖桥	8区万金村	8区栗门村	8区栗门村
成　分	贫农	贫农	贫农	贫农	中农
文　化	文盲	文盲	初小毕业	粗通文字	文盲
工作、入党时间	1951.2	1951.3	1951.3	1951.4	1951.4
家庭经济状况	有地20亩、人8口、房3间、牲口1头	有地22亩、人12口、房5间、牲口1头	有地11亩、人4口、房5间、牲口1头	有地12亩、人6口、房4间	有地12亩、人6口、房3间、牲口1头
出　身	—	种地	纺织、种地	种地	种地
工作简历	—	—	乡妇联主任	乡武装中队副	—

资料来源：《党员、干部登记表（1951年8月）》，商水县档案馆藏，档案号：县委组织部全宗一永久卷8。

附表3-13

姓　名	张林邦	郭运木	张大朗	赵法	赵改
性　别	男	男	男	男	男
年龄（岁）	27	29	31	33	32
职　务	—	乡委员	—	—	—
籍　贯	8区栗门张	8区郭庄	8区栗门张	8区新庄赵	8区新庄赵
成　分	贫农	贫农	贫农	贫农	贫农
文　化	文盲	初小毕业	粗通文字	文盲	初小毕业
工作、入党时间	1951.4	1950.9/1951.4	1951.3	1951.4	1951.4
家庭经济状况	有地12亩、人6口、房5间、牲口1头	有地20亩、人9口、牲口1头	有地8亩、人4口、房3间	有地11亩、人3口、房6间	有地18亩、人7口、房5间、牲口1头
出　身	种地	当雇工6年	种地	手工业、种地	种地
工作简历	—	—	村农会长、乡长	—	—

资料来源：《党员、干部登记表（1951年8月）》，商水县档案馆藏，档案号：县委组织部全宗一永久卷8。

附表 3-14

姓 名	赵子成	赵彦成	赵天榜	董凤英	李耀山
性 别	男	男	男	女	男
年龄（岁）	26	24	26	26	21
职 务	乡武装主任	民兵	乡委员	—	民兵
籍 贯	8区新庄赵	8区新庄赵	8区新庄赵	8区新庄赵	8区新庄赵
成 分	贫农	贫农	中农	贫农	贫农
文 化	初小毕业	初小毕业	高小毕业	文盲	文盲
工作、入党时间	1951.3/1951.4	1951.3/1951.4	1951.4	1951.4	1951.4
家庭经济状况	有地23亩、人10口、房5间、牲口1头	有地20亩、人9口、房7间、牲口1头	有地16亩、人4口、房3间、牲口1头	有地9亩、人3口、房2间	有地18亩、人8口、房5间
出 身	种地	种地	上学6年、种地	纺织、种地	种地
工作简历	—	民兵	乡委员	—	—

资料来源：《党员、干部登记表（1951年8月）》，商水县档案馆藏，档案号：县委组织部全宗一永久卷8。

附表 3-15

姓 名	崔香雨	李贯丁	刘锦	王拿	胡妮
性 别	女	男	女	女	女
年龄（岁）	25	41	36	43	27
职 务	乡妇联主任	乡委员	乡委员	乡委员	—
籍 贯	8区砖桥	8区砖桥	8区砖桥	8区朱庄	8区河崔村
成 分	贫农	中农	中农	贫农	贫农
文 化	文盲	文盲	文盲	文盲	文盲
工作、入党时间	1951.3	1951.3	1951.3	1951.3	1951.2
家庭经济状况	有地14亩、人6口、房10间、牲口1头	有地14亩、人6口、房7间、牲口1头	有地6亩、人2口、房3间	有地7亩、人3口、房3间	有地12亩、人4口、房4间、牲口1头
出 身	纺织、种地	种地	纺织、种地	纺织、种地	纺织、种地

资料来源：《党员、干部登记表（1951年8月）》，商水县档案馆藏，档案号：县委组织部全宗一永久卷8。

附表 3-16

姓　名	张贵兰	王香财	李　氏	王秀连	董玉兰
性　别	女	女	女	女	女
年龄（岁）	27	26	54	22	19
职　务	乡妇联主任	乡委员	乡委员	—	副乡长
籍　贯	8区陈庄	8区河崔	8区河崔	8区固庄	8区大姜村
成　分	贫农	中农	贫农	贫农	贫农
文　化	文盲	文盲	文盲	文盲	初小毕业
工作、入党时间	1951.2	1951.2	1951.2	1951.2	1951.4
家庭经济状况	有地22亩、人11口、房8间、牲口1头	有地40亩、人14口、房12间、牲口2头	有地4亩、人2口、房3间	—	有地16亩、人6口、房5间、牲口1头
出身	纺织、种地	纺织、种地	纺织、种地	—	上学、纺织、种地

资料来源：《党员、干部登记表（1951年8月）》，商水县档案馆藏，档案号：县委组织部全宗一永久卷8。

第四章　新秩序对灾害的成功应对

商水县解放初期实行4级管理：县、区、乡、村。县、区主要干部几乎全是军事干部和老解放区来的干部，非领导干部有一部分为当地训练的年轻干部，属正规干部。乡、村干部绝大部分出自当地，大部分为不脱产干部，少部分为半脱产干部。乡村的贫困与党—国家出于巩固政权、实现工业化等目标而对乡村资源的渴求以及党所秉持的革命伦理，使基层群众及上级政府都对政府基层干部提出了比传统乡村统治者更高的道德、能力要求。

1953年前，正规干部不支薪，实行供给制，标准较低，乡、村干部除开会、公干伙食补助外，正式的物质待遇较低。对于干部，上级往往通过开会，以批评、表扬、评比、竞赛或者发动群众提意见等非常态行为来推动其工作。对县、区干部的违纪处理主要在贪污腐化方面，较为严格，甚至连未经上级批准的结婚也要受到处分。每每以运动的方式来完成中心工作，工作失误、不力者受严厉批评。对乡、村干部，主要以整顿组织或纯洁组织的名义进行替换，问题也主要是在贪污腐化、多吃多占方面。根据群众的反映或调查组的了解，进行处理。

新政权在深入乡村的过程中，非常重视宣传工作。结合时事宣传政策，既稳定了群众情绪、加强了群众的认同感又增加了政府工作的透明度，约束了管理阶层利用信息不对称而可能产生的贪污、腐败等追逐个人私利行为。

党—国家在每一个时期都有中心工作，政府往往把中心工作以任务的形式，通过政府科层机构传达下去，即先实行政府体制内的动员，然后通过政府、党团组织、群众组织和积极分子，动员、发动群众，以形成广泛的社会参与，从而达到目标、完成任务。

显然，新政权的种种加强自身建设的措施（经常提出的反对官僚主义、打倒封建主义），源于"资源—管理"矛盾的约束，从抗战时期的精兵简政到中共七届二中全会上毛泽东对全党的告诫，对乡村基层干部高效、廉洁、忠诚的要求乃是一种成熟的理念与当然的行为。因此，如果说共产党政权在军事胜利前进入农村时还有面临生存危机、与敌人争夺民众的考虑的话，军事胜利之后这种危机与考虑就不存在了，政权自身的建设成为高层的一种自觉行为，带有某种制度化的取向，其意义在于提高农民的国家认同感、缓解干群对立情绪、巩固乡村新秩序，有利于国家涉及乡村的各项工作顺利完成，尤其在征粮、扩军等国家与乡村利益此长彼消的时刻，干部党员的道德形象就是政权（府）形象，对推动工作至关重要。问题是，上层的自觉理念与基层干部的工作、生活实践毕竟有一定的差距，昔日的穷苦农民突然之间就能完成角色转变成为一名合格的干部吗？这种根植于干部自我约束和外部约束、精神激励而忽视干部自身利益诉求的基层干部管理方式运行的内在机制是什么？

第一节　新秩序运行的运动机制

一　基层党政组织状况

有学者认为，"土地改革不仅是一场经济革命，更是一种政治整合。首先，通过土地改革及相伴随的清匪反霸，推翻实际控制乡村的地主势力，从而将千百年来，实际控制乡村的统治权第一次集中到正式的国家政权组织体系中来。其次，土地改革在给农民分配土地的同时，也增强了农民对政权组织的认同，使农民第一次具体意识到这一政权是属于自己的。……通过土地改革，不仅政权组织第一次真正地下沉到乡村，而且摧毁了非正式权力网络的根基"。[①] 除此之外，其他一些研究者也注意到，以土地改革为契机，"通过各种党政组织、阶级组织、群众组织，共产党在基层乡村社会建构起层次丰富、种类多样、相互关联的组织网络，并通过在运动中扩张这些组织，而将乡村民众的绝大多数人纳入到这一组织网络中来"。[②]

[①] 徐勇：《政权下乡：现代国家对乡土社会的整合》[J]，《贵州社会科学》2007年第11期。
[②] 李里峰：《变动中的国家、精英与民众——土地改革与华北乡村权力变迁（1945–1953）》[R]，《南开大学历史学院博士后研究工作报告》，2004（未刊稿），第182页。

以下，我们对商水县土改前后的区、乡政权组织状况及党团组织、群众组织状况与基层干部情况，作一较为具体的考察。

1. 基层组织与基层干部

（1）基层组织

区乡政权简介。1949年10月至1951年4月，商水县辖10个区、136个乡（1950年下半年，商水县将136个乡改划为153个乡）。其中一区（城关），下辖15个乡；二区（平店），下辖14个乡；三区（埠口，后又改称黄寨），下辖12个乡；四区（练集），下辖14个乡；五区（姚集），下辖16个乡；六区（邓城），下辖16个乡；七区（晢店），下辖18个乡；八区（砖桥），下辖18个乡；九区（巴村），下辖12个乡；十区（固墙），下辖18个乡。

1951年4月，商水县根据中南局规定，以2000~3000人划为1个乡，10~15个乡组成一个区的精神，将原10个区169个乡改划为15个区201个乡。1952年8月，周口市由专辖市改为县辖镇，划归商水。15个区分别是：一区（城关），下辖13个乡；二区（平店），下辖13个乡；三区（黄寨），下辖14个乡；四区（练集），下辖14个乡；五区（姚集），下辖13个乡；六区（邓城），下辖15个乡；七区（张明），下辖14个乡；八区（砖桥），下辖17个乡；九区（巴村），下辖14个乡；十区（固墙），下辖13个乡；十一区（位集），下辖13个乡；十二区（汤庄），下辖11个乡；十三区（白寺），下辖13个乡；十四区（谭庄），下辖13个乡；十五区（老窝），下辖11个乡。[①]

区、乡政权概况。区党委主要领导人称政委，区级领导干部一般包括区政委（1951年4月，重新划区后，称区委书记，简称区书）、副政委，区长、副区长，区农协主席、文书、民政、调解、财粮、教育、生产、卫生助理员及公安员等10余人，与县政权一样，区政权也实行党政双轨领导体制，区党委对区政府各部门负有指导、监督之责，区财政和人事受县委和县政府相关部门的严格监督，其行政机构基本与县直机构一致、属于县直机构的直接延伸，新政权将传统的国家官僚体系从县向下又延伸了一级。

乡级政权状况。经过土改复查与民主建政运动，完善的乡级政权包括

---

① 中共河南省商水县委组织部编《中国共产党河南省商水县组织史资料（1927－1987）》[C]，郑州：河南人民出版社，1990，第31~35页。

五大组织的领导人——党团支部、行政、农民协会、民兵中队、妇女代表委员会。在党团组织尚不发达的情况下，为继续加强农协在农村人民民主专政中的作用，也为了便于协调行政与农协的关系，以农民代表大会为基础，政府与农协统一选一个委员会、两个主席：乡主席（或称乡长）与农协主席（或称乡农会主任），乡委员（乡委员包括妇女主任、民兵中队长、副乡长、农协副主席、乡财粮员等人）有分工，但不再组织其他专门委员会，有中心任务需要突击时，可以组织临时委员会，工作结束，委员会取消，实现了简化组织、减少人员浪费，多致力于生产。村不再设村长，只设村代表，行使村长职责，并设农会组长，党团小组长、民兵班长、妇女组长等。①

此前已经叙述，土改之后，农村30%以上的基本群众（除地富等敌人以外的农村其他阶层农民）已经组织起来，隶属于不同的群众组织，此不赘述。这里需要说明的是，除党团、民兵组织之外，农会、妇代会等群众组织，究其实也应该属于一种行政组织。以农民协会为例。因为农民协会是在县区工作队（或县区干部）领导和推动下建立的（扎正根子），并在历次群众运动中扩大和进一步巩固的（发动群众、提高群众觉悟），参加农会的群众，具有觉悟群众的政治身份（或称为基本群众），在土改前后，以农会为执行单位，挤黑地、选干部、划阶级、分田地等，行使了政府的很大一部分职能。总之，"农民协会的兴起，是基于农村土地改革的需要、建立和巩固农村基层政权的需要以及调整农村阶级关系、社会关系的需要，并不是真正意义上的'农民自愿结合的群众组织'，不是建立在利益共同体上的现代意义上的农民社团，是适应了当时形势需要而迅速兴起的，带有鲜明的战争与革命的色彩"。② 因而，区、乡、村的农会、民兵以及妇代会的领导人，应被视为基层干部的一部分。

（2）基层干部

首先，基层干部的来源。培训学员。如第二章第一节所述，商水县（包括原商水县和郾商西县）最初的干部是1947年秋到1948年春，党的上

---

① 《商水县五届三次各界人民代表大会对五二年冬季任务的决议案（一九五二年十月九日）》，商水县档案馆藏，档案号：政府全宗一永久卷26第3件。
② 张举：《新中国初期农民协会兴起与隐退原因探析》[J]，《湖南农业大学学报》（社会科学版）2002年第3期。

级领导机关先后从老解放区抽调的干部，共有 100 余人，其后，随着区、乡政权的普遍建立，基层干部甚显不足，原中共商水县委和郾商西县委分别开办了知识青年训练班，为区、乡政权培养干部。前后共培养了数百名基层干部，为区、乡、村政权的建立和巩固发挥了重要作用。

1949 年 2 月，原商水县和郾商西县合并成立新的商水县，辖土地约 176 万亩、46 万余人，时属淮阳地区之大县。为完成各项中心工作、迎接土地改革的全面开展，干部不足是一个突出问题。于是县委决定再次举办干部培训班。1949 年 3～4 月，在黄寨区张寨村培训干部 46 名。对于这批学员的去向，县委组织部长吕复权说："我们这批学员人人对脱离家庭参加革命表了决心，并一再表示听从共产党、人民政府的召唤……有些同志到新建的乡政府去任职，有些同志到各兵站去收集粮草支援前线，有些同志到县、区工作队（组）深入农村发动群众……"1949 年 8 月，根据形势的发展，商水县县、区、乡三级政府机构急需充实工作人员、教育事业的发展也急需教师，商水县委决定在县城举办大规模的干部培训班，计划培训干部 350 人左右，后实到学员 356 人。这批学员，大多充实到全县各级党、政、群、团机构中去。[①]

相对于商水县土改结束后的 5000 余名基层干部来说，以直接招收学员培训的办法，产生的干部毕竟只占一小部分，大量的基层干部是在历次群众运动或完成上级任务的过程中，从大量涌现出来的积极分子中选拔出来的。

从积极分子中选拔干部。历经二十余年的农村革命，中共对农民的领导以及从农民积极分子中选拔干部有一整套成熟的工作步骤、方法。以一个乡的工作为例。"工作队从进入村子开始，就结合实际运动的访贫问苦工作，根子首先扎正——一定是贫苦正派的劳动农民，这是提拔干部的基础。在串联群众、组织农民协会的过程中，要有目标的进行培养、有意识的使其成为农协委员，在具体领导群众斗争中，经过考验后，即能很快具备干部的条件。在一个村的斗争初步告一段落、整顿组织时，通过群众的评量，选为村干部——经过实际考验、再经群众审查，这样的干部才是坚强的、群众拥护的。在重点突破、运动向面发展后，在'村帮村'、'邻帮邻'的

[①] 邱有功：《对举办三次干部培训班的回忆》，中共商水县委党史办公室：《商水风云》[M]，郑州：河南教育出版社，1992，第 101～105 页。

口号下，大胆让培养的干部对象领导群众、开展工作，这是带徒弟的时候，上级领导要不断根据运动中出现的情况，具体帮助、耐心教育、提高他们的觉悟与工作能力。当运动在全乡展开之后，通过农民代表大会、民主协商委员会，选出乡干部，领导全乡农民的翻身斗争，这些当选的干部，在全乡群众拥护的基础上，可以逐渐提拔为脱产干部。但是，提拔干部的几点经验也是值得注意的：①从群众运动积极分子到脱产干部，是一个不断提高和教育的过程，要逐级提拔，不能太快，使思想与实际脱节。②在运动中提拔干部，注意不要提拔勇敢分子、流氓分子，一定要群众拥护的才行。因为老实农民往往到运动后期才积极起来。③提拔干部以青壮年为主，他们容易为翻身而工作。④根据群众路线，到一定时候吸收为党员。"①

商水县提拔乡村干部遵循的基本也是这样的方法。县委多次强调，"一旦掌握了正确的政策，干部就决定一切。提拔干部要用群众的尺子作为衡量的标准，同时掌握德、才、资格兼备及宁弱无缺、宁缺毋滥的原则，以工农与经过改造的知识分子为主要干部来源，采取逐步提高，有计划的提拔，要眼睛向下，不要向上"。② 即在支前运动、剿匪反霸以及随后的土改斗争中发现、提拔积极分子干部。如，1949年春，在支援大军过境南下渡江作战过程中，由于干部缺乏，商水县动员了一批社会力量，临时协助干部工作。在总结支前工作的经验教训中，商水县委认为："经验告诉我们，社会力量任用的先决条件是选好（出身、成分、纯洁没政治色彩的），绝不能单纯的求量多，任用时须经过一定机关的审查，民主决定。在任用期间必须加强理论的学习及思想的改造（当然不能要求过高），同时不断的采取民主评议的教育方式，并结合适当的清洗工作，尤其该单位的负责同志，处处事事以身作则，以好的作风影响他们。工作结束时，要经过适当的民主评判，表现好的应动员参加革命工作，并予以提拔，吸收其永久参加工作，经过一定时间的考验，作为培养干部的对象。"③

更多的干部还是在土改运动前后涌现出来的。以前述三里长村为例，

---

① 《郏县选拔干部的几个问题（一九四九年二月九日）》，中共河南省委农村工作部编印《河南省土地改革文献》上册［G］，1954，第83~85页。
② 《一九五〇年上半年民政工作任务与要求》，商水县档案馆藏，档案号：政府全宗一永久卷14第1件，第1~3页。
③ 《基本经验教训》，商水县档案馆藏，档案号：政府全宗一永久卷6第15件，第65页。

反减前由积极分子而被提拔的干部是史大顺,反减中由积极分子而提拔的干部有贫雇农出身的史金岭、李天佑、李天全、李纯林、李东树等人,在其后的群众运动中,又有史作克、史作非等人相继被提拔。

所有这些新培训或提拔的基层干部的家庭成分,一般以贫雇农为主,占3/4以上,包括一小部分中农,约占1/4。但县区干部中,中农成分出身的比例要多一些。据1949年年底的统计,商水县县、区政府所有343名干部中,出身于贫雇农家庭的有183人、占53.4%,出身于中农家庭的有132人、占38.5%。这可能与家庭出身成分较高而受教育机会较多有关,因为在这343名干部中,文盲只有88人、占25.7%,而识字者占74.3%,远高于乡级干部55%的识字率。[①] 似乎说明,干部级别越高,除了出身成分、个人的积极态度之外,可能在实际工作中,需要的文化水平也应该高一些。

其次,基层干部待遇。1949年6月,商水县规定,从当年7月份起,乡干每人每月补助小麦120斤(指乡长、乡农会主任与乡财粮员,其他乡干,如民兵中队长、副乡长、农会副主任、妇女主任等,每月补助60斤小麦),每个乡公所每月办公费30斤小麦。村干除开会外,没有补助。[②]

淮海战役结束至大军渡江南下后,中原区农民负担过重,而且,由于村干往往家庭非常贫困,又大多是家庭的主要劳动力,工作与家庭生活之间有冲突,个别地方的村干由于生活难以为继,在没有补助的情况下,竟有私自派粮的现象发生。如,1949年9月,商水县政府发现,在秋征中,"按规定村干没待遇,但事实上,普遍村干部在村里每日派百斤上下的吃粮,我们宣布此为非法,村干部却反映说,家里穷,没饭吃,不能饿着肚子办公"。[③]

根据新形势,1949年12月,中原区豫皖苏财经办事处规定:"乡村干部待遇是:地方乡干每人每月补助90斤粮食,包括吃粮、菜金、烧柴在内,另全年发土布40裁尺,于每年4月、10月分两次发给。行政村干部待遇粮,每人每月40斤,一个行政村村干,最多不得超过5人。每个乡公所、

[①] 《商水县区政府干部统计表(1949年)》,商水县档案馆藏,档案号:政府全宗一永久卷7第4件,第4页。
[②] 《商水县人民政府通令——翻印午征工作中三个文件》,《希各区遵照执行由(1949年6月25日)》,商水县档案馆藏,档案号:政府全宗一永久卷3第77件,第124~125页。
[③] 《请示信》,《文件底稿(1949年9月)》,商水县档案馆藏,档案号:政府全宗一永久卷4第11件,第77~78页。

每个行政村，每月办公粮秋粮20斤。"①

根据第一章所引商水县志记述，"据对全县302个村、22495户、102476口人的调查，1953年，每人吃粮324市斤；1954年每人吃粮367市斤"②，可以推测，此前，商水县农村人均吃粮应该低于此数。因此，即便不从政治地位因素考虑，对于生活艰难的贫雇农来说，每年几百斤、上千斤粮食的补贴有着相当大的吸引力，因而，在拥有土地之前，乡村干部普遍工作积极，响应上级号召。但是，双减之后、进而土改之后，一部分干部，由于获得了土地，生活有了保障，便产生了雷玉思想，即退坡思想，斗争热情与工作热情急剧下降，这在村干与部分乡干中相当严重。一个很重要的原因，就是乡村一般干部待遇较低，与从事其他牟利活动相比，比较利益不突出。

2. 整顿组织与整顿干部

（1）整顿组织

通过第三章的叙述，我们发现，党—国家在解构和重构乡村社会秩序的过程中，往往采取的是由点到面、点面结合，波浪式发展的方法，比如，剿匪反霸、土改、土改复查与民主建政等，皆有全县和区、乡的工作重点，即便具体到一个村庄，也有一个扎正根子、重点突破的问题。即先由点到面，然后再逐步深入——这应该是源于人力资源和时间成本的约束，同时也是一个合理化的工作方法问题。这就决定了上级工作队在任何一个点上的工作时间都是有限的，但同时又是反复的，即乡村社会改造的过程是一个动态、持续的过程。

又由于乡村社会改造的过程是一个外力作用的过程。具体到一个村庄，上级政府、工作队是权力机构和执行机构，由他们选中的根子、发现和培养的积极分子们在短时间内串联组织起了农民协会、妇女会、民兵队、儿童团等群众组织，掀起轰轰烈烈的斗争，乡村似乎在一夜之间发生了翻天覆地的变化。但是，正如陈益元所指出的："这种改变（土改对乡村社会的重构），在醴陵的发展并不平衡。它说明工作队权力的介入，能在有形的层面获得成功，但要真正从根本上使农民的思想意识和观念完全转入到党所

---

① 《关于增加供给标准的通知（1949年12月24日）》，商水县档案馆藏，档案号：政府全宗一长期卷2第35件，第37~38页。
② 商水县地方志编纂委员会编《商水县志》[M]，郑州：河南人民出版社，1990，第429页。

认定的道路和目标，还有很长的路要走。这当中，由表面上为声威和权势所压，而内心并不甘心的旧有权威，也有前面经由运动涌现出来的骨干、积极分子，在运动后产生了要求发展自己生产的因素所致。"①

因此，这种在工作队的外力介入与昔日的乡村社区边缘群体渴望财富、政治地位的冲动相结合、斗争锋芒直指一小撮旧权威和富有农户的斗争高潮，在工作队撤出村庄之后，群众的斗争往往又陷入低潮。所以，每次新的群众运动开始，新组建的工作队一进入村庄，首要的工作便是重新开始扎根子、访贫问苦与贫苦农民"三同"，在调查了解的基础上，发动群众起来整顿组织、整顿干部，进而完成新的任务、达成新的目标。

以商水县土改重点乡三里长乡王教庄为例。1950年7月以县委书记为首的土改工作队进村之后，发现：以前组织的农会缺乏阶级教育，不能领导群众向当权派进攻，形成勇敢分子趁机发洋财、中农离心、贫农孤立，地主阶级挑拨离间的局面。村干中正派的少，地痞流氓、勇敢分子趁机钻进来。原因是：①以前工作队主观主义，不注重调查研究。②工作作风上不是在群众自觉自愿的基础上组织的农会、生产互助组，而是命令主义、任务观点，造成互助组垮掉、农会内部不团结。③干部调动频繁，工作脱节。群众反映、提意见没用，工作队来不及处理就走了。工作队干部一离开，工作就跟干部走了。因此，即使发现问题也不能及时处理，群众有顾虑。同时，换一次干部，对了解的情况都不完全一样。解决的办法是：通过夏征、生产整顿农会组织，由于以前侵犯过中农利益，向中农道歉；教育干部群众、提高干部群众觉悟，团结可能团结的力量，向地主阶级斗争。②

这不是一个简单的重复过程，而是一个螺旋式的上升过程。在整顿组织的过程中扩大了组织；在整顿干部的过程中，经过大浪淘沙，把一些不纯分子、贪污腐化堕落分子清除出干部队伍。更重要的是，经过一次次的革命实践，革命伦理逐渐在乡村社会内部弥散开来、党—国家与乡村社会以及乡村社会内部在不停地磨合中逐渐相互适应。

---

① 陈益元：《建国初期农村基层政权建设研究：1949—1957——以湖南醴陵县为个案》[M]，上海：上海科学院出版社，2006，第144~145页。
② 《王教庄材料初稿（1949年7月）》，商水县档案馆藏，档案号：县委全宗一永久卷15，第191~200页。

(2) 洗刷干部与处理违纪干部

整顿组织的过程固然是一个发现新的积极分子、进一步发动群众、扩大群众组织与教育干部群众、提高干群觉悟的过程，但同时最直接的目的却是换干部，即洗刷不纯分子，把新的、符合党—国家要求和群众意愿的积极分子安排到领导岗位上来，因此，从某种意义上说，整顿组织首先就是整顿干部、改造政权组织与群众组织，尤其是改造基层政权，甚为关键："要结合群运改造基层政权，基层政权是人民民主专政的基础，是直接联系群众的、也是完成各种具体工作的基层组织，是实现各种政策的场所。"[①]

虽然每次的群众运动、每次的中心工作完成过程、每次的工作队进村都意味着整顿组织、整顿干部，但土改结束阶段的土改复查与民主建政运动，无疑是一次整顿组织与整顿干部的阶段性总结。一方面，因为一场大的社会改革之后，需要有一个稳定阶段，需要由运动转入生产，即商水县委所说的"精彩结束社会改革、精彩转上建设"。[②] 另一方面，工作队主持的土改运动毕竟执行的是统一政策，这与乡村的实际情况必然会有某种出入，那么，强迫与命令便是难免的，因为"光有政治教育，没有纪律的约束与制裁是不解决问题的"。[③] 在此过程中，秉承工作队意志行事的基层干部、积极分子们，也必然会与群众产生一些矛盾。作为基层干部，虽然党—国家的满意极其重要，但群众的满意也非常重要。群众对干部的满意就是对国家的满意，为了群众的满意，党—国家要作出一些让步，而这些执行上级指示、在社会改革风暴中冲锋陷阵的基层干部们，就要受些委屈了，其行为过分的将被洗刷，有错误的要当众检讨。这种情形在老解放区的土改运动中已有先例，称为"挽救干部运动"或"洗脸擦黑运动"，有时也叫"运动纠偏阶段""运动巩固阶段"，更有学者称之为"运动纠偏机制"。[④]

---

① 《一九五〇年上半年民政工作任务与要求》，商水县档案馆藏，档案号：政府全宗—永久卷14第1件，第1~3页。
② 《结束改革转建设必须做好农村春季互助的报告（1953年3月27日）》，商水县档案馆藏，档案号：县委全宗—永久卷71第1件，第1~5页。
③ 《基本经验教训》，商水县档案馆藏，档案号：政府全宗—永久卷6第15件，第65页。
④ 相关论述，见张学强《乡村变迁与农民记忆》[M]，北京：社会科学文献出版社，2006，第212页；刘一皋：《社会动员形式的历史反视》[J]，《战略与管理》1999年第4期；黄道炫：《洗脸——1946年至1948年农村土改中的干部整改》[J]，《历史研究》2007年第4期；等等。

以下以商水县一区五里堡乡为例①，略述其土改复查与民主建政运动的简单过程。

　　商水县一区五里堡乡有自然村20个，行政村17个，618户、2964人，耕地7682亩，于1950年12月29日结束土改。群众觉悟较高，组织人数822人，占全乡总人口28%。但组织不够健全，土改中新生力量不多（老干部、老积极分子领导的土改），有些村干部多占果实，群众有意见。根据情况，一区确定以该乡为土改后转入生产的重点乡。方针是以生产为主，结合建党、建团、建政，教育发展民兵，健全各种组织，解决遗留问题，找出经验，推广到全区。

　　区委组织区一般干部三个、工作队干部二个、乡干三个（本乡），由区委负责领导，于旧历的正月初四（1951年）开始，根据土改运动中涌现出来的真正积极分子，经过培养、审查，进行了启发教育，使他们自觉的写了申请、慎重的填写入党志愿书，经小组支部通过，区委批准后，公开举行入党仪式大会，扩大了党的影响（该乡原有党员两个，土改后发展了七个，编为一个支部，三个小组）。然后，全乡在党支部领导下，进行如下工作：1）开始了解情况，发扬民主，从党支部开始，开展批评与自我批评，再到干部，使乡、村干部认识到自己的错误。例如，大张庄二个乡干、二个村干，乡财粮员倪聪明自动退出多占果实：地一亩半、半头猪、一间房子、一个大柜、绳子二捆；村农会分会组长张镢头，退出二只缸、一挂套，一个柜；村长杨全省退出一个柜、一亩地，得到了群众拥护。群众反映说："别管退不退东西，只要他认识他多占了，咱也明白了就中，这样大家都没有意见，情生产啦。"很顺利的将果实跟群众讨论分配下去，转入生产，原来全乡的26个生产互助组，自动的开了会，订出了春耕计划。2）建政。先召开乡农协委员会，布置各行政村改选代表（根据村的大小人数，确定代表人数，按贫二中一，男二女一比例）提出候选人名单，于农历正月十三日召开代表会，改选乡政委员会。首先，乡长、财粮员作了工作总结、检讨，宣布了候选人名单。代表们充分的将候选人作了

---

① 《一区五里堡乡土改后健全各种组织报告（一九五一年二月二十六日）》，商水县档案馆藏，档案号：县委全宗一长期卷4第1件，第1~6页。

讨论，在选举当中代表皆认识到自己的权利，在选时干部一点不包办，大胆发扬民主，让代表投票选举，代表谈到，这可是大事，要慎重，不熟悉他不选他，或先问清再选举，选着啦，今后要领导全乡生产发家致富哩，可不要麻痹。如，代表朱天京说："候选人张文宣，我不选他，他分果实光捡着要。"朱某某说："候选人陈国壁，不能选他，弄啥事都是他的对，他在村当村长还不民主哩！"这次很放手的民主选举，很多涌现出来的新积极分子当选了，群众很满意（被选党员三个，团员一个），乡长、财粮是连选连任，村干被选为委员的五个，新涌现的积极分子被选上四个，工作很积极。当天他们开了会，分了工，计划了如何领导全乡生产，工作改进一步，各村取消了村长名称，改选了村政府，全乡选掉老村干四个，又涌现出一批新积极分子。3）组织民兵。首先在团内教育，审查年龄合格者，号召参加基干队。准备建一个分队、两个班，30人。召开原有民兵队员大会，作教育、整顿，发现较优秀者提升入基干队，原有民兵中经审查不合格者清洗掉。4）建团。首先在原有团的基础上，教育、巩固，再进一步的在各种会上（举行）宣传团、讲解团，定期上团课，使群众对团的认识更深一些，进行个别吸收发展，在团内讲明，凡是团员，都应有培养对象和宣传团的责任与义务，进行生产时事等教育、扩大建团的力量。现在该乡青年群众对青年团已有认识，纷纷上申请。如：大张庄张炳金（工作员）的爱人，是新来的媳妇，先前很封建，现要求入团。张玉以前全家都封建的不行，也要求入团，问工作同志说："我不能写申请书，用嘴说替我写行吗？"大柴庄柴兰芳（女），王强（男）也自动写了申请书。以上这几个典型人物以前都封建，基本对团没啥认识，由于这段时间的宣传教育，均晓得青年团是教育青年人的学校，是青年中的进步者的组织等，总的说来多半群众对青年团有了新认识，像以前"青年团是抓兵的"等不正确的说法没有了，我们准备在对象培养成熟后，举行一次入团仪式大会，发展一批。

在干部、群众由土改转入生产后，及时处理一些问题。召开干部会、乡农协委员会，将工作方针转入生产上来，并贯彻到群众中去，使每个群众认识到，今后只有劳动发家，生产致富，问题才好处理（如，赵楼群众要斗富农赵国允，方针扭转后，群众即全力转入生产了）。

几点体会：1）土改结束，接着转入生产，扭转方法是由干部到群众，首先从思想上解决问题，把方针宣传明确，防止土改后再乱搞。如土改遗留问题过多，转入生产后再处理遗留问题，还要随时随地揭发谣言（如：二次土改等），宣布市场政策四大自由，地主劳动五年改变成份（分）、争取守法不再斗争等。2）土改结束要及时找出经验教训，确定今后的工作方针，防止干群的麻痹自满。改选组织、教育扩大组织、巩固组织，情况才能弄清，工作才能前进一步，遗留问题也能处理，群众对生产情绪才能提高。3）转入生产后不强调组织互助组，号召提倡旧有的生产形式，不号召计工，号召自由结合，组织也不要过大。如，大张庄，自由结合三户至五户，去年组织的到现在还是很巩固，领导注意深入生产，发现问题，及时解决。4）土改后先举行入党、入团仪式会，后再改选乡政府委员会，比较好。群众觉悟能提高一步，改选有保证。举行入党仪式要讲解党的主张、目的、权利、义务、入党手续、条件等，扩大党的影响。如，五里堡乡举行入党仪式后，宗坡的王克俭等三次写申请书，乡小教员张振普等申请入团，李警亭说："我入党够不够条件？我入党不怕候补，五年候补期也光荣"，等。还有其他许多群众都纷纷的要求入党、入团。

商水县委的复查运动总结认为："经过全县范围内大规模的宣传复查政策、讨论雷玉思想、进行回味诉苦，结合挖根、对比教育，扭转了干群松劲麻痹思想，提高了阶级觉悟，发动了后进，团结了自己、孤立了敌人，组织力量少者占人口30%，一般的占人口35%，多者占人口40%以上，通过总结工作，肯定成绩、检查缺点与错误，发扬民主、开展批评与自我批评，干群关系中的问题初步得到解决。如，一区八里湾乡清洗了一个乡长，有五个绰号（烧毛狗、吃嘴狗、二土蛆、赖八国、王疯子）的王化玉（当过保长），并取消了其候补党员资格，群众反映：祛了大害。五区路车楼乡王庄村通过串联，清洗了当过兵、任过军分区连长的村农会组长王文正。总之，41个重点乡，清洗出身不纯及贪污、作风严重恶劣干部1099名（其中区干1个、乡干207个、村组长以上的891个），解决了干部群众关系，树立了雇贫农在农村的领导权，同时，群众也加强了对我们的信念，给我们今后一切工作打下了有利基础。"①

通过县、区土改复查与民主建政运动的典型总结，我们从中可以看出对前一阶段社会改造成果的巩固（扩大健全各种组织）与阶级斗争的暂时缓和（如不鼓励斗争富农），经过运动，洗刷了大批群众不满意的干部，大大强化了干部和群众对党—国家权威的认同（干部和群众的觉悟均得到提高等）。但是，这种理想状态、这种美好愿望，是在党—国家与农民群众妥协之间，牺牲了基层干部的利益、付出了打击基层干部工作积极性的代价换来的。

其实，从党—国家进入乡村、任用贫困农民充当乡、村干部开始，即有乡村干部"三受气"现象（三受气指忙工作、家庭埋怨，任务完不成、上级批评，工作搞不好、群众不满意）存在，严重地影响着乡村干部的工作积极性，尤其家庭有实际困难的干部，确实处于两难、三难困境之中。如，上文提到的商水县一区五里堡乡乡文书倪聪明，"（1951年）夏征每天在乡政府工作，家里活都靠他老婆做（他家五口人，三个小孩），地荒啦，回去他老婆也不待理他，并叫他看脸子，甚至有时饭也吃不嘴里，气得他要和他老婆离婚"。②

由于经常性的清洗、斗争，相当一部分乡村干部内心产生了怨气、有了撂挑子思想。如，四区三所楼乡委员姚玉全说："啥民主运动，是三反打虎，贪污多的多打，贪污少的打的轻些。"该区赵寨乡副主席曲志龙说："当干部就是在刀尖子上，动不动叫群众提意见，今年（1952年）春民主团结才提过意见，今儿又来民主大检查，得换班。"③

固然是一些干部由于贪污腐化，应该被清洗掉，但处理干部太多，必然会引起其他干部的惊慌。正如商水县三区区委书记徐保宽所言："因去年秋征（1949年）处理干部过多，干部思想有转变……人家说我们是过河拆桥、卸磨杀驴，干八路没有好下场。"④

---

① 《商水县复查运动总结报告（1952年5月4日）》，档案号：县委全宗一永久卷57第5件，第22~35页。
② 《商水县一区五里堡乡生产抢种情况报告（1951年7月12日）》，商水县档案馆藏，档案号：县委全宗一长期卷4第6件，第51~62页。
③ 《县委会关于六个区的区书碰头的总结报告（1952年11月17日）》，商水县档案馆藏，档案号：县委全宗一永久卷57第12件，第79~90页。
④ 《商水县三区重点区工作总结报告（1950年2月）》，商水县档案馆藏，档案号：县委宣传部全宗一永久卷1第4件，第27~43页。

有人认为土改后，翻身农民尤其是翻身干部不愿工作、只顾埋头生产的退坡思想（《湖南新报》曾经热烈讨论的"李四喜思想"或河南省委所谓的雷玉思想），是农民的小生产者的自私、狭隘意识所致。克服的办法是学习、批评教育、检查、适当照顾家庭困难等。① 或认为，"李四喜思想"的呈现，反映了土地改革达到分田目的后，一批出身社会底层的贫雇农积极分子在把握政治上升与实现自身利益两者中的两难困境；"李四喜"现象是这种潜在利益的表面化、显现化而已。②

其实，"李四喜"现象应该还有更深刻的原因：它源于革命与乡村的内在紧张，即革命伦理与乡村传统伦理的冲突、对干部大公无私的要求与落后的小农家庭经营生产力水平的冲突、革命的自觉性要求与低水平的革命道理认知水平的冲突乃至国家意志与个人利益的矛盾，至少，也是因利诱（分田地、翻身）而起的积极分子与政治地位上升并不能带来经济利益明显好处的矛盾。

二　宣传下乡

张鸣认为："（20世纪初的）大革命时期的农民运动开创了一个共产主义世界特有的运动模式——革命的理论，斗争的激情，再加上发动（诱导），适当的经济利益和理想的完美模式奇妙的结合在一起。"③ 或者认为："20世纪以来，中国共产党通过政治动员、行政任务和命令的方式，使得党和国家意志得以全面迅速地向乡村社会渗透，形成特有的现代国家的渗透机制，从而高效地实现对乡土社会的行政整合。现代中国的建构又是'行政下乡'的过程。""国家行政和乡土社会渗透的动员、任务和命令机制都是为了按照国家意志改造和支配乡土社会，以做到统一思想、统一意志、统一行动。"④

---

① 王瑞芳：《严重的问题是教育农民——建国初期中共克服"李四喜思想"的成功经验》[J]，《当代中国史研究》2006年第4期。
② 陈益元：《建国初期农村基层政权建设研究：1949—1957——以湖南醴陵县为个案》[M]，上海：上海科学院出版社，2006，第163页。
③ 张鸣：《乡村社会权力和文化结构的变迁（1903-1953）》[M]，南宁：广西人民出版社，2001，第100页。
④ 徐勇：《"行政下乡"：动员、任务与命令——现代国家向乡土社会渗透的行政机制》[EB/OL]．[2007-11-14]．http：//www.citychinese.com/bbs1/dv_ rss.asp？s=xhtml&boardid=350&id=83238&page=1&star=2&count=18。

同时，也可以这样认为，在政党下乡、政权下乡的过程及其基础之上，由动员、任务和命令机制推动的群众运动的历程，也包含着一个党—国家持续努力的宣传下乡历程。

1. 党委领导宣传

领导机构。在社会的大变革时期，党—国家的宣传工作异常重要："一方面要回答社会实践提出的各种问题、提出解决问题的办法；另一方面要批判、批驳党外一切不正确的思想。宣传工作应该统一管理起来"。统一领导宣传工作的是各级党委宣传部，就新中国成立初期的商水县来说，是中共商水县委宣传部，它的主要任务是："研究思想情况、确定宣传计划、发布宣传指示、组织宣传活动、总结宣传经验。"即，宣传部是"宣传的计划机关、审查机关与指挥机关"。[①]

宣传机构。县委组织部直接领导一批宣传员队伍。据 1951 年统计，商水县共有宣传员 989 人，其中男 824 人、女 165 人，全部为党团员、积极分子，其中党员 182 人、团员 436 人、积极分子 371 人，大部分是具有高小以上文化程度的农民（989 人中，农民占 934 人）。这些人均隶属于区、乡、村的党委、党支部、党小组的直接领导或团的相应机构领导。[②] 商水县委宣传部规定，宣传员要编为小组，小组成员每 5 天一碰头，日常工作是广播、出黑板报（材料由区委安排）、给群众读报。由专人（宣传员中的汇报员）每 10 天向区委汇报一次情况，汇报情况的范围由宣传部事前安排。比如，（1）目前农村有什么谣言。（2）土改转生产阶段干部群众的思想动态。（3）镇反后的干部、群众思想动态。（4）抗美援朝捐献的情况。（5）宣传网的建立、活动情况。（6）目前宣传工作存在的问题。（7）好的宣传员有哪些成绩、经验等。[③]

除县委宣传部系统之外，县政府较为专门的宣传机构应该是商水县人民教育馆，经常性的工作是办业余补校、出黑板报、图画、标语宣传，代笔问事、广播，并整顿旧戏班等。1950 年 2 月间，教育馆召集可能组织起

---

① 《部务会议记录（1951 年 6 月 10 日）》，商水县档案馆藏，档案号：县委宣传部全宗一永久卷 2，第 21~22 页。
② 《宣传员统计表（1951 年）》，商水县档案馆藏，档案号：县委宣传部全宗一永久卷 5 第 1 件，第 1 页。
③ 《部务会议记录（1951 年 6 月 10 日）》，商水县档案馆藏，档案号：县委宣传部全宗一永久卷 2，第 23~25 页。

的旧艺人参加，组织成一个大众剧团；联系各部门，聘请各部门的通讯员，报道他们部门的情况，以便替各部门做宣传（1950年聘请了通讯员52人）。就教育馆1950年的成绩来看：（1）工农业余补习学校，一百上下的学员，文化上、政治上都有显著的提高；（2）剧改：改掉旧剧的封建、迷信、淫荡部分，剧团的演员排演成熟了十五个新剧，全县十个区都去演过；（3）利用了广播、黑板报，把党、政府开的大会精神贯彻到群众当中去；（4）很多群众到民教馆来问政策、问疑难问题等，都得到了解答。1951年，教育馆准备把旧艺人组织起来，再成立两个业余剧团；在各区建立通讯组，每区聘请五人以上的通讯员，以便联系各地情况。①

此外，还有一个庞大的宣传队伍——各级各类的学校教师与学生。1950年，商水县共有各类教师426人、学生14514人。教师们利用了（1950年的）寒假及每天早上两个钟头的时间进行了思想、政治、时事、业务等方面的学习，初步打破了旧的正统观念，树立了为人民服务的革命人生观，能服从组织，靠近领导，同时端正了劳动观点和教学思想。学生们经过政治学习，普遍提高了觉悟，明确了阶级立场，划清了敌我界限，开展了批评与自我批评，端正了学习态度，加强了劳动观点，普遍要求入团，参加社会活动，尤其是在土改学习以后，地富出身的同学在大众面前控诉他父兄的罪恶，雇贫农出身的同学在大众面前进行了诉苦，在思想认识上也都大大提高了一步。全县各种完小以上学校共有黑板报42处、广播台24处，都设有代笔和问事处。同时，县中、县师范还组织有学生剧团，经常深入群众演出或配合政府中心工作进行宣传。②

其实，最主要的宣传队伍还是各级党、政干部。上级机构布置工作、以命令形式动员政府科层机构之后，干部（工作队）下乡召开不同规模的群众会议、扎根串联、诉苦讨论等教育群众、组织群众的过程，也就是最直接地向群众宣传政策的过程、教育群众的过程、塑造群众的过程，党—国家与群众直接交流的过程。可以说，每一个干部，既是工作员，也是宣传员。

---

① 《商水县人民教育馆一九五零年工作总结（1950年12月26日）》，商水县档案馆藏，档案号：政府全宗一永久卷14第22件，第46~50页。
② 《一九五零年商水县教育工作上半年总结及下半年计划（1950年8月31日）》，商水县档案馆藏，档案号：政府全宗一永久卷14第23件，第51~58页。

2. 宣传为中心工作服务

中共河南省委宣传部曾指示:"我各级党委宣传部门,必须密切注意当前伟大群运的发展,在不同时期内,依据群运的需要,结合本地的不同情况与群众的觉悟认识,随时规定明确具体、灵活有力的宣传方针、口号,组织与指导群众斗争,鼓舞其革命积极性,并发挥伟大宣传力量,从思想上、政治上瓦解敌人。"①

商水县委宣传部认为:"宣传工作归纳起来只有两件事:1)在党的每一个中心工作与日常工作中,动员、组织全党,把政治意义说得正确、透彻。2)有计划、有步骤的宣传马列主义毛泽东思想,并最好结合各个地区干部、群众思想情况,进行上述内容的通俗宣传,使广大干部与群众逐步懂得中国革命与世界革命的基本道理——宣传工作就是思想工作"。"宣传工作是一切工作的先锋队,宣传工作是为中心工作服务的、围绕中心工作来进行的"。②

以剿匪反霸运动为例。省委宣传部指示,剿匪反霸的宣传重点应是:充分宣传土匪对各阶层人民生命财产的危害;通过典型实例说明土匪、恶霸、特务相互勾结的反革命活动,说明土匪是国民党留下的祸根,乡村必须坚决剿匪反霸;说明今天剿灭土匪的有利条件与实例;充分宣传剿匪反霸的各项政策,宣传依靠群众、组织群众,对土匪恶霸展开政治攻势,就能消灭他们;宣传人民必须动员起来。只有动员起来,才能取得最后的胜利。宣传工作是一场总体战,要动员全党与青年团的力量,各级党委、政府、部队、群众团体以及宣传工作人员,除应在各种干部会议、讲习会议、训练班、夜校、俱乐部、上大课等进行宣传外,并应尽可能地组织机关、团体、学校、部队等,成立临时宣传队、宣传组,向附近城乡人民进行宣传。乡村的集市、庙会、集会、村头乘凉等,都可以进行短小精悍、通俗易懂的宣传。③

商水县剿匪反霸期间,县委县政府下发了《办理悔过登记书自传提纲》《反霸清算问答》等,在各级干部学习的基础上,广泛进行了宣传。县教育

---

① 《中共河南省委宣传部关于开展剿匪反霸宣传的指示(一九四九年七月二十一日)》,中共河南省委农村工作部编印《河南省土地改革文献》上册[G],1954,第36~39页。
② 《部务会议记录(1951年6月10日)》,商水县档案馆藏,档案号:县委宣传部全宗一永久卷2,第22页。
③ 《中共河南省委宣传部关于开展剿匪反霸宣传的指示(一九四九年七月二十一日)》,中共河南省委农村工作部编印《河南省土地改革文献》上册[G],1954,第36~39页。

馆的一切工作活动都围绕这一工作宣传,以剧团排演打恶霸的戏剧,如:《白毛女》《小仓山》等。县中学组织了剧团,结合政府中心工作,上演了《渔家仇》《逼上梁山》《黄泥岗》等戏剧,并表演了腰鼓、秧歌,教育意义很大,群众反映也很好。

又如,在1949年6月商水县午征中,为贯彻政策,县委组织了大规模的宣传活动:①方式——标语、漫画、广播台、黑板报、宣传场等。以各区现有力量并组织学校学生,利用各种会议、集市由专人去演讲。黑板报、广播台要求重点村与集市办到。②内容——按宣传要点(为啥征粮,为啥不见减轻?征粮啥用?用算账办法说明今年负担不比去年重)宣传负担政策、计算办法,及时揭发谣言,根据工作步骤、不同阶段,提出适当的口号。同时,对于基层乡村干部,打通干部思想,使之懂得政策、学会计算,不识字也要会说;开好各种会议:农代会、村民大会,在会上宣传征粮办法、政策、任务,使之家喻户晓。①

其他中心工作进行之时,也是先进行广泛的宣传。如扩军时,广泛宣传形势,进行时事教育、抗美援朝重要性的教育;组织群众游行示威、进行捐献活动等。在土改转生产阶段,全县集中宣传中央的生产政策,打破各阶层的思想顾虑,稳定各阶层生产情绪,使群众敢于大胆生产等。

县教育馆的宣传时刻围绕政府的中心工作,到各部门要总结、找黑板报材料,哪个部门开会就去访问、记录,与大会接头、给大会报道消息。挖河时参加宣教股出小报、黑板报,广播报道河工上的事,土改中排演了《土地回老家》等戏剧,抗美援朝时事宣传中排演《血债》《猪》等戏剧到各区去演出,并由黑板报、广播、漫画、摘录时事宣传文娱材料及文件出特刊等。② 县中学师生在大规模的土改运动中,积极学习土改文件、宣传土改、参加土改,作出了很大贡献。③

3. 宣传入村、入户

对于临时性的突击任务,一般是进行大张旗鼓的宣传,如征粮、征兵、

---

① 《商水县午征布置与总结(一九四九年六月十八日)》,商水县档案馆藏,档案号:政府全宗一永久卷6第19件,第82~85页。
② 《商水县人民教育馆一九五零年工作总结(1950年12月26日)》,商水县档案馆藏,档案号:政府全宗一永久卷14第22件,第46~50页。
③ 《一九五零年商水县教育工作上半年总结及下半年计划(1950年8月31日)》,商水县档案馆藏,档案号:政府全宗一永久卷14第23件,第51~58页。

捐献等，但对于迥异于乡村传统伦理的社会改造工作，远非一般的大张旗鼓的宣传所能奏效。因为临时性的任务可以突击完成甚至强迫完成，政治制度和政治秩序的改变也可以在不太长的时间内完成，而要改变一个社会成员的行为伦理、心理认知，塑造一批新型政治成员，却需要一个长期而缓慢的过程。因此，为了迅速地把党的思想和主张传递到最底层的乡村社会，获取农民的认可和支持，党—国家动员各级干部、革命知识分子走出机关，深入农村，深入农户，采用适合农民特点的宣传方式，解决他们的思想问题。

其实，从一般的宣传工作中，商水县基层干部即得出经验：在宣传政策时，尤其在农村正处农忙之际，开大会不如开小会，利用座谈、漫谈方式还能了解出真实情况。① 如上文所说，在所有的宣传形式中，工作队下乡进村"三同"（工作队干部与贫雇农根子同吃、同住、同劳动）、扎根串联、召开的不同规模的群众会议、诉苦讨论等工作方式，既是完成中心工作的过程，也是最直接的向群众宣传政策的过程、教育群众的过程、塑造群众的过程，党—国家与群众直接交流的过程、对宣传效果进行检验的过程。

下面，以一个"三同"扎根串联的实例，来说明工作队干部是如何通过宣传，把革命伦理、把党—国家的思想意志传入乡村农户、传给农民的。

商水县第十三区白寺乡马庄村，在土改后是三等村（群众未发动、敌人未打倒、遗留问题较多、革命不彻底），经过区里开扩干会，决定组织工作队，以深入的"三同"来了解该村的情况、作该村工作。

进村工作的同志是该区农协主任梁廷祥、商水县中学的学生谢华元及该乡乡主席郭海龙。入村首先召开团员干部会及群众大会，大张旗鼓的宣传土改复查收缩补课的意义、"三同"的目的与贯彻政策坚决依靠贫雇农的决心。接着又召开贫雇农会议，明确补课的意义，再次明确依靠贫雇农、搞好复查的决心。提出响亮的口号：查敌人（敌人打倒没有、服气不服气）、查当家（贫雇农是否当家）、查干部（坏的、贪污的多少）、查果实分的公平不公平。干部分工深入农户，在吃饭、睡觉、拉家常时，以个别谈话的形式或开三五人的小会，来宣传政策、

---

① 《商水县第八区委会夏征总结报告（一九五一年八月三十日）》，商水县档案馆藏，档案号：县委全宗一长期卷3第3件。

了解情况。

梁主任住到郭三元家（郭家 6 口人、原有 5 亩地，分得 9 亩地，他家曾经逃荒 27 年，要饭、当长工，受苦很大），梁主任与他们在打水、抬土、抬粪中拉家常，三天后，与郭家建立了一定的感情，很自然的谈出情况来了。如，（1950 年）4 月 6 日晚上，在闲聊时，梁同志有意识的以苦引苦作启发教育。老梁说："我 16 岁时，父亲就下世了，兄弟 4 人被抓壮丁，连抓 5 次，家里就穷了，一家人弄的给人家扛活。（民国）三十一年饿得肚里发热，无奈只好到南乡逃荒要饭，4 口人饿死 1 口给了人家 1 口，回想起来心里真是难受。"就痛哭起来。这样引得郭家全家人哭（因他家受的苦也是这样），自动的诉起苦来。

……（郭三元一家诉说了逃荒、要饭、饿死亲人、被地主欺压等苦难经历）

梁同志说："过去咱受苦不算人，现在解放军来了，一定叫咱穷人翻身。"

郭三元说："翻身，外庄的穷人翻身了，俺这庄的穷人可没有翻身。老梁，你来开会时，俺都蹲在墙角里不敢吭气。因为在划郭三片阶级时，叫我吓得打冷战——坏人压迫穷人太厉害，说大话吓唬好人。"

梁同志又问："现在还害怕不害怕啦？"

郭三元说："前天吴区长来开一次会，在这住了一天走了。祖政委又来两天，又走了。你来啦还走不走？"

梁同志说："这次我来不走了，要叫咱穷人彻底翻身、当家我再走。马庄工作搞不好，我不出马庄，下决心给咱穷苦人撑腰作主。"

郭三元说："要真照这样，俺庄的情况，有啥我要说啥。"

……经过了解情况——敌情、干情、群情，梁同志就真正的确定郭三元作为根子。郭三元又介绍了周初、郭换成、郭狗领和两个女的王墨、王纲等五人为根子。梁同志和小谢、乡主席碰头之后，就分头去了解这几家的情况。以"苦连苦、心连心"、"三同"、个别谈话的方式进行阶级教育。在掌握思想情况后，工作队提出："苦连苦、心连心，受苦人才知受苦人"的口号，在（1950 年）4 月 8 日晚上，召开了根子诉苦会（注意：诉苦会一定要在根子家中召开，有意识的发动他全家——做到一人发动，全家发动）。首先梁同志和乡主席作了启发诱导，进行诉苦教育以自己的苦去引苦。……

(在大家诉苦引起的伤心痛哭之后)

梁同志问:"过去的苦是从哪里来的?过去的政府是给谁办事的?现在的政府是给谁办事的?"

郭三元说:"国民党是给地主、土匪、保甲长办事的,现在解放军是给穷人办事的,是为咱穷人翻身的。毛主席一来咱们这几年也不逃荒要饭了。"

大家说:"毛主席共产党是爹娘,过去亲爹娘也挡不住抓壮丁、饿死呀。"

(经过讨论,认为马庄现在穷人还不当家)

梁同志问:"咱想当家应当咋样办哩?"

周初说:"要想当家,咱穷人团结到一块,选出领导人,只要政府给咱作主,咱一定能打倒地主。"

当时就组织贫雇农小组,选出周初、郭赖货(郭三元之弟)为农会小组长。

周初说:"咱们既干,就要大公无私,不要跟过去干部学着。"

大家说:"对,当家就要当好。"

最后,大家齐声说:"穷人组织起来,团结起来力量大,彻底打倒地主、斗争到底。"

在总结经验中,工作队认识到,扎根串联一定要听贫雇农的要求;诉苦中通过挖穷根、找富根才能提高阶级觉悟;斗争要结合生产。[①]

正如我们在第三章中谈到的,这是一个革命伦理进入乡村的过程。但从宣传的角度看,这又是一个宣传的纵向深入过程,也是一个党—国家与农民的交流互动过程。

有人从心理学角度对党的农村思想工作进行了阐释:从认知规律上看,宣传思想信息首先形成人脑表象,经过原有认知结构的筛选,形成新的认知结构,在新的认知结构的基础上,开展行动,这是党的思想工作入心入脑的实效体现。因此,从心理角度讲,在宣传活动中一定要尊重农民,宣传工作必须注重贴近实际、贴近生活、贴近群众,以平等的工作态度和工

---

① 《(商水县)第十三区白寺乡马庄村工作汇报(1950年4月28日)》,商水县档案馆藏,档案号:县委宣传部全宗一永久卷1第1件,第1~17页。

作方法去密切联系群众，取得群众的理解和信任。①

通过上面的实例，我们看到，一方面，群众的新的认知结构的形成与巩固是需要一个过程的："拉拉簸箕米动弹"，如果没有一个入心入脑的宣传教育，恐怕一种新的认知结构很难形成，而持续发展的革命需要群众不断形成新的认知结构。面对众多的村庄，有限的干部在有限的时间内如何面面俱到？另一方面，扎根串联的干部需要有很大的工作技巧，宣传的对象也需要有很强的针对性，问题是，这种巧妙的双向结合有多大的普遍性？这些难题，决定了党—国家对群众的宣传教育是一个长期的、反复的过程。

三 中心工作与群众动员

中心工作是指某一时期，党和政府的主要工作。新中国成立初期，党和政府针对农村的中心工作往往以任务的形式进入乡村社会，种种任务一般都有内容、时间、目标等具体要求。如果单从完成任务的角度讲，党—国家通过重构社会秩序，集中权力和向乡村扩散、渗透权力，极力向农民宣传革命伦理并以此教育农民，其直接目的乃是希望尽量通过动员，以大多数群众认同的方式贯彻意志、完成任务、达成目标。

1. 中心工作任务化

党—国家进入乡村之后，每一时期都有一个中心工作，有时甚至几个中心工作前后相互交叉、同时进行，即一些时期要同时完成几个任务。任务的内容涉及社会改造、汲取资源以及对农民的文化宣传、思想教育等一些社会事务，县委在布置这些工作时，都有明确的内容、时间与目标要求。

社会改造任务。如，剿匪反霸任务。正如中共河南省委为剿灭土匪、打倒恶霸向全省党政军民的号召称："为了保护各阶层人民的生命财产，建设民主自由繁荣幸福的新河南，省委决定，今后一定的时期内以肃清国民党反动残余，彻底剿灭土匪，打倒恶霸，作为河南全党的中心任务，省委号召河南全省党政军民紧张动员起来，为完成这一光荣的重大任务而斗争。"② 与省委把剿匪反霸称为伟大任务一样，商水县委对此问题有具体布置：重点突破、

---

① 施炎坤：《关于党的农村思想工作的心理学研究——入心入脑的认知机理及应对策略》[J]，《中共福建省委党校学报》2004 年第 5 期。
② 《中国共产党河南省委员会为彻底剿灭土匪打倒恶霸向全省党政军民的号召（一九四九年七月十六日）》，中共河南省委农村工作部编印《河南省土地改革文献》上册 [G]，1954，第 29 页。

点面结合，1949年9月底前完成三个乡的剿匪任务……第一步整顿内部、广泛动员宣传，初步了解情况，时间是7天（从8月25日到8月30日），第二步建立与扩大组织、开展斗争，时间是10天（从9月1日到9月10日）……①

即使复杂艰巨的土地改革，也是以任务的形式下达给工作队的。商水县委规定一个乡的土改过程是五步三关，每一步、每一关要召开什么会议、召开几次、用多长时间，都有明确的规定。② 其他如土改复查与民主建政等，都是商水县委以明确的任务形式下达的。

国家在乡村汲取资源任务。典型的任务如1949年2~4月，大军过商水县境南下，供应大军粮草成了商水县委、县政府的中心工作。为此，县委多次下发通知，坚决保证征集粮草、运输、修路和其他支前任务："目前支前工作是我们一切工作的重心，必须集中力量、尽一切办法确保完成……我们支援大军渡江作战解放全中国的政治任务。"③ 除支前之外，国家向乡村汲取资源主要集中在征粮和征兵上。每次的公粮任务，更是规定具体的时间与目标。如，1949年的午征中县委曾要求："为了早日结束午征转入剿匪工作，特决定一定在七月二十五号之前，公粮全部入仓，完成任务。否则会影响八月份中心工作。"④ 同样，扩军工作也是以动员、突击运动的形式完成任务的。如1952年的商水县委扩军工作总结报告说："在去年十月份，随同土改运动的开始，结合布置了扩军工作，经广泛宣传、个别动员，到形成突击运动，历时五个多月而胜利的完成了扩军任务……"⑤

农业生产与社会事务。新中国与此前相比在农村的一个显著变化，是将农业生产与社会事务作为政府的一项重要工作，即"国家行政机制通过

---

① 《商水县午征总结重点发动群众工作初步总结（1949年9月12日）》，商水县档案馆藏，档案号：县委全宗一永久卷-6第8件，第72页。
② 《一个乡的土改具体做法与步骤》，商水县档案馆藏，档案号：县委全宗一永久卷30第1件，第1~5页。
③ 《全民动员完成支前准备开展群众运动》，《支前报》1949年4月28日第3期，商水县档案馆藏，档案号：政府全宗一永久卷2第10件，第14~15页。
④ 《午征工作通报》（1949年6月），商水县档案馆藏，档案号：政府全宗一永久卷3第78件，第126~134页。
⑤ 《商水县委关于扩军工作的总结报告（1952年4月9日）》，商水县档案馆藏，档案号：政府全宗一永久卷60第2件，第9~14页。

各种指标活动,达到影响与支配乡村社会的目的"。① 商水县每年都制定有农业生产计划。以 1953 年的农业生产计划为例:"以'组织起来,推广先进经验,提高单位面积产量'为总方针,由改革转入生产力争完成 1953 年粮食产量 4.17 亿斤、棉花 382 万斤……任务而奋斗。为此,必须抓住增产的主要措施:即积极兴修水利、防旱防涝、改良自然条件和土壤条件、改进耕作技术……"② 社会事务方面的禁毒运动、取缔反动会道门运动③等,也是通过发动群众运动、以任务的方式完成的。

2. 中心工作与群众动员

一系列的任务,除了有明确的内容、时间与目标要求之外,更有相应的机构、人员加以贯彻、落实,任务的完成情况与行政贯彻能力有关,而行政贯彻能力的强弱与行政机构、干部状况以及群众的思想认同等因素有关。

一般来说,为了完成政府在一定时期内的中心工作,党和政府通过动员(包括政治、组织和思想动员等)的方式,充分发动干部、群众,以达到广泛的社会参与,从而有组织、有目的领导群众按照政府意志达成目标的过程。运动的效果取决于政府机构、群众组织及其领导者的组织动员能力和群众的参与程度,而群众的参与程度与群众的组织程度、对权威的认同心理以及运动与群众利益的关联程度等因素密切相关。任务的完成过程往往有以下程序:组成领导机构并对政府内部科层下达命令、组织干部进入乡村宣传动员、完成任务的过程、总结等几个阶段。

(1) 运动的组织机构

为完成中心工作,商水县委往往先召开全县干部会议,进行体制内的动员,并下达相应的指标任务;重大任务提出"大员上前线"的口号,一般组织以县委书记、县长为正副领导的组织机构,统一领导全县工作,相应的,区乡也组织对应机构,并且规定定时汇报制度,以便各级领导掌握

---

① 徐勇:《"行政下乡":动员、任务与命令——现代国家向乡土社会渗透的行政机制》[EB/OL].[2007-11-14]. http://www.citychinese.com/bbs1/dv_ rss.asp? s = xhtml&boardid = 350&id = 83238&page = 1&star = 2&count = 18。
② 《商水县 1953 年农业生产计划(1953 年 3 月 14 日)》,商水县档案馆藏,档案号:政府全宗一永久卷 13 第 1 件,第 1~10 页。
③ 分别见《禁烟禁毒总结报告》,商水县档案馆藏,档案号:县委全宗一永久卷 77 第 1 件,第 1~6 页;《商水县取缔反动会道门总结报告(一九五三年三月十五日)》,商水县档案馆藏,档案号:县委全宗一永久卷 77 第 2 件,第 7~16 页。

进度。这样，形成了以县委为核心、为完成中心工作而组成的自上而下的、严密的行政组织网络。

(2) 进入乡村动员

抽调各级干部（有时也让县中学学生、县师范学生或教师等人参加），组成工作队，进入乡村，召开各种群众大会、会议，动员各种群众组织，对群众展开面对面的宣传发动。这种情况下一般要结合诉苦斗争、整顿组织、发现新的积极分子、撤换干部等，以便打开工作局面。在这一过程中，对党团员、群众组织的宣传动员最为关键。在土改前后，乡村加入各种组织的农民（共产党员、共青团员和农会、妇女会等群众组织以及贫雇农积极分子）是一个数量相当庞大的群体，主要由青壮年男女组成、占人口的30%[①]左右、涵盖绝大多数农户，是政府领导下的乡村社会横向组织网络，更是新政权强大动员能力的组织资源与推动群众运动向前发展的动力保证。

(3) 过程

完成任务的过程中，往往会发现一些问题、纠正一些偏差；同时，为鼓舞精神，上级干部往往提出一些通俗易懂的口号或发动相邻乡、村进行完成任务的竞赛等。

(4) 总结

一般要举行各级政府会议，主要是评功、表模，洗刷干部、提拔一批新干部，总结经验教训等。

这里以商水县1949年的午征布置为例予以说明。

商水县午征布置计划

为了有组织、有计划、有步骤、有领导的掌握，推动全县午征工作迅速而顺利的进行和政策、办法正确的执行与贯彻，以及保证任务提早完成，县里午征委员会已宣布成立，讨论制定了征收初步计划与工作布置如下：

[①] 1951年5月，土地改革结束后，商水县农会共有会员120900人，选举出5468名基层干部（其中半脱产600名、不脱产4868名），共有农民党员650名、团员2391名。商水县全县团员人数1952年达到1.2万人，党员人数1953年达到2624人。1951年数字见《商水县委土改初步总结报告（1951年5月5日）》，商水县档案馆藏，档案号：商水县委全宗一永久卷29；1952、1953年数字见商水县地方志编纂委员会编《商水县志》[M]，郑州：河南人民出版社，1990，第287、259页。

甲、建立各级领导组织机构

一、成立县区乡村四级征收委员会

1. 县午征委员会组成七人，冯明高（县委书记）、王仲范（县长）为主任委员，宋淮风、秦春阳、刘政国、陈赓、盛智仁皆为委员。

2. 区午征委员会的组成六人（包括正副区长、财粮助理员、区委书记，区住地附近好的区队副、乡主席）。

3. 乡午征委员会的组成九人（包括正副主席、财粮委员、农会主任，好的村干部及好的民兵队长）。

4. 村午征委员会的组成九人（包括正副村长、好的贫苦雇工、烈属，经过考验的积极分子以及好的荣军）。

二、委员会的任务

1. 县委员具体分工到各区掌握情况，贯彻合理负担政策与办法的坚决执行，深入下层了解发现问题、解决问题，掌握重点、创造传播经验、纠正不良偏向，家中留主要人掌握全盘。

2. 使用与调度力量，先完成任务的区经县委员会通过可到未完成任务之区去突击帮助完成任务。

3. 区委员会确保完成任务、掌握政策办法的贯彻执行，抓住重点，创造传播经验，掌握情况，启发鼓励竞赛，经常表扬好的，批评坏的。

4. 乡村干部反映情况，带头交粮，组织群众有次序的集体交粮，打破情面、起带头作用，宣传动员、保证公粮晒干扬净，不潮、不毛，又快又好。

乙、组织力量

一、工作员对象

1. 县里工作队，以支前工作队为基础，另外从各部门抽调可能抽出的人和未有确定工作的人员参加。

2. 区里除现有人员外，可从地方动员比较好的贫苦知识分子，以及好的进步青年学生和好的退伍的荣誉军人。

二、动员人数

1. 县20人至30人。

2. 砖桥、皙店、巴村、邓城、固墙五个区的任务大及群众干部都差的区，动员40人。

3. 平店、姚集、城关、练集、埠口五个区，地区环境条件比较好，任务较小，各动员 20 个人。

三、对这些人领导教育：

1. 对这些人使用要根据他的能力，看能做什么叫他做什么，一方面使用一方面教育。

2. 县工作队六月三号到六月十号七天当中集中训练，讲解时事政治和征粮办法，最低要求他会说、会算、能懂。

3. 各区在六月三号到六月十号当中要动员找好帮忙工作的对象，确定日期在麦收后集中到区里训练。

丙、进行步骤

一、县里六月三日至九日开活动分子会，十日至十六日开区乡两级干部会议，布置午征，十七日至二十二日区开乡村干代表会，以区为单位召开连动员带训练，将任务布置、分配到村，同时训练帮忙人员。

六月二十三日至七月十日一切准备工作都做齐备，挤黑地、登地亩、评等级、定产量，三榜定案算负担，填册订串，修好仓库准备用具。

七月十一日至二十五日半个月时间之内完成征收任务，二十六日至二十九日三天，区总结到县，县三十日至八月五日总结完毕。

二、宣传动员工作

根据不同的地区，不同阶级与不同的要求作不同的宣传，最好结合群众的心理、要求和利益，贯彻到整个麦征任务中去。

1. 宣传动员方式

召开区乡村干部会、群众大会，街头讲演、个别宣传、逢人就说、见人就讲，造成一个普遍热潮。

2. 化妆宣传，组织宣传队利用学生，有重点的表演、讲话、写标语、呼口号、画漫画，也采取重点宣传的办法。

3. 建立黑板报，建立广播台，每区一个至三个，地址大集、大庄等比较中心地方，讲话通俗清楚、简单，明了、易懂，不宜多和长。

4. 宣传内容

目前的时事、胜利消息，两面负担的减轻，敌我的对比，社会环境的安定，合理负担政策对各阶层的照顾，土匪减少，战争消耗破坏的减少，战争勤务的减轻，建设河南的重要，取之于民，用之于民的计划，等。

丁、政策的执行

一、商水县有三种不同的地区,半老区,比较老区,新区,环境、地区、群众基础、干部条件皆有不同,所以,我们分配任务、使用力量、要求程度、执行办法皆不同……

戊、建立仓库

一、各区在住地找出适当地方选择房子、建立仓库一个,根据粮食的多少,计划房子对象。

二、仓库的用具和其他的东西,由县府统一制购。

三、村经费、午征造册用的笔墨纸,由县府统一购买好后分发各区、村去。仓库干部人选要配备齐全,没有政治问题、比较纯洁、有些技术的人。

己、几个具体工作

一、会议会报制度

1. 村向乡一天汇报一次,乡向区两天汇报一次,区向县三天回报一次,县向专署七天汇报一次。

2. 会议制度,根据工作进行的情况,在每一个小阶段中要召开会议一次,改进工作方式,提高效率,纠正偏向,传播经验。

3. 会议汇报内容,检查过去对政策办法的执行,任务完成的程度,发生的偏向、优缺点和群众反映,以及遇到有那(哪)些困难,如何克服等。

二、建立不定期的午征快报,以便指导全县午征工作,鼓励启发,交流,传播经验,各区乡负责投稿有关麦征工作一类的材料。

各区在麦征中不来参加活动分子会的负责同志,应领导帮助群众收割,了解准备午征中所需材料人口,地亩,产量,有否灾情等,以便午征会议作参考。

三、希望在整个麦征的过程中一定要适当重点结合发动群众,组织群众,发现与培养积极分子,打下今后建立农协会与改造基层政权的基础,来完成午征任务。①

(午征总结从略)

---

① 《午征布置计划(1949年)》,商水县档案馆藏,档案号:政府全宗一永久卷6第1件,第1~4页。

3. 对群众的强迫、命令现象

(1) 吊打、逼迫现象

自从党—国家进入乡村开始，一再强调群众路线，反对干部的官僚主义、命令主义，对于干部吊打、逼迫群众的现象更是一再批评。然而，这一现象却屡禁不止，每每群众运动、中心工作之后的总结中，必定要提到这一违反政策的问题。

吊打人的现象在土改与土改复查运动中尤其严重。兹据1951年2月商水县的统计，在土改运动中，全县10个区共吊打606人，吊打者为区乡干部、工作员、民兵、村干、苦主等人，被吊打者为地主、富农、中农、贫农等，各阶层都有。吊打原因，或因浮财、或因枪等。明显可以发现，吊打者以苦主为多，占47.5%；被打者以地主为多，占42.2%。①

土改复查中似乎有更多的吊打、死人现象。据商水县委1952年文件所述："我县复查运动开始至今一般说来运动发展是健康的……尚有部分同志对敌人这种分化认识不足，本有盲目性，加之宣传政策不够深入普遍，更严重的是不深入了解实情、放手发动群众，而是干部强迫命令，造成严重的死人事件，为使运动健康顺利的发展下去、教育干部提高政策观念，特将我县运动中死人事件通报如下：全县15个区，除四、十一、十三三个区未有死人外，其他各区少者1个，多者3个，共死17个（另有十区2个，十一区1个，十四区1个，十五区1个，共计5个，与运动无关，未计在内），死者计地主9个、中农3个、贫农2个。地主们畏罪自杀的13个、因划阶级中提高死的2个、追查逼死2个、追保存地主分散财产死1个、吊打押死1人、犯罪分子畏罪自杀1个。"②据商水县委1952年另一份文件统计，土改复查中，全县共捕605人、死27人，被捕605人中，仍以地主、富农居多，共有448人、占74%，另外打、吊、捆253人。③

在其他群众运动或日常的官民关系中，除去对待地富等敌人的专政之外，强迫命令与体罚一般群众的事情也不鲜见。如，据1949年5月商水

---

① 《各区吊打情况统计（1951年2月）》，商水县档案馆藏，档案号：县委全宗—永久卷50第8件，第13页。
② 《县委关于运动中死人问题的通报（1952年1月14日）》，商水县档案馆藏，档案号：县委全宗—永久卷57第19件，第117页。
③ 《违反政策情况统计表（1952年1月）》，商水县档案馆藏，档案号：县委全宗—永久卷65第3件，第7页。

县委向淮阳地委的汇报："违反政策的乱抓、乱打、乱杀人现象近又逐渐发生。如，赵集供应站司秤员（社会力量）李成德，听甲长报告说乔天顺家有一客人卖老海，李成德不问是否确实，即把乔天顺抓来，严刑审讯，打得乔天顺大小便失禁、卧床不起。又如戴万清同志在张明区工作时，私自打死叛徒徐保善，不久，又允许大路李乡民兵打死一个土匪。这种无政府状态，是相当严重的。"① 1949 年 8 月，商水县第九区工作汇报中说："有的干部对问题不研究，为了汇报而汇报任务。李参谋为强捆绑人骂老百姓，南陵乡高连长为汇报成绩，命令组织农会，当天就组织了 30 人。"②

商水县七区委在对民主运动的总结中认为："从干部情况看，大部分是经过屡次运动、在运动中发现的积极分子，出身是纯洁的，但是因过去使用多、教育少，在工作方法上简单，个别有强迫命令现象。如常社乡乡长何答拉，在修沙河堤中，一晚上拴了 12 个农民；龙腾乡李金辉（党员），事办不通了就打人，尤其是听坏人黄典的话，吊打黄庄村干，群众更为不满……"③

（2）对强迫命令现象的分析

首先，革命的氛围。革命就意味着暴力和强制，伟人说过："革命不是请客吃饭，不是绣花弄草，不是写字作画，不能那样雅致，那样从容不迫，那样雍容闲适，那样温良恭俭让。"

在革命的大潮之下，作为地富的敌对阶级受到打击是革命的应有之义，自然，作为经教育而不觉悟的群众，受到某种强迫与命令也是不可避免的事情，即便不走上前，也必须跟着走。

其次，干部素质与干部权力边界的模糊性。在革命时代，由于提拔干部的门槛大大降低，尤其是只凭积极、勇敢而被提拔起来的干部，虽然成为新干部，但其仍凭旧经验行事。如："一区化河乡农会带枪到邻村管家务事，把人吊在梁上，私派中钞 16000 元；压制群众提意见，等。一区五里

---

① 《商水县工作报告》，商水县档案馆藏，档案号：县委全宗一永久卷-6 第 7 件，第 63~71 页。
② 《第九区八月份汇报（1949 年 8 月 23 日）》，商水县档案馆藏，档案号：政府全宗一永久卷 4 第 4 件，第 20~25 页。
③ 《中共商水县第七区委员会关于民主运动工作总结报告（1953 年 2 月 13 日）》，商水县档案馆藏，档案号：县委全宗一永久卷 80 第 12 件，第 114~132 页。

铺乡安庄，共有 7 个农会员，安上'贫民部'的牌子起伙办公，派粮 800 余斤、中钞 1.6 万余元，连着吃 10 余天的白面，并吃掉香油 25 斤、抽掉毛烟 2.5 斤，俨然成为农村新的统治者。"①

并非只有这些刚刚由农民提拔的村干如此，区级干部也不乏此种作为。第三章所述各界代表大会代表们就提了许多这方面的例子。如，"七区农会主任樊展林，查田定产时作风不民主，在杨河乡，群众段乱子问：'这地是咋评的？'他就叫段乱子跪那，两个评议员说情也不中。""十区武装干事苏殿俊到刘坡乡召开群众会，有个群众叫郭顶（此人不当好，有些吊儿郎当）的去晚了，苏殿俊派民兵当时把郭顶拴到乡公所吊打一顿。郭顶的母亲到乡公所去看，他又将郭顶母亲骂了一顿。"②

可以这样认为，除去干部本身的素质之外，在社会改造时期——继续革命时期，作为党—国家代表的干部（工作队），在农民面前行使的是国家权力，即带有某种终极权力的特点。虽然上级也有种种的规定，但特殊时期，个人运用权力的空间被无限放大，既然对敌人几乎有生杀予夺之权，那么，在敌我界限的标准问题上稍微的回旋余地，结果便是天壤之别，问题恰恰是敌我界限的标准有一些不确定性。如，地富腿子、没落地主等个人成分的认定；更有一点：走群众路线。那么，群众某时某地认定的标准就确凿无疑吗？凡此种种，无不隐含着"左"的不可避免。

再次，动员与命令结合的动员与运动机制。党—国家在重构乡村秩序基础上形成的政党下乡、政权下乡以及宣传下乡之下的革命伦理进入乡村，既为党—国家动员群众奠定了基础，也为形成党—国家与农民之间的命令—服从机制奠定了基础。当农民与党—国家的利益有重合的一面时，对群众引导、诱导的动员方式便可能较为成功，如剿匪反霸、清算与土改运动等；当党—国家与农民之间的利益处于此消彼长状态，尤其是超出农民的承受限度时（征兵、征粮等），强迫命令就成为最简单、最有效的办法，"可以说，只要是自上而下的行政任务增多，超出基层与农民的承受

---

① 《商水县午征总结重点发动群众工作初步总结（1949 年 9 月）》，商水县档案馆藏，档案号：县委全宗一永久卷-6 第 8 件，第 72 页。
② 《作风问题》，《第四届各界人民代表反映材料》，商水县档案馆藏，档案号：政府全宗一永久卷 16 第 1 件，第 1~10 页。

限度，命令性的行政整合的力度就越大，出现所谓'强迫命令'的可能性就越大"。①

四 积极分子的关键作用

一般认为，"积极分子是不占有专职政治职位，但对公共事务具有特殊兴趣、积极性或责任的普通公民"。② 不过，作为一个在中国革命过程中发明出来的词汇，"积极分子"是一个具有强烈的共产主义意识形态色彩的词语，其实质是革命进程的内在运行机制、政治参与及政治录用问题，总是与具体的历史背景、事件相联系。在革命的不同时期，它的含义③也有所不同。

1. 积极分子在建构乡村新秩序中的作用

积极分子是党—国家联系群众的纽带与桥梁，在党—国家建构乡村新秩序中，积极分子有着无可替代的作用。

（1）群众运动的推动者

在以群众运动为手段推进乡村革命的过程中，涌现了大批表现活跃、积极热情、善于发言、敢于斗争、工作积极的积极分子，在中心任务不同的群众运动以及群众运动的不同阶段，形成了不同的积极分子群体。

急性土改时期。在1947年年底至1948年年初的"急性土改"时期，商水县委组织从老解放区来的革命干部组成土改工作队进村，他们根据已有的经验，在扎根串联、访贫问苦和分地主浮财等发动群众行动的过程中，积极发现、培养贫农积极分子，以便为进一步发动群众、推动土改等党的各项工作服务。一些表现积极、勇敢的贫下中农被推举为干部。如姜庄区石庄的贫农石大个子，办事公道、发言积极，被推举为区农会筹备组组

---

① 徐勇：《"行政下乡"：动员、任务与命令——现代国家向乡土社会渗透的行政机制》[EB/OL]．[2007-11-14]．http：//www.citychinese.com/bbs1/dv_rss.asp?s=xhtml&boardid=350&id=83238&page=1&star=2&count=18。

② 〔美〕詹姆斯·R.汤森、布兰特利·沃马克：《中国政治》[M]，顾速、董方译，南京：江苏人民出版社，2005，第180~182页。

③ 这里的积极分子指的是在群众运动的过程中表现积极并被党有意识地录用、培养的贫雇农（也有少量的中农）中的一部分人。一般来说，成为一名积极分子是政治录用过程的第一步，绝大多数乡村新干部和党员都是从积极分子中吸收的，而且，在乡村基层，积极分子和干部的角色大多数时候是相互重叠的。因此，本书的积极分子包括群众运动中表现积极的贫下中农、从积极分子中吸收的党团员以及由积极分子提拔而成的乡村基层干部等。

长。① 又如，一区三里长乡见过世面的贫农史大顺经长期教育后，成了积极分子并当了共产党的副区长。

由于局势多变，这时的积极分子往往冒着牺牲的危险，但正是得益于他们的努力，使党—国家能够进一步发动群众、深入乡村内部。

剿匪反霸清算到土改时期。1949年春，商水县所在的华北地区已经解放，群众运动中主动涌现出来的积极分子数量逐渐增多。如，经过1949年夏征的"挤黑地运动"，在工作队的领导下，商水县城关区朱塚乡王道平村，一些挤黑地的积极分子组织起农民协会小组，进而发展其他积极分子入会。在工作队发动的对土匪恶霸以及地主的诉苦斗争中，妇女积极分子大量涌现出来。如，商水县城关区五里堡乡共有准备诉苦的苦主161人，其中妇女有46人，几乎全部是诉苦积极分子。她们不但诉苦能打动人，而且能勇敢地和匪霸进行激烈斗争。②

土改复查与民主建政时期。经历了一系列的群众运动的洗礼，大量的积极分子脱颖而出并被提拔到乡村基层领导岗位上来，成为不脱产或半脱产干部。此阶段的积极分子主要表现在给基层干部提意见的积极上。这些积极分子大多为青年农民，在历次群众运动中响应政府号召、表现积极。他们在日常工作及与落伍积极分子、腐败堕落分子的斗争中表现积极，因而在运动中往往被提拔为乡村基层干部，或者被吸收加入党团组织。如商水县一区五里堡乡，在民主建政运动中，"首先把土改运动涌现出来并经过考验、审查培养的积极分子，加以启发教育，新发展7个党员……召开乡农协委员会，讨论选举村干部的办法，最后投票选举，当选13个人中（有）3个党员、2个团员、6个积极分子，被选者都很好，工作积极……"③

正是在党—国家感召之下，前赴后继、大量涌现的积极分子，以其积极忠诚，贯彻了党—国家意志，以其产生于群众之中、在群众中的示范效应，推动群众运动的发展，进而推动了乡村革命进程。

（2）革命伦理的践行者

革命既是以新政权代替旧政权的过程，也是确立全新的价值规范、伦

---

① 中共商水县委党史办公室：《商水风云》[M]，郑州：河南教育出版社，1992，第79页。
② 中共商水县委员会：《商水县城关区重点群运总结报告（1949年9月26日）》，商水县档案馆藏，档案号：商水县委全宗一永久卷-6文件4。
③ 《商水县委对一区五里堡乡土改后转入生产和健全各种组织报告》，商水县档案馆藏，档案号：商水县委全宗一长期卷4第2件，第12~32页。

理道德的过程，即以革命伦理替代旧伦理的过程。在乡村革命的过程中，积极分子往往是革命伦理的践行者。

革命伦理并非乡村内生的文化，乃是一个外在于乡村的革命建构的一部分。革命伦理在乡村的扩散，是自上而下的过程。首先是上级的宣传、宣扬，落实在乡村层面的切入点，便是积极分子的言行——积极分子正是革命伦理深入乡村的载体。

如诉苦积极分子的诉苦行为，剿匪反霸时积极分子算剥削账等，通过讨论谁养活谁、谁剥削谁等，展示的正是一套新的价值标准、行为规则。划分阶级时的积极分子对地主富农阶级成分的划分，分田地时在"土地回老家、合理又合法"口号下，积极分子带领群众分地主财产等行为，即展示了斗争伦理、敌我标准等价值规范性。

土改期间，常态的革命伦理践行者，是积极分子出身的乡村基层干部群体、党团员群体以及各种模范先进群体。

如上文所述，商水县每年，甚至每次大的群众运动之后都要大张旗鼓地举行评功表模大会，以表彰先进、激励全体干部的工作热情，同时也向干部、群众彰显国家的执政理念与主流价值观念。

受到表扬的模范，无疑应该是新政权下成长起来的新的乡村精英中的出类拔萃者，更是积极分子的代表者。

根据表3-7《模范干部登记表》（1952年）所列材料，我们发现，这些模范人物的模范行为主要表现在"群众路线强、能接近群众、坚决依靠贫雇农、群众满意佩服、能深入联系群众、能打通贫雇农思想"，"服从领导、执行决议，敌我界线清楚、立场稳、坚决打击地主"，"生救工作表现积极、扩军工作有成绩"以及"吃苦耐劳、不自私，生活朴素，不腐化、不受贿，不假公济私"等。

积极分子、模范群体，通过自己的先进言行，在群众中践行着先进的革命伦理，并通过一次次的群众运动，使革命伦理逐渐在乡村扩展开来。

2. 积极分子在政府管理工作中的作用

伴随群众运动而生的积极分子群体的阶段性变动既是乡村基层政权的组织引擎，也是政府管理工作的高效节约机制。

（1）基层干部的来源

党—国家介入乡村的方式，使积极分子在新政权建设中有着无与伦比的意义。

在具体的革命实践中，共产党往往组织武装工作队随正规部队进入解放新区。初入乡村，一般通过访贫问苦、扎根串联的办法发动群众。开始扎的根子，就是积极分子，再利用根子去发动周围的人。就这样，像水塘里丢一块石头一样，以一个点为中心，波纹向四周扩散开去。在扎根串联、向外发展的过程中，一些表现突出、能力突出的积极分子得到发现并被着意培养。如上文提到的商水县城关区朱塚乡王道平村的农会小组是在1949年午征挤黑地中，由上级工作队扎根串联组织起来的，他们响应上级"要想翻身必须组织自己的力量"的号召，决定由积极分子王国昌、张秉新等积极分子向外村发展，找到知己者。张秉新是朱冢村的女婿，他先让自己的媳妇回娘家动员家里人参加农会，接着自己进一步去做工作，最后由他的亲戚再去串联其他人参加农会。县委认为这个方法好：减少农民顾虑、根子正、组织发展快，是农民串联农民的办法，是点面结合的办法，也是群众路线。①

工作队初入乡村，必须访贫问苦、扎正根子。这些根子就是最初的积极分子，再通过这些积极分子，去发现、培养更多的积极分子。那么，最初的干部，必然要在积极分子中产生。此后，通过一次次的群众运动，涌现出新积极分子，淘汰不合格的干部——落伍的积极分子。

以商水县土改重点乡三里长乡王教庄为例。1950年7月以县委书记为首的土改工作队进村之后发现以前组织的农会缺乏阶级教育，不能领导群众向当权派进攻，形成勇敢分子趁机发洋财、中农离心、贫农孤立、地主阶级挑拨离间的局面。于是工作队重新访贫问苦、扎根串联，通过夏征、生产整顿农会组织，发现培养新的积极分子，教育干部群众、提高其觉悟。② 又如商水县委的复查运动总结认为："经过全县范围内大规模的宣传、讨论雷玉思想，进行回味诉苦，结合挖根、对比教育，扭转了干群松劲麻痹思想，提高了阶级觉悟，开展批评与自我批评，41个重点乡，清洗出身不纯及贪污、作风严重恶劣干部1099名（其中区干部1个、乡干部207个、村组长891个），解决了干部群众关系，树立了雇贫农在农村的领导权……"③ 应该说，

---

① 中共商水县委员会：《商水县城关区重点群运总结报告（1949年9月26日）》，商水县档案馆藏，档案号：商水县委全宗一永久卷-6文件4。
② 《王教庄材料初稿（1949年7月）》，商水县档案馆藏，档案号：县委全宗一永久卷15，第191~200页。
③ 《商水县复查运动总结报告（1952年5月4日）》，档案号：县委全宗一永久卷57第5件，第22~35页。

被清洗的上千名乡干部、村组干部，即是落伍的积极分子。

（2）基层干部的帮手与监督者

刘少奇曾论述了积极分子问题："在一切群众中，通常总有比较积极的部分及中间状态与落后状态的部分。在最初时期，积极分子总是比较占少数，中间与落后状态的人总是组成为广大的群众……我们必须特别注意教育、团结与组织积极分子，使积极分子成为群众中的领导核心。但是，我们绝对不是为了组织积极分子而去组织积极分子的，绝对不能是积极分子从中间与落后状态的群众中孤立起来，而是为了要经过积极分子去吸引与推动中间状态与落后状态群众……"[①]

在具体的乡村革命实践中，积极分子以其干部与群众的桥梁角色，推动着各项工作的进行。尤其在群众运动中，如开会、诉苦、斗争以及上识字班、推广新技术、生产救灾等，积极分子、党团员等往往走在一般群众的前列，对帮助干部推动工作，起了很大作用。如，新中国成立前后，商水县连年发生自然灾害，需要国家救济帮助。但政府首先需要查清灾情，以便有针对性的救危济贫。而这一信息的准确获知往往需要大量的人力成本，并且在利益的纠葛下容易失真。灾民群体中的积极分子显示出独特的作用：一方面帮助干部查清灾情、了解情况，另一方面监督基层干部的救济工作，确保其公平公正。以商水县开展的救灾运动为例。一般来说，灾区各乡首先召开全乡党团员及乡委员以上干部会，传达上级的救灾精神，广泛宣传、贯彻生产救灾精神，破除群众听天由命、等待救济吃饭的思想。[②] 在对受灾群众宣传动员的同时，乡、村干部（其中基层党支部起了核心作用）组织党团员、积极分子逐户排查、摸底，经群众评议，弄清灾情情况，然后研究有哪些副业生产门路可做，再根据实际情况确定贷给农户生产本金，组织发动灾区群众参加副业生产。

党—国家在解构和重构乡村社会秩序的具体过程中，往往采取的是由点到面、点面结合，波浪式发展的方法。比如，剿匪反霸、土改、土改复查与民主建政等，皆有全县和区、乡的工作重点，具体到一个村庄，更是

[①] 刘少奇：《论党（一九四五年五月十四日）》，《刘少奇选集》上卷 [M]，北京：人民出版社，1981，第 356 页。

[②] 生救工作组：《第五区黄冲乡生救工作简洁回（汇）报（1953 年 1 月 21 日）》，商水县档案馆藏，档案号：县委全宗—永久卷 75 第 1 件，第 2 页。

要先扎正根子、组织积极分子，以便重点突破。即先由点到面，然后再逐步深入，这应该是源于人力资源和时间成本的约束，同时也是一个合理化的工作方法问题。

每次新的群众运动开始，新组建的工作队一进入村庄，首要的工作便是重新访贫问苦、扎根子；其次是发现与培养新的积极分子，带动群众起来整顿组织、整顿干部；进而完成新的任务、达成新的目标。其实，上级工作队每一次的发动群众、培养积极分子都是对既存秩序的解构与重构，当革命最终要触及农村中掌权者的利益时，革命就必须依靠农村中不掌权的群众来推动。[1] 这不是一个简单的重复过程，而是一个螺旋式的上升过程。在整顿组织的过程中扩大了组织，在整顿干部的过程中，经过大浪淘沙，把一些不纯分子、贪污腐化堕落分子清除出干部队伍，更重要的是，经过一次次的革命实践，革命伦理逐渐在乡村社会内部弥散开来、党—国家与乡村社会以及乡村社会内部在不停地磨合中逐渐相互适应。

在一次次的动员群众、发动群众的过程中，形成了一个关键性的动力机制：工作队与积极分子的双向合力互动。由各级党委、政府下派的工作队担负着部分政府公共管理的职能，肩负着党—国家改造社会的任务，他们是理想的实践者，社会改革的领导者、推动者。但他们毕竟是来自乡村社会外部的动力，本质上是外在于乡村的东西，如果没有来自乡村内部的呼应，必然会是来时如急风暴雨，去后似烟消云散。就像"急性土改"的失败一样，来去匆匆。那么，这个乡村内部的呼应者就是前赴后继的积极分子群体：支前积极分子、诉苦积极分子、斗地主积极分子、午征秋征积极分子等。当然，积极分子也是一个动态概念，有历次群众运动一贯积极的积极分子，也有某次群众运动中的积极分子，这是一个数量或潜在数量非常庞大的群体。贫下中农有多少，潜在的积极分子就有多少，而且其门槛甚低：只要有符合工作队要求的积极态度和踊跃行动即可，他们与工作队的积极合作使其成为干部与群众之间的桥梁，又以其群众身份而成为群众中的领头者，他们对群众运动的促进作用和在群众中的示范效应是群众运动成功的关键因素，乃至政权巩固的关键因素。正如商水县民政工作总结中所说："要在工作中注意培养骨干，有了骨干政权才能巩固，刀把才能

---

[1] 张乐天：《人民公社制度研究》[M]，上海：上海人民出版社，2005，第124页。

真正拿到人民手里。"①

不管是出于理想信念还是功利目的,土改期间不断涌现的积极分子群体应该体现了党—国家推动乡村社会革命手段的适用性。积极分子及其阶段性变动,既是扩大动员和参与的产物,又是扩大动员和参与的动力,从而形成一种不断复制与自我强化的以党—国家为中心的社会整合与凝聚机制。正如有学者在论及科举制度时所说:"在相当长的历史时期,科举制度不仅与地主阶级的形成与强化他们的力量有关,并且把财富、地位和权力领域的三个最重要的集团(地主、儒生官吏)凝聚为一个有机的统治阶级"。② 而积极分子的阶段性生成与淘汰,也是一种政治选拔录用机制:"成为一名积极分子一般是政治录用过程的第一步,而且大多数新干部和党员都是从积极分子中吸收的……在最低级别上,党选拔积极分子承担初级单位的领导责任时,积极分子和干部的角色可能是相互重叠的"。③ 伴随着反复群众运动的积极分子涌现与淘汰、吸收、选拔,必然形成一个贫下中农出身的干部科层体系,那么,这种最底层的选择、选拔、录用方式,形成与强化了贫雇农、中农与党—国家的联系,进而形成一个有机的统治阶级,有助于社会的总体性整合。

但是,由积极分子提拔上来的乡村基层干部运动过后的消极、退坡及其被淘汰,却又显示着个人理性与革命伦理的冲突、革命理想的激情与现实社会生活的矛盾、革命手段与社会生活常态的矛盾,从而显示出具体村庄内突如其来的革命下产生的积极分子的某种"本土化"的困难。那么,如何把外生条件下产生的积极分子转化为一种内生的主动自觉、保持其积极热情长盛不衰,乃至如何广泛的动员群众积极参与到国家政治生活中来,还是一个需要探索的问题。

第二节 乡村秩序重构后的传统灾害应对

"人口—耕地"矛盾乃是中国乡村社会从清中叶康乾盛世以来的规定性

---

① 《一九五〇年上半年民政工作任务与要求》,商水县档案馆藏,档案号:政府全宗—永久卷14第1件,第1~3页。
② 邹谠:《中国革命的阐释——宏观历史与微观机制》,《中国革命再阐释》[M],何高潮译,香港:牛津大学出版社,2002,第119页。
③ 〔美〕詹姆斯·R. 汤森、布兰特利·沃马克:《中国政治》[M],顾速、董方译,南京:江苏人民出版社,2005,第180~182页。

矛盾，种种社会、政治、经济问题皆由此生。党—国家通过剿匪反霸、土地改革、镇压反革命，全面控制了乡村，并以其强大的军事、政治、意识形态压力，重新构建了乡村秩序，给昔日的贫困阶层以生活的保障和相对优越的政治地位。就经济条件而言，土改之后，乡村成为一个小农均质化的社会、农民处于基本同等的经济水平上，生存机会基本上是均等的。可以认为，在人口—耕地矛盾尖锐的条件下，党—国家给了崩溃的乡村以稳定和生机。但党—国家重构乡村秩序的过程，伴随着急切的、大规模的资源汲取——从初期的大规模支前到以后数量不菲的经常化的夏、秋二征；同时，依旧肆虐的水患还在威胁着农户的生产、生活。这一方面给政府在乡村的资源汲取带来直接的限制，另一方面无力抵御灾害、生产力低下的乡村农户需要国家的帮助——需要赈灾救济、发放贷款、种子等。毕竟，一次性的革命不可能解决所有的问题，历史的债务，需要在历史过程中化解。对商水县这样的贫困落后地区来说，土改与其说"打倒地主，富了穷人"，莫如说大家共同分担了贫困——仅仅解决了乡村贫困农户的生存问题（或者说在灾害发生时，相当一部分农户仍然难以摆脱生存的危机）。当时农户的农具、耕畜、生产资金等生产资料普遍缺乏，不少人家春荒时节仍靠借贷维生。

党—国家利用其基层组织的力量，积极介入生产活动，不但大力推动互助合作，而且尽其所能发放农贷、倡导生产新技术。在新中国成立初的几年，商水县尚无力大规模的兴修水利工程，更何况对淮河流域的治理非一县一省之力所能为。但是，政府仍然积极组织挖沟、排水及修河堤等工作，以促进农业生产的发展、避免或减轻灾害破坏所造成的损失。

几乎从新政权进入商水乡村开始，即连年水灾不断，面对这一历史性难题，在生产力水平依旧的情况下，党—国家采取了全新的应对方式：在社会秩序重构的基础上，除了必要的救济之外，领导群众、开展生产救灾运动。

自然灾害具有自然与社会的双重属性，自然属性一般是指灾害发生的原因、现象、等级等，社会属性则是指灾害对社会的危害。显然，灾害的形成一是它的破坏性力量，二是社会这一灾害的承受体的承受能力。1953年以前的灾害，尚不十分严重，县委、县政府号召生产自救，并提供一定的帮助，保证人畜不饿死，发放贷款、种子帮助灾民渡过难关，主要以农户自力更生为主，政府帮助为辅，乡村社会生产、生活秩序尚且安定。但1953年的霜灾、水灾（当年4月，商水县局部霜灾、冻坏小麦甚多；7月，沙河自柴湾决口，商水县受灾严重）已远非农户所能自救，甚至也非商水县地方政府之力所能独支，此时，党—国家充分发挥了统一而强大的动员能力：当年河南省及商水当时所属的许昌专署动员数县民工近 8000 人，完成土方 38580 立方米、用片石 5217 立方米堵塞决口，而且，省、地、县发放救灾款 97 亿元①、麦种贷款 45 亿元，帮助解决灾民生产、生活问题。

一 土改后农户生存状况的改善

1949 年 4 月，中原人民政府通令所属各县："为了解各县水利水患及农作物生产情况，以便计划恢复并发展农业生产起见，特制定调查表四种随令附发，仰即遵照并转饬所述区政府依式填报……"② 从 1949 年开始，商水县政府每年都制定有详细的生产工作计划。正如有学者所言："可以说，土地改革不仅表现了国家介入乡村，改造乡村的决心和能力，同时，改造乡村的经济、社会和政治结果，给国家的乡村介入创造了良好的社会基础。"③ 党—国家对乡村社会的介入是全面介入，而其对生产和水利的介入，直接影响着农户的生产与生活。

1. 政府对生产与水利的介入

（1）推动互助合作

党—国家对农业生产的积极介入，是从大力提倡互助组开始的。在进入乡村之初，工作队即在农忙季节积极动员党团员、积极分子，组织缺乏劳力、耕畜的贫困农户进行互助合作，同时在乡村政权的基础上，帮助军属、烈属、工属代耕。但是，正如我们此前所述的商水县一区三里长乡三里长村最初在工作队号召下的互助合作一样，商水县最初由政府以命令方式组织的互助组大多夭折，后经重新整顿，才有起色。此后，经过土改之后，农户之间土地、牲畜等生产资料大致平均。

在普遍缺乏生产资料的情况下，互助合作有其经济性：可以在一定程度上弥补生产资料的缺乏、产生规模经济效益，因而，在政府的倡导下，

---

① 这里的元以及以下未特别指出者，均指旧人民币，即 1948 年发行的第一套人民币，1955 年 3 月 1 日开始发行第二套人民币，同时收回第一套人民币，第二套人民币和第一套人民币折合比率为 1∶10000。
② 《为了解个县农业生产及水利水患情况通令（1949 年 4 月 23 日）》，商水县档案馆藏，档案号：县委全宗—长期卷 2 第 20 件，第 21 页。
③ 彭勃：《乡村治理：国家介入与体制选择》[M]，北京：中国社会出版社，2002，第 92 页。

自愿两利的互助组发展较快。

以一区五里堡乡互助情况为例。

全乡 20 个自然村，17 个行政村，596 户，2866 口人，8198 亩地，新中国成立后的生产资料略有增加。新中国成立前的生产情况是：大部分是自耕，有少部分是人工换牛工，合伙种地，也有个别帮牲口腿。如张丙林（贫农，6 口人，稞入 8 亩地，有男女劳动力 5 个）与张德玲（富裕中农，4 口人，大地 20 亩，9 个劳动力，喂 9 头牲口，农具全部都有）帮牛腿，吃自己的饭，农忙时全家都去给他做，也不给粮食，又不吃他的饭，只能用他的牲口种种地，这样贫农吃亏。张丙林说："成天累死累活的，也不给点粮食，到忙天时怪亲，挂着买我的力气哩，到庄稼收完，见了就不理我啦，我想起来就想哭。"他说着当时哭起来。新中国成立后，"剿反"时，在政府号召下，组织了互助组，结果是乡、村干部包办代替，强迫互助，在 17 个村当中有 12 个村组织互助组，但不是自愿的，又不两利，并且大部分是以单位大和泥的耕种法（不管有无劳动力、农具、土地、牲口等）。例如小张庄、大柴庄都是一庄一组，也有的村较大，分成几组，但是分组也很大。如，大冯庄 293 户，分为 4 大组（地富也在内），因人数过多，每到做活时，后边人未到，前边人做完了，这样耽误时间，使农民对互助有意见，影响生产。由于以上组织的方法、方式不对头，现在大部分已经垮台，只有个别组织较好者仍存在。如，小柴庄原有三组，因不两利已垮两组，只剩一组（因近门，生产资料、劳动力、土地都差不多）。

组织形式的发展。原有的互助组垮台后，在原有组织基础上，农民又自动的、自由结合起来的有 11 个村的 52 个互助组，包括 153 户，1585 人。占全乡总户的 78%，总人数的 55%。互助组合伙收打、拉粪耕种，但没有领导，也未定民主制度。但是，因为这是农民自动结合起来的，大半是在自愿两利的原则下，农民一般反映很好。如小柴庄夏真连说："这真好，看比去年弄那强不强，那有的吃亏，有的占便宜，净落个瞎生气，看今年（1951 年）都你强我盛的，就是懒一点的也不敢滑啦。"又如大张庄冯秀英说："你看组织互助组，割麦割的也快，怪不掏劲的也下劲啦，就跟东头狗娃那样，天天睡到半清早，阵往①（现在）可勤快。"但也有个别不是两利

---

① 阵往：河南方言，有"现在"，"到现在"，"而如今"，"这一阵子"等意思。

的（原有组织），有意见当面不敢提。如冯庄组长冯春生说"跟俺组一样，他娘俩也没有牲口、劳动力，拉粪全都俺给拉"。但没有劳动力者也有意见，如冯庄李桂兰说："就跟这样，拉粪弄啥，都给人家拉了再给俺弄，也不敢生气，阵往（到现在）也不给拉，啥时见了人家还多惭愧，就这能不少产粮食吗？"不过这是个别村，大部分还是好的，自宣传生产政策后，各阶层生产情绪普遍高涨，全乡春苗地6000多亩，有1/2的已上了一遍粪，有个别的户上两遍。还有的户正准备种高粱、棉花，栽树，天不明就起来拾粪……①

1951年7月麦收后，商水县一区加强了对五里堡乡互助组的领导，由区委书记亲自领导县工作员8人、区里干部6人驻村，把互助组普遍整顿了一遍。现在（1951年7月）该乡共有互助组116个，有领导（有组长，能开会商量工作的）的78个，没领导（没有组长，多是旧形式，群众自己原来组织的）的38个。区、乡干部亲自领导掌握，教育培养典型，树立旗帜，取得经验，推动一般。全乡培养了柴克瑞小组，订立爱国增产计划，并上书毛主席、吴主席，报去生产互助情况，向全县互助组挑战。在柴克瑞互助组影响之下，全乡互助组也都纷纷的掀起挑战，订立爱国增产计划，通过抗美援朝诉苦教育，加强了认识，提高了觉悟，巩固了内部团结。现该乡生产情绪特别高涨。

从五里堡乡的情况看，互助组有以下几种类型。

旧形式的有这四种情况：①群众自动组织的，大活搁一块干（如收割、拉粪、种麦等），小活各干各的（如拔草、锄地），没组长缺乏民主管理，不能改进生产技术。但也能解决农具不全和牲口弱的困难。这样的组有38个，每组最多的11户，最少的2户。②牲口农具搁一块，人各干各的，这样的组有10组左右，只能解决牲口和农具不足的困难。③帮牲口腿或人力拼牲口力，每组只有两三户，只能部分解决畜力和人力的困难，全乡有10组。④旧形式经过春耕、夏收夏种加以整理改良的。这样的组每组一般4户至7户，选出了组长，初步运用了会议来商量问题，但缺乏批评与表扬，有小意见，心里窝着不愿说，怕伤感情，有些人有本位思想。例如，刘楼刘水家给人家封红薯，封的薄，红薯晒死了，人家说："水家妈封红薯像鸭子

---

① 《一区五里堡乡解放前的生产情况与现在的互助情况》，《一区五里堡乡各种情况调查》，商水县档案馆藏，档案号：县委全宗一长期卷4第2件，第12~31页。

屎一样。"但当面也不好意思提出批评，这样的有 50 多组，现领导上正注意逐步改进中。

新形式的：内有正副组长（民主选举的），按工作需要，每天晚上或两天晚上开一次会，商量布置工作；每星期开一次大会，男女都参加，逐步的实行批评与互相检讨，这样的组意见较少，一般的活都搁一块干（如收、打、锄、耕等），并有时抽出人搞副业。例如，柴克瑞等组，抽出人手贩卖李子，订立生产爱国公约，计划向全县挑战，这样的全乡有 6 组，区、乡领导上正注意教育培养改进，树立旗帜，总结出经验，推动一般。

地主互助组：全乡有 4 组（小柴庄 3 组 13 户，内有 2 户富农；南贺庄 1 组 3 户，内有 1 户二流子），还是收麦时群众给他们组织的，因为土改后，他们牲口农具少，群众怕他们荒芜了土地，强迫给他们组成的，解决了牲口、农具不足的困难。

政府大力倡导互助合作，除了直接的推动生产之外，还通过互助组，执行了一些政府的优抚照顾职能。如，对军工烈属，采取几种办法：分包耕种（把困难的军属地分到几个互助组内包种起来）、派耕（由村里派着谁叫谁种）、助耕（即由某互助组抽出人帮助其耕种）等三种形式。以包耕、助耕为好，派耕较差，但也解决了抢种困难。例如，南柴庄军属柴国兰说："咱庄群众照顾俺，比俺父在家还强呢。"又如大张庄军属王玉兰说："大家照顾俺的不错，俺儿子在家时也弄不这样好。"但也有个别的仍摆军属架子，脱离群众，由于群众觉悟不够高，对军属认识不够，也有照顾不好的。如宋坡军属单之清上县府告状，群众轮推不管等。对孤寡无劳动力者，大部分参加了互助，以换工来解决的。如有的给人家做衣服，人家给他耕地，但多数是找近门子种的。①

商水县一区区委在总结中认为，由于大力地宣传了生产政策，加上区乡干部亲自深入领导，五里堡乡的群众，对于生产互助情绪高涨。但是，有好多生产互助组还有不少问题，尤其是经济条件悬殊过多，组长缺乏政治觉悟与生产经验，不是真正自愿结合的，强搁一块的互助组不会巩固，今后更需要继续抓紧改进提高。

此后，由于众所周知的原因，从 1953 年起，互助组在政府的倡导下发

---

① 《商水县一区五里堡乡生产抢种情况案报（1951 年 7 月 12 日）》，《一区五里堡乡各种情况调查》，商水县档案馆藏，档案号：县委全宗一长期卷 4 第 2 件，第 12~31 页。

展更快，并进而由党—国家动员和组织群众以政治运动的方式向初级合作社、高级合作社迈进。如，河南省1953年组织起来（参加互助组或初级社）的农户，"老区占农业户数60%以上，新区占30%～40%不等，全省平均达42%～45%左右，常年互助组老区占组织起来户数35%～40%，新区占20%～25%，全省平均占25%以上"。"要求在现有八百五十二个农业生产合作社的基础上，今冬明春发展到两千一百个，明年秋收前发展到65%。其中常年互助组，老区发展到50%，新区发展到30%～40%，全省平均发展35%。"① 商水县委认为，三年以来互助合作有极大发展，使农民找到自己应走的路，对小农经济资本主义自发趋势斗争，有了显著成绩。1953年，应在自愿两利的原则下积极发展，一般互助合作发展到总户数或总人数60%。在互助组中要求提高为长年定型互助40%左右……②

显然，在自愿两利下组织互助合作和党—国家以命令、任务形式要求参加互助合作的群众达到的指标之间是有矛盾的。实际情况是，农忙季节组织的临时互助组，并不易或不适宜巩固。如，据1952年7月的统计，商水县全县在当年的夏收、夏种期间，共有互助组8955个，但后来只巩固了2896个，当时就垮台的有1631个。巩固率只有32%。③ 不过，我们也看到，正如有的学者④所指出的，互助合作对较为贫困的农户（互助带有某种平均主义的色彩，对于相对贫困的人有利）有利。商水县第七区的"贫农想与中农互助，能用中农的耕畜、农具，中农怕互助、嫌吃亏"。⑤

而如果当地普遍较为贫困、频遭灾害侵袭的话，从总体上看，恐怕组织起来还是比较适宜的。

（2）指导生产、发放农贷、倡导农业技术

除积极倡导互助合作之外，商水县委、县政府还直接介入农业生产，

---

① 《河南省委关于今冬明春发展农业生产合作社计划方案（1953年11月）》，商水县档案馆藏，档案号：县委全宗一长期卷20第14件。
② 《结束改革转建设必须做好农村春季互助合作的报告（1953年3月27日）》，商水县档案馆藏，档案号：县委全宗一永久卷71第1件，第1～5页。
③ 《商水县对目前互助的初步检查报告（1952年7月27日）》，商水县档案馆藏，档案号：县委全宗一永久卷62第6件，第38页。
④ 温锐：《农民平均主义？还是平均主义改造农民？——关于农村集体化运动与中国农民研究的反思》[J]，《福建师范大学学报》（哲学社会科学版）2003年第5期。
⑤ 《中共商水县第七区委员会关于民主运动工作总结报告（1953年2月13日）》，商水县档案馆藏，档案号：县委全宗一永久卷80第12件，第115～132页。

而且往往作为中心工作任务来完成。如，商水县委曾指出："目前我县处在生产、防汛、午征（评灾，减灾）、灾民救济及粮食收购等工作同时并进的紧张情况下，这几个工作均系非常艰巨繁重的任务。但必须妥善安排，紧密结合生产，达到都要做好的目的，这几个工作做得好坏，直接关系着全县人民的最大利益、国家建设和我党与群众的密切关系……"①

指导生产。每到农忙季节，商水县各级政府都要召开党团员、乡农协会、生产委员会会议，讨论如何收、打及抢种，利用各种会议、黑板报、广播筒，提出了"快收、快打、快下种"等响亮口号。区、乡干部本着"以生产领导生产"的原则亲自掌握生产，不脱离生产干部，参加本家、本组生产，脱离生产干部，直接深入到一个生产组，帮助群众及时抢种（如耩麦、栽红薯等）。如，"县妇联孙主任在大张庄给张德玲组栽红薯，群众看我们亲自给他们做活，他们干得更有劲。例如，张丙林说：'孙主任你还干哩，咱们都要加劲呀。'群众生产情绪普遍高涨，有牲口的利用牲口，没牲口或牲口较弱的，除互助外并组织了人拉耧播种。例如老李园村，王霍子组四人拉耧，两天半种上了36亩绿豆，西庄黄兰英组，拉耙栽红薯，两天栽23亩。"② 又如，1952年7月夏征期间正好落雨，极有利于秋种，商水县委紧急指示："目前已降透雨，有利于抢种，因此抢种晚秋刻不容缓、已成为目前压倒一切的中心突出任务。为了及时、全面完成抢种，特作如下几点安排：1）抓紧时间抢种晚秋，各乡抗旱突击队一律改成抢种突击队，防止群众因雨大意松紧，抢种工作中要发挥互助合作作用，在原互助基础上再提高一步，同时注意解决种子与用具的困难，发动群众互济互助，解决困难。2）对烈、军、工属无劳动力者，要具体帮助及时种上晚秋，同时对贫苦与鳏寡孤独者，也应适当的照顾，对地富农强迫其劳动种上晚秋。3）经常下雨还要加强防涝、防洪，特别是临河的乡村，更应注意各乡要建立防洪组织（防洪指挥部），挖井排水要解决上下游的群众纠纷，同时保持抗旱时组织群众已挖的井不要填死，以备将来在旱时使用。4）虽已落雨，应及时表扬前段的抗旱积极分子，防止某些人打击讽刺抗旱中的积极分子，

---

① 《县委对当前几个主要工作的意见（1953年7月）》，商水县档案馆藏，档案号：县委全宗一永久卷71第17件，第87~91页。
② 《商水县一区五里堡乡生产抢种情况案报（1951年7月12日）》，《一区五里堡乡各种情况调查》，商水县档案馆藏，档案号：县委全宗一长期卷4第2件，第12~31页。

还应向破坏抗旱的迷信思想开展斗争,抢种完成后通过总结出抗旱抢种模范。5)天晴后争取两天至四天时间,百分之百的完成抢种任务,如雨不停,可动员群众顶雨种红薯,同时防止各种虫害发生。"① 同时,针对下乡指导生产的干部,商水县委规定:"在乡干部不准抽烟;县直干部不经批准,一律不准回县,啥时抢种上,见通知再回来。"②

发放农贷。有学者研究认为:"建国初期,为了活跃农村金融,促进农村经济的恢复与发展,国家大力举办了农贷。这一时期,国家农贷在规模上是逐年增加的,在发放对象上倾向照顾农村合作经济组织和广大贫困农民,在贷款利率上有逐年下降的趋势,在贷款用途上绝大部分是为了解决农民的生产困难。总体上看,国家农贷作为建国初期人民政府扶持和发展农村经济的重要措施之一,对当时农民的生产经营和农村经济的发展发挥了重要作用。""在河南省,1950~1952年三年间,共发放各种形式的农贷47767376元(折算成新人民币),粮食246919972市斤。在耕畜方面,据该省6个专区统计,共买耕畜13434头,1950年可解决947118亩、1952年可解决795720亩耕种困难;在农具方面,1952年据该省6个专区不完全统计,买大车4362辆,犁19185张,耙82张,盘耕3462张,其他农具1492795件;在肥料方面,共计购买158631100斤,仅1952年即可肥田660000亩;在饲料方面,1951年可解决89096头牲口两个月饲料的困难,在1952年购买2950000斤,据其中1个专区的统计,可解决10万头牲口1个月的困难。"③

同样,商水县每到播种季节,都要积极组织发放农贷,支持农业生产。如,"1951年,商水县一区五里堡乡,春季生产时,除政府救济了3200斤麦,贷放粮16004斤、钱195000元外,种子是由于政府先贷一部分,其他是互助借和用麦子交换解决的。"④

---

① 《夏征农代大会布置总结(1952年7月)》,商水县档案馆藏,档案号:县委全宗一长期卷13第6件,第36~38页。
② 《商水县委关于雨后抢种的紧急通知(1952年7月)》,商水县档案馆藏,档案号:县委全宗一永久卷62,第37页。
③ 常明智:《建国初期国家农贷的历史考察——以中南区为中心》[J],《当代中国史研究》2007年第3期。
④ 《商水县生产重点五里堡乡由土改转生产的几个问题》《一区五里堡乡各种情况调查》,商水县档案馆藏,档案号:县委全宗一长期卷4第2件,第12~31页。

贷款一般由银行或供销合作社经营，政府协助发放。如，1949 年，县委特别指示县直有关单位："协同县银行发放麦种贷款，贯彻专署八月三十号贸银字第一号指示。具体要求：1）九月十号前将所拨麦数字及表册分配给各区。2）将手续及一切重要指示完成通知并随麦数表册发给各区。3）抽出干部一人，掌握一个重点。4）九月二十号左右全部发放完毕。"① 一般来说，由于"麦种贷放工作及时，手续较前简化、迅速，保证了困难农民及时下种，因此农民深感满意，群众纷纷表示要积极生产、感谢毛主席"。②

此外，为扶持经济作物的生产，商水县还安排一些专项资金贷款。如，1951 年，为支持烟草生产，商水县规定"每亩烟草贷给款 50000 元、40 斤麦子，30~40 亩烟草，可以贷给 1000 斤柴草盖炕烟棚"。③

以 1952 年为例。"1952 年秋，省府、专署先后 4 次共拨给商水县小麦贷种 35 万斤，麦种贷款 4 亿 3000 万元、麦肥贷款 1 亿 9000 万元。"④ 县委、政府"统一领导银行、供销社等经济部门的力量，围绕着农业生产中心任务，根据不同的季节、群众需要，制定出每个时期的业务计划，运用合同形式、采用贷的方法，支持群众开展生产，仅供销社，今春（1952 年）贷给群众麻饼、棉籽和骨粉共计有 553744 斤，农具 16643 件，另外由银行从元月份到五月份共计贷生产粮六十一万斤，农具、牲畜贷款二亿零一百五四万元，购买牲口 507 头，刺激了群众积极生产的情绪，提高了产量"。⑤

从《商水县第 6 区麦种贷放统计表（1953 年）》可以看出，政府贷款的覆盖面比较大：占农户数的 25%~42%，占耕地的 12%~21%。

---

① 《商水县实业科九、十、十一、十二四个月工作计划（1949 年 8 月）》，商水县档案馆藏，档案号：政府全宗一永久卷 4 第 3 件，第 14~19 页。
② 《地委第二次工作检查团第三次报告（1953 年）》，商水县档案馆藏，档案号：县委全宗一永久卷 78 第 22 件，第 113~120 页。
③ 《1951 年王县长安排生产计划》，商水县档案馆藏，档案号：县委全宗一永久卷 49 第 1 件，第 1~8 页。
④ 《1952 年 6~10 月农业生产成绩》，商水县档案馆藏，档案号：县委全宗一永久卷 25 第 4 件，第 15~29 页。
⑤ 《在五届二次各界人民代表大会上的报告》，商水县档案馆藏，档案号：政府全宗一永久卷 26。

表 4-1　商水县第 6 区麦种贷放统计表（1953 年）

乡名\类别	户数（户）	人口（人）	地亩（万亩）	贷种户数（户） 贫农	中农	富农	地主	合计	贷户占总户（%）	贷地亩（亩）	贷地占总地（%）	贷种斤数（斤）
杨河	664	2956	1	139	20	2	8	169	25.4	1153	11.8	13835
潘堂	936	4101	2	291	55	13	38	397	42.4	3931	20	39305
李楼	936	3407	1.2	209	23		2	236	32.1	1603	13.8	16030
大陈	551	2382	1.2	150	40	2	1	192	35	2493	21	24930
合计	2887	12846	5.4	789	138	17	49	995	34.5	9159	17.3	92200
备注	1. 此表仅统计 4 个乡；2. 每亩按 12 斤或 10 斤麦贷；3. 其中李楼村贷给小出租者 2 户。											

资料来源：《商水县第 6 区麦种贷放统计表（1953 年）》，商水县档案馆藏，档案号：县委全宗一永久卷 78，第 110 页。

倡导农业技术。农业生产技术是提高作物产量、推动农业发展的重要因素之一。商水县委、政府大力推广先进生产技术，要求"掌握良种、购置新式农具"[1]，认为"改进生产技术是提高单位面积产量的关键。要求各级政府指导群众：1）深耕细耙，做好整地工作；2）选用良种，浸种、拌种，提高种子发芽率；3）适时播种，推广合理密植，改进播种技术；4）增施肥料、适时浇水，等"。[2]

种子。商水县政府对种子问题非常重视。"政府已责成技术指导站、粮食部门，及时试验好麦子发芽率，一般发芽率在 80% 才能作为麦种，以免发生不出或出的不够苗的危险、或者再种二次，避免劳民伤财、浪费的现象发生。"[3] 此外，由于群众的生产能力低下，对使用药剂浸拌种、加施底肥及合理密植等，政府虽有经常号召，但农民尚未习惯。政府就采取"通过个别组户做出典型推动，逐渐建立点的基础。如去年张庄乡，仅有三组试验浸种，其中农民黄天元还信心不足，他把凉热匀半的办法改为二冷一热，犹豫

---

[1] 《1951 年王县长安排生产计划》，商水县档案馆藏，档案号：县委全宗一永久卷 49 第 1 件，第 1~8 页。
[2] 《商水县人民政府召开生产会议总结（1953 年 9 月）》，商水县档案馆藏，档案号：政府全宗一长期卷 13 第 6 件，第 34~38 页。
[3] 《关于目前情况与秋季工作安排（一九五三年九月二日）》，商水县档案馆藏，档案号：县委全宗一永久卷 71 第 19 件，第 96~106 页。

怕弄坏了,最后大部浸种成功,才推动了3、4户的浸种,对使用凉水选种者有40户,操作方法简便、有把握,所以使用凉水选种者就多些。"①

防疫、治虫。防疫、治虫也是生产的关键。以1952年为例。1952年四月上旬,商水县各区相继发生牲畜流行病(气肿疽、炭疽),县即召开各区中西兽医座谈会,会后派兽医站同志协同各区兽医组织防疫队,赴六、七、十一、十二、十三、十五等区进行气肿疽、炭疽预防突击注射,共计注射牲畜11005头,达到全县耕畜的13%,并结合治活牲口157头。同时,防疫干部深入乡村、艰苦工作,得到广大群众的赞成,群众反映良好。1952年春季,商水县各区相继普遍发生虫害,且很严重,种类有金针虫、红蜘蛛、蚜虫、蝗蝻、地狗子、豌豆象、蟋蟀、象鼻虫,等等。其中以蚜虫、蝗蝻较为严重,自四月十七日起至六月九日止,据不完全统计,全县病虫危害面积有206945亩,参加捕虫的区、乡、村干部4080人,党团员、学生、群众280036人,共捕蝗虫15833斤,地下虫1390斤……估计可减少损失粮6719272斤(每亩按61斤计算)不仅减少了损失,更重要的是打破群众迷信守旧的思想,教育了干部,打下了今后的工作基础。同时上级发来大批治虫药械,有重点的配合人力防治,更坚定了群众战胜虫灾的信心,发挥了群众高度的除虫积极性。② 在治虫过程中,打破群众的迷信思想很重要。如1951年"在秋苗正长时,遍生蜜虫,商水县一区五里堡乡柴克瑞互助组带头使用棉油皂,救出二亩瓜后,及时在代表会上传播了经验,全乡争购棉油皂150多块,消灭了虫灾,提高了群众灭虫信心,打破了是神虫,不可救的思想"。③

总之,在土改结束后,商水县委就针对推广生产技术、促进农业生产问题指出:"1)办好国营农场,加强周围农民联系,起示范作用,带领农民前进。2)深耕细作、改良土壤、合理施肥,开展常年积肥运动。3)发动群众与药械相结合,农民经验与科学技术相结合,防止病虫害,采取防重于治的方针。4)推广转式农具,推广优良品种,大量繁殖牲畜。推广上述技术方面,可能说掌握技术是困难,我们只要苦心学,就能学会,我们

---

① 《地委第二次工作检查团第三次报告(1953年)》,商水县档案馆藏,档案号:县委全宗一永久卷78第22件,第113~120页。
② 《在五届二次各界人民代表大会上的报告》,商水县档案馆藏,档案号:政府全宗一永久卷26。
③ 《商水县生产重点五里堡乡由土改转生产的几个问题》,《一区五里堡乡各种情况调查》,商水县档案馆藏,档案号:县委全宗一长期卷4第2件,第12~31页。

必须大量训练技术人才（如挖井人员）、设立技术指导站，方法必须用说服再说服做法……一系列的艰苦工作，才能把党所提计划变为群众行动，对增产有了保证时候，才能说由改革初步转上了建设。"①

（3）组织群众治水

正如此前所述，由于商水县的地理环境，决定了水利问题是关乎农业乃至社会安全的大问题、是乡村社会关注的焦点问题。

首先，临时性的排水。面对每每夏秋雨涝的情形，商水县政府动员各级政府，要"大力发动群众与水、旱、风、虫、雹作斗争，争取减少灾害、消灭灾害，省水省治、县水县治，民办公助、整理沟渠，汾河分区疏浚，争取少淹秋、不淹麦"。②

同时，商水县党委、政府成立专门组织，详细勘查全县各河流现状，并以突击方式组织群众迅速排水。如，1949年9月27日，商水县人民政府训令各区："我县地势低洼，过去即常遇水灾，近因秋雨连绵，致使各处窪（洼）地积水成灾，据报我县被淹地亩竟占可耕地全部三分之一……特作出下列决定：通过排水种麦定出今后挖修沟河的治水计划、保证全县洼地不因有积水种不上麦（死洼地除外）。"③根据该年（呈专署的）《商水县人民政府九、十两月工作的综合报告》，此次治水：采取救急排水方针，其办法，对于汾河、枯河实行清河床（割除河中芦苇、杂草）及扒通雍水桥涵土渠部分——这方法很有效验，三天后水位即降低二尺半。对坡水实行挖新沟、疏旧沟办法，尽量少毁耕地、少费人工、顺利排水，全县基本上已完成排水种麦任务。据统计，新挖沟及疏旧沟共计164条，动员民工178079人，救出耕地157180亩……④而1950年挖河排水的收获是："挖沟救出土地169430亩，已种上大秋作物。挖汾河和其他小沟，是有领导的按劳动力出伕、按地出资，基本方法是按工给资、以工抵资，以解决群众生

---

① 《结束改革转建设必须做好农村春季互助合作的报告（1953年3月27日）》，商水县档案馆藏，档案号：县委全宗一永久卷71第1件，第1~5页。
② 《1951年王县长安排生产计划》，商水县档案馆藏，档案号：县委全宗一永久卷49第1件，第1~8页。
③ 商水县政府办公室：《通知：为县水利委员会工作队到各区工作希切实协助由》，商水县档案馆藏，档案号：政府永久卷6第21件，第95页。
④ 县人民委员会：《综合报告》[R]，商水县档案馆藏，档案号：政府永久卷6第32件，第129页。

活和生产问题。"①

除了暂时的突击治水之外,每到汛期,商水县都要组织群众对沙河大堤险工段进行抢修并组织群众护堤。由于在排水中最容易引起群众纠纷、稍有不慎便可能发生群众打架斗殴现象出现,因而县政府规定:排水于本区有利而其他区无害的,经双方协商,领导批准,方可动工;本区有利,外区有害,一般暂不动。如有干部、党团员,有意识参加排水制造纠纷,给予应得的处分,同时,动员群众遵守排水原则。②

其次,治理河沟。排水只是应急措施,治本之策恐怕还是小流域治理乃至整个淮河流域的治理,党一国家进入当地乡村之时,便已注意并且开始着手解决这个问题。如,1949年春,商水县民主政府通知:"查我县各地,过去长期敌伪统治之下,河道失修,连年旱涝不均……根据专署指示及各区灾情轻重、水利工程大小,将专署拨来粮食60余万斤分配各区。其中以工代赈的挖河修堤工作,各区应有重点的选择目前费力小而获益大的进行,可争取按地出工、按村庄分段的原则,一面做好水利工作,一面解决群众困难。"③ 该年(一九四九年)商水县政府制定的九、十两月份工作计划中针对疏通河流工作,规定:"九月十五号前成立县、区水利委员会,以各级干部为主,吸收热心公益及治水有经验之人士参加。二十六号后,县水利委员会分组下乡,结合区水利委员会,依据群众要求,深入各处勘察,于十月十五日前拟出各地工程计划,二十号,县水利委员会拟定今年应修工程。争取在十月下旬动工。"④ 为此,商水县实业科从组织领导和经费方面作了具体安排:"我们为了彻底防止水患,消灭水灾,特将治水定为今后中心建设工作。要求在十月十五以前,将各区应挖修河沟之地形工程及群众要求、区乡意见,作具体了解并作出今后兴工计划。(1949年)十月二十以后,重点备料,争取部分动工。十二月底做好全县本年应修工程。具体工作。力量组织:九月二十五号前成立县、区水利委员会。各级组织以各级负责干部为主,吸收热心人民事业,

---

① 《商水县三、四月份工作报告(1950年4月24日)》,商水县档案馆藏,档案号:县委全宗一永久卷29第3件,第9~17页。
② 中共商水县委员会:《关于目前情况与秋季工作安排(1953年9月2日)》,商水县档案馆藏,档案号:县委永久卷71第19件,第96页。
③ 《商水县民主政府通知——关于生产救灾挖河赈灾的决定(1949年4月22日)》,商水县档案馆藏,档案号:政府永久卷2第9件,第13页。
④ 《为通告九、十两份公作计划既精简节约实施情形由(1949年)》,商水县档案馆藏,档案号:政府永久卷3第92件,第149~151页。

且有治水经验之人士参加（以有经验之老农为主，技术人员为辅）；勘察各地工程，九月二十五日以后县水利委员会，至少分两组下乡，结合区水利委员会，依据群众要求，区乡意见，深入勘察，务于十月十五日前，定出各地工程计划；十月二十号以前，由县水利委员会研究，定出今年应修工程；动员群众、组织群众，争取在十月下旬开工，十二月底完成全县本年应修工程。经费问题。确定挖河修堤等民工，为义务工，依次按负担地亩派工，按人计工，要求公平合理。技术人员工资用挖河粮，技术人员之伙食津贴由实业科事业费内开支，如不够可动用地方粮；挖河占地，由群众民主协议解决。"[1]

当然，较为根本的解决需要进行淮河全流域治理，这有赖于中央政府的统筹安排，而新中国成立后国家也已经开始大规模的治理淮河。1951年，国家水利部派出技术人员，对商水境内的河沟情况，进行了全面勘查："查商水县位于淮阳西南，地势低洼、河流淤塞以及沟洫系统紊乱、排水不畅，每值雨季漫溢溃决，造成内涝水灾，兹依据中央三年至五年治淮精神，本部组织查堪（勘）小组，赴商水县查堪（勘）各河流、沟洫和湖泊、洼地状况，并了解各地灾情、水利纠纷及群众意见，为结合今后的整理水利制定计划（见表4-2）。"[2]

表4-2 拟整理沟洫工程量及预期效益表

沟　名	八里王沟	沱沟河	赖　沟	鸭儿沟	青泥沟	小青龙河	草　河	合　计
全长（千米）	11.5	13	16	12.5	26	24	22.5	125.5
拟整理长度（千米）	11.5	13	16	12.5	11	6	22.5	92.5
工程土方数（立方米）	76640	54640	117440	96380	173580	114720	30375	663775
预期增产量（以千市斤麦计）	3855	3930	7290	7042.5	1705.75	4410	4210	32443.25

资料来源：国家水利部：《商水县水利勘察报告（1951年10月27日）》，商水县档案馆藏，档案号：政府全宗一永久卷22。

---

[1]《商水县实业科九、十、十一、十二四个月工作计划（1949年8月）》，商水县档案馆藏，档案号：政府全宗一永久卷4第3件，第14~19页。

[2] 国家水利部：《商水县水利勘察报告（1951年10月27日）》，商水县档案馆藏，档案号：政府全宗一永久卷22。

从 1951 年开始，商水县对境内小流域治理的力度逐渐加大。如 1951 年"全县十一个区八十三个乡共动员民工 82229 人，计疏浚沟壑有鸭儿沟、青泥沟、草河、小青龙河下游、彭投沟、薛陶沟和沱沟河等七处，工作土方 340989 公方；另外沙河工程九处，做土方 44881 公方。现除鸭儿沟和青泥沟处，其他春季工程大部均胜利完成"。① 1952 年，"沙河防汛：除完成苑寨、饮马台、邓城、老门潭、官坡、马门、孟湾等十处柳箱、石坝工程外，另外还完成土方 31 处，计动员民工 19884 人，工作土方 551575 立方；挖沟排水：入秋以来，共淹土地 78 万余亩，经过挖沟排水、清除河道障碍等抢救工作，共计疏浚大小沟洫 63 条、救出土地 73 万余亩，清理除杂草约有 20 吨"。② 1952 年全年总计动员民工 8 万余人，完成土方近 100 万立方米。③

1953 年 10 月，河南省派来勘查队，会同商水县水利部门，对商水县境内的汾河进行了全面勘查。根据勘查结果，从 1954 年开始，先后对汾河进行了 7 次治理。其中 1954 年的第一期工程由许昌专署治淮指挥部负责施工。1954 年春、冬分两次，组织舞阳、临颍、郾城、商水、西华、周口等县（市）民工 11 万余人，以 2 个多月时间，完成土方近 700 万方。④

2. 农户的生产生活状况

（1）农户的公粮负担

1949 年，"商水农业税征收是按《中原解放区农业税暂行条例》规定的'累进税制'，共分 13 个税率等级，税率是从 5% 到 40%。1949 年至 1950 年农业税实行累进制，从 1 级（1 级指人均产量 120 市斤，此为起征点，以下免征）到 5 级，每级级差递增 50 市斤，从 6 级到 9 级，级差 100 市斤，从 10 到 11 级，级差 200 市斤；12 级以上，级差 300 市斤。此阶段由于未实行土地改革，高税率主要是为了打击地主阶级经济，贯彻党在农村阶级路线和合理负担政策"。⑤

---

① 《在五届二次各界人民代表大会上的报告》，商水县档案馆藏，档案号：政府全宗一永久卷 26。
② 《商水县 52 年 6 至 10 月份农林生产工作成绩》，商水县档案馆藏，档案号：县委全宗一永久卷 25 第 4 件，第 15~19 页。
③ 《商水县 52 年农林生产总结》，商水县档案馆藏，档案号：县委全宗一永久卷 25 第 5 件，第 20~32 页。
④ 商水县地方志编纂委员会编《商水县志》[M]，郑州：河南人民出版社，1990，第 113 页。
⑤ 商水县地方志编纂委员会编《商水县志》[M]，郑州：河南人民出版社，1990，第 231 页。

1949年商水政府针对午征的负担问题规定：全县共计全年征粮3000万斤，麦季1800万斤（麦秋两季征收比例——麦季征60%，秋季征收40%）。分配任务根据各区人口、土质、灾情、产量，一次计算，两次征收，这样可以刺激发展生产，减少计算麻烦，若人口地亩灾情变化很大时，可以允许改正。①对于出租地的负担问题：八五地负担由地主负责，减租后农民分七成，地主分三成，则平均负担；包租地减租后也对半负担，对半分粮者，佃三东七负担，四六分粮者二八负担（佃二东八），倒四六分粮者（佃六东四者）按正四六负担。②受蝗灾地区面积占全区5%以下者，由本区分配任务时酌情照顾。5%以上者呈报县府，由县转呈专署酌情减免之。③农民新分地主在外村出租之地，征收15%；暂由农会管理而未分配的清算出之土地，可按15%计算负担。贯彻政策并通过办法了解情况、挤实黑地，评产量，定等级，分配任务到村，力求乡与乡，村与村之间比较公平合理；通过自报公议，三榜定案的方式，评产量，定等级，挤黑地。合理负担斗争的主要环节是反瞒黑地、反恶霸。在群众中进行合理负担斗争教育，与群众的切身利益相联系，如提出"一家瞒地，千家替他完粮"等口号，地主转嫁负担是加重别人负担，减少自己负担。对于黑地问题，是自报地亩、大会检举。凡自报者一律不追缴粮食，检举出来的中农以下不追缴，富农追缴一部分或全部，地主一般的追缴全部，主谋瞒地者酌情处罚，追缴及处罚的粮食完全交群众，追缴者要追缴两季。执行政策上：负担上要做到贫农负担不得低于5%，不得超于8%，中农负担从10%～18%，富农25%左右，一般地主不超过35%，大地主最高到40%，特大殷实地主不超过50%（遇此情况要报告县府）。约法八章（主要是村一级）A. 不准加派公粮，B. 无故不准摊派，C. 不准包庇地主，D. 不准瞒地，E. 不准贪污浪费，F. 不准徇私舞弊，G. 不准破坏政策，H. 不准打骂群众。①

据《河南省典型村负担概况统计表（1949年8月）》统计显示，1949年河南全省农民负担平均为产量的25.5%，其中商水县一区王道平村的统计显示：该村89户、446口人、1069亩地，麦季总产量合计118948斤，麦季负担18259斤，占麦季产量的15.3%②，若再加上秋季的40%负担，全年

---

① 《商水县午征布置与总结（一九四九年六月十八日）》，商水县档案馆藏，档案号：政府全宗一永久卷6第19件，第82~84页。
② 《河南省典型村负担概况统计表（1949年8月）》，中共河南省委档案，1949年永久卷28，1号。

负担应占总产量的 25.5%，与全省情况一致。

1951 年，商水县全县开始进行查田定产，进一步澄清土地情况、落实土地数量，共查出"黑地"22 万亩，此项工作至 1953 年结束，统计全县共有耕地 172 万亩，以常年产量分 19 个等级①纳农业税（仍为累进税，税率从 5% 或 7% ~ 25% 纳税）。同时，商水县人民政府根据上级精神，对各区、乡发生的旱、涝、雹、霜等大小不同的灾情，对农业税与征购任务采取减免照顾政策，以解决农民的生活困难。从 1950 年开始，商水县农业税在正税之外征收附加，其比例为正税的 13% ~ 15%。②

1951 年是土改后第一年，土改后翻身农民觉悟提高、踊跃缴公粮。如，商水县七区"小葛庄夏得中说：'不吃也得交粮，贷粮、贷种、分地，咱也能喂个小牲口，不交粮对不起政府'。哲店李 XX 说：'咱半月头就吃大麦豌豆，省着小麦好交粮，没田咱冤，现在可不冤了。'"③ 商水县八区"一般群众今年反映都很好，认为今年的查田定产、依率计征的新办法、新方针，是比过去任务包干公平得多。因此，群众的生产情绪稳定，基本上都已安心生产，表现在今年的秋苗都锄了三、四遍，地里的草都不很多。例如，光堂乡农民姜金秀说：'今年的征收办法真是公平，我从前出公粮都是吃亏，但今年可不吃亏了，如果按这样的等级产量评好后，固定下去再也不会吃亏了，就这以后情加劲生产啦，还是谁打粮多谁有办法。'根据群众的反映和各乡的汇报，富农比去年轻了 1/3，中农不增不减，贫农重了 1/3"。④

1952 年，商水县更强调：根据"查田定量，依率计征，依法减免"的农业税收工作方针，不再附加。各户根据实际情况，把产量作了调整，应减免照顾数字确定后，用负担产量依率计征，算多少是多少，地方粮、一

---

① 一等产量定为年亩产 240 市斤，二等 230 市斤，依此类推，至十九等定为 60 市斤，税率定为 13% 或 15%。见"商水县 1953 年农业土地查田定产分区统计表"，商水县人民委员会编《商水县统计资料汇编 1949—1957》[C]，1958 年 12 月 30 日制（内部资料）；又据商水县志载：（商水县）丰收的民国二十一年（1932），粮食平均亩产 183 市斤，灾年粮食产量更低。见商水县地方志编纂委员会编《商水县志》[M]，郑州：河南人民出版社，1990，第 125 页。
② 商水县地方志编纂委员会编《商水县志》[M]，郑州：河南人民出版社，1990，第 233 页。
③ 《七区对目前各项工作汇报（一九五一年八月四日）》，商水县档案馆藏，档案号：县委全宗一长期卷 6 第 2 件。
④ 《商水县第八区委会夏征总结报告（一九五一年八月三十日）》，商水县档案馆藏，档案号：县委全宗一长期卷 6 第 3 件。

切附加均不准再派。具体贯彻：①调整具体贯彻是由上而下地根据省府专署核定的指示产量到区，区以下乡村由区掌握，自下而上发动群众，民主评议、个别调整。各区、乡过去产量差得不多，不必再动，如地等产量悬殊很远、问题较大者，必须充分发动群众、高度发扬民主进行讨论调整，地等差距过大的可以从中插上一等，一般只在产量上调整，区乡交界处悬殊大的，须派专人互相协商、密切结合，做到认识一致，取得统一，尽可能地把产量平衡、负担合理。②灾情（包括水、旱、虫、雹）减免问题：按省府规定减灾办法，专署依照任务的2%和各县灾情程度分到县，县将按各区情况确定到区，区又按各乡村实际情况，民主评定报区核批，重灾报省批准后减免，但要实事求是、严格防止盲目扩大灾情。具体做法，乡村对户进行查灾后，评灾户，灾户站队分等级互相对比，顺利把灾粮评减到户，防止平均减免和少数人操纵、营私舞弊的现象发生。③社会照顾：照顾粮数，省以任务的4.5%分给专区，专署以各县具体情况分给县，县再以各区具体情况分配之。照顾对象，除政策上明确规定（无劳力烈军工家属、老弱孤寡、残疾户）者外，新回家的转业军人有困难者亦应照顾，以上三个工作是今年农业税收工作中的中心环节，关系着群众与国家的联系，也就是国家政策法令与群众见面的具体内容，搞得好将促进群众对党和人民政府的进一步拥护，否则将起到反作用。①

有研究认为，查田定产、一律征税的目的和作用有四：①为了建立新的统一标准的"税基"，即确定可靠的计税依据。②平衡农民负担的需要。③按照土地的常年产量计税，有明显的奖励增产的作用。④摸清税源，给农业税工作奠定基础。② 在发展生产、保证供给、照顾农民休养生息总政策精神之下提出的基层增产不增税、贯彻重灾多减、轻灾少减、特重全免的政策方针，解除了群众怕受灾不减、部分无灾户怕加重负担的思想顾虑，刺激了农民生产积极性，密切了党—政府与广大群众的联系，解除了生产上的顾虑。但不可否认，查田定产还有其巨大的政治意义。③ 可以这样认

---

① 《夏征农代大会布置总结（1952年7月）》，商水县档案馆藏，档案号：县委全宗一长期卷13第6件，第36~38页。
② 中华人民共和国财政部《中国农民负担史》编辑委员会编《中国农民负担史》第四卷[M]，北京：中国财政经济出版社，1994，第83页。
③ 相关论述见陈益元《建国初期农村基层政权建设研究：1949—1957——以湖南醴陵县为个案》[M]，上海：上海科学院出版社，2006，第174~178页。

为，它不仅可以做到负担平衡合理，完成国家税收任务，并且能稳定各阶层生产情绪，再次强化党—国家与农民的关系；既可促进农民生产合作化、集体化，又可适当限制农村资本主义成分的发展，更重要的是掌握了粮食、稳定了物价。

（2）农户生产与生活状况

生产资料仍然缺乏。土改后，农民普遍缺乏生产资料。据1951年春的调查，商水县二区杨寨乡王庄寨共有65户、337人，其中贫农即有48户、246人，占全村总人口的73%，只有房子179间、地839亩（多为新分地、人均2.49亩），牲口43头（8头牛、6匹马、29头驴，另有牛犊、马驹各4头，小驴1头），猪38头、鸡鸭鹅约200只，这几乎是占该村人口73%的337口人的全部生产、生活资料。①

又如，上文提到的商水县一区五里堡乡，在土改结束后有牲口334头、大车67辆、犁152张、耙151张、耧120张，平均计算每头牲口合地22.4亩，一辆大车合地110亩，每张犁合地49.3亩，每张耙合地49.6亩，每张耧合地67亩。从以上数字来看，牲口、农具显然是不够用的，但由于农民在土改中得到了命根子（土地）和部分牲口、农具等生产资料，情绪普遍高涨，生产劲头很大，在自愿、两利，迫切需要解决牲口、农具困难的情况下，组织了互助组，解决了生产中部分困难（农具、劳力等）。现在，添牲口37头，在原有数上增加20%强，另小牲口换大牲口18头，犁耙各4张，比原有数增加2%强，其他农具230件，上粪比去年多上30%，往年麦子不锄，今年都锄了一遍至两遍。男女老少积极参加收麦种秋，如柴克瑞组雷金莲一下午耙地九亩半，创造了妇女参加劳动的新纪录，秋季作物一般都是锄三遍，最多的锄四遍。由于加工施肥，麦季普遍（除地主的外）增产一成至二成，如柴克瑞去年种八亩麦，打三石二斗（根据周口粮食市场一斗麦35~36市斤，计算亩均约140市斤），今年（1951年）还是种八亩则收了四石一斗（亩均约180市斤），比去年增产了二成还强，所有这些都是土地为农民所有后的新气象。但农民生产仍有困难，最突出的是缺少牲口、大车。如，老犁园张玉欣互助组，6户、84亩地，原先只有一头牲口，现在又添两头，该村17户，连一辆大车都没有，现在群众迫切要求政

---

① 《商水县二区杨寨乡重点检查报告（1951年4月）》，商水县档案馆藏，档案号：县委全宗一永久卷29第4件，第18~29页。

府贷款买牲口、添置农具。①

土改后，中农以下阶层的生产境况普遍有所改善，但这种改善远非一场农业革命。如，一区五里堡乡马庄的马英山（中农），6口人、20亩地、1个劳动力，有犁、耙、耧等，牲口1头（驴），没有车，每年能种15或16亩麦，丢点秋，每亩能上到一车粪，平均每亩只打二斗粮食，秋收的少，秋地也是犁耙三遍。土改后，又添1头牛，种16亩麦、4亩秋地，他说看今年的麦至少能打三斗。②

中国民间素有互助的传统。比如，人工换牛工、"拿移""帮牲口腿"等形式。拿移是两家都有牲口、农具，吃饭是各吃各的、各做各的活，牲口在一起用，谁有活谁用牲口。如新中国成立前一区五里堡乡大张庄高治国，贫农，7口人、10亩地、4个劳动力、1头驴，其他农具没有，和张春之（中农）拿移，张春之5口人、13亩地，1头牲口，农具全有。帮牲口腿是一家买不起牲口，旁人帮一份买1头，两家共有，但做活吃饭还是各吃各的、各做各的，如新中国成立前一区五里堡乡刘楼刘砖子，2口人，23亩地，他拿4万元与刘水帮牛腿。刘水，贫农，3口人、9亩地、没农具，拿出12万元（共计16万元），买一头牲口，牲口留在刘水家喂着。③

对于农民缺乏生产资料的问题，商水县委在夏收夏种生产总结中认为：群众在夏种中的主要困难是缺乏耕畜、农具以及种子。解决办法是组织起来，动员人拉犁、拉耧，政府贷款解决一部分牲畜问题；种子问题上，政府号召借贷自由、互借互换，同时政府贷一部分种子。④

从经济效益的角度讲，真正的互助合作应该是一种资源互补、结果双赢的格局，否则，互助便失去了基础。因此，互助并非解决农民生产资料缺乏问题的万全之策。如，"周口西北地根村解放前是一个贫穷的庄子，54户人家，贫农就占51户，1951年4月间这里土改结束，该村农民虽由外庄均（匀）来了土地，但农具还相当缺乏。政府为了解决大家生产中的困难，

---

① 《商水县生产重点五里堡乡由土改转生产的几个问题》，《一区五里堡乡各种情况调查》，商水县档案馆藏，档案号：县委全宗一长期卷4第2件，第12~31页。
② 《一区五里堡乡解放前的生产情况与现在的互助情况》，《一区五里堡乡各种情况调查》，商水县档案馆藏，档案号：县委全宗一长期卷4第2件，第12~31页。
③ 《一区五里堡乡解放前的生产情况与现在的互助情况》，《一区五里堡乡各种情况调查》，商水县档案馆藏，档案号：县委全宗一长期卷4第2件，第12~31页。
④ 《商水县委夏收夏种总结报告（1951年7月）》，商水县档案馆藏，档案号：县委全宗一永久卷38第1件，第1~17页。

便号召大家组织起来,但因该村农具的限制,全村共组织了两大组。这时大家知道互助一块好,对互助组发展方向和好处却不知道,因此在干起活来互相依靠、意见纷纷。大家一致认为组大,开会评为三组,因不能自愿结合,仍不能提高生产,情绪不高,还嫌组大,人多事靠,不多出活。村主席王桂林号召自愿结合,组织成七个组"。① 又如上文提到的商水县一区委在1953年年初对互助组的总结中认为:"贫农因今年秋季减收、生活困难,搞副业没有本钱,被挤出了互助组,如董芽村赵丙银组,搞副业打木柴,全组贷款60万元,因本少每人再拿10万元做本,盛百昌拿不起,被挤出了互助组"。②

几家典型户的收入、支出情况。据商水县委对土改后典型户生产消费情况的调查材料,对商水县一区五里堡乡大张庄村以下几家农户的生产、消费情况作一简述。

张文明,地主,11口人、21亩地(高地2.9亩、一般地18.4亩),有男劳力1个、女劳力5个。1950年收入情况如下:农业收入。小麦1040斤、大麦324斤、秫秫288斤、谷子108斤、荞麦504斤、红芋3428斤,棉花35斤。副业收入。推车赚绿豆84斤、打油、纺花赚小麦260斤。总计折麦3551斤。支出。吃饭支出折麦2388斤,穿衣折麦85斤,缴公粮小麦107斤、秋粮60斤,被没收小麦400斤、大麦144斤,加上种子粮、喂牲口粮等,所有支出共折麦3550斤。1951年收入如下:农业收入。小麦1280斤、大麦252斤、秫秫432斤、绿豆714斤、红芋3087斤,棉花85斤。副业收入。纺花赚小麦380斤。总计收入折麦3344斤。支出。吃饭支出折麦2506斤,穿衣折麦180斤,缴公粮小麦402斤、秋粮180斤,学粮、捐献、出证费共计小麦82斤,没有算种子粮、喂牲口粮等,所有支出共折麦3356斤。值得注意的是,他家有一人在外教书、一人参军,1950、1951年经常在家吃饭的人口只折7口,人均吃饭消费折麦约400斤/年,两年均收支相抵,没有节余。

张万仁,富农,6口人(1950年),男劳力1、女劳力2。有地21亩,

---

① 《郊区王营乡北地根倪文魁农业合作社组织情况》,商水县档案馆藏,档案号:县委全宗一长期卷13第1件,第1~9页。
② 《商水一区乌沟庙乡民主运动工作检查报告》,商水县档案馆藏,档案号:县委全宗一永久卷80第2件,第11~19页。

其中上等地6亩、中等地12.6亩、下等地2.9亩，有牛1头。1950年收入情况如下：农业收入。小麦1600斤、大麦432斤、秫秫558斤、绿豆630斤、红芋3725斤、荞麦468斤，棉花120斤，芝麻74斤。副业收入。放账得利息折麦480斤。总计收入折麦4796斤。支出。吃饭支出折麦2117斤，穿衣折麦143斤，缴公粮小麦360斤、棉花60斤、芝麻38斤，学粮48斤，加上种子粮、喂牲口粮等，所有支出共折麦4363.5斤，节余433斤。1951年收入如下：农业收入。小麦1680斤、大麦360斤、秫秫432斤、绿豆798斤、红芋2000斤，棉花70斤，芝麻44斤。副业收入。纺花、推粮赚钱折麦245斤、卖牛一头得钱折粮600斤。总计折麦4652斤。支出。吃饭支出折麦1793.5斤，穿衣、零花折麦88斤，缴公粮小麦736斤，加上其他学粮、捐献、种子粮、喂牲口粮等，所有支出共折麦5000斤。收支相抵，出超348斤。两年间人均吃饭消费约折麦355斤/年。

张丙君，中农，5口人，男劳力1、女劳力2，其女儿张秀芹是劳动模范。有地15.1亩，其中高地6.1亩、一般地9亩，有驴1头。1950年收入情况如下：农业收入。小麦1600斤、大麦144斤、秫秫32斤、谷子32斤、绿豆344斤、红芋2931斤，棉花4.5斤。副业收入。纺花赚小麦120斤、卖猪112斤。总计收入折麦3571斤。支出。吃饭支出折麦2353斤，穿衣折麦331斤，缴公粮小麦524斤，加上种子粮、喂牲口粮等，所有支出共折麦3504斤，节余67斤。1951年收入如下：农业收入。小麦1280斤、大麦180斤、秫秫468斤、绿豆504斤、红芋2857斤、棉花46斤、芝麻59斤。副业收入。纺花赚小麦100斤、推车赚麦216斤。总计折麦4006斤。支出。吃饭支出折麦2198斤，穿衣、零花折麦331斤，缴公粮小麦475斤、秋粮100斤，出证费计小麦29.5斤，加上人情往来、种子粮、喂牲口粮等，所有支出共折麦3790.5斤。收支相抵，节余215.5斤。两年间人均吃饭消费约折麦450斤/年。

张丙坤，中农，10口人，男劳力2、女劳力2。有地33亩，都是旱地，有牛、驴各1头。1950年收入情况如下：农业收入。小麦2600斤、大麦432斤、秫秫540斤、谷子108斤、绿豆504斤、红芋3430斤，棉花120斤，芝麻103斤。副业收入。贩柴、卖鹅蛋等折麦90斤。总计收入折麦5067斤。支出。吃饭支出折麦3144斤，穿衣折麦247斤，缴公粮小麦935斤，加上种子粮、喂牲口粮等，所有支出共折麦5135.5斤，出超68.5斤。1951年收入如下：农业收入。小麦2920斤、大麦630斤、秫秫648斤、绿豆882斤、红芋3660斤、棉花163斤、芝麻108斤。副业收入。卖杂菜、卖牛娃折麦1032斤。总计折麦7230.5斤。支出。吃饭支出折麦4149.5斤，穿衣、零花折麦344斤，缴公粮小麦1046斤，种子粮、喂牲口粮等，所有支出共折麦7051斤。收支相抵，节余179.5。两年间人均吃饭消费约折麦360斤/年。

张万灵，贫农，5口人，男劳力1、女劳力1。1950年有地6.4亩，1951年有地10.4亩（土改分4亩地），其中上等地4.5亩、中等地4.2亩、下等地1.7亩，有牛1头。1950年收入情况如下：农业收入。小麦600斤、大麦396斤、谷子144斤、绿豆294斤、红芋2286斤，棉花80斤。副业收入。卖布、贩牛赚钱折麦219斤。总计收入折麦2464斤。支出。吃饭支出折麦1982斤，穿衣折麦189斤，缴公粮小麦60斤、秋粮42斤，加上种子粮、喂牲口粮等，所有支出共折麦2461.5斤。1951年收入如下：农业收入。小麦960斤、大麦72斤、秋秫396斤、绿豆294斤、红芋2500斤，棉花60斤，芝麻59斤。副业收入。贩牛赚钱折麦63斤。总计折麦2780斤。支出。吃饭支出折麦2180斤，穿衣、零花折麦386.5斤，缴公粮小麦256斤，种子粮、喂牲口粮等，所有支出共折麦2788斤。收支相抵，没有节余。两年间人均吃饭消费约折麦420斤/年。[①]

从以上材料可以看出，农业是农户的主要收入，这几家农户的消费差异主要在生活水平的不同——两年间人均吃饭消费约折麦从355斤/年到450斤/年不等，除去公粮之外，生活费均占其收入的80%以上，用于再生产的投资极少。由此可以推测，相当部分的农户处于消费缺乏状态，单从这几户农家的收入与消费结构看，糊口农业的特征极其明显，而农户的收支相抵没有节余，也预示着其抗风险能力的低下。

二 新中国成立前后依然严重的灾害状况

新中国成立前后，广大乡村不但曾经战争之苦，而且仍然不断遭受着自然灾害的威胁。

1. 新中国成立初期的灾害情况

如第一章所述，近代以来，商水县一带日益闭塞，灾害不断，给当地

---

① 《典型户生产消费情况调查材料（1951年10月）》，商水县档案馆藏，档案号：县委全宗一永久卷28第5、6、7、8件，第53~78页。

乡村农户的生产、生活带来极大危害。新中国成立前后，商水县的灾害仍然有增无减。

1948年秋雨连绵，造成1949年县内局部春荒。1949年县境局部水灾。1950年5~7月，连降暴雨，商水县50多万亩耕地遭重灾，夏收六成、秋收四成，倒房6640间。1951年8月上旬大雨成灾，全县受灾乡60多个，灾民174347人，塌房11034间。1952年6月雹灾与秋涝，受灾乡镇占总数的57.4%，全县45万亩粮食作物被淹而绝收，小麦不能适时播种。

1953年，更大的水灾又降临在这片多灾多难的土地上。正如商水县向许昌地委、专署的报告中所说：我县今春（1953年4月）因麦遭受寒霜袭击，造成夏荒，虽灾荒较重，但在上级的正确指导和粮、款的大力支持及干群的积极设法与灾荒斗争下，灾荒将要度过，干群欣喜，秋季丰收在望之际，不幸于八月三日连日阴雨，沙河柴湾决口，低洼地区积水，因之造成我县不易收拾的严重灾害，由八月三日至七日的五日内不完全统计，全县计受灾乡73个，占全县总乡数的37.24%，被灾总户计四万九千三百五十九户，全县总户数的34.25%，被灾合计二十二万五千一百七十七人，占全县总人口35.17%，被灾耕地计七十六万三千四百五十三亩，占全县总可耕地的37.19%。因水流凶猛，洼地积水深过秋苗，芝麻、谷子等有一粒不获之险，减收七成左右已成定局。①

2. 灾民生活、生产状况

由于抗灾力低下，灾民生活颇为艰难，大多数农户需要救济。如，1951年春，商水县二区车邓店乡灾荒严重（如表4-3），农民生活艰难。

1953年柴湾决口后，商水县受灾空前严重。由于连年灾害、灾民众多，一时灾民思想混乱。一是忧愁焦虑，认为无路可走，有牲畜的挤卖购粮，无啥挤的发出等死的哀叹声；二是不顾一切、盲目外逃，如，六区刘村已逃外县五户；三是有些灾民直接伸手向政府要粮款。干部惊慌失措，盲目乱干、工作效果不大……②

---

① 《沙河柴湾决口及其抢险简报》，商水县档案馆藏，档案号：政府全宗一永久卷78第1件，第1~3页。
② 《沙河柴湾决口及其抢险简报》，商水县档案馆藏，档案号：政府全宗一永久卷78第1件，第1~3页。

表 4-3　车邓店乡灾情表（1951 年 3 月）

项目 村别	户数 （户）	人数 （人）	地亩 （亩）	非救不活 户	非救不活 人	能支持十天半月 户	能支持十天半月 人	能支持到麦天里 户	能支持到麦天里 人
大兆庄	46	178	750	4	22	13	54	10	41
兆黄庄	15	67	155	8	33	5	30	2	4
葛　楼	42	244	53	6	35	6	25	30	184
王　楼	27	162	457	4	18	2	11	21	133
刘李庄	84	418	989	8	22	56	266	4	17
刘伯户	27	64	132	5	19	5	18	8	34
车邓店	65	658	2469	15	69	86	480	75	236
三合村	39	209	485	8	24	9	42	22	134
何　楼	84	1100	896	6	18	13	42	65	340
张　坡	90	416	1026	11	38	34	135	12	105
高　庄	32	152	350	7	4	4	21	8	35
合　计	641	29629	8219	77 (11.9%)	302 (10%)	233 (30.3%)	1124 (38%)	957 (40%)	1235 (42%)

资料来源：《车邓店乡灾情表》，《二区车邓店乡土改及生产调查报告（1951 年 3 月）》，商水县档案馆藏，档案号：县委全宗一永久卷 38，第 3 件，第 24~53 页。

　　1953 年 9 月中旬，河南省委、许昌地委派遣慰问组赴商水调查灾情，据在四座桥、高桥、韩堂三个重灾乡（共 2362 户）调查摸底的结果，由群众现有的粮食（包括未淹死的高粱与留下的高地谷子、豆子等）看，大体可分为四种情况：能吃到明年麦收的 313 户，占总户数的 38.2%；能吃到或吃过旧历年的 495 户，占总户数的 21.01%；能吃到接晚秋的（当年农历九月）994 户，占总户数的 42.03%；目前已断炊或将断炊的 557 户，占总户数的 23.07%。其中没吃的户是因为：①老弱孤寡无劳力；②新分地农民，土改晚、底子空、连遭灾害；③欠债多；④不好好劳动；⑤人生病、牲口死等祸灾。有吃的户是：①老中农，劳动好、家底实；②早秋未淹或大部未淹死；③有副业、有生意或有其他收入（如教员与部分军、干家属等）。群众的思想情况是：大水后的恐慌害怕，虽然普遍准备逃荒的情绪已基本上安定下来，但苦闷找不到生产、生活出路的状态尚未得到解决……①

---

① 《省委：兹奖商水县水灾情况生产救灾的防治办法报告（五三年九月十四日）》，商水县档案馆藏，档案号：县委全宗一永久卷 75 第 4 件，第 19~21 页。

1953年10月19日，商水县委组织了一个8人的工作队深入到重灾区重点乡——五区黄冲乡督导生救工作，摸底、了解该乡的基本情况。全乡基本情况与受灾情况：全乡十二个自然村，548户、2556口人、土地8324亩、牲畜413头、房子1795间。①因阴雨连绵所造成水淹地5200余亩，占全乡总地亩62.5%；②全乡种麦3727亩，水淹麦地2691亩，现有麦地2400亩；③种红薯1378亩，被水淹受灾的417亩，实收红薯870亩（每亩产量约1500斤），红薯窖388个，上水的窖148个，倒塌的窖127个，水泡红薯593500斤，损失红薯315430斤；④在阴雨连绵中泡塌房屋51间（草房）；⑤因阴雨连绵致使今年的秋收比较丰年减收70%余。全乡群众生活情况：①能吃到麦口有余者190户、占总户数的35.7%，人960口、占总人口的37.6%；②能吃到来年二月至三月间的123户、占总户数的22.45%，人590口、占总人口的15.1%；③能吃到年底者190户、占总户数的35.7%，人835口、占总人数32.7%；④目前没食物的有57户、占总户的10.4%，人217口、占总人数8.5%，根据此种情况来看灾情是很严重的。全乡牲口缺草情况：全乡现有牲口375头（大小），其中缺草的109头、占总头数的29.1%，共缺草7367天，平均每头每天按6斤计算，共缺草44232斤。干部群众思想与要求：干部普遍存在着悲观、散漫，换班不愿干的思想，认为当干部难，干受气，误了活老婆吵，工作做不好上级批评、群众反映。由于干部与群众对某些问题认识的差异，又加上作风不民主、工作没办法、领导无方，因此形成干部与群众脱离现象；群众由于阴雨连绵、耕地存水面很阔，未能及时排下，麦子大部未种，秋苗受灾减收70%~80%强，又加上红薯烂坏，因此普遍反映灾荒生活艰难、无门，搞副业自救没有信心，抱着依赖、等待政府贷粮救济的思想。一般来说，群众普遍要求：排水补种麦子、贷款搞副业生产、公营收购副业生产品（油、席、彩条）、贷给麦种等。①

总之，据后来的统计，1953年沙河柴湾决口及阴雨连绵，造成商水县境内被淹地面长70余公里，宽19公里，商水全县受灾人口333301人，占总人口的52%，受灾土地116万亩，占总耕地的56.5%，冲塌房屋35000间，损失秋粮约1亿斤……②

---

① 《第五区黄冲乡生救工作简洁回（汇）报（1953年1月21日）》，商水县档案馆藏，档案号：县委全宗一永久卷75第1件，第1~4页。
② 商水县地方志编纂委员会编《商水县志》[M]，郑州：河南人民出版社，1990，第92~93页。

三 动员—运动机制对传统灾害的应对

自从共产党建立了商水县新政权，商水县的历史便出现了转折。面对连年水灾这一历史难题，在生产力水平依旧的情况下，新政权采取了全新的应对方式：在必要的救济之外，领导群众开展生产救灾运动。这种积极救灾模式，成效显著。而学界对此问题的研究①，多是对具体救灾措施的论述，而对新的"国家—社会"关系在新政权应对灾害问题上所体现出来的重要作用，缺乏应有的学理探讨。与旧政府相比，正是基于社会秩序重构基础之上的强大动员能力和有效动员手段，新政权能够在生产力水平依旧的情况下，领导灾民以运动的形式成功应对灾荒。

1. 基于乡村政治重建的运动式救灾

（1）救灾运动

救灾运动是指在一定的时期内，党和政府把救灾作为中心工作之一，通过动员（包括政治、组织和思想动员等）的方式，充分发动干部群众、以达到广泛的社会参与，从而有组织、有目的领导受灾群众进行生产自救的过程。运动的效果取决于领导者的组织动员能力和群众的参与程度，而群众的参与程度与群众的组织程度、对权威的认同心理以及运动与群众利益的关联程度等因素密切相关。

①救灾运动的组织与动员

救灾的指导方针。由于小农经济基础还不能控制水、旱等自然因素，而且"今天中国农民抗灾力量是很薄弱的……逐步改变目前这种容易发生灾荒与饥馑的情况……是一个长期的艰苦的建设过程……"② 新中国成立初期，面对各地频发的自然灾害，中央人民政府通过总结各地经验，对于救灾工作形成了成熟的指导方针——生产自救，节约度荒，群众互助，并辅

---

① 较有代表性的成果有：殷月兰：《建国初期抗水灾》[J]，《纵横》2000 年第 4 期；杨士泰、于为山：《新中国成立首年度的生产救灾》[J]，《廊坊师范学院学报》2001 年第 2 期；李勤：《1954 年湖北水灾与救济》[J]，《当代中国史研究》2003 年第 5 期；蒋志强：《建国前后苏北水灾及救灾工作述论》[J]，《江苏科技大学学报》（社会科学版）2006 年第 2 期；郝平：《论太行山区根据地的生产自救运动》[J]，《山西大学学报》（哲学社会科学版）2005 年第 5 期等。

② 《短评：预防新的灾荒》[N]，《人民日报》1950 年 6 月 12 日第 1 版。

之以必要的救济，开展群众性的生产自救运动。① 同时，在此方针指导下，政务院要求受灾地区各级人民政府，把"救灾工作作为在农村中压倒一切的中心工作，凡是与救灾无关的工作，该停则停，该缓则缓，切实集中全力领导灾区人民战胜自然灾害……"② 而河南省则强调："必须加强生产救灾工作的组织领导，真正做到统一领导、分工负责，各有关部门密切配合。把救灾工作作为一项政治工作完成。"③

由于连年水害，新中国成立初期商水县几乎年年组织救灾运动。如1953年秋，在沙河柴湾决口、全县遭受严重灾害的情况下，商水县提出，贯彻中央的救灾方针，组织群众，在全县展开生产自救运动。④

救灾运动的组织机构。以1953年为例。当年8月水灾发生后，商水县委提出：救灾工作要全党动员、大员上前线，县委分工、分片包干，县委书记秦春阳全面负责全县生产救灾工作并具体负责12区，县长戈锋掌握防汛工作并负责6区，其他县级领导各有分工。县直部门根据生产救灾这一中心工作，制订计划。县、区、乡、村均建立了生产救灾的组织机构，制定汇报负责制度——村向乡三日一报，乡向区五日一报，区向县七日一报，各有专人负责。专门抽调、组织了232名干部深入到受灾的区、乡、村，甚至深入农户家中，组织发动群众。县委还组织了6个工作组，有重点的住到区、乡，另有3个巡回检查组，深入灾区乡村检查，及时发现、解决问题。同时要求合作社、贸易公司、银行等财经部门必须服从中心工作，大力支持生产救灾、扶持灾民生产、战胜灾荒。⑤

这样，商水县形成了以县委为核心、以灾民生产自救运动为中心工作，统一领导人财物的、自上而下的、严密的行政组织网络。

救灾运动的乡村基层动员。县、区、乡、村救灾机构设置、任务分配的过程，也是行政机构科层的动员过程，但国家（政府）意志要转化为大

---

① 《内务部通知各地总结生产救灾工作经验》[N]，《人民日报》1950年6月12日第1版。
② 中央人民政府政务院：《关于加强增产粮食和救灾工作的指示》[N]，《人民日报》1953年5月16日第1版。
③ 河南省人民政府：《关于继续加强生产救灾工作的指示》[N]，《河南日报》1953年1月7日第1版。
④ 商水县政府建设科：《商水县五三年生产救灾工作主要经验教训总结（1954年11月9日）》，商水县档案馆藏，档案号：县政府建设科全宗长期卷3第10件，第2页。
⑤ 中共商水县委会：《关于目前情况与秋季互助安排（1953年9月2日）》，商水县档案馆藏，档案号：县委全宗一永久卷71第19件，第96页。

规模群众的合目标的行动,还需要一个中间环节——对乡村基层共产党员、共青团员和农会、妇女会等群众组织以及贫雇农积极分子的充分动员。

一般来说,灾区各乡首先召开全乡党团员及乡委员以上干部会,传达上级的救灾精神,如"下定决心,与群众同甘苦、共患难,发挥一切力量,开展群众性的生产自救运动,战胜灾荒,保证不饿死人、不逃荒,争取不卖或少卖牲口"等,或其他类似的话语。先打通这些人的思想,然后再由他们到群众中去,以通俗易懂的口号(如:悲观失望非好汉,男女老少一齐干,团结互助搞生产,消减灾荒吃饱饭),广泛宣传、贯彻生产救灾精神,破除群众听天由命、等待救济吃饭的思想。①

在对受灾群众宣传动员的同时,乡、村干部(其中基层党支部起了核心作用)组织党团员、积极分子逐户排查、摸底,经群众评议,弄清灾情,然后研究有哪些副业生产门路可做,再根据实际情况确定贷给农户生产本金,组织发动灾区群众参加副业生产。尤其是政府大力扶助、推广的临时副业生产互助组,资金(国家贷一部分、灾民集一部分)、技术(发动有技术的骨干灾民)、劳力(灾民)三结合、优化配置有限资源,体现出了组织起来生产自救的优越性。

②救灾运动的过程

政府对灾民的急赈救济与以工代赈。灾荒面前,救急如救火。1949年商水县部分地区春荒严重,虽然有繁重的支前任务,但新政权仍然作出了积极努力:发放救灾粮共计46万斤②;此后,政府对灾民赈济的力度进一步加大。1951年春,商水全县共有非救不活的灾民5000人,缺粮约165万斤。为此,政府下发救济粮64.5万斤,生产救灾贷粮15万斤。③ 如该年度,一区马庄乡得到救济粮5500斤,生产贷粮20000斤,牲畜饲料贷款800万元④,寒衣

---

① 生救工作组:《第五区黄冲乡生救工作简洁回(汇)报(1953年1月21日)》,商水县档案馆藏,档案号:县委全宗—永久卷75第1件,第2页。
② 《商水县民主政府通知——关于生产救灾挖河赈灾的决定(民国三十八年,4月22日)》,商水县档案馆藏,档案号:县政府全宗—永久卷2(县政府1949年各项工作文件)第20件。
③ 《商水县人民政府生救会议总结(1952年3月21日)》,商水县档案馆藏,档案号:县政府全宗—长期卷13(1951年)第9件。
④ 这里的元以及以下未特别指出者,均指旧人民币元,即1948年发行的第一套人民币。第一套人民币与1955年3月1日以后发行的人民币折合比率为10000∶1。

500套。① 1952年全县共发放救济款3.3829亿元，1953年5.7610亿元、救济7588户，1954年9.1251亿元、救济2347户。② 除直接的急赈救济之外，政府还对灾民的公粮、贷款照顾减免。如一区马庄乡，1951、1952年因汾河漫溢又连遭水灾、损失惨重、农户生活异常艰难，全乡非救不能过（日子）、非救不能活者831人。于是政府几乎全部免去了该乡两年的公粮（该乡611户、2858口人、9051亩耕地，若以人均公粮25市斤计算，全乡两年应交公粮约143000市斤，但两年仅交公粮2781斤），而且又豁免了该乡1952年的贷款共计一亿两千万元、折谷子40万斤。③

除直接的救济之外，商水县积极组织灾民实行以工代赈。如，在1949年春荒难度之际，政府筹集36万斤粮食修沙河河堤，实行按地域出工、按村庄分段的原则，进行以工代赈。一面做好水利工作，一面解决群众困难，寓治于救。④ 1953年水灾严重，河南省政府特意安排商水县组织13000余人赴长葛修飞机场，补贴民工生活并发工资，寓工于赈。⑤

小农经济的脆弱性和小农家庭应对灾害的无力，凸显出政府及时救济的不可或缺——必要的救济可以使灾民渡过难关、稳定情绪、树立自救的信心。

政府扶助下灾民的生产自救。"救急不救穷"，只有国家救济没有灾民生产自救是远远不够的。是"听天由命、等待救济，拼卖家产、破产度荒"的消极救灾，还是"发动群众、生产救灾"的积极救灾，是新旧政府（政权）在对待灾荒问题上的根本区别。

扶助受灾群众进行副业生产。在农闲季节，乡村干部积极组织、领导灾民进行副业生产。号召男女老幼齐上阵，村无闲户、家无闲人，能干啥干啥、会干啥干啥。结合上级发放的生产贷款、筹集自有零星资金，大力

---

① 《商水县第一区马庄重灾乡生救总结（1951年9月13日）》，商水县档案馆藏，档案号：县政府全宗一长期卷13（1951年）第15件。
② 商水县地方志编纂委员会编《商水县志》[M]，郑州：河南人民出版社，1990，第426页。
③ 中南行政委员会河南灾区视察组：《河南省商水县水灾视察报告（草稿，1953年11月1日）》，商水县档案馆藏，档案号：政府全宗一长期卷30（1953年）第9件。
④ 《商水县民主政府通知——关于生产救灾挖河赈灾的决定（民国三十八年，4月22日）》，商水县档案馆藏，档案号：县政府全宗一永久卷2（县政府1949年各项工作文件）第20件。
⑤ 《商水县水灾情况与生产救灾的方针办法向省委的报告（1953年9月14日）》，商水县档案馆藏，档案号：县委全宗一永久卷75第4件，第19页。

组织副业生产小组。如，"三区组织小车 298 辆，共 505 人，六区的运输队有 9048 人。""除去磨豆腐、油坊、粉房、熬硝盐、编筐协助发展外，三区并组织挖藕组 30 人，捕鱼组 854 人。""六区王鸦庄组织运柴小组下乡买柴到周口去卖，每人每趟能推 240 斤，身体弱的推 190 斤，每趟能赚 100 斤红芋，现全村组织了小车 37 辆。原统计缺粮户 45 户，现在除（全部）够吃外，还有 5 户有积余，今春全村生活不成问题。"①

积极领导灾区农业生产。农村副业生产发挥了农闲劳力的作用，即所谓的变农闲为农忙，但是，粮食生产、农业生产才是救灾的根本。因而，每到关键农时，各级政府特别强调领导灾区农业生产的重要性。周恩来总理曾指示："受灾地区各级人民政府应帮助受灾群众不失时机的抢救麦苗，完成春播。"② 1952 年冬，阴雨连绵，商水县局部麦田受淹，商水县组织干部、群众 15638 人，挖大小排水沟 97 条，救出麦田 78828 亩。并对淹死麦苗的麦田 9 万余亩进行了补种。③ 当年秋后，商水县各级干部又组织群众扫清秋播尾巴，做好查苗、补苗、保苗工作。灾荒之时，政府往往号召受灾区农户多种些蔬菜和早熟作物，每人至少种二分地，如菠菜、扁豆、豌豆、油菜等。④ 1952 年成功播麦 149 万余亩、播秋 198 万余亩，其中麦子平均收成 5.2 成、秋田有 90 万亩获得一定收成。⑤

积极组织群众治水。面对水灾，县委、县政府动员组织群众，积极治水。1949 年 9 月 27 日，商水县人民政府训令各区："近因秋雨连绵，各处洼地积水成灾，我县被淹耕地竟占可耕地全部三分之一……决定通过排水种麦、订出今后挖、修沟河的治水计划，保证全县洼地不因有积水种不上麦。"⑥ 同时，县政府成立专门组织，详细勘查全县各河流现状，并以突

---

① 《1949 年商水县元二月份工作综合总结报告》，《商水县第一区三里长村群运工作总结（1949 年 11 月 20 日）》，商水县档案馆藏，档案号：县委全宗一长期卷 3，第 99 页。
② 中央人民政府政务院：《关于加强增产粮食和救灾工作的指示》［N］，《河南日报》1953 年 5 月 18 日第 1 版。
③ 《商水县人民政府生产救灾工作报告（1953 年 1 月 23 日）》，商水县档案馆藏，档案号：县政府全宗一永久卷 13（1953 年）。
④ 商水县政府办公室：《商水县人民政府生产救灾工作方案（1953 年 11 月 10 日）》，商水县档案馆藏，档案号：县政府全宗一永久卷 13（1953 年）。
⑤ 《商水县人民政府生产救灾工作报告（1953 年 11 月 1 日）》，商水县档案馆藏，档案号：县政府全宗一永久卷 13（1953 年）。
⑥ 商水县政府办公室：《通知：为县水利委员会工作队到各区工作希切实协助由》，商水县档案馆藏，档案号：县政府全宗一永久卷 6 第 21 件，第 95 页。

击方式组织群众迅速排水。除了暂时的突击治水之外，每到汛期，商水县都要组织群众对沙河大堤险工段进行抢修并组织群众护堤。由于在排水中最容易引起群众利害纠纷，稍有不慎便可能发生群众打架、斗殴，因而县政府规定：排水于本区有利而其他区无害的，经双方协商，领导批准，方可动工；本区有利，外区有害，一般暂不动。如有干部、党团员，有意识地参加排水制造纠纷，应给予应得的处分，同时，动员群众遵守排水原则。①

（2）乡村政治重建与运动式救灾的关系

"真正的权力和权威需要能对国家危机作出可靠反应的精英集团。"② 党—国家经过剿匪反霸、土地改革等群众运动，在乡村建立了共产党与共青团的基层组织以及党领导的农会、民兵等贫苦群众组织，使新政权深深扎根于社会的底层，"正是在'政党下乡'的过程中，分散的农民组织起来……动员到党的目标之下"。③ 对多灾而贫困的乡村来说，共产党新政权对乡村的政治重建是其能够领导救灾运动取得成功的根本原因。

首先，政权下乡与党、团下乡。救灾活动中，政府的能量和作用凸显。国家凭借所掌握的政治权力，可以调集全国的人力物力，进行持续的、大规模、大范围的救灾活动，可以最大限度地减少灾害所造成的损失。既然是政府行为，其活动的进行及其实效，与政府的自身状况及行政效率密切相关。④

政权下乡与党、团下乡之下的党—国家政令直达乡村⑤、直接面对农民，是党—国家对乡村政治重建、秩序重构的中心内容与目标。尤其是区之下的乡级政权，经过土改复查与民主建政运动，逐渐确立了以党、团支

---

① 《中共商水县委员会关于目前情况与秋季工作安排（1953年9月2日）》，商水县档案馆藏，档案号：县委全宗一永久卷71第19件，第96页。
② 〔美〕詹姆斯·R. 汤森、布兰特利·沃马克：《中国政治》[M]，顾速、董方等译，南京：江苏人民出版社，2005，第34页。
③ 徐勇：《"政党下乡"：现代国家对乡土的整合》[J]，《学术月刊》2007年第8期。
④ 陈桦、刘宗志：《救灾与济贫：中国封建时代的社会救助活动（1750—1911）》[M]，北京：中国人民大学出版社，2005，第25~26页。
⑤ 关于政权下乡、行政下乡的论述，见徐勇《政权下乡：现代国家对乡土社会的整合》[J]，《贵州社会科学》2007年第11期；徐勇：《"行政下乡"：动员、任务与命令——现代国家向乡土社会渗透的行政机制》[EB/OL]．[2007-11-14]．http://www.citychinese.com/bbs1/dv_ rss.asp？s = xhtml&boardid = 350&id = 83238&page = 1&star = 2&count = 18. 徐勇：《"政党下乡"：现代国家对乡土的整合》[J]，《学术月刊》2007年第8期。

部为中心的包括农民协会、民兵中队、妇女代表委员会等领导人在内的五大员组成的领导班子,而且,乡、村基层干部绝大多数是在历次群众运动或完成上级任务的过程中大量涌现出来的贫雇农积极分子中选拔出来的。新的区、乡政权结构、干部选拔路径与覆盖面广泛的党团群众组织,有利于党—国家的政令直达乡村、直面农户,便于"及时了解、核实、报告与掌握自然灾害的情况——这是做好救灾工作的前提"。①

对于已经发生的灾情,商水县委认为:"(只有)动员干部与党、团员摸清灾情,才能搞好生产救灾计划。"② 1949年春荒严重,商水县委认为对于救灾工作应有计划地指导进行,于1949年4月成立了以县政府各机关领导为中心的生产救灾委员会,同时要求成立区生产救灾委员会,人员组成以区政府为中心,吸收地方党员、基本群众、民兵干部、积极分子及认识较好的返籍荣军、公正年长烈属等参加,乡一级建立生产救灾小组,人选条件同区。③ 此后,随着农村基层党支部的普遍建立,商水县委提出:"加强党支部的核心领导,使之成为党在农村领导好生产救灾工作的战斗堡垒。党支部先组织党员订出生产救灾、冬耕积肥计划,领导群众把灾荒消灭在春节以前。"④

新的政权体系是一种命令—服从体制。1953年春,商水县"生救会"以县委书记秦春阳为主任,各区生救会作相应调整,要求区书记、区长一定要到问题多而复杂的灾乡。对干部要求按时汇报制度;县直各单位及各区抽调作生救工作的干部,一律在区生救会的领导下工作,不准擅自脱离工作岗位,不准不经县生救办公室批准而回县,不准占贫农便宜(吃饭不付款),不准贪污挪用救济粮款。⑤ 1953年7月,商水县在生产、防汛、午征(评灾,减灾)、灾民救济及粮食收购等工作同时并进的紧张情况下,县委作出指示:要求必须把干部紧急动员起来,扭转麻痹思想,做好田间管

---

① 孟昭华:《中国灾荒史记》[M],北京:中国社会出版社,1999,第891页。
② 《商水县四五月份生产救灾工作报告》,商水县档案馆藏,档案号:县政府建设科全宗一卷2第1件,第4~8页。
③ 《商水县民主政府通知——关于生产救灾挖河赈灾的决定(1949年4月22日)》,商水县档案馆藏,档案号:县政府永久卷2第9件,第13页。
④ 《中共商水县委书记秦春阳同志在商水县生产救灾工作代表会议上的报告(1953年11月1日)》,商水县档案馆藏,档案号:商水县政府建设科全宗一卷2第1件,第12~18页。
⑤ 《三四月份生产救灾的紧急措施》,商水县档案馆藏,档案号:商水县政府建设科全宗一永久卷2第1件,第9~11页。

理工作，继续向自然灾害作斗争；各区必须组织群众，排水防涝，区与区、乡与乡有纠纷地方，双方早日协商解决，不准为排水有武装抵抗，造成人民损失；扶持农民生产、休养生息。救济被、款按时发放。方法是：乡村干部、党团支部、积极分子先摸清灾户情况，再经过群众分组讨论，经过乡委员会进行审查批准，按时发放；各区必须抓紧时间，通过救济、减免公粮与贷款，把逃荒的灾民动员回来，加以适当安置，给予生活上足够的救济，对要饭、断炊的户，同样给予生产上的足够帮助，达到不要饭、不逃荒、不断炊，使其安心生产，严禁在救济工作上的官僚主义和单纯救济观点的偏向发生。各区如果通过救济仍然逃荒，要饭继续发生，根据情节轻重、影响大小，给予检讨批评，造成恶果者要处分，要求各区按县府指示，将救济款迅速的发放到灾民手里。①

其次，工作队下乡。工作队是群众运动中不可少的民众动员和领导方式，在土改运动后逐渐成为一种制度，从而在常规的行政渠道之外，为国家与村庄的互动提供了一条在某种程度上更加有效的途径，极大地重塑了国家与乡村的关系、改变了乡村权力结构和运作方式。对于加强上级党政机关与基层社区之间的联系、沟通，尤其是将前者对群众运动的安排设计落实到基层社区，有至关重要的作用。②

工作队下乡对于救灾的意义主要在于落实政策与监督基层干部。在1953年的午征中，商水县委提出：水灾可减免公粮，由区主要领导下乡摸清情况、搞好重点、取得经验，指导全面午征工作。如六区周政委在张堂乡，亲自搞重点。该乡839户，经站队后，宣布减免户时，只16户有意见的，经过复审，大部不差（基本上差不多），进行个别教育后得到解决。农民接受政策后，在生产上解除了顾虑。农民秦文志说："今年我要把洼地里一亩半荒地开起来生产，从前怕种上不收，还得出公粮，现在受灾减灾咋不种呢？"又如第十五区减灾后，群众先后往地里上肥田粉35000斤……说明政策与群众见了面。③ 政府救济粮款发放的准确与否，事关救灾的成效，

---

① 《县委对当前几个主要工作的意见》，商水县档案馆藏，档案号：县委全宗一永久卷71第9件，第45~50页。
② 李里峰：《变动中的国家、精英与民众——土地改革与华北乡村权力变迁（1945-1953）》[R]，《南开大学历史学院博士后研究工作报告》，2004（未刊稿），第118页。
③ 《商水县关于一九五三年午征工作总结报告（1953年11月1日）》，商水县档案馆藏，档案号：县委全宗一永久卷69第1件，第1~4页。

但在此过程中，同为灾民的乡村干部难免不上下其手，因而监督不可或缺。1950年，商水县一区三里长乡三里长村长李文林，把挖汾河以工代赈粮借给地主李文启25斤，借给近门贫农7斗，在群众的反映下，李文林被工作队处理。① 1951年春，杨寨乡发救济粮，不该救济的中农得救济粮的有16户、小量出租者1户，共得救济粮872斤，被县委工作队查处。② 又如1950年，经县生救工作小组深入灾乡、实际了解调查，发现各区生救工作在工作的方式方法上有欠妥之处，发放抗灾物资平均分配的现象；而且，该贷的户贷的少或贷不到，而不该贷的贷到了。如十区在贷粮上，中农任兴一家中现有粮食150斤、红薯1000斤，贷到40斤粮，而贫农陈学思没啥吃，却贷不到40斤；甚至有个别的干部贪污。如一区工作员段同志贪污红布衣、棉裤、棉被，五区天坡乡西刘村村长贪污寒衣价值十二万元（物资已追出并对其撤职开除）。③ 县委根据县生救工作组的报告，对十三区（杜店、扶苏寺等乡）在发放救贷款中的偏向进行了批评：因未很好贯彻政府经济扶持的政策，造成在发放救贷款时，不据实数，平均发放，乡干欺骗救济户，该救济者未救济，不该救济而救济，浪费和贪污问题严重。除责成十三区立即派人检查，将检查结果与对贪污分子的处理意见，速送县委外，特通报各区，亦要立即组织人员深入普遍检查，纠正救贷款发放中的偏向和错误。严绝贪污浪费事情再次发生。④

以商水县委生产救灾工作组在全县救灾重点——五区刘村乡的工作为例。工作组于1953年7月11日到达刘村乡以后，首先向区、乡同志了解全面情况，继又分片包干，深入各村摸底调查，逐户研究，最后向县委提出建议：①豁免该乡全部公粮、大力宣传各种政策、迅速组织力量培修枯河西堤，以稳定群众情绪。②干部分片包干深入各村农户了解情况、组织群众继续突击中耕除草，防治病虫，结合割青草，挖野菜，大力恢复与巩固原有副业生产，号召精简节约、加强互助合作。③通过各种组织，运用各

---

① 《三里长材料》，商水县档案馆藏，档案号：县委全宗一永久卷15，第250页。
② 《商水县二区杨寨乡重点检查报告（1951年4月）》，商水县档案馆藏，档案号：县委全宗一永久卷29第4件，第18~29页。
③ 《商水县人民政府元月终报告（1950年）》，商水县档案馆藏，档案号：县政府全宗一永久卷14第5件，第13~22页。
④ 《为责成十三区委立即调查处理救贷款发放中的错误与及时处理贪污分子的通报（1953年1月23日）》，商水县档案馆藏，档案号：县委全宗一长期卷24第10件。

种力量，大力发扬民主精神，搞好今后救济粮款发放。④具体掌握灾情变化情况，分清轻重缓急，全乡工作统一领导、统一布置、统一行动。①

在1953年的生产救灾中，县直机关抽出192名干部，加上各区干部共有232名生救干部组成的工作队深入灾乡、慰问灾户、领导群众救灾，灾民反映良好。如六区副区长李修身在大陈乡下着大雪，一天到灾民家中慰问三趟，灾民们感激地说："我正冷哩，一看见李区长，身上就不冷了。"②

再次，宣传下乡。如上文所述，在政党下乡、政权下乡的过程及其基础之上，由动员、任务和命令机制推动的群众运动的历程，也包含着一个党领导的、围绕中心工作的宣传下乡过程。在政府领导群众应对灾荒的过程中，宣传工作在稳定灾民情绪、使群众了解政策等方面，起了巨大作用。

1950年，商水县受灾耕地约52万亩、30万人口。商水县委提出不荒寸土、乘隙植树、及时耕种等口号，由农代会宣传。③ 同时，面对灾荒，商水县委、政府提出重灾乡村以生产自救、节约互助为全年中心工作，号召群众大力采取野菜以作代食品；提倡省吃俭用，细水长流，精打细算，以细粮换粗粮。开展一场"防荒、备荒节约"运动，并大力宣传，安定群众生产情绪，打通群众思想：只有劳动生产才能度过灾荒，光向外逃荒是不能解决永久问题的。俗话说："外边怎样好，不如在家去拾草。"同时种麦季节即将到来，如果今年（1950年）种不上，明年仍然受灾荒，要用实际口号去教育群众。如有些灾民非要逃荒不行，婉言劝阻不逃或近逃（移到本县、本区的非灾区搞生产）。④

1953年，面对严重的灾荒，商水县委确定以"生产救灾、春耕生产"为压倒一切的中心工作，县直机关抽调大批干部分赴各区，进行由内而外的宣传：安心生产、借贷自由。在各级政府工作人员的大力宣传下，地主、富农把金镏子、银元起出来换粮食吃、搞副业，中农也敢把粮食借出去了。

---

① 《关于五区刘村乡生产救灾工作重点报告（1953年7月29日）》，商水县档案馆藏，档案号：县委全宗一永久卷75第3件，第9~18页。
② 《商水县五三年生产救灾工作主要经验教训总结》，商水县档案馆藏，档案号：建设科全宗一卷2第1件，第46~49页。
③ 《商水县三、四月份工作报告（1950年4月25日）》，县委全宗一永久卷29第3件，第9~17页。
④ 《一九五〇年上半年民政工作任务与要求》，《商水县人民政府报告（呈报首届人代会）》，商水县档案馆藏，档案号：县政府全宗一永久卷14第1件，第1~3页。

十二区雷坡乡中农雷赖孩半夜开会回去对她娘说："今晚开会允许放账，自由了，我看把咱的余粮借出去吧。"① 同时，在当年的午征中，商水县委提出减免公粮与救济灾民相结合，减免、救济的目的是为了让群众休养生息、扶植生产，要大张旗鼓地开展宣传，全面交代政策，解除群众的顾虑。②

复次，群众有组织的政治参与。如第三章所述，1951年5月，土地改革结束后，商水县农会共有会员120900人，选举出5468名基层干部（其中半脱产600名、不脱产4868名），共有农民党员650名、团员2391名。③ 商水县全县团员人数1952年达到1.2万人，党员人数1953年达到2624人。④ 这是一个数量相当庞大的群体，主要由昔日家庭贫困的青壮年男女组成、占人口的30%左右、涵盖绝大多数农户，是政府领导下的乡村社会横向组织网络，更是新政权强大动员能力的组织资源与推动群众运动向前发展的动力保证。通过这些组织和个人的行为，国家和农户才有了充分的交流、沟通，他们的具体行为，往往意味着国家与农户的直接面对，决定着救灾运动的成效。

一方面，个体的组织化过程，也必然是一个追求自身利益的过程。今商水县汤庄乡杨尤庄村，新中国成立前402口人，在1942年的灾荒中即饿死17口人，还有的差一点死去。没有饿死的人也普遍是面黄肌瘦。1948年本地解放后，即成立了农会，在栾恒彩、栾永昌等人的领导下，结合儿童团，组织贫农减租减息、倒粮，经过诉苦斗争，地主程恒太等向农会低头。农会从12户地主富农中共倒出粮食400多斤，经农会研究，分给31户生活困难的群众。接着，政府又贷款、救济搞副业，群众度过了春荒。⑤ 另一方面，参与政治的群众无疑能更好地表达、维护自己的利益。如1953年五区姚集乡在召开乡代表会议时，代表普遍反映灾情大，看今年难以熬过去："指门门的没有见粮食，你啥法呢"。姚庄代表姚论说："要讲灾情，拿俺村

---

① 《生救会关于贯彻省府十项政策的通报》，商水县档案馆藏，档案号：县政府建设科全宗一卷2第1件，第1~3页。
② 《县委对当前几个主要工作的意见（1953年7月17日）》，商水县档案馆藏，档案号：县委全总一卷71第17件，第87~91页。
③ 《商水县委土改初步总结报告（1951年年5月5日）》，商水县档案馆藏，档案号：商水县委全宗一永久卷29。
④ 商水县地方志编纂委员会编《商水县志》[M]，郑州：河南人民出版社，1990，第287、259页。
⑤ 《杨尤庄档案》，商水县档案馆藏，档案号：汤庄全宗一卷4，第14件，第63~72页。

来说吧，22户，现在没有吃的就有7户，熬到年底的多说也不过10户，吃到麦口里根本没有，群众不断的找我求贷款做生意"。芦庙、椿树王、连庄三个村子代表先后发言都是说群众要求生产、要求贷款做生意，要求生产自救度春荒。① 又如，新中国成立初期商水县的午征在党委统一领导下，往往紧密结合生产救灾。做法是灾户站队：由干部、党团员在麦前查灾的基础上，根据灾区情况，将灾户分为数等，经审查通过后，再交群众讨论，由群众提出意见、开会修正，大体能做到公平合理，这样做适合小农经济的特点、能得到群众拥护。②

最后，党—国家对生产的干预与扶助。"可以说，土地改革不仅表现了国家介入乡村、改造乡村的决心和能力，同时，土地改革的经济、社会和政治结果，给国家的乡村介入创造了良好的社会基础。"③党—国家对乡村社会的介入是全面介入，尤其对生产和水利的介入，直接影响着农户的生产与生活。

大力推动互助合作。1949年12月，中央人民政府政务院《关于生产救灾的指示》指出："开展节约互助运动"，"各地人民政府应给予灾民或合作社一部分贷款，并拨出一部分救济粮辅助灾民生产自救"。④ 根据中共商水县委书记秦春阳在商水县生产救灾工作代表会议上的报告，总计在1953年生产救灾期间，全县有常年互助组5449个，计27570户、129004人，占全县人口的20%强，临时互助组12808个、52809户、226127人，占全县人口的35.3%，充分发挥了组织起来进行生产自救的作用。⑤

商水县政府在1953年生产救灾工作主要经验教训总结中认为："组织起来生产自救是战胜灾荒的保证之一。只有组织起来才能使资金、技术、劳力三结合，才有条件做到户户无闲人、人人搞生产，农副业即可两不误。如十二区马庄乡采用'以师带徒、以老带新、以徒带徒'的方法，很快开

---

① 《姚集乡民主运动工作进展情况》，《商水县第五区民主运动进展情况（1953年6月9日）》，商水县档案馆藏，档案号：县政府全宗一永久卷80第11件，第105~113页。
② 《商水县关于一九五三年午征工作总结报告（1953年11月1日）》，商水县档案馆藏，档案号：县委全宗一永久卷69第1件，第1~4页。
③ 彭勃：《乡村治理：国家介入与体制选择》[M]，北京：中国社会出版社，2002，第92页。
④ 孟昭华：《中国灾荒史记》[M]，北京：中国社会出版社，1999，第857页。
⑤ 《中共商水县委书记秦春阳同志在商水县生产救灾工作代表会议上的报告（1953年11月1日）》，商水县档案馆藏，档案号：建设科全宗一卷2第1件，第12~18页。

展了全乡的副业生产运动。如该乡1953年春只有14人会编席，通过组织起来，到三月中旬，发展到404人编席。组织形式有：资金、劳力、技术完全结合；农副业结合；临时副业互助。由于该乡抓住了组织起来、生产自救，在消灭灾荒上是全县重点乡中消灭灾情最早的一个乡。"①

政府领导下的经济组织对灾民生产的扶助。在灾民副业生产中，政府领导的各类经济组织发挥了充分的政治作用。副业生产其实就是商品化生产。长期以来，在人口—耕地压力下，为补农业产出之不足、或为寻求更多的收益，乡村农户除主业——粮食种植业以外，本来就有兼营手工业与从事小商业的传统。问题是，生产组织、生产资金、劳动力以及产品还不能构成商品化生产的完整过程，还要有一个产品的持续销售、原料的持续供给问题。大量的灾民被发动起来搞副业，一方面，遭受灾害的乡村缺乏购买力；另一方面，由于华北广大地区物产具有相似性、小农经济基础缺乏充分的专业分工等，产品的销路势必是一个大问题。比如，1951年年初，商水县就有"20000条苇席、15000个筐以及一些土布销不出去，需要政府协助找销路"。② 其后几年，这种情况更为突出。解决这一难题的是各级供销合作社。《河南日报》社论指出：供销合作社是社会主义性质的，救灾生产中要发挥重要作用，这是政治要求，不但要收畅销货，也要收行销货，帮助灾民生产自救。③ 商水县委强调经济部门要服从中心工作，合作社、贸易公司及其他经济部门都要订出支持灾区计划，主要是代销土特产、代购生产原料及供给生活资料等。商水县政府为推销灾民产品也曾指示：合作社应开展物资交流会、搞好城乡交流，多收农民的土特产品等，引导灾民搞好副业生产、手工业生产。各区、乡的供销合作社要学习（商水县）邓城孟庙乡的合作社的好办法——以货易货、推销产品、引导生产，他们在短时间内就推销了3000多万元的产品，并赚了200多万元。④ 同时，各级银

---

① 《商水县五三年生产救灾工作主要经验教训总结》，商水县档案馆藏，档案号：建设科全宗一卷2第1件，第46~49页。
② 《商水县第一区马庄重灾乡生救总结（1951年1月3日）》，商水县档案馆藏，档案号：县政府全宗一长期卷13（1951年）第23件，第23页。
③ 《河南日报》社论：《供销合作社要大力支持灾区的生产自救运动》［N］，《河南日报》1954年12月7日第1版。
④ 《关于目前生产救灾情况及今后工作的报告（1953年5月10日）》，商水县档案馆藏，档案号：县政府全宗一永久卷13（1951年）第4件。

行也对灾民的副业生产、农业生产提供了大量的资金，放款根据政府指示、无须担保，且放款迅速、及时，甚至免除部分贷款。如 1953 年，针对灾民普遍迫切的要求政府贷款生产自救的情况，政府积极迅速地做好贷放麦种的工作，重点是重灾区。手续是乡、区确定对象，银行带契约下乡，就地及时贷放，反对平均主义、任务观点和不负责任随便乱放的现象。① 上文提到的一区马庄乡，1953 年度就被免去贷款 1.2 亿元。此外，政府在物资供应、税收等方面也给灾民副业生产提供了大量帮助。

正是政府统一领导下经济组织的政治功能的有效发挥，为生产救灾这一中心工作提供了强有力的保障。

2. 救灾运动的成效及其局限性

（1）救灾运动的成效

在政府的领导下，灾民积极行动起来生产自救。如"（1949 年土改前）六区王鸦庄村黄包，全家 5 口人，一个劳动力，有地 3 亩，被秋雨淹了，共收到两斗杂粮。他参加运柴小组下乡买柴到周口去卖，共运柴 16 次，所盈利除 5 口人吃穿外，还买地 2.5 亩，运柴情绪日益高涨起来，别区亦有类似情况"。② 一些懒汉经教育也发生了巨大的转变。"（1953 年受灾期间）一区王沟桥村张耀金，经常吃救济，啥活不干，并说：'吃的救济粮，吸的大吉羊（香烟名），别看不劳动，吸吃都赶趟。'经过帮助、教育，也搞起了副业生产。十二区的懒汉陈有德经教育后，给以救济款和贷款，搞起了副业生产，三个月获利七十五万元，除吃外，又买了一头小驴、一头小猪、30 棵树秧。于是群众反映说：'败子回头饿死狗（节省的意思），共产党办法真好，懒汉变成了生产积极分子。'"③ 在副业生产中甚至形成了一些手工业生产专业村。如第五区黄冲乡张千六村，本来就有编席的传统，现在在政府资金及产品销售等方面的帮助下，全村有 84 人编席，其他人帮着做整理编席材料等辅助工作，全村 326 人几乎无一闲人。每天出成品席子 101 条，每条盈利 2000 元，可买秋粮 280 余斤（700 元一斤），三天的盈利可供全村

---

① 《省委：兹奖商水县水灾情况生产救灾的防治办法报告（1953 年 9 月 14 日）》，商水县档案馆藏，档案号：县委全宗一永久卷 75 第 4 件，第 19~22 页。
② 《1949 年商水县元二月份工作综合总结报告》，《商水县第一区三里长村群运工作总结（1949 年 11 月 20 日）》，商水县档案馆藏，档案号：县委全宗一长期卷 3，第 99 页。
③ 商水县政府建设科：《商水县五三年生产救灾工作主要经验教训总结（1954 年 11 月 9 日）》，商水县档案馆藏，档案号：县政府建设科全宗长期卷 3 第 10 件，第 4 页。

两天的生活。除编席外，他们还编草拍子等草编制品。村民说，只要编着席，就不能靠国家救济。都靠救济，得多少呢？①

总的来看，1949~1954年，商水县虽然连年遭受水灾、损失严重，但除因灾情瞬时爆发死人外，并未出现大量饿死人的现象，基本避免了先灾后荒、大量人口流离失所的情景出现，与旧政府时期形成了鲜明对比。以1953年商水县生产救灾运动为例，县供销联社共投入资金47.35亿元，深入灾区收购灾民农副产品36种、供应各种原料、饲料、煤炭等合计440万斤，银行投入农副业生产贷款83.1135亿元；以工代赈方面，除1.3万人修飞机场外，3.9万灾民参加治淮、净得工资26.038亿元；在国家的大力扶持下，共有约十余万灾民参加了副业生产，1953年冬及1954年春共获利111.1536亿元，可解决灾民口粮的50%；同时，灾区群众精打细算、以粗粮换细粮，积极采摘红芋叶子、红芋秧子、荞麦芽、能吃的树叶、野菜等代食品，仅1953年秋冬全县即采树叶48731斤、剜野菜2122100斤；牲畜饲料方面，除合作社供应及灾民互助外，灾区群众共捞杂草、挖草根300余万斤，基本解决了牲畜饲料问题。经过生产自救运动，全县灾区不但人畜顺利度过灾荒，而且基本保持了生产元气。②

同时，通过救灾运动，进一步密切了党—国家与农民群众的关系、强化了政权的合法性基础。如，1950年，商水县受灾耕地约52万亩、30万人口。在政府的领导下，挖汾河和其他小沟，按工计资、以工抵资，以解决群众生活困难。经过排水，救出的土地中，17万亩已种上秋，3.3万亩已种上麦。群众反映：要不是八路军来，别说种麦，就今年的大秋也种不上。如八区碱厂坡，经过挖沟治水之后，弄出来好多地，有的种上麦、有的种上秋，群众说：这又能养活好多人。③1953年柴湾决口，由于政府及时积极的抢救、救济与安置，灾民一致反映说："毛主席领导的真好，对灾民多么关心啊！"十四区马村乡蔡庄有一个老婆婆，洪水来后，干部把她背到船上，该区区长赵俊贤同志在水里推船，这位老大娘在船上感激得流泪说：

---

① 生救工作组：《第五区黄冲乡生救工作简洁回（汇）报（1953年1月21日）》，商水县档案馆藏，档案号：县委全宗—永久卷75第1件，第2页。
② 《商水县人民政府生产救灾工作报告（1953年11月1日）》，商水县档案馆藏，档案号：县政府全宗—永久卷13（1953年）。
③ 《商水县三、四月份工作报告（1950年4月25日）》，商水县档案馆藏，档案号：县委全宗—永久卷29第3件，第9~17页。

"在过去要发这样大的洪水，像我这样的老婆子得多少淹不死呀，现在毛主席教育的干部真好，把我从洪水里救出来，就是我死了也忘不了共产党和毛主席的恩情。"① 又如商水县第五区姚集乡在1953年年初的救灾中，政府共向没劳动力的贫苦农户及烈军属拨发了160万救济款，寒衣10件，解决了28户、254人的生活困难，群众反映很好，如芦庙村黄玉勤说："啥时也忘不了共产党、毛主席的恩情，不是共产党、毛主席，我早就饿死了。"②

（2）救灾运动折射出来的一些问题

发动广大人民群众开展生产运动、扶弱赈灾是从根据地政权建立之初、共产党一贯的应对灾荒手段。1944年，中共中央曾指示："关于灾荒问题，应坚决实行生产自救的基本方针，应提出生产救灾，大家互助，渡（度）过困难，政府以一切方法保证不饿死人、帮助肯自救的人等口号去动员组织党内外的群众进行生产自救。"③ 由于连年水患，乡村多数农户愈益贫困、非救助无以度日，因而商水县解放初期几乎年年发动生产救灾运动、以政治手段全力应对灾荒，使那些在旧时代往往被社会所遗弃的人们，渡过了一个又一个难关，而且社会稳定、生产有序，体现出政治手段解决社会问题、经济问题的某种有效性。但是，历次救灾运动中出现的一些违反经济规律的现象，却值得思考。

民间自由借贷死滞。经过减租减息、土地改革、土改复查等运动，新政权以政治手段，强行改变了乡村财产所有权、政治（阶级观点等）成为判断是非的唯一标准。因此，人们对国家是否保护财产私有权不免心存疑虑，因而传统民间借贷几乎销声匿迹——乡村民间金融市场关闭、不再反映市场供求。越是灾荒期间，富农、中农越怕借出钱、粮，怕借门一开都来借、怕说剥削，主要是怕借了不还。一些贫农以贫为荣，度灾荒凭两双手——一双手向国家要救济，一双手向中农借，借了赖债不还，甚至强借硬贷。干部不敢宣传确保财产私有权、不敢肯定有借有还，余粮户放着粮食不借、不卖。这种情形势必加重国家负担、强化灾民对国家的依赖心理。

---

① 《商水县关于半年来沙河柴湾决口的工作情况报告（1953年8月21日）》，商水县档案馆藏，档案号：县政府全宗一永久卷78第2件，第4~9页。
② 《商水县第五区民主运动进展情况（1953年2月9日）》，商水县档案馆藏，档案号：县委全宗一永久卷80第11件，第105~113页。
③ 中央档案馆：《中共中央文件选集》第14册[Z]，北京：中共中央党校出版社，1992，第304页。

如，"个别二流子说：'不靠爹不靠娘，单靠政府救济粮，我是供给制，半月发一回'"。①

副业生产中的外部"不经济"现象。副业生产是商品化生产，但又不完全是商品化生产，因为商品化生产以效率为基础，其生产过程反映了市场的竞争，而救灾运动期间的一些副业生产受国家资金、原料扶持，甚至供销合作社作为政治任务为灾民包销产品，因而这类副业生产充其量只是一种非竞争性的来料加工，这就难免出现非竞争约束条件下（或权力保护下）的外部"不经济"现象。如代销灾民副业产品的供销社反映："制造之物品不精良，年年推销上有困难。如土布方面，妇女们仍是旧手工技术、旧工具，织出之布很丑陋，因之在推销上有困难。"② 据对1953年救灾运动的总结，商水县供销联社经销"十二区加工的粪筐936个、鬃刷子2万余把，六、七、十一区加工的小笤帚1.2万把，收全县的苇席1万余条，由于不讲规格、粗制滥造，共损失人民币21593万元"。还有"个别灾民在把筐卖给合作社之前，先在水里泡5、6天，增加一倍重量再卖"。甚至供销社放出原料收不回产品，如"共有加工土布棉花23263斤棉花的布收不回来，（可能）夜晚外出非法贩卖、从事棉花黑市投机"。③

总之，新中国成立初期商水县党委、政府领导的救灾运动与旧政府的赈灾行为相比，显然是比较成功的，这既反映了党—国家整体动员能力的强大——一方有难、八方支援，也反映了党—国家局部动员能力、乡村基层动员能力的强大。同时，我们也应看到，政府以运动方式应对灾荒也并非完美无缺。作为一种应急、应激机制——举全社会之力完成某项任务、达成某种目标，它要求思想行动的统一、集体意志高于个体意志、集体利益大于个体利益。这样，在某种集体危机、共同压力之下，这种机制是有效的。但是，它的弊端在于不利于充分发挥个体的积极性、难以规避搭便车行为的出现：不管是民间借贷中的拒借还是副业生产中的外部"不经济"现象，都是当事人以其经济人理性，设法避免损失或者转嫁损失、谋取更

---

① 《关于目前生产救灾情况与今后工作报告（1953年5月10）》，商水县档案馆藏，档案号：县委全宗—永久卷75第2件，第5页。
② 《商水县关于粮食和副业生产工作情况及打算意见的报告》，商水县档案馆藏，档案号：县委全宗—长期卷25第2件，第14页。
③ 商水县政府建设科：《商水县五三年生产救灾工作主要经验教训总结（1954年11月9日）》，商水县档案馆藏，档案号：县政府建设科全宗长期卷3第10件，第5页。

多利益的行为，其实还是经济规律在起作用。

由此看来，运动式救灾固然能有效应对危机、解决直接而迫切的灾荒问题，但远远没有从灾荒产生的深层根源以及应对灾荒的常态与长效机制层面上解决问题，而且，社会具体实践的复杂性绝非单一的"运动—命令"行政模式所能完全解决，对于社会问题、经济问题，需要遵循其自身的规律性，除了以谋求社会效益为目标的政治手段之外，还需要辅之以必要的经济、法律等手段。

小结　集体行动的救灾成效及其对运动—动员机制的强化

土改运动是党—国家建构乡村社会秩序的切入点，要想在农村成功地进行土地改革与各项社会改革事业，进而把农民、农村和农业整合到党—国家的目标之下，需要对农民进行有效的动员、组织，即需要广大农民的积极参与。正如内务部部长谢觉哉于1950年7月在第一届全国民政会议上的报告所指出："人民民主制度必须深入到区乡，生起结实的根来，才能使整个社会建设有力的前进。目前农村里的广大人民，有许多迫不及待的问题需要解决，各上级人民政府的工作要在广大的农村实施，都非动员广大群众来作不可。"[1]

因此，"使整个社会建设有力的前进"的运动—动员机制必然是一种常态的社会秩序、一种社会治理技术与手段。而党—国家建构的动员—运动机制也正是这样一个自我强化的动态机制，与集体行动的逻辑形成某种程度的耦合效应。这对于受资源—人口矛盾约束、经济社会发展滞后，需要举全社会之力、以集体行动来应对重大灾害的中国社会来说，因其效果的异常显著而具有极其重要的意义。

第一，动员—运动的自我强化机制及其与集体行动逻辑有一定程度的耦合。

动员—运动模式的本质特点乃是其群体行动的实践形式，即在党—国家的激励、组织和指挥下，以群体的形式被赋予的任务，以运动的形式参

---

[1]　谢觉哉：《关于人民民主建政工作报告》[N]，《人民日报》1950年9月12日第1版。

与行动、达成确定目标。这种群体行动往往呈现为民众大规模、协同式的群集状态，即群众运动，但也可能以较为分散化的、共同参与的方式进行。

群众运动的过程往往伴随着宣传、整顿组织、总结表扬评先进等步骤，这样就形成了一种动员—运动的自我强化机制。即党—国家在重构乡村秩序基础上的政权下乡，为避免政权内卷化与保持较高的工作效率（及低成本、高效率），形成了以党团支部、群众组织为依托，与党团员、积极分子结盟，经常对乡村干部保持一种进攻姿态，促使基层组织尤其基层政权组织的廉洁、高效，避免了权力的异化与权力利益阶层的生成，强化了农民对党—国家权威的认同。而宣传下乡，从原初意义上说，是为政党下乡、政权下乡、行政下乡服务；从新秩序运行机制上来说，是在政党下乡、政权下乡的基础上，以政党、政权组织为依托，为行政下乡服务，把党—国家的意志化为群众的自觉行动服务，为完成国家在乡村的一系列任务、把农村纳入党—国家的意志与目标之内服务。但是，坚强有力的基层政权机构、群众组织以及大规模的宣传教育并不意味着党—国家目标任务的必然完成，因而，对群众的强迫与命令非但不可避免，而且是动员群众完成任务的保证。这是因为："20世纪的中国社会有两大主题：民族独立与阶级解放……国家/民族是至善，是革命所要达到的目标，革命伦理就必须为这个目标服务，成为最有效的手段。"[1] 在个人与国家的关系上，前者应该无条件地服从后者。因此，党—国家重构后的乡村政治秩序，既是一种动员机制，更是一种命令—服从机制。即每一次的运动都是清洗集团异己分子、巩固基层政权组织的过程，也是通过评先、表扬等选择性激励形式，培养、发现运动积极分子的过程，还是通过围绕中心工作、任务的宣传使集团的规范逐渐深入群众生活、影响群众生活的过程。而且，更是通过行政命令等使党—国家权威逐步深入人心的过程。凡此种种，正是突破集体行动困境的必要举措。[2] 因此，动员—运动机制的效应其实正是突破集体行动困境的效应。

第二，动员—运动机制应对灾害的有效性及其对自身的强化效应。

土改后，大部分农民的生产生活水平有所提高，但农业生产力水平并

---

[1] 李音：《"革命"的伦理学》[J]，《海南师范学院学报》2006年第1期。
[2] 尤其是上级的强迫命令，对于保证集体行动意义重大，因为"走出集体行动的困境需要政府承担干预的职能，政府的强制作用能够避免集团成员的搭便车"。见高春芽《奥尔森集体行动理论研究》[D]，武汉大学博士学位论文，2007，第31页。

无质的飞跃，糊口农业的特点十分明显，但乡村社会却能在政府的领导下，度过严重的灾荒，体现了动员—运动机制的巨大作用。

动员本身就包含人力物力等资源的聚集与集中使用，为救灾而有效率地集中使用人力物力资源乃是动员—运动机制的应有之义，因此，1949~1954年，商水县虽然连年遭受水灾、损失严重，但在国家的领导下，救灾成效卓著，与旧政府时期形成了鲜明对比。即经过生产自救运动，全县灾区不但人畜顺利度过灾荒，而且基本保持了生产元气。而且，救灾运动对动员—运动机制的自我强化意义重大。通过救灾运动，进一步密切了党—国家与农民群众的关系、强化了政权的合法性基础。如群众说："啥时也忘不了共产党、毛主席的恩情，不是共产党、毛主席，我早就饿死了。"①

第三，从集体行动的视角考察，救灾运动属于政府领导下，有组织的、自愿集体行动的典型案例。

严重的灾害凸显了由受灾群众组成的大型集团的共同利益，而且个人基于生存考虑，有积极的意愿进行自救。但必须将分散的个人意愿转换成有序的组织行为。历史上，豫东、淮北一带每逢灾害侵袭便盗贼蜂起，即是个人理性与集体理性的冲突。党—国家重构乡村秩序并将农民纳入组织体系，为领导灾民以集体行动方式救灾提供了坚实的政治、社会基础。可以保证政府提供的大量贷款、救济粮款等最具吸引力的选择性激励以符合集体理性、促进公共利益的形式实现。救灾过程伴随的宣传，如宣传党的政策、消除悲观情绪，揭露谣言，树立信心等，对于稳定社会心理，提高抗灾能力，十分必要。② 当然，一次次成功度过灾荒，无疑使政府与民众经过互动建立了信任，从而使群众更加坚信党—国家权威，从而对集体行动形成路径依赖，为集体行动的可持续奠定基础。

因此，国家治理层面上动员—运动式救灾的成功，从微观机制上看，正是党—国家以种种手段打破了集体行动的困境所致。

总之，在灾民的积极参与下，以经由土改运动所形成的新的社会运行秩序为基础，在党—国家有效的选择性激励下，动员—运动机制与打破集体行动的逻辑形成了耦合共振效应，取得了空前的救灾成效。

---

① 《商水县第五区民主运动进展情况（1953年2月9日）》，商水县档案馆藏，档案号：县委全宗一永久卷80第11件，第105~113页。
② 李勤：《1954年湖北水灾与救济》[J]，《当代中国史研究》2003年第5期。

第五章　国家意志下的"集体行动"：有效性取向的乡村革命

20世纪中国的历史是一部革命的历史。随着民族危机与社会危机的加深，在革命精英与革命群众的互动下，革命达到了逻辑与历史的统一。

第一节　近代以来中国社会演变的革命逻辑

一　选择革命

从社会的演进看，1840年鸦片战争之后，中国沦为半殖民地半封建社会，民族危机、社会危机日益加深，两大矛盾日益尖锐，独立富强成为近代中国社会发展的两大客观要求。

太平天国运动、义和团运动的失败表明，农民自发的斗争无力改变自己的命运，不能解决两大矛盾。而以体制外的知识分子为主、以经过改造的传统文化为思想武器的戊戌变法运动，由于操之过急、所依赖的中央权威无力动员可用资源以及缺乏社会结构的变革、与社会下层群众缺乏良性互动等，也不可避免地走向失败。连续的失败非但不能有效应对危机，而且致使内外矛盾更加激化。

从政治载体的演进来看，始于洋务运动的清王朝的开明专制化运动、孙中山的早期议会制模式以及袁世凯的军事强人型的新权威主义模式，或因为中国传统政治文化惰性、传统君主制创新能力过于微弱，或由于"横取他国之法，强施本土"之缺乏生命力，或因为庇护制结构、现代化意识脆弱以及军事强人的突然死亡等，相继被历史所抛弃。[①]

"在一个半殖民地的、半封建的、分裂的中国里，要想发展工业，建设国防，福利人民，求得国家的富强，多少年来多少人做过这种梦，但是一概幻灭了。许多好心的教育家、科学家和学生们，他们埋头于自己的工作或学习，不问政治，自以为可以所学为国家服务，结果也化成了梦，一概幻灭了。这是好消息，这种幼稚的梦的幻灭，正是中国富强的起点"。[②] 历史演进的逻辑表明，除非出现新的力量并采取全新的方式，否则不能推动社会的变革以回应时代的要求。

正是在此旧辙已破，新轨难立之际，20世纪之初，新式知识分子作为新的历史变革力量，登上历史舞台。

作为全新历史变革力量意义上的知识分子显示出迥异于前的能量，始于五四新文化运动。正是历经新旧中外思想的宣扬、批驳、交流与碰撞，在纷繁复杂的思想大潮中，我们得以梳理出一条较为明显的脉络。即五四新文化中逐渐出现了一个个人主义向集体主义演变的思想潮流。

在此演变过程中，由强调群体意识强于个体意识到改造社会思潮的兴起，进而传播马克思列宁主义，提出自下而上的改造社会思想。如，针对中国社会一盘散沙的状况，毛泽东即提出了民众大联合的思想：表明一代五四知识青年开始重视民众组织与民众联合，并以此作为无中生有造社会的要途。[③]

当然，要改造社会，势必要到民间去，要由文化运动走向社会实践运动。而要社会实践运动成功，则不仅需要主义认同，更需要有力的组织载体。因此，具有笼罩性、凝聚性、渗透性等特点的强有力的列宁主义革命政党模式，对于立志改造中国社会的知识分子，具有强烈的吸引力。

这样，在救亡图存的目标下，以五四新文化运动为中介，一个以革命为旨归的新的精英—群众互动的历史演进模式逐渐浮出历史的水面。

[①] 萧功秦：《中国的大转型：从发展政治学看中国变革》[M]，北京：新星出版社，2008，第52～93页。
[②]《毛泽东选集》第3卷[M]，北京：人民出版社，1991，第1080页。
[③] 王奇生：《革命与反革命：社会文化视野下的民国政治》[M]，北京：社会科学文献出版社，2010，第59页。

二 革命选择

20世纪二三十年代，社会上竞言革命，在革命被建构为一种语言体系，被建构为一种最高的道德和使命实践的正当性的背景下，革命的分歧集中于由谁革命、如何革命以及革命要达到什么样的目标等问题。

"与晚清由单一党派主导的革命不同的是，1920年代的革命激变为多个党派的共同诉求……不仅'革命'一词成为1920年代中国使用频率极高的政论词汇之一，而且迅速汇聚成一种具有广泛影响且逐渐凝固的普遍观念，即革命是救亡图存、解决内忧外患、实现国家统一和推动社会进步的根本手段，改良及其他救国途径被视为缓不济急和舍本逐末之术。革命高于一切，甚至以革命为社会行为的唯一规范和价值评判的最高标准。'革命'话语及其意识形态开始深入社会大众层面并影响社会大众的观念和心态"。①

在不同的领导"革命"的精英群体中，不仅仅是"革命"一词的所指和能指的不同，更是具体革命实践的不同。

其中青年党重视士商、忽略平民，基本未进入社会实践层面。国民党由革命走向反革命、由成功走向失败，一个主要的原因在于，在国民党奉行的国家主义"革命"实践中，用长期阻止群众争取自己的命运改善为条件，来强化国家对社会的绝对优势地位，通过少数精英分子对领袖个人权威进行支持。这样，在民族危机严重的时刻，由于忽视民众利益、缺乏对民众有吸引力的意识形态，中国革命注定不能实现克服危机所需要的社会动员能力。中国共产党始终坚持走下层路线，即由精英领导下层工农群众，以革命的意识形态、列宁主义政党的力量以及军事力量，形成了具有革命竞争力的井冈山模式、延安模式。②

当然，革命领导者个人的作用同样有着极大的意义。因为"革命并不仅仅只是一个动员潜在利益集团的过程，而且还是一个制度性结构——动员赖以发生的结构。同时，个人行为，尤其是领导者发挥的作用，在革命

---

① 王奇生：《革命与反革命：社会文化视野下的民国政治》[M]，北京：社会科学文献出版社，2010，第67页。
② 萧功秦：《中国的大转型：从发展政治学看中国变革》[M]，北京：新星出版社，2008，第82~84页。

的发起和发展过程中都起着重要的作用"。[1]

中国革命建设和实践始终将历史发展理解为主体积极参与建构的过程。[2] 选择革命与革命选择，反映了革命历史发展中革命者（行为主体）积极参与的建构作用，即革命是主客体交互作用的实践过程。历史发展展示了革命的可能性，革命者在此可能性之下，以其理性自觉的介入，推动历史、创造历史。

在此需要明确的是，革命先进分子和参与革命的群众是有区别的，也符合精英—群众[3]的区分法则，不但"马克思主义和科学社会主义思想在群众中间是不能自发产生的，马克思主义是人类优秀文化成果的延续，首先是在知识分子中间产生和传播的"，而且，精英和群众的激励机制也是不同的，一般来说，激励革命精英的是目标、使命、信仰等精神层面的东西，而群众往往需要物质利益的，尤其是看得见的物质利益的激励。

第二节 走出集体行动的困境

土地改革运动是乡村革命的载体。革命因救亡图存而生、因两大矛盾激化而起，那么革命的目标必然是在历史的可能性之下，有效解决问题。

一 乡村新秩序的两个维度

"在任何时候，政治都是人们建构起来的，其内在的使命就是维系社会秩序，促进人与社会的发展。……从政治必须满足社会发展的需要出发，任何政治体系的稳定与有效运行，需要两大基本要件：一是政治体系是否能够为经济与社会发展创造条件；二是政治体系的特性与作为是否能够得到绝大多数民众的认同，从而被人们视为应该接受并自觉服从的权力与制度。我们通常把前者称为政治的有效性，将后者称为政治的合法性。"[4] 据此，新中国成立后经由土改运动建构起来的乡村社会秩序，也可以从有效

---

[1] 〔英〕彼得·卡尔佛特：《革命与反革命》[M]，长春：吉林人民出版社，2005，第44~59页。
[2] 罗骞：《历史唯物主义：一种可能性思想》[J]，《哲学研究》2010年第6期。
[3] 关于群众与精英的划分，见〔美〕哈罗德·D. 拉斯韦尔《政治学——谁得到什么？何时和如何得到？》[M]，杨昌裕译，北京：商务印书馆，2009。
[4] 林尚立：《在有效性中累积合法性：中国政治发展的路径选择》[J]，《复旦学报》（社会科学版）2009年第2期。

性与合法性两个维度进行分析。

政治体系的有效性是能力与效度的统一，可以体现在以下几个方面：政治体系结构与功能的自我完善能力，保障和推动经济与社会发展的能力，预防危机和驾驭风险的能力等。

新的乡村秩序是一种动员—运动机制，更是一种命令—服从机制。每一次的群众运动、中心工作的完成，都是对上一次群众运动成果的巩固、对自身机制的强化——反映出该机制的自我完善功能。在毛泽东的魅力权威感召下，在上级党委、政府的领导下，依托完善的乡村政权组织、党团组织、各种群众组织，在众多积极分子的带动下，各种中心工作、任务都能高效完成——反映出新秩序保障和推动经济与社会发展的强大能力。面对抗美援朝所需要的对乡村的大规模的人力物力需求以及乡村遭受巨大灾害时对大规模救济的需求，在动员机制下，国家的任务得以完成，乡村的灾荒得以平安度过——反映了基层政治秩序应对危机的能力。

当然，在凸显有效性的同时，本身就有着合法性的累积，如翻身农民的感谢共产党毛主席，顺利度过灾荒的灾民发自内心地对新政权的感谢等。

可以看出，这是一个面对危机，通过革命手段，基于价值重建的、主要凸显有效性的政治体制。

二 达成集体行动

乡村新秩序的有效性突出表现为突破集体行动的困境，在国家意志之下达成了集体行动。集体行动的达成既是乡村新秩序的原因，又是其结果。

集体行动之所以能够达成，在于客观需要：民族危机、乡村危机之下，共同利益的凸显以及应对危机所需资源的稀缺，尤其是物质资源有限，必须统一行动、发挥人力资源对物质资源的替代作用。

乡村集体行动的达成更在于党—国家的建构，在于一系列必要条件的形成。

克里斯玛型权威。对于度过种种危机、在艰苦的革命斗争中成长壮大的中国共产党来说，领袖毛泽东的独特魅力无疑是凝聚全国民众的一面旗帜，随着革命在全国范围内的胜利，民众有着愈益浓厚的克里斯玛情结："它（党）的服从者对某个领袖怀有敬畏和完全忠诚的情感，这个领袖被认为是具有非凡的、有时甚至是魔幻般的才能，并相信他能创造奇迹。这类领袖常出现于社会危机时期，因为当其他原则，如合法的传统或理性—法制的原则遭到破坏时,他们便成为把人们团结在统治关系之中的凝聚力。"①新中国成立之初,通过土改运动中的诉苦斗争、新旧社会对比教育等,广大贫下中农逐渐认识到地主—保长—蒋介石—美帝国主义是反动派,是敌人,工作队、政府干部是毛主席派来解放大家的—感谢共产党、毛主席——完成了由对党、领袖的感恩到应该跟党走、响应政府号召、完成上级布置的任务这样一个思想转变的逻辑过程。

先进分子。对于广大新解放区来说,先进分子指老区来的干部、军队转业干部,他们往往是经过锻炼的共产党员或经过培训的知识分子干部,以其对上级的忠诚、工作的高效率、深入乡村为农民办实事的行动以及廉洁、平易近人的作风,给民众焕然一新的感受,这无疑以其人格增强了群众的信任,提高了党—国家的感召力。

初始成本。必须经过组织才能获得集体物品的任一集团会发现,不管它获得的集体物品数量多少,它都必须满足某一最低程度的组织成本。② 对于新解放区来说,此前党所建立的组织、党—国家在其他地区的胜利所付出的艰苦努力及巨大牺牲、初入乡村的干部积极分子的工作付出及牺牲,构成了启动乡村集体行动的初始成本或启动成本。

组织。集团越大,越需要组织。组织的实质之一就是它提供了不可分的、普遍的利益。一般说来,提供公共或集体物品是组织的基本功能。③党—国家进入乡村之后,积极发动群众,建立起农会组织、妇女组织、儿童组织、青年组织、党团组织以及民兵组织、基层政权组织等,把乡村社会组织网络化,把尽可能多的群众纳入党—国家领导的组织之中,构成了乡村集体行动的组织保证。

全新的政治文化。党—国家进入乡村,在建构社会组织的过程中,伴随着全新的政治文化的灌输。其中剥削、敌人、翻身、阶级、组织等话语体系,正是对于划分集团、凸显共同利益的恰切解释。而对于迷信、旧传统、家庭对人的束缚的批判、对全新的革命道德的宣扬,正是对旧权威的

---

① 〔美〕奥罗姆:《政治社会学:主体政治的社会剖析》[M],张华青、孙嘉明译,上海:上海人民出版社,1989,第78~79页。
② 〔美〕奥尔森:《集体行动的逻辑》[M],陈郁等译,上海:上海人民出版社,1995,第39页。
③ 〔美〕奥尔森:《集体行动的逻辑》[M],陈郁等译,上海:上海人民出版社,1995,第13页。

批判、新权威合法性的弘扬,是一种政治合法性的文化建构。

积极分子。要把党—国家的意志经由乡村基层政权组织及其领导下的群众组织,化为民众的集体行动,还需要一个中介、一个连接干部与群众的桥梁,这个中介与桥梁就是前赴后继的积极分子群体。他们来自于群众,往往因其受较多的精神激励而区别于一般群众,以其积极行为,贯彻上级指示、践行党—国家意志,既是中心工作、任务完成的保证力量,也是群众行动的领头人、标兵与模范,在乡村集体行动中具有不可或缺的作用。

选择性激励。根据集体行动的逻辑,大集团被称作"潜在"集团,因为它们有采取行动的潜在的力量或能力,但这一潜在的力量只有通过"选择性激励"才能实现或"被动员起来"。只有一种独立的和"选择性"的激励会驱使潜在集团中的理性个体采取有利于集团的行动。在这种情况下,集团行动的实现只有通过选择性的面对集团个体的激励,而不是像集体物品,对整个集团不加区别。激励必须是"选择性的",这样那些不参加为实现集团利益而建立的组织,或者没有以别的方式为实现集团利益作出贡献的人所受到的待遇与那些参加的人才会有所不同。当然,选择性的激励既可以是积极的,也可以是消极的;既可以是物质的,也可以是精神的;等等。[①] 土改运动中,受到表扬的积极分子、被提拔为干部的积极分子以及被洗刷的干部、受到批评的落后群众以及分配以土地为中心的五大财富等,无不是选择性激励的举措,目的便是动员农民、把乡村纳入党—国家的目标体系之下,实现国家范围内的集体行动。

强制性力量。动员—运动机制需要统一意志,整齐划一的行动,以目标、任务为旨归,凸显的是集体行为。但集团总是由个人组成的,个人偏好总是不同的,自由而不受束缚、追求个人利益是人的较为稳定的特性,因而个体利益与集体利益、个人理性与集体理性总是有张力的,为达成集体行动,强制是必不可少的。且不说革命中壮大的人民军队,单单是渗透乡村的基层政权组织及其掌握的民兵组织,就构成了集体行动的硬性约束力量。

这样,在兼顾乡村利益、成功应对灾害危机下的运动—动员机制,在完成任务、达成目标的同时,充分体现了党—国家意志,更凸显了集体行动的成效。

---

① 〔美〕奥尔森:《集体行动的逻辑》[M],陈郁等译,上海:上海人民出版社,1995,第41~42页。

余论　革命逻辑及其重陷集体
行动困境的隐忧

一　土地改革及其革命逻辑

不合理的土地制度被认为是农民贫困、农业停滞、国家落后的根源之一，土地改革是现代化的必由之路。但土地改革是一个世界性的难题，因为土地改革不但是一个财产、财富等物质资源的再分配及其导致的经济结构变化与经济发展问题，还是一个政治、社会、文化问题。对于经济社会发展落后、人口—资源矛盾突出的第三世界国家（如撒哈拉沙漠以南的非洲国家[①]），土地问题引起的种种矛盾，至今仍是制约社会经济发展的瓶颈。而经历土改并且土改较为成功的国家和地区，往往政治较为稳定、经济长期持续稳定发展，如苏联、中国、中国台湾地区以及日本等。

但是，从土地改革的具体案例来看，不同的国家（地区），由于历史与现实政治经济状况的不同，土改方式是不同的，而且结果也往往大相径庭。

日本的土改被认为是"二战"后最成功的社会计划之一，它是美国军事占领当局的意志产物；中国台湾地区的土改是由大陆败退的国民党政权推动进行的。二者有共同之处：非暴力土改、推动力量与旧的土地所有者属于迥异的集团。在土改政治中，二者都属于特例。

土地改革本身的固有性质使它带有某种没收财产的性质，这对于处于现代化之中的国家来说，意义深远但也最为困难——地主不会心甘情愿失

[①] The World Bank. *Consensus, Confusion, and Controversy: Selected Land Reform Issues in sub-Saharan Africa* [R]. 2005.

去自己的财产。① 因此，近代中国的国情决定了中国的土地改革必然是一场彻底的革命。

南京国民政府也认识到土地政策不止是财政问题，而且是政治问题，是"消弭乱源，巩固革命政权"之要策。但由于国民党军官及政府高层多出身于拥有田产的地主阶层，缺乏土改的政治基础与推动力量，故在大陆连减租减息都难以推行，更不要说平均地权了。三民主义之平均地权终不免成为一场虚构的革命，纯属口号而已。② 与此相反，中国共产党以"打土豪、分田地"的斗争相号召，发动贫下中农，组织工农政府，建立地方武装。即使农民得到土地，动员其革命热情，争取农民的支持以巩固阵地、进一步动员农民参战支粮，一开始就显示了强大的生命力。

中国革命与土改互为条件、互相促进，体现的是革命目的与手段的统一。

二 集体行动逻辑对革命的解释力度

成功的土地改革需要上下两头夹攻。政府要依靠农民积极的和最终有组织的参与，当然，有效的农民组织需要有效的政党来领导③，这一点正与奥尔森的集体行动的逻辑相契合。

赵鼎新指出，奥尔森的理论实际上强调了精英政治以及组织在社会运动动员中的重要性……人类文明发展的每一步都是在解决搭便车困境的基础上实现的，文明发展的关键就是人类组织能力的发展……革命需要克服搭便车现象。革命往往是从社会的边缘生长起来的，主流社会中的组织很难为革命所用，加上来自当权者的反对和镇压，参加革命的代价往往会比其他社会活动高出许多，搭便车现象便成为革命研究中的一个主要问题。突破集体行动的困境所要解决的搭便车问题，即选择性激励问题，实质是权力问题，因为与当权者相比，革命组织者手中拥有的权力和资源实在

---

① 〔美〕塞缪尔·P. 亨廷顿：《变化社会中的政治秩序》[M]，王冠华、刘为等译，上海世纪出版集团，2008，第318页。
② 张景森：《虚构的革命：国民党土地改革政策的形成与转化（1905–1989）》[J]，《台湾社会研究季刊》1992年第11期。
③ 〔美〕塞缪尔·P. 亨廷顿：《变化社会中的政治秩序》[M]，王冠华、刘为等译，上海世纪出版集团，2008，第318~327页。

有限。①

奥尔森的集体行动的逻辑是一个形式逻辑，它的意义在于把简单的社会机制搞清楚之后，可以把几个相关的社会机制整合起来，根据具体问题加入不同的宏观结构和微观变量，以分析不同的问题。

中国革命是一组反差强烈的因素的产物：一方面是几乎不识字或很少识字，甚至连县城也没有去过的农民大众；另一方面则是由共产主义精英所倡导的宏大意识形态和改造社会的巨大工程。在革命胜利后，这种宏大意识形态成为社会结构框架的基础。② 因此，从国家出发的自上而下视角的运动—动员机制与建立在个体微观机制之上的集体行动逻辑的结合，对于分析中国革命的复杂面相，有着新的方法论意义。

三 革命逻辑、集体行动逻辑的契合与背离

传统中国的"革命"依赖革命手段（暴力）以及圣人道德心性的自我证明："此当为中国最神秘、最深层的传统信仰，即把政治信仰与宗教信仰合为一体。至于近代中国及其之后的，则是以暴力革命的形式来证明社会正义。这就是反传统的传统主义。"③ 即 20 世纪的中国革命，不是传统的改朝换代，而是既要改变固有的权力秩序，又要改变固有的（奉天承运）"革命"信仰。

从世界范围看，近代以来革命与战争有着稳步增长的一致性和相互依存性，暴力是他们二者的共性。战争为革命提供契机，如："1905 年的俄国革命则是随日俄战争的失败而来，这场革命无疑是政府潜在危机的不祥之兆，专等军队失利而爆发。"④ 而且，革命总是要通过战争（暴力）达成目标。当然，暴力有其合理性——当武力是唯一希望之所在，武力就是神圣的。20 世纪的中国革命也是与长期战争相伴随的革命，非但革命进程与战争进程密不可分，而且在战争取得胜利后，社会革命与政治革命仍然有着

---

① 赵鼎新：《社会与政治运动讲义》[M]，北京：社会科学文献出版社，2006，第 160~175 页。
② 郭于华、孙立平：《诉苦：一种农民国家观念形成的中介机制》，罗沛霖、杨善华：《当代中国农村的社会生活》[M]，北京：中国社会科学出版社，2005，第 19~51 页。
③ 李向平：《信仰、革命与权力秩序——中国宗教社会学研究》[M]，上海：上海人民出版社，2006，第 629 页。
④ 〔美〕汉娜·阿伦特：《论革命》[M]，陈周旺译，南京：译林出版社，2007，第 4~8 页。

浓厚的军事性的风格和精神气质。即在长期的战争过程中，中国共产党壮大了队伍、训练了人员，凝聚了空前的力量，并在战争中形成了一套带有革命战争特色的政治文化、组织方式及其运行机制的革命逻辑：追求实体正义而不注重程序正义，强调权力集中、思想高度统一、组织团结、共渡难关而不注重民主，在利益的冲突中以斗争手段解决问题而不注重和谐，社会群体本位——为了取得革命的胜利，人们不得不牺牲自己的个人、家庭利益甚至牺牲自己的宝贵生命，社会、民族、国家、集体利益至上而不注重个体利益等。[1]

革命逻辑自有合理性——在战争年代运用高度集中统一的军事化方法达成革命目标是顺理成章的事情。革命是需要流血牺牲的，集体行动的达成是需要成本的。初始推动力从哪里来？集体行动的启动成本由谁支付？只能靠革命先进分子。这时，激励他们的不是物质利益，也不是精神鼓励，而是理想信念，是目标激励，这不是理性人假设所能解释的事情。革命队伍由小到大、革命由局部到全国性胜利，充分说明了革命逻辑的有效性。

但是，新中国成立之后，在战争基本结束的情势下，面对广大普通群众、面对新情况，继续用军事手段实现政治目标，革命逻辑的演进效果必不能如其此前所是。

群众。中国人口最多的是农民，党—国家面对的最广大的群众无疑是农民。虽然党—国家一再强调群众路线，但"群众路线的提出并没有描绘出事物发展的真实程度，即党的基本目标与动议并不是来自于群众，而是出自于党的高层领导"。[2] 固然经由土改运动等一系列的农村政治、社会革命以及经历了党—国家的社会主义教育运动等洗礼，农民具有了全新的国家、民族意识，改变了传统的道德观念，毕竟在生产力水平没有质的改变、生存状态没有彻底改观的情况下，广大农民的理性小农意识还是根深蒂固的，他们的狭隘性、保守性乃至自私自利性绝非短时期内所能改变的。而且，反霸减租、减租减息、诉苦报仇、翻身以及分配土地等，本来就是通过物质利益的诱导，发动农民、动员农民，把农民纳入党—国家的政治社会目标体系的，一旦这种一次性的交换停止并需要农民做出牺牲，便会与

---

[1] 沈晓阳：《革命逻辑向执政逻辑转换的政治哲学分析》[J]，《社会科学》2004年第1期。
[2] [美]西达·斯考切波：《国家与社会革命——对法国、俄国和中国的比较分析》[M]，何俊志、王学东译，上海：上海人民出版社，2007，第311页。

农民的意愿产生落差,这种落差单单靠教育、强制等是难以弥合的。这时如果仅仅以政治性权力的强制力发挥作用,使社会性权力处于无可奈何的服从状态,那么政治性权力就会处于低效、低合法性的社会张力场中,因而,政治性权力要有效地发挥作用,统治对象的个体欲求能否得到适当满足是一个关键因素。

党员干部。党—国家初入乡村,靠的是先进分子身体力行的表现和乡村社会的革命化参与以及对其利益诉求的回应,否则不可能在乡村扎根。随着军事斗争的胜利,乡村组织日益巩固、扩大,涌现出大批未经革命锻炼的新党员、新干部,而且严酷的环境已经大大改观。将"共产党员当作特殊材料"是共产党自身对其成员的要求,但共产党在组织自身和组织社会的过程中,并不能将"共产党员是特殊材料做成的"当作组织建构的前提……共产党作为一个组织要实现集体行动,不仅在组织内部要有大体一致的理性预期,还要有对党员短期利益诉求的回应。[①]

邓小平说:"不重视物质利益,对少数先进分子可以,对广大群众不行,一段时间可以,长期不行。革命精神是非常宝贵的,没有革命精神就没有革命行动。但是,革命是在物质利益的基础上产生的,如果只讲牺牲精神,不讲物质利益,那就是唯心论。"[②] 列宁也曾说:靠广大工农的热情、冲击和英勇精神,可以解决革命的政治任务和军事任务。"但这个优点现在已经成为我们的最危险的缺点了。我们总是向后看,以为这同样可以解决经济任务。但错误也正在这里,因为情况改变了……不能企图用昨天的办法来解决今天的任务。"[③]

显然,忽视个体物质利益诉求、注重精神因素以及追求集体利益是革命逻辑的本质特点。然而,运动—动员模式对其反复强化,却内在地包含着陷入集体行动困境的隐忧。

这是因为,革命逻辑之所以能够以其整齐、划一、高效的集体行动,应对危机的情势、渡过难关,达成革命目标,从根本上说,是立足于集体本位,要求个体的道德自律及其精神升华——而这是人性不稳定的特点,

---

[①] 吴素雄:《政党下乡的行为逻辑:D村的表达》[D],华中师范大学博士学位论文,2009,第94页。
[②] 《邓小平文选》第二卷[M],北京:人民出版社,1994,第146页。
[③] 《列宁全集》第33卷[M],北京:人民出版社,1965,第145页。

需要自我的追求与外部的教育、强制，这也是革命逻辑依赖于革命文化的日益强化、运动—动员模式反复强化自身的原因所在。

而集体行动逻辑强调个体本位，以个体理性为基础，立足于人的较为普遍、稳定的特性之上。因此，我们可以看到，当运动—动员模式效果显著时，正是党国家对个体利益诉求的较好回应之时，当运动—动员模式出现"左"的现象时，正是忽视个体利益诉求之时。

因此，通过商水县土地改革运动的案例分析，可以发现，基于宏观建构理念的革命逻辑应该与基于微观机制的集体行动的逻辑相结合，使其耦合、共振。

附录1

对商水县化河乡三里长村李东仁[①]老人的访谈

时　　间：2007年4月30日，星期一，农历三月十四，上午8：00～10：30

地　　点：三里长村小学校长李新疆家

参 与 人：贾滕（《周口师范学院学报》编辑部编辑，采访人），李新疆（帮助李东仁回忆兼把老人的本地话翻译成普通话或略加解释），李老师（帮采访人联系李新疆的当地小学教师，家住干河崖村，距三里长村约二三公里），温桂府（周口师范学院体育系大四学生，此次访谈负责录音），李金可（李新疆儿子，周口师范学院中文系大四学生，此次访谈负责接送李东仁老人），共6人。

贾　滕：大爷您好，我是周口师范学院的老师，来咱村做个调查。听李校长说，您是咱村的老干部，德高望重，对咱村解放前后的事情非常清楚，我想向您了解一下咱村解放后土改的情况，还请您多多帮助。

李东仁：我也不算老干部，相比情况倒是了解一些。刚解放那阵子，参加农会都不容易呀。

贾　滕：您那时是农会干部？

李东仁：当时参加农会那阵，都（就）是减租减息、剿匪反霸，弄有门头的东西。

[①] 李东仁，男，自称80岁整，思路尚且清楚，据推测大约1926或1927年生。河南商水县化河乡三里长村（即1950年商水县土地改革的试点）人，幼年家贫，无田产，早年全家靠其父在姚桥集（去三里长村正东不到一公里）杀猪卖肉为生。13岁那年，其父被乡保长等人诬告抢军粮入狱，据说饿死在淮阳监狱。其后，母亲、本人、两个弟弟、一个妹妹靠乞讨为生，生活极端艰难。本地解放后，最早参加农会（当时仅6人），而且是基干民兵、积极分子，后长期担任村组干部，直到20世纪90年代。新中国成立后І二弟响应抗美援朝入伍，因年龄不够，先在县大队干一年，后正式入伍，前后7年，后复员回乡娶妻生子、53岁去世，侄儿侄女的婚事及其他家族红白喜事，无不请他出面，一直到几年前还是这样，现行走不方便才未出面，堪称地方权威人物。李本人娶一寡妇带一女孩，未再育。现老伴已中风卧床3年，住在女儿家，女儿难以照料两个老人，因此，李本人住在侄儿家（侄儿有三个小孩，大的十余岁，小的几岁，日子过得紧巴巴的），因患有高血压、心绞痛、胃病、缺钱少药，备感生活艰辛，访谈中忆及伤心之处，每每失声痛哭。

李新疆：有楼门头的，就是有钱的，地主老财。

李东仁：开始都（就是）这样，弄有门头的，分东西。

贾　滕：您当时是农会会员？

李东仁：噢（是的），农会主席都（已经）死了。

贾　滕：农会主席叫什么名字？

李东仁：一个叫史金领（的）。

贾　滕：土改后您当了干部？

李东仁：没有。

贾　滕：那么，土改时的斗争会您参加了吧？

李东仁：那参加的到地儿呀。不到地儿咋弄（怎么办），一干都得到地儿。

贾　滕：到地儿？

李东仁：那得到地儿，不到地儿咋弄，一干都得到地儿。

李新疆：到地儿，就是自始至终。

贾　滕：共产党号召叫诉苦，您诉了吗？

李东仁：诉了。

贾　滕：都诉些什么苦呀？

李东仁：有什么苦诉什么苦，受人压迫。那时没有地位，就说你没地位。

贾　滕：家里没地、没吃的，也诉是吧？

李东仁：对，当时就按那时情况说。

贾　滕：那当时诉谁？是不是有一个叫郭守义的？

李东仁：对，郭庄的。

贾　滕：还有一个史文相，一个李天庭？

李新疆：郭守义不是枪毙了吗？

李东仁：那早，诉苦早，后来枪毙的，在化河桥那儿。李天庭不是地主。

贾　滕：是富农？是不是放账（放高利贷）？

李东仁：他有恶迹，好说厉害话。比如说，赶明儿我咋着咋着你，其实也没咋着。

贾　滕：有民愤吗？

李东仁：他算恶霸。比如咱几个人在一起说话，总显着他——赶明儿我咋着咋着你，光说利害话。地他没多少地，但说利害话人家不满意呀。

贾　滕：他有没人命案？比如说逼死人的？

李东仁：人命案他没有。

李新疆：哎！逼死李清那事他参加没？打死李清（那事）？

李东仁：那他都一班啊。

李新疆：一班？

李东仁：跟史文相一班，史文相是保长啊，史文相叫整的，在西头桥下，葛洪彪也枪毙了，任庄的，你知不道。

李东仁：那时开会，郭守义死，亏，他就死在那枪上了。

李新疆：他自己玩枪？

李东仁：他自己有枪不交，垒在影壁墙里，后来农会了解，摺住他了。有枪不交，那有罪呀。

李新疆：知情人揭发出来了。

李东仁：那时农会天天开会，都是偷开会呀，这儿去一个，那儿去一个，不敢明大明的。那郭守义就是死在这枪上了，他要早交就没事。

李老师：他有人命案没，郭守义？像他有枪，治死谁不比较容易？

李东仁：人命案我知不道，但都有恶迹，干些坏事。有人命案没人命案，那干坏事一牵扯一大片，有门头的，不管谁当正头，他是一片啊。

李老师：成一班了。

李东仁：有门头的他一班，贫下中农他看不起。

贾　滕：平里平常老百姓对他都有意见。

李东仁：他当过保长啊，联保主任都干过，不止一次，有面子人嘛。

贾　滕：是不是平常都积累有矛盾、有意见？

李东仁：那都是积累的。

贾　滕：就是平常有意见。那您刚才说的李天庭是吧，平时不就是说话傲吗？一个人嘛，实际上也没把谁咋的，就这样枪毙了，用现在的眼光考虑，是不是有点亏啊？

李新疆：那亏。那时候提意见的多得很，惹烦的人多了，不枪毙咋的。

贾　滕：是不是都是生活中的小事，积累成大事了？

李东仁：嗯，他干过保长，在那开他批判会，王教庄人给他提意见。

李新疆：要布袋是吧？

李东仁：对，要布袋。

贾　　滕：要布袋是怎么回事？

李新疆：那时装粮食都是用袋子，布做的，能装七八十公斤那样子。他把人家粮食扛走了，斗争会上人家找他要，你把我粮食扛走了，袋子也不还我，粮食不说了，袋子你什么时候还？他说，一会儿就还你。

李东仁：一会儿就枪毙他哩。

贾　　滕：通过这个事，说明他心理素质好啊，一会儿都拉出去毙哩，还在说还（纯粹敷衍）——拿啥还。

李老师：拿命还。

李东仁：还是有恶迹，要不咋枪毙他。

贾　　滕：其实也是还了，到头来连本带利一起还了。看样子，他确实有些恶迹，犯众怒了。

李新疆：那个打死李清有他吗？

李东仁：咋不牵扯他啊，也牵扯他，也牵扯史文相。

贾　　滕：对对，请李校长把这个事情讲一讲。

李新疆：就是我们村里（三里长村）有一个李清，就这村东头的，约三十多岁，媳妇和两个孩子，（两个孩子）一个十来岁，一个几岁，全家 4 口人。是吧？

李东仁：5 口人，连他母亲。

李新疆：家里无地，穷得很，什么也没有，到春天没得吃的。

李东仁：就是这个时间。

李新疆：家里没吃的，偷扒夏庄（距三里长村四五里）王继权（地主）家的红芋母子（红芋作种子，长红芋苗的红芋），被一个玩枪的赖痞，叫谢小全的逮住。

李东仁：那是个土匪头子。

李新疆：被抓住送回三里长村，交给当时的保长史文相处理（可能也牵扯李天庭），说，你们的人偷我们东西，你看咋处理？史说，像这样的坏人，拉出去敲了算了。

李东仁：那当时李天庭他们都是这样说的。

李新疆：一帮赖痞，家里有钱的、当时都有枪，把李清拉到庙后，这个说，我打，试试枪，那个说，来，我也试试枪。

李东仁：这个打了，那个打，一直把李清打死，李清是个穷人哪。就是这个情况。

贾　　滕：看来这伙人确实是恶霸。

李东仁：一家人死绝户了。李清的娘在窗棂上弄个带子吊死了，妻子跑了（另嫁他人），两个孩子饿死了。

贾　　滕：这事大概是那一年？

李东仁：扒红芋母子这事是民国三十年。

贾　　滕：那是1941年春天。据档案上记载，1941、1942年咱们这里正遭灾，饿死很多人。

李东仁：那饿死的人多去了。就是饿嘛，不饿会去扒人家的红芋母子？

贾　　滕：看来那个时候真是没有王法、没有秩序，扒个红芋母子就乱枪打死吗？搁现在，红芋母子只是喂牲口的东西，（为这事）竟然把人杀了。

李东仁：那不是穷人他饿了嘛。

李老师：那当时也太穷了。

贾　　滕：是不是当时穷人多、有楼门头的不多？

李东仁：穷人多得很，饿死好些呀。有楼门头的那不多。

李新疆：像咱这东头富农以上的都不多吧？

李东仁：不多。

贾　　滕：（另外一个情况，）当时工作队来搞串联，是不是也是从家族开始着手的？比如说，先来找着你，然后通过你再找咱这一个家族的、一老家（一个家族更近些的）的，咱搁一块扎根串联？

李东仁：都（是）这样的。

贾　　滕：也就是说，也是通过家族关系开始的？

李东仁：不是这他不干，有的。没有关系他不敢干呐。

贾　　滕：不敢干？

李东仁：那是哩。就刚才我说那，人家手里有枪，他一家伙打你，又一家伙打你，都怕死阿。那谁管你，说打你就打你，说捆起来送县就送县了，说打死你就打死你。害怕嘛，他咋不通过这呢。我给你说，咱今商量个事，你给他说啥时候去，一个一个去，背粪篮子、柴篮子，你不背篮子，你空着手弄啥去？

李老师：假装是吧？

李东仁：就这样，去一个去一个。那都是背着头啊，斗①着你，不弄死你，光打你一顿算是便宜的，都害你啊。

贾　滕：要命。

李东仁：要命，都背着头啊。

贾　滕：后来分地是吧。

李东仁：不，先是减租减息，算账。都打农会起来才分的。比如咱村2000 亩地，一个人占多少，他几家占多少。划地主、划富农、中农、贫农都是按这样划的，有上中农、下中农、佃中农，佃中农都是租人家车了、牛了什么的，他没地光种人家的。

李新疆：根据地亩来划成分。

李东仁：根据地亩划的成分，还有放账，放高利贷，一年收入多少，平均多少，就搁这划的阶级。

贾　滕：是不是土改后，交的公粮比土改前还要多些？

李东仁：那不多。俺老二去参军，我分十亩地，后又分三分场地，加点零的，有十亩六分地，要多少公粮哩，要三十多斤，要三十六斤。很早都催你，晒一会又一会，拣了土坷垃，到秋季下来才要，要的很少很少啊。

贾　滕：土改后你十亩零六分地，是吧？当时你几口人？

李东仁：五口人，只要 36 斤麦。

贾　滕：这 36 斤是麦季还是秋季？

李东仁：麦季、秋季合在一起。

贾　滕：你不是有个弟弟参军吗？你交的 36 斤公粮是不是军属优待？

李东仁：该优待的优待，不该优待的不优待。种麦时，人家牵个牛来帮种种，就是优待。

贾　滕：那当时一亩地能产多少小麦？

李东仁：一二百斤吧，最好的三百斤，坏的没准。

贾　滕：那我问你个事。解放前咱这里一斗②是多少？

---

① 斗：豫东周口、商丘一带的方言词汇，含义非常丰富。大致有"整""搞"等与动作有关的意思，当地人用得非常普遍、灵活，意味十足。

② 笔者之所以问这个问题，是因为在查阅资料的过程中，商水县乃至周边一些县的石、斗、升所折合的市斤数极不一致。比如商水西邻的上蔡县一石合 140 市斤小麦，一斗便是 14 市斤了（见尚景熙《旧闻琐记》，中国人民政治协商会议河南省上蔡县委员会文史资料研究委员会编《上蔡文史资料》第四辑，1991）。

李东仁：斗有大小。化河集一斗麦子 32 斤，姚桥就大，合 36 斤。

贾　滕：这里一斗 32、36 斤是交公粮的时候的标准还是平常赶集的标准？

李东仁：赶集到市场做买卖（的标准）。

贾　滕：那一升呢？

李东仁：一斗管① 10 升啊。

贾　滕：那一石呢？

李东仁：一石 10 斗。

贾　滕：都是按这个推的。那咱商水县城解放前一斗是多少？

李东仁：那我知不了。

李新疆：实际一斗应该是 40 斤，县城肯定也有标准。

李东仁：有标准啊。离这儿十来里地，不常赶那集，那时我才十二三呀。

贾　滕：（再回过来）你刚才说分十亩六分地是土改分的？

李东仁：那不是土改分的②。当时我（家）老二参军，有楼门头的，当时不有开明地主嘛，拿出来的地。

贾　滕：那你以前有多少地？

李东仁：一分也没有。

贾　滕：那……全家五口人怎么办？

李东仁：要饭。

贾　滕：噢，日子艰难。

（说到这里，自知失嘴，老人不禁抽泣。考虑到开始时老人说的患有高血压、心绞痛，并让我们看了速效救心丹，这使笔者一阵紧张。好一阵劝解，方才平静，这时李新疆校长小声向我介绍了老人的身世）

贾　滕：是不是有点累了，咱休息一会儿。

李东仁：不累。

贾　滕：你的思路非常清晰呀。

李新疆：前几年还在干村组干部。

贾　滕：当了一辈子干部。

---

① 管：豫东方言词汇，含义丰富。大致有"行""是""可以"等意思。

② 这里的说法与刚才明显不符，笔者当时有疑问，但考虑到谈话的气氛，没有再追问此一矛盾说法。

李东仁：当了一辈子干部，都是跑的瞎腿啊。家里一个病号停床上三年了，都没人管哪，我这是回来卖这几棵树看病咧，就在这东半拉。

（又一阵抽泣）

李老师：现在有没有政策，像这样的老干部照顾一下？

李新疆：有没有按五保户一年领点钱啥的？

李东仁：说俺有个闺女，没有俺的呀。那得现在的干部汇报呀，我也到民政上问了，人家说，有闺女、有地（的情况），有一亩地，扣200元，人家都有，就这没有俺的。

贾　滕：你是啥时间当的干部？

李新疆：一解放都当干部了。

贾　滕：那时有二十岁没？

李东仁：已经20出去了（20多岁了）。我从西乡里回来，在西头开大会。那时都解放了，民国三十年我都十三了。到现在啥没有啥。

贾　滕：那像你这样的、咱整个三里长乡解放放后参加农会的现在恐怕没有了吧？

李东仁：没有了。我当时是基干民兵。

贾　滕：也是农会会员也是基干民兵？

李东仁：是啊，有啥事通知你，你得去呀。

贾　滕：那当时咱全乡有多少基干民兵？

李东仁：20个。

贾　滕：都有枪是吧？

李东仁：有枪。有枪不敢拿，黑了（晚上）得巡哨。南郭庄一个民兵，枪在胳肢窝里夹着，顶膛了他不知道，紧大袋子哩，枪响了，打着他自己，从下巴里进去，那血冒的一咕嘟一咕嘟的，死了。枪掉地上走火了。

贾　滕：这个人是谁？

李东仁：谁我记不住了。

李新疆：平常枪就不应该上膛的。

贾　滕：平常是当农民的，猛地一下当民兵有些不适应。

李新疆：是的。据说李天全[①]在李毛桃乡当乡长，也是不会讲话。每次

[①] 李天全：三里长贫民，李天佑的哥哥，新中国成立后，李天佑在三里长乡当乡长，他在离三里长不远的李毛桃乡当乡长。

召集会议，乡财粮员把人召集起来，说，请李乡长讲话，布置工作。李天全老是说，你说你说，你安排吧。财粮员说，你是乡长，得你讲，一定要他讲。他不会讲话，讲不出来，让急了，便把眼一瞪：出相①哩是吧？！最后往往还是财粮员代他讲话。

李东仁：那你没听人家讲吗？李庄李连元，现在还活着。也是开会哩。人聚齐了，他说得好：大家都来了，我不说你们也都知道，开会哩。你们有啥说没有？没啥说散会！

贾　滕：开会不说个事吗？

李东仁：那他不会说。当姚桥乡长，以前都没说过话，不敢说。

贾　滕：你说李天佑兄弟俩都当乡长，他们家有多少地？

李东仁：没听说他们家有地。

贾　滕：为啥兄弟俩都当了乡长？

李东仁：没人干哪，刚解放那阵。李天佑是农会会长提的乡长，（李天佑）小名叫老窝。

贾　滕：为啥都不愿意当干部？

李东仁：害怕呀，害怕共产党站不住地位。你拉一回他拉一回，地主都留有变天账，人家一来，你得包（赔）东西，（地主要）杀人。

贾　滕：害怕。

李东仁：害怕。咱这公粮让人抢了，那个谁——李群他爹不是叫勒死了吗？在沟东南那片儿。

贾　滕：什么时间的事？

李东仁：解放前，国民党那时候呀②，没有解放，学校那儿不是存有公粮嘛，晚上没人（看管）。

李新疆：当时村里存的军粮，在小学里，也是这个时间，春上，很多人家没吃的，夜里有人去偷军粮。

贾　滕：谁的军粮，共产党的还是国民党的？

李东仁：国民党的。

贾　滕：具体是什么时间的事？

李东仁：反正是解放前。

---

① 出相：豫东方言词汇，大意是出洋相、玩难堪、找丢人。李的这句话，有极大的恼羞之意。
② 这句话的口气，似乎说明关于此事的时间，老人恐怕记的不太清楚。

李新疆：没解放。离解放有5年没有？

李东仁：有三四年。

李新疆：那大概是46或47年。

李东仁：已经包（赔）他麦了。就那还是把人勒死了。

李新疆：逮着人了。

李东仁：其实逮着也不是逮着，只是怀疑。

李新疆：你没啥吃，就是你偷的。

李东仁：都是有楼门头的汇报的，还是保长汇报的，说弄谁都（就）弄谁。

李新疆：那就是他们几个一商量，叫（把）谁弄起来，审他。

李东仁：弄去的人都在杨楼、官庄那关着。

李新疆：最后弄死一个人。

李东仁：勒死的。

李新疆：活活勒死的。

贾　滕：勒死的人叫什么名字？

李东仁：小名叫石头，大名我知不道哩。

李新疆：不是李南和史明他俩勒死的吗？

李东仁：不是他俩勒死的，那是叫赔罪，叫他俩在旁边看着，马上都（就）勒你们，就这样的赔罪。

贾　滕：真是不得了。

李东仁：还是保长说的事，说把谁弄起来就把谁弄起来。

李新疆：牵扯谁？李天庭？

李东仁：就是他，后来他死就是这，他们一窝子。都提他意见。

李新疆：就是开会诉他的苦，我知道这个事。李刚他爹叫个李庭轩，诉苦就提到这个事，说他哥怎样怎样被勒死，就是李石头是他哥。

李东仁：他们弟兄仨，那是老大。

贾　滕：当时李天庭是保长？

李东仁：那不是他的保长，史文相是保长。他好说大话，我明个整死你。

李新疆：他和史文相住对门，东头李家属他家大，有什么事牵扯东头都要来和他商量商量。

李东仁：那也是面子人，过去。面子人不干面子事。

贾　　滕：什么面子人？

李新疆：就是有威望。

李东仁：有威望他不干好事专干坏事，就这样的。

贾　　滕：他有威望有面子，不为大家伙办事。

李新疆：不为群众办好事。

贾　　滕：但话又说过来，他不为大家伙办事，他面子从哪来？

李新疆：我估计他有势力。

李东仁：他有势力，他也当过保长啊。

李老师：威望传递下来了。

（休息了一会儿）

贾　　滕：是不是解放后还是没人愿意当干部？

李东仁：先是组织农会，后来人慢慢多起来了，开会还是偷开的。

李新疆：农会那时候还不敢明里开会吗？

李东仁：那不敢。当初开那几回会在那开哩，我不说你知不道。就李刚他爷住那房子，后头那房子是他们姚桥老二家的，都跑那开，有个院。一说开会集中，从这去从那去，都上他家。

李新疆：还是不敢明大明的，不敢一块儿。

李东仁：后来弄那东西，粮食，都在那西屋搁着。解放军要南下打仗，要劈柴，都在那屋垛着，垛得满满的，给八路军准备的，地主家那大树都不敢劈。农会都在那院里开会，偷开会，不定啥时开一回，不定啥时开一回。这村有几个都参加了，都背着头啊。①

李新疆：咱这村有7个。

李东仁：都有谁哩，有李天佑、史金同、史金领、李哈、我，还有谁记不住了。

李东仁：当时出树，都出地主恶霸的树，不给钱。谁出树，树根、树梢子是谁的。选了两村长，一个是史明，一个是李存林。

李新疆：就是赔罪那个史明？

李东仁：哎（就是）。

---

① 笔者注：根据档案记载，支援大军南下要劈柴是1949年三四月份，江北局势大定，商水县完全在共产党掌控之中，此时响应党的号召组织农会，并无杀头之危险，之所以农会偷开会，恐怕另有隐情。

贾　滕：他们是土改前的干部还是土改后的干部？

李东仁：土改后的干部。

贾　滕：这些干部有没有群众反映多吃多占的问题，然后被上级批评？

李东仁：没到那一步，你说的是以后的事。后来史金领当农会主席，又当乡主席。那有补助，国家补助他。除他有，其他都没有。

贾　滕：乡农会主席、乡长有补助，其他村里的都没有？

李东仁：都没有。

李新疆：没有你那时图的啥？

李东仁：图啥，啥也没有，都发展走到那一步了。国家走到哪一步你都（就）得参加。

附录 2

附表 1　改造政权统计表（1949 年 8 月）

职别	改造政权单位		洗刷干部								已培养干部						
			乡干			原因	村干			原因	乡干			条件	村干		条件
乡别	乡数	村数	地富	中农	贫农		地富	中农	贫农		地富	中农	贫农		中农	贫农	
一区	9	38	1	2	3	贪污腐化、走路线，破坏地主政策	—	38	—	贪污、工作不负责任	—	—	1	忠诚老实、立场稳	37	—	工作热心负责
二区	9	8	—	4	5	贪污、吸老海、不负责任	3	3	2	贪污公粮	2	6	14	学生、很忠实	8	13	农会选拔的
三区	11	157	1	1	1	包庇老海、吸不负责任	—	5	13	包庇地主、又是保长	—	—	—	—	1	15	农会选的积极分子
四区	4	51	3	—	1	欺压群众、勾结土匪	—	31	20	贪污、吸老海	3	1	4	吃苦劳动	4	21	积极、能吃苦
五区	10	27	9	12	6	成分不纯	—	—	—	—	2	1	3	工作积极	5	22	挖黑地时选出
六区	7	19	—	4	—	贪污、腐化、吸老海	—	11	5	地主腿子、保长	—	1	1	工作负责	4	11	农会里提拔
七区	12	21	3	—	3	贪污、摘女人、账不清	—	—	21	压迫群众、包庇地主	—	10	5	思想淳厚	2	3	热心、积极
八区	—	34	—	—	—	—	—	42	19	贪污、包庇地主	—	—	—	—	16	68	思想正确、工作负责
九区	12	41	4	—	2	贪污、工作不负责任	20	20	29	私派款、思想不正	—	10	5	政治觉悟高	8	6	能领导群众
十区	—	4	3	2	2	贪污、工作不负责任、摘女人	—	—	4	收毒品自卖	—	—	10	工作负责	—	10	忠心人民
合计	74	400	24	23	23		23	150	113		7	29	43		85	169	

资料来源：商水县档案馆馆藏，档案号：政府全宗—永久卷 7 第 3 件，第 3 页。

附表2 商水县灾情站队情况统计表（1953年）

单位：户数：万户，人口：万人，地亩：万亩

数量\项目\类别	乡数	总计受灾 村数	户数	人口	地亩	全部受灾 乡数	村数	户数	人数	地亩	部分 基本情况 乡数	村数	户数	人数	地亩	受灾 其中受灾数 乡数	村数	户数	%	人数	地亩
合　计	106	1014	6.5	30.8	98	72	689	23.9	23.5	395	34	325	2.4	11	35	34	325	1.5	—	7.2	24
特重灾乡	19	199	1.3	6.1	24	19	199	1.3	6	25	—	—	—	—	—	—	—	—	—	—	—
重　灾乡	31	308	2	10	25	31	308	21	10	345	—	—	—	—	—	—	—	—	—	—	—
次重灾乡	22	182	1.6	7.5	25	22	182	1.6	7.5	25	—	—	—	—	—	—	—	—	—	—	—
轻　灾乡	34	325	1.6	7.2	24	—	—	—	—	—	34	325	2.4	11	35	34	325	1.5	—	7.2	24

资料来源：商水县档案馆藏，档案号：商水县委全宗一永久卷6第2件，第1～3页。

附表3 商水县灾民生活站队情况（1953年）

单位：户数：万户，人口：万人，地亩：万亩

数量\项目\类别	乡数	受灾情况 村数	户数	地亩	即将断炊 户数	%	人数	%	能吃两个月的 户数	%	人数	%	能吃到明年二月的 户数	%	人数	%	吃到年底的 户数	%	人数	%	吃到明年二月的 户数	%	人数	%	能吃到接复麦的 户数	%	人数	%
合　计	106	1014	6.6	109	1.2	18	5.4	18	2.4	35	10	33	1.2	17	5.5	18	1	15	4.8	16	1	14	4.8	16
特重灾乡	19	199	1.3	25	0.5	38	2.5	41	0.5	37	2.2	35	0.1	10	0.6	10	0.09	6.4	0.4	6.1	0.1	8.5	0.5	7.8
重　灾乡	31	308	2.1	35	0.3	13	1	10	1.1	50	4.4	45	0.4	17	2.0	21	0.2	10	1.4	10	0.2	8.8	1.2	12
次重灾乡	22	182	1.6	25	0.3	21	1.5	20	0.5	30	2.1	28	0.2	11	0.8	11	0.3	16	1.4	20	0.4	22	1.7	23
轻　灾乡	34	325	1.6	24	0.09	6	0.4	5.1	0.3	18	1.2	17	0.5	30	2.1	30	0.4	27	2.0	28	0.3	19	1.4	20
说　明	（1）特重灾乡是以刘作典型推算出来的，重灾乡是以四座桥乡推算的，次重灾乡是以海子涯乡推算，轻次乡是以二区王桥作典型推算的。（2）全县总人口643244人，减去受灾人口338588人，按社会照顾2%计算照顾6771人。（3）特重灾乡、重灾乡，次重灾乡按一斤计算。非灾乡灾民每天每人按半斤。

资料来源：商水县档案馆藏，档案号：商水县委全宗一永久卷76第3件，第4～8页。

附表 4　商水县受雨水灾区救济情况调查统计表（1953 年）

	自然情况			受灾情况			救济情况												
							临时需救济数					今后需救济数							
	全区总户数（万户）	全区总人数（万人）	全区总地亩（万亩）	受灾总户数（万户）	受灾总人数（万人）	受灾总地亩（万亩）	需要救济的户数	占总户数的百分比(%)	占受灾户数的百分比(%)	需要救济的人数	占总人数的百分比(%)	占受灾人数的百分比(%)	共需款数（万元）	需要救济户数	占总户数的百分比(%)	占受灾户数的百分比(%)	需要救济的人数	占总人数的百分比(%)	占受灾人数的百分比(%)	共需款数（万元）
合 计	9.2	42.4	120.3	2.3	11	30	1660	1.7	7.8	4494	1.05	4.09	462	4812	409	17.6	19918	4.8	7.7	3459
一 区	1.2	4.3	1.1	0.3	1.6	4.0	241	2.0	7.6	794	1.83	5	71	794	6.6	25	3913	9.2	25	358
二 区	0.8	3.9	12	0.2	0.8	2.2	148	1.6	12	379	0.97	5	34	512	6.8	34	1897	4.9	25	171
三 区	1	4.4	13	0.3	1.3	3.7	164	0.15	6.2	525	1.2	4	47	478	4.8	19	1971	4.4	15	177
四 区	1	4.2	12	0.2	1.0	2.9	192	1.9	9.4	408	0.92	4	37	397	4.1	19	1530	3.6	15	1378
八 区	0.9	4.4	13	0.2	1.0	3.0	204	2.1	7.48	533	1.2	4	48	928	4.9	33.9	3068	8.4	21	330
九 区	0.9	4.0	14	0.2	1.0	3.3	156	1.8	7.45	418	1.03	4	38	396	4.2	15	1882	4.7	18	163
十一区	0.8	3.8	11	0.2	1.0	3.5	197	2.3	9.6	512	1.5	5	46	514	6.2	24.1	2560	6.8	25	230
十二区	0.4	3.1	11	0.1	0.5	1.5	46	0.6	4.99	138	0.43	3	12	143	1.01	16	460	1.12	10	414
十四去	0.8	3.8	14	0.3	1.3	4.0	198	0.23	7.5	528	1.4	4	48	487	5.8	23	1983	5.2	15	178
十五区	0.9	4.2	12	0.1	0.6	1.5	76	0.1	6.1	187	0.43	3	17	96	1.1	5	421	1	10	39
农村部	0.5	2.3	7.2	0.05	0.2	0.5	38	0.9	7.8	72	0.27	3	64	67	1.1	14	233	1	10	21

说 明　(1)临时救济（包括天人祸，社会救济等，救济后遗漏的临时要饭户）共计20578人，救济后需数共计4477人，每人每天九百元计算，从九月一日起到十二月三十一日止共计122天，共需款23亿元。(2)今年秋冬需救济区共计20578人，每人每天按九百元计算，从九月一日起到十二月三十一日止，共计122天，共需款5亿元。(3)此表示根据各区回报及县干部下区调查了解的材料与参照各区以往灾情大小庄稼收获程度而研究制定之。

资料来源：商水县档案馆藏，档案号：商水县委宗一永久卷76卷9件，第23页。

附表 5　商水县全县派耕情况统计表（1953 年）

	犁耙锄情况 去年			犁耙锄情况 今年			开发地数 户数	开发地数 亩数	上粪情况 去年 每亩上车数	上粪情况 去年 不上粪地亩数	上粪情况 去年 不上粪占总亩数的百分比（%）	上粪情况 今年 每亩上几车	上粪情况 今年 不上粪地亩数	上粪情况 今年 占总亩数的百分比（%）	备注
	犁几遍	耙几遍	锄几遍	犁几遍	耙几遍	锄几遍									
一区	1	8	2	2	12	3	445	3807	1.5	18538	19.5	2.5	7686	8	—
二区	1	8	3	3	8	5	225	835	1	28550	34	9	18362	16	—
三区	2	10	3	2	12	4	20	25.6	30	450	10	40	250	0.5	一个乡的统计
四区	1	8	3	2	14	5	20	25.6	1	2551	2.5	2	405	3.9	一个乡的统计
五区	2	4	5	4	5	7	38	88	4	2700	2.2	5	1450	1.2	二个乡的统计
六区	2	4	2	3	6	3	179	1545	2	62480	37	3	48836	29	—
七区	1	5	2	3	8	4	30	86	3	34000	28	5	16000	12.9	—
八区	1	2	2	2	5	3	3	2	3	7105	6.2	4	2664	23.3	一个乡的统计
九区	2	3	3	3	4	2	54	32	3	32216	24	5	3717	29.2	—
十区	2	6	3	2	7	3	105	51.5	6	15610	11.9	6	8966	6.9	三个乡的统计
十一区	2	6	3	3	7	4	201	472	5	13454	12.6	7.5	6262	62.8	—
十二区	2	6	2	2	7	3	1479	5279	2	29288	11	2	19935	19.8	—
十三区	—	—	—	—	—	—	—	—	—	—	—	—	—	—	—
十四区	1	2	3	2	6	4	773	9471	3	11288	0.9	5	2162	1.7	三个乡的统计
十五区	1	2	3	2	6	4	221	195	8	3580	3.6	12	3040	3	—
合计	—	—	—	—	—	—	3793	21933	—	261810	16.4	—	139735	9.1	—

说明　不能调查全区就调查一两个乡在备注中说明：全县共 232 个乡，除十三区（15 个乡）外，还献 88 个乡，现有 129 个乡的统计。

资料来源：商水县档案馆藏，档案号：商水县委全宗一永久卷 52 第 55 件。

附录2　325

附表6　商水县土改后全县增加牲口农具统计表（1953年）

区	原有牲口数	新增牲口数目 新买	繁殖数	以大换小数	合计	占原有数百分比(%)	原有农具数 车	犁	耧	耙	其他	合计	新增加农具数 车	犁	耧	耙	其他	合计	备注
一区	5129	477	425	483	1385	25.6	781	2621	1847	2055	1840	9144	191	553	219	573	848	2384	—
二区	2253	152	294	137	583	25.7	409	967	834	797	—	3007	33	83	57	65	—	238	—
三区	5500	215	123	85	423	7.6	1077	2234	1348	2071	—	6730	5	28	35	18	—	86	从土改到现在死亡牲口48头
四区	5025	300	295	157	752	14.9	874	1967	1842	2041	—	6724	24	98	44	71	110	349	—
五区	5890	318	162	247	727	12.3	657	1433	1036	1170	—	4796	19	62	18	45	—	144	死亡牲口129头
六区	5598	357	299	303	959	17.1	1236	2853	1930	2275	161	8455	88	255	240	281	12	876	—
七区	5694	420	480	864	1764	30.9	265	2041	1230	2164	—	5700	243	269	183	240	—	935	死亡牲口176头
八区	5644	438	186	192	816	14.4	1244	2093	1548	1898	—	6783	77	46	52	59	272	506	—
九区	5479	79	160	89	268	4.8	2076	1872	1135	1867	—	6950	37	80	7	72	—	196	—
十区	5249	360	223	252	835	15.8	1166	2351	1818	1939	—	7274	58	125	114	120	—	419	—
十一区	4998	443	442	197	1082	21.6	909	1768	1188	1576	—	5441	114	215	130	171	—	630	十三个乡缺一个
十二区	3199	534	724	683	1941	60.6	398	1117	935	1023	—	3473	100	228	126	168	30	652	—
十三区	—	—	—	—	—	—	—	—	—	—	—	—	—	—	—	—	—	—	—
十四区	8256	128	183	56	367	4.4	1280	2560	1210	1610	—	6660	52	45	31	42	—	170	—
十五区	4576	89	292	51	432	9.4	1236	2449	774	1900	—	6361	39	96	13	124	22	294	因病死亡牲口67头
合计	72490	4310	4225	3796	12334	17	13608	28326	18677	24386	2001	86998	1080	2183	1273	2094	1294	7879	共死亡牲口420头

说明：(1) 如有添新型式农具的在备注栏内注明个数类别，全县是232个乡，除十三区(15个乡)外还缺一个乡，现有217个乡的统计。(2) 牲口因传病死亡数也在备考栏内注明数目。

资料来源：商水县档案馆藏，档案号：商水县委全宗一永久卷52第56件。

附表 7　商水县全县土改后挖沟河、打井、捕虫、救地情况统计表（1953 年）

项目 区别	全区挖大小沟河渠数 多少条	救出地亩	占总亩数的百分比(%)	全区打井数 打井眼数	浇地数	占总亩数的百分比(%)	虫害次数	全区虫害情况统计表 受害亩数	占总亩数的百分比(%)	救出地亩数	占总亩数的百分比(%)	备注
一区	11	3770	3.9	33	48	0.05	3	22256	23	3973	17.5	—
二区	19	3937	3.3	—	—	—	2	6880	6.2	—	—	—
三区	3	125	2.7	—	—	—	1	175	4	123	70	—
四区	12	3278	2.8	—	—	—	2	4562	5.6	341.5	51.6	—
五区	19	10350	8.5	318	792	0.05	2	38500	32	15000	39	—
六区	7	11221	6.7	19	129	0.08	4	120635	72	1380	11	—
七区	7	38000	31.2	310	3298	2.7	1	1443	1.1	458	31.7	—
八区	65	21275	18.6	1431	3138	2.7	3	12848	11.2	3181	24.8	—
九区	12	3878	3	1543	5617	4.4	4	32488	2.5	2354	22.2	—
十区	41	14318	11	223	455	0.5	3	3992	3.1	1110	27.8	—
十一区	38	11476	10.8	—	—	—	—	14032	13.2	5495	34	十三个的统计
十二区	19	22590	22.4	15	35	0.03	2	21360	21.2	5189	24.3	—
十三区	—	—	—	—	—	—	—	—	—	—	—	—
十四区	19	4825	3.7	86	598	0.5	2	2856	2.2	565	19.8	—
十五区	7	—	—	328	1326	13.3	5	37982	38.1	43	0.01	—
合 计	279	149043	9.5	4306	15636	1	—	322009	20.5	44212.5	14.6	—

说　明　被害庄稼程度可在备注栏内说明。全县共计 232 个乡，现计的是 217 个乡。

资料来源：商水县档案馆藏，档案号：商水县委全宗一永久卷 52 第 57 件。

附表8 全县全年增产情况统计表（1953年）

	去年麦收情况 小麦 每亩斤数	去年麦收情况 大麦 每亩斤数	去年麦收情况 豌扁豆 每亩斤数	今年麦收情况 小麦 每亩斤数	今年麦收情况 大麦 每亩斤数	今年麦收情况 秫秫 每亩斤数	今年麦收情况 豌扁豆 每亩斤数	去年秋收情况 谷子 每公斤数	去年秋收情况 芝麻 每公斤数	去年秋收情况 棉花 每公斤数	去年秋收情况 绿豆 每公斤数	去年秋收情况 黄豆 每公斤数	去年秋收情况 红薯 每公斤数	去年秋收情况 花生 每公斤数	今年秋收情况 秫秫 每公斤数	今年秋收情况 谷子 每公斤数	今年秋收情况 芝麻 每公斤数	今年秋收情况 棉花 每公斤数	今年秋收情况 绿豆 每公斤数	今年秋收情况 黄豆 每公斤数	今年秋收情况 红薯 每公斤数	今年秋收情况 花生 每公斤数	备注
一区	110	125	100	95	100	195	95	110	40	90	70	—	1300	—	170	135	60	40	95	—	1000	—	王三井乡一般乡
二区	98	120	—	120	134	150	—	157	57	108	99	45	1070	—	150	150	75	40	29	120	870	—	宁楼乡一般乡
三区	120	80	100	130	95	110	110	100	70	105	110	110	1400	—	115	120	85	70	90	130	1520	—	梅营乡
四区	95	150	140	120	170	190	150	170	60	100	72	120	960	—	222	228	84	60	80	144	1050	—	练集乡是一般乡
五区	120	120	90	135	125	95	70	70	40	90	50	40	800	—	100	80	45	100	70	60	1000	—	大李庄乡一般乡
六区	160	200	170	203	150	120	190	160	70	70	100	80	1300	40	190	180	68	55	75	—	1300	80	范楼乡在该区是最高的产量
七区	120	140	—	160	170	230	—	118	50	100	95	120	800	—	240	175	40	90	125	154	1150	—	沈庙乡是一般乡
八区	150	180	—	170	155	180	—	120	26	70	—	—	1600	—	120	180	45	50	114	128	1000	—	
九区	100	74	64	120	74	120	76	124	60	80	70	100	1000	—	110	120	60	70	80	140	800	—	徐屯乡是一般乡
十区	110	120	110	130	130	150	126	140	60	100	80	130	1000	—	140	150	65	70	60	180	1000	—	承屯是该区最低产量的乡
十一区	40	40	45	80	70	20	85	40	5	90	—	80	800	—	120	80	—	20	15	75	750	—	陈砦乡是该区最低产量一般乡
十二区	90	100	150	95	110	180	150	150	60	68	64	—	700	—	130	100	50	38	32	—	—	—	未统计
十三区	—	—	—	—	—	—	—	—	—	—	—	—	—	—	—	—	—	—	—	—	—	—	
十四区	166	117	37	190	127	197	149	104	58	57	84	—	—	—	220	125	67	92	113	100	112	—	冷饭店乡是一般乡
十五区	135	80	—	100	60	—	—	130	55	50	—	100	900	—	—	100	15	20	—	40	500	—	河林乡是该区的产量一般乡
合计平均数	115	118	100	130	120	138	86	122	51	—	—	—	—	—	156	—	—	—	—	—	—	—	

说明：（1）每区如不能全面调查，可每区调查一两个有代表性的乡就可以了，可写明是几个乡的材料。（2）有特殊情况而欠收者，在备注栏内说明。量最高、十一区承屯乡是最低的产量，其他都是一般的。此表六范楼乡的产

资料来源：商水县档案馆藏，档案号：商水县委全宗一永久卷52第58件。

附表 9　商水县全县浸种、拌种、选种情况统计表（1953 年）

区别	今年小麦选种情况 村数	户数	斤数（万斤）	选种户数占总户数的%	秋收作物选种情况 秫秫 选斤数	谷子 选斤数	芝麻 选斤数	豆类 选斤数	棉花 选斤数	花生 选斤数	其他 选斤数	选种总户数	占总户%	麦种浸种拌种情况 浸种拌种户数	浸种拌种斤数	种亩数	浸种户占总户%	浸种亩占总麦亩%
一区	126	1246	6.5	13.6	5757	2322	1739	18390	7310	—	3910	1979	21	1695	76465	7157	18.5	—
二区	95	1488	8.4	18	17479	1401	28470	17006	—	—	6536	3639	44	—	—	—	—	—
三区	32	203	0.2	2.2	32479	5512	41350	15758	7249	—	—	—	—	25	650	44	0.27	—
四区	103	327	15	38.9	17362	6393	5320	11422	4187	—	—	3654	8	403	20165	2623	4.8	—
五区	101	237	13	27	9941	1153	1949	37293	2814	—	—	1455	16.6	225	12898	1880	2.5	—
六区	112	8192	30	81.6	24078	10368	65626	4500	9543	1357	—	6497	62.6	1616	86943	10311	16	—
七区	76	412	0.5	4.7	3891	1264	7350	10421	8360	1260	—	523	6	3631	15630	103100	42	—
八区	65	3699	10	42.7	12853	5801	14435	5412	11173	450	100	4438	51.3	150	5000	580	1.7	—
九区	61	3121	12	39	4100	486	67200	9904	4622	678	—	4070	50.8	3214	124100	1564	40	—
十区	94	2036	5.2	23.4	20454	2064	21580	6342	2269	—	6626	2217	26.1	1222	27395	3393	14	—
十一区	75	2330	15	28	37100	3117	87113	12615	3000	—	24	2127	26.9	1974	129445	17085	25	—
十二区	105	3535	11	49.6	6368	1925	20920	1150	2744	—	—	3025	43.2	8805	38900	5280	32	—
十三区	—	—	—	—	—	—	—	—	—	—	—	—	—	—	—	—	—	—
十四区	76	2280	2.1	28.4	1200	120	2080	2100	2100	—	—	2150	26.7	1280	16250	1685	15	—
十五区	66	2333	3	28	5100	1700	12920	8040	13756	1300	10	3638	91.9	2529	33245	14175	30	—
合计	1187	36591	121	30.7	198162	43686	378034	158253	79177	5045	17206	43262	36.4	26777	586886	168877	22	—

说明：（1）最后一个栏未比，因未统计各区种麦的面积。（2）全县 232 个乡，除十三区外，还缺少三个乡，是 214 个乡的统计。

资料来源：商水县档案馆藏，档案号：商水县委全宗一永久卷 52 第 59 件。

附录2　329

附表10　商水县全县互助情况统计表（1953年）

	比较固定性的新式互助		季节性的合作性互助		农副业结合的互助		以开展爱国竞赛订过计划的		今后能树立旗帜的典型		总合计		全区总户数	占总户数的百分比（%）	改造二流汉		占总户数的百分比（%）	备注
	组数	户数	组数	户数	组数	户数	组数	户数	组数	户数	组数	户数			懒汉数	改造数		
一区	759	4373	221	951	203	957	120	621	37	223	1340	7125	9132	78	146	104	71	—
二区	542	3106	422	2181	213	919	2	13	16	90	1415	4309	8250	76	230	173	75	—
三区	249	1099	441	2043	128	645	99	492	37	215	954	4514	9819	46	175	116	67	—
四区	418	2835	333	1613	141	846	60	343	29	215	981	5852	8417	50	99	80	65	—
五区	260	1382	1157	4461	182	885	44	227	23	143	1666	7098	8770	80	92	74	80	—
六区	1047	4520	439	1340	173	799	182	727	3	17	1844	7453	10037	74	94	64	68	—
七区	762	4018	437	874	81	316	74	263	6	28	1362	1499	8674	63	327	185	57	—
八区	122	720	699	2753	44	235	100	751	2	13	967	4472	8655	52	100	68	68	—
九区	124	614	751	2847	62	352	80	440	37	220	1054	4481	8002	56	24	19	73	—
十区	1039	4498	170	400	113	485	47	203	—	—	1363	5786	8495	68	185	144	79	—
十一区	633	2272	211	778	161	676	187	505	83	335	1215	4566	7894	58	126	98	78	—
十二区	551	3027	351	1702	166	961	79	564	23	140	1170	6394	7116	90	229	193	85	—
十三区	—	—	—	—	—	—	—	—	—	—	—	—	—	—	—	—	—	—
十四区	—	—	—	—	—	—	—	—	—	—	—	—	—	—	—	—	—	—
十五区	906	4724	177	583	129	646	85	485	33	204	1330	1642	8312	80	79	26	96	—
合计	7432	37188	4009	22740	1796	8742	1095	5684	329	1843	16661	76191	111573	79	1908	1402	73	—

说明　（1）典型互助组能在备注栏内写各组长的名字更好，以便今后联系。全县共计232个乡，除去十三、十四两区30个乡外，还缺少2个乡，是200个乡的统计。（2）项目内各种互助类型要分开统计，避免填重，最后有总合计算栏。

资料来源：商水县档案馆藏，档案号：商水县委全宗一永久卷52第89件。

参考文献

相关专著、学位论文

〔美〕C. E. 布莱克:《现代化的动力——一个比较史的研究》[M],景跃进、张静译,杭州:浙江人民出版社,1989。

〔法〕H. 蒙德拉斯:《农民的终结》[M],李培林等译,北京:社会科学文献出版社,2005。

〔英〕安东尼·吉登斯:《超越左与右——激进政治的未来》[M],李惠斌、杨冬雪译,北京:社会科学文献出版社,2000。

〔英〕安东尼·吉登斯:《民族-国家与暴力》[M],胡宗泽等译,北京:生活·读书·新知三联书店,1998。

〔英〕彼得·卡尔佛特:《革命与反革命》[M],张长东等译,长春:吉林人民出版社,2005。

〔英〕伯特兰·罗素:《权力论——一个新的社会分析》[M],靳建国译,北京:东方出版社,1988。

〔美〕查尔斯·蒂利:《集体暴力的政治》[M],谢岳译,上海:世纪出版集团,2006。

陈荷夫:《土地与农民——中国土地革命的法律与政治》[M],沈阳:辽宁人民出版社,1988。

陈德军:《乡村社会中的革命——以赣东北根据地为研究中心(1924-1934)》[M],上海:上海大学出版社,2004。

陈益元:《建国初期农村基层政权建设研究:1949—1957——以湖南醴陵县为个案》[M],上海:上海科学院出版社,2006。

陈逸达:《暴风骤雨——中共东北土地改革 1945-1948》[D],台湾大学文学院历史学研究所硕士学位论文，2005。

程念祺：《国家力量与中国经济的历史变迁》[M]，北京：新星出版社，2006。

程秀英：《诉苦、认同与社会重构——对"忆哭诉甜"的一项心态史研究》[D]，北京大学社会学系硕士学位论文，1999。

〔英〕大卫·麦克利兰：《意识形态》[M]，孙兆政等译，长春：吉林人民出版社，2005。

当代中国丛书编辑委员会：《当代中国的河南：上》[M]，北京：中国社会科学出版社，1987。

当代中国丛书编辑委员会：《当代中国的农业》[M]，北京：中国社会科学出版社，1987。

当代中国丛书编辑委员会：《当代中国的乡村建设》[M]，北京：中国社会科学出版社，1987。

董志凯：《解放战争时期的土地改革》[M]，北京：北京大学出版社，1987。

董志凯、陈廷煊：《土地改革史话》[M]，北京：社会科学文献出版社，2000。

杜润生：《中国的土地改革》[M]，北京：当代中国出版社，1996。

〔美〕杜赞奇：《从民族国家拯救历史：民族主义话语与中国现代史研究》[M]，王宪明译，北京：社会科学文献出版社，2003。

〔美〕弗里曼、毕克伟、马克·赛尔登：《中国乡村，社会主义国家》[M]，陶鹤山译，北京：社会科学文献出版社，2002。

复旦大学历史学系、复旦大学中外现代化进程研究中心：《近代中国的乡村社会》[M]，上海：上海古籍出版社，2005。

高军：《中国社会性质论战：上、下》[M]，北京：人民出版社，1984。

〔英〕格雷厄姆·沃拉斯：《政治中的人性》[M]，朱曾汶译，北京：商务印书馆，1996。

郭金华：《有差异的诉苦与土改目标的实现——作为一种社会主义运作机制的公共表达》[D]，北京大学社会学系硕士学位论文，2001。

郭圣莉：《城市社会重构与国家政权建设：建国初期上海国家政权建设分析》[M]，天津：天津人民出版社，2006。

郭于华：《仪式与社会变迁》[M]，北京：社会科学文献出版社，2000。

〔美〕韩丁：《翻身——中国一个村庄的革命纪实》[M]，韩倞译，北京：北京出版社，1980。

何友良：《中华苏维埃区域社会变动史》[M]，北京：当代中国出版社，1996。

侯建新：《农民、市场与社会变迁》[M]，北京：社会科学文献出版社，2002。

黄琨：《从暴动到割据：1927-1929——中国共产党革命根据地是怎样建立起来的》[M]，上海：上海科学院出版社，2006。

黄正林：《陕甘宁边区乡村的经济与社会》[M]，北京：人民出版社，2006。

黄宗智：《中国乡村研究》[M]，北京：商务印书馆（第一辑、第二辑），2003；北京：社会科学文献出版社（第三辑），2005。

季广茂：《意识形态》[M]，桂林：广西师范大学出版社，2005。

〔美〕杰克曼：《不需暴力的权力——民族国家的政治能力》[M]，欧阳景根译，天津：天津人民出版社，2005。

景天魁：《社会发展的时空结构》[M]，哈尔滨：黑龙江人民出版社，2002。

〔德〕柯武刚、史漫飞：《制度经济学——社会秩序与公共政策》[M]，韩朝华译，北京：商务印书馆出版，2000。

李放春：《历史、命运与分化的心灵——陕北骥村土改的大众记忆》[D]，北京大学社会学系硕士学位论文，2000。

李金振：《土地所有权与使用权两权分合的比较研究：从战后两岸推动农地改革的经济分析》[D]，国立台湾师范大学教育学院三民主义研究所博士学位论文，2000。

李康：《西村十五年：从革命走向革命1938—1952——冀东村庄基层组织机制变迁》[D]，北京大学社会学系博士学位论文，1999。

李里峰：《变动中的国家、精英与民众——土地改革与华北乡村权力变迁（1945-1953）》[R]，《南开大学历史学院博士后研究工作报告（未刊稿）》，2004。

李孝聪：《中国区域历史地理》[M]，北京：北京大学出版社，2004。

李泽厚：《历史本体论 己卯五说》[M]，北京：生活·读书·新知三联书店，2003。

李泽厚：《中国近代思想史论》［M］，天津：天津社会科学院出版社，2004。

梁漱溟：《乡村建设理论》［M］，上海：上海人民出版社，2005。

林勋：《民生经济思想理性观之探讨》［D］，国立台湾师范大学教育学院三民主义研究所在职进修硕士班硕士论文，2002。

刘娅：《解体与重构——现代化进程中的"国家—乡村社会"》［M］，北京：中国社会科学出版社，2004。

罗平汉：《土地改革运动史》［M］，福州：福建人民出版社，2005。

〔英〕马克·J.史密斯：《文化——再造社会科学》［M］，张美川译，长春：吉林人民出版社，2005。

〔美〕马克·赛尔登：《革命中的中国：延安道路》［M］，魏晓明、冯崇义译，北京：社会科学文献出版社，2002。

〔美〕明恩溥：《中国乡村生活》［M］，午晴、唐军译，北京：时事出版社，1998。

莫宏伟：《苏南土地改革研究》［M］，合肥：合肥工业大学出版社，2007。

彭勃：《乡村治理：国家介入与体制选择》［M］，北京：中国社会出版社，2002。

〔美〕彭慕兰：《腹地的构建：华北内地的国家、社会和经济（1853~1937)》［M］，马俊亚译，北京：社会科学文献出版社，2005。

彭南生：《中间经济：传统与现代之间的中国近代手工业（1840-1936)》［M］，北京：高等教育出版社，2002。

秦晖、苏文：《田园诗与狂想曲——关中模式与前近代社会的再认识》［M］，北京：编译出版社，1996。

商水县地方志编纂委员会编《商水县志》［M］，郑州：河南人民出版社，1990。

时和兴：《关系、限度、制度：政治发展过程中的国家与社会》［M］，北京：北京大学出版社，1996。

宋林飞：《西方社会学理论》［M］，南京：南京大学出版社，1997。

苏新留：《民国时期河南水旱灾害与乡村社会》［M］，郑州：黄河水利出版社，2004。

孙江：《事件·记忆·叙述》［M］，杭州：浙江人民出版社，2004。

陶希圣：《中国社会之史的分析》［M］，沈阳：辽宁教育出版社，1998。

汪民安：《现代性》[M]，桂林：广西师范大学出版社，2005。

王贵宸、陆学艺：《农村经济典型调查》[M]，北京：社会科学文献出版社，1989。

王科：《政治心理学》[M]，成都：四川人民出版社，1988。

王铭铭：《走在乡土上——历史人类学札记》[M]，北京：中国人民大学出版社，2003。

王先明、郭卫民：《乡村社会文化与权力结构的变迁——"华北乡村史学术研讨会"论文集》[M]，北京：人民出版社，2002。

王晓升：《哈贝马斯的现代性社会理论》[M]，北京：社会科学文献出版社，2006。

王友明：《解放区土地改革研究：1941-1948——以山东莒南县为个案》[M]，上海：上海科学院出版社，2006。

温锐：《理想·历史·现实——毛泽东与中国农村之变革》[M]，太原：山西高校联合出版社，1995。

吴毅：《村治变迁中的权威与秩序——20世纪川东双村的表达》[M]，北京：中国社会科学出版社，2002。

徐浩：《农民经济的历史变迁——中英乡村社会区域发展比较》[M]，北京：社会科学文献出版社，2000。

徐家璘重修，杨凌阁等纂《民国商水县志（二五卷）》[M]，民国七年（1918）刊本。

徐双敏：《二十世纪社会主义"左"倾错误及其根源》[M]，武汉：湖北人民出版社，2001。

阎云翔：《私人生活的变革：一个中国村庄里的爱情、家庭与亲密关系1949—1999》[M]，龚小夏译，上海：上海书店出版社，2006。

杨懋春：《一个中国村庄：山东抬头》[M]，张雄、沈炜、秦美珠译，南京：江苏人民出版社，2001。

[加]伊莎贝尔·柯鲁克、[英]大卫·柯鲁克：《十里店——中国一个村庄的群众运动》[M]，安强、高建译，北京：北京出版社，1982。

于建嵘：《岳村政治——转型期中国乡村政治结构的变迁》[M]，北京：商务印书馆，2001。

俞可平：《治理与善治》[M]，北京：社会科学文献出版社，2000。

苑书义：《近代中国小农经济的变迁》[M]，北京：人民出版社，2001。

翟学伟：《中国社会中的日常权威——关系与权利的历史社会学研究》[M]，北京：社会科学文献出版社，2004。

〔美〕詹姆斯·C.斯科特：《农民的道义经济学——东南亚的反叛与生存》[M]，程立宪等译，南京：译林出版社，2001。

〔美〕詹姆斯·R·汤森、布兰特利·沃马克：《中国政治》[M]，顾速、董方译，南京：江苏人民出版社，2005。

张静：《基层政权：乡村制度诸问题》[M]，上海：上海人民出版社，2006。

张乐天：《告别理想——人民公社制度研究》[M]，上海：上海人民出版社，2005。

张鸣：《乡村社会权力和文化结构的变迁（1903-1953）》[M]，南宁：广西人民出版社，2001。

张鸣：《乡土心路八十年——中国近代化过程中农民意识的变迁》[M]，上海：上海三联书店，1997。

张五常：《佃农理论：应用于亚洲的农业和台湾的土地改革》[M]，北京：商务印书馆，2000。

〔美〕张信：《二十世纪初期中国社会之演变——国家与河南地方精英1900—1937》[M]，岳谦厚、张玮译，北京：中华书局，2004。

张学强：《乡村变迁与农民记忆》[M]，北京：社会科学文献出版社，2006。

张永泉、赵泉钧：《中国土地改革史》[M]，武汉：武汉大学出版社，1985。

赵立彬：《民族立场与现代追求：20世纪20—40年代的全盘西化思潮》[M]，北京：生活·读书·新知三联书店，2005。

赵泉民：《政府·合作社·乡村社会——国民政府农村合作运动研究》[M]，上海：上海科学院出版社，2007。

赵效民：《中国土地改革史：1921-1949》[M]，北京：人民出版社，1990。

中共商水县委党史办公室：《商水风云》[M]，郑州：河南教育出版社，1992。

周锡瑞：《义和团运动的起源》[M]，张俊义、王栋译，南京：江苏人民出版社，1995。

朱新山：《乡村社会结构变动与组织重构》[M]，上海：上海大学出版社，2004。

相关论文

白云涛：《土地改革与中国的工业化》[J]，《学术论坛》2002年第1期。

陈非：《两种身份　两种写作——比较赵树理与知识分子作家对乡村与农民的不同解读》[J]，《学术论坛》2006年第9期。

陈锋：《大陆建国后土地改革和台湾土地改革之比较》[J]，《广西教育学院学报》2001年第1期。

陈国和：《乡村政治与四五十年代的土改小说》[J]，《湖北社会科学》2007年第1期。

陈洪生：《传统乡村治理的历史视阈：政府主导与乡村社会力量的对垒》[J]，《江西师范大学学报》（哲学社会科学版）2006年第3期。

陈洪生：《当代中国乡村治理中政府主导力量嵌入乡村社会的政治逻辑》[J]，《求实》2006年第7期。

陈胜勇、孟军：《20世纪以来中国乡镇体制的变革与启示》[J]，《浙江社会科学》2006年第4期。

陈潭：《集体行动的困境：理论阐释与实证分析——非合作博弈下的公共管理危机及其克服》[J]，《中国软科学》2003年第9期。

陈益元：《建国初期中共政权建设与农村社会变迁——以1949-1952年湖南省醴陵县为个案》[J]，《史学集刊》2005年第1期。

程云：《关于土地改革的回忆》[J]，《武汉文史资料》2005年第4期。

崔玉婷：《延安教育模式与邹平教育模式：近代中国乡村教育的不同路向》[J]，《华东师范大学学报》（教育科学版）2006年第4期。

邓万春：《制度变迁，还是动员式改革——社会动员视野下的中国农村改革反思》[J]，《武汉理工大学学报》（社会科学版）2006年第1期。

董国礼：《土地改革：强制性制度变迁及其经济社会效应》[J]，《华东理工大学学报》（社会科学版）2000年第1期。

杜润生：《关于中国的土地改革运动》[J]，《中共党史研究》1996年第 6 期。

冯绍庭：《解放初期上海新更土地改革实证研究》[J]，《上海行政学院学报》2000 年第 2 期。

冯志峰：《中国政治发展：从运动中的民主到民主中的运动——一项对 110 次中国运动式治理的研究报告》[J]，《甘肃理论学刊》2010 年第 1 期。

甘庭宇、徐薇、廖祖君：《新农村建设中的乡村治理模式重构》[J]，《天府新论》2006 年第 4 期。

高春芽：《集体行动逻辑的理论条件》[J]，《沈阳大学学报》2008 年第 6 期。

高文恒：《民富国强之路——土改运动后和三中全会以来党的富民政策之比较》[J]，《党史纵横》1999 年第 7 期。

郝红暖：《环境压力下的陕北乡村社会——以米脂县三村庄考察为基础》[J]，《延安大学学报》（社会科学版）2006 年第 2 期。

何建华：《"社会"而非"政权"：梁漱溟乡村建设运动的立场》[J]，《社会主义研究》2007 年第 1 期。

何健：《土地改革运动是一场深刻的伟大的社会大变革》[J]，《毛泽东思想研究》2001 年第 4 期。

何军：《20 世纪 50 年代初关中农村的土地改革》[J]，《中国农史》2006 年第 2 期。

何之光：《〈土地改革法〉的夭折》[J]，《炎黄春秋》2006 年第 8 期。

贺雪峰：《行动单位与农行动逻辑的特征》[J]，《中州学刊》2006 年第 5 期。

胡清宁：《解放初期中小学教师的思想学习活动》[J]，《南京大学学报》（哲学、人文科学、社会科学）2005 年第 4 期。

黄荣华：《国家—农民关系的新建构：以建国初期中南区的查田定产为中心》[J]，《中国农史》2005 年第 3 期。

黄树仁：《台湾农村土地改革再省思》[J]，（台湾）《台湾社会研究》（47 期）2002 年第 3 期。

季芳桐、钟海连：《试论毛泽东农村革命思想与梁漱溟乡村建设理论的根本分歧》[J]，《党史文苑》2004 年第 10 期。

贾果袤：《从土改到农业互助合作运动中的山西农村》[J]，《文史月刊》2005 年第 1 期。

江红英:《试析土改后农村经济的发展趋势及道路选择》[J],《中共党史研究》2001 年第 6 期。

蒋吉昌:《回眸土地改革运动》[J],《中共宁波市委党校学报》1999 年第 5 期。

蒋文能:《搭便车、集体行动与国家兴衰——奥尔良集体行动理论述评》[J],《学术论坛》2009 年第 11 期。

康晓光:《中国现代化的脉路与出路》[J],《战略与管理》1994 年第 1 期。

柯有华:《中国共产党领导的土改是中国历史上最深刻的社会改革》[J],《湖北师范学院学报》(哲学社会科学版) 2001 年第 3 期。

孔繁斌:《政治动员的行动逻辑——一个概念模型及其应用》[J],《江苏行政学院学报》2006 年第 5 期。

郎近洁:《〈中华人民共和国土地改革法〉颁布的前前后后》[J],《纵横》2001 年第 1 期。

郎友兴:《政治精英与中国的村民自治:经验与意义》[J],《浙江社会科学》2006 年第 6 期。

李斌:《政治动员与社会革命背景下的现代国家构建——基于中国经验的研究》[J],《浙江社会科学》2010 年第 4 期。

李昌远:《全国土地会议:中国土地改革运动史上的一座里程碑》[J],《党史博采》2002 年第 8 期。

李春宜:《建国初期平江县土改的群众发动》[J],《云梦学刊》2006 年第 4 期。

李从娜:《建国初期土改运动中的妇女动员》[J],《福建党史月刊》2006 年第 8 期。

李凤华:《民国时期河南水灾及其发生原因探究》[J],《平原大学学报》2006 年第 5 期。

李金铮:《土地改革中的农民心态:以 1937—1949 年的华北乡村为中心》[J],《近代史研究》2006 年第 4 期。

李巨澜:《略论民国时期的区级政权建设》[J],《史林》2005 年第 1 期。

李里峰:《经纪模式的消解:土地改革与赋税征收》[J],《江苏社会科学》2005 年第 6 期。

李里峰：《运动式治理：一项关于土改的政治学分析》[J]，《福建论坛》（人文社会科学版）2010年第4期。

李立志：《土地改革与农民社会心理变迁》[J]，《中共党史研究》2002年第4期。

李良玉：《建国初期的土地改革运动》[J]，《江苏大学学报》（社会科学版）2004年第1期。

李庆真：《从社会变迁的视角解析乡村青年知识分子"公"之观念的变迁》[J]，《中国青年研究》2006年第12期。

李秀芳：《现代化进程中乡村文化建设存在的问题和对策》[J]，《经济与科技》2006年第11期。

林尚立：《在有效性中累积合法性：中国政治发展的路径选择》[J]，《复旦学报》（社会科学版）2009年第2期。

林伟京：《论抗美援朝战争中的政治动员》[J]，《齐鲁学刊》2007年第1期。

刘一皋：《社会动员形式的历史反视》[J]，《战略与管理》1999年第4期。

吕新民、王兰英：《保护土地成果 维护农民利益——记河北镇压地富倒算的斗争》[J]，《档案天地》2000年增刊。

罗会光：《从梁漱溟乡村建设理论看"三农"问题》[J]，《唐山师范学院学报》2006年第3期。

罗平汉：《邓小平与新解放区急性土改的停止》[J]，《文史天地》2004年第3期。

罗兴平、张其鸾：《乡村权力关系的规范与调整》[J]，《陕西理工学院学报》（社会科学版）2006年第1期。

马凯：《揭开台湾土地改革神话的面纱》[J]，（台湾）《历史月刊》（210期）2005年第7期。

马凯：《中共成也土改、败也土改？》[J]，（台湾）《历史月刊》（211期）2005年第8期。

满永：《政治与生活：土地改革的革命日常化——以皖西北临泉县为中心的考察》[J]，《开放时代》2010年第3期。

莫宏伟：《建国前后中共防腐反腐论》[J]，《贵州民族学院学报》2001年第1期。

莫宏伟：《饶漱石与华东新区土地改革》[J]，《江苏大学学报》（社会科学版）2006年第3期。

莫宏伟：《苏南土地改革前农村雇佣关系的考察》[J]，《中国社会经济史研究》2006年第2期。

农业部农村经济研究中心当代农业史研究室：《土地研究改革综述》[J]，《研究动态》2000年第6期。

钱文艳：《建国后土地与农民社会保障问题的历史演变》[J]，《安徽史学》2002年第3期。

曲丰霞：《毛泽东土地改革理论和政策研究综述》[J]，《毛泽东思想研究》2003年第6期。

任杰：《在利维坦与私有化之外——探析集体行动困境的解决之道》[J]，《法制与社会》2010年第5期。

佘君：《建国初期土地改革与中国现代化的发展》[J]，《党史研究与教学》2002年第5期。

佘君：《土地改革的现代化透视》[J]，《探索与争鸣理论月刊》2002年第11期。

申端锋：《二十世纪中国乡村治理的逻辑：一个导论》[J]，《华中科技大学学报》（社会科学版）2006年第4期。

沈晓阳：《革命逻辑向执政逻辑转换的政治哲学分析》[J]，《社会科学》2004年第1期。

盛凌振：《社会运动的政治分析》[J]，《玉溪师范学院学报》2005年第1期。

宋辉：《农村文化与乡村秩序——走出集体行动困境》[J]，《农业考古》2008年第4期。

苏俊才：《邓子恢"中间不动两头平"土地分配原则述评》[J]，《党史研究与教学》2002年第6期。

孙平：《论党的土改政策的成熟和完善——兼谈〈中华人民共和国土地改革法〉》[J]，《黔南民族师范学院学报》2003年第4期。

孙瑞鸢：《建国初期土地改革的动因、政策和成就——对〈剑桥中国史〉第14卷有关部分的评析》[J]，《中共党史研究》1994年第5期。

田新文、万小平：《建国初期毛泽东对"三农"问题的若干认识》[J]，《武汉大学学报》（人文科学版）2006年第7期。

汪萍：《乡村治理中的农民动员问题探讨——以河北定州翟城村为例》[J]，《理论月刊》2006年第12期。

王国胜：《现代化过程中的乡村文化变迁探微》[J]，《理论探索》2006年第5期。

王立华：《贫富分化下的乡村伦理困惑及其犯罪成因探析》[J]，《青海师范大学学报》（哲学社会科学版）2006年第6期。

王瑞芳：《土地改革与农民政治意识的觉醒——以建国初期的苏南地区为中心的考察》[J]，《北京科技大学学报》（社会科学版）2006年第3期。

王先明：《晋绥边区的土地关系与社会结构的变动——20世纪三四十年代乡村社会变动的个案分析》[J]，《中国农史》2003年第1期。

王向民：《政治革命与社会自由：民国政治学持存的社会政治空间》[J]，《江苏社会科学》2008年第2期。

王真：《中国三次伟大革命的内在逻辑与历史走向——兼论新中国的历史起源与发展模式》[J]，《中共党史研究》2009年第10期。

魏文享：《乡村控制与农业建设——试论南京政府时期湖北省的农会组织》[J]，《中国农史》2006年第4期。

温波、李小萍：《新生活运动中的社会动员——以南昌为中心的讨论》[J]，《九江学院学报》（社会科学版）2006年第4期。

温小雁：《关于土改后农村"两极分化"问题的思考》[J]，《广东教育学院学报》2000年第1期。

吴凤华：《新中国成立初期土地改革运动中富农政策的形成》[J]，《中学历史教学参考》1999年第4期。

吴敏先、张永新：《建国后第一代领导集体关于"三农"问题的理论与实践》[J]，《东北师大学报》（哲学与社会科学版）2005年第4期。

刑乐勤：《论土改后中国农村社会阶层的分化》[J]，《浙江学刊》2003年第3期。

薛克智：《历史深处的革命逻辑与无产阶级革命的深刻蕴含》[J]，《江汉论坛》2009年第9期。

杨军：《"土改第一村"，走过暴风骤雨》[J]，《南风窗》（半月刊）2006年第12期。

杨民、杨献东：《土地改革与工业化的相互作用研究》[J]，《社会科学》2005年第11期。

余国、陆亚玲:《论土地改革后农村阶级关系的新变化》[J],《扬州教育学院学报》2003年第4期。

虞和平:《民国时期乡村建设运动的农村改造模式》[J],《近代史研究》2006年第4期。

宇赟:《论新民主主义时期的土改立法》[J],《广西社会科学》2003年第6期。

张冠军:《牺盟会与晋东南抗日根据地的政权建设探析》[J],《石家庄学院学报》2006年第4期。

张广辉:《从合法性到有效性:政党现代化的必由之路》[J],《湖北行政学院学报》2009年第6期。

张景森:《虚构的革命:国民党土地改革政策的形成与转化(1905-1989)》[J],《台湾社会研究季刊》1992年第11期。

张菊香:《论新民主主义革命对中国现代化的双重影响》[J],《江淮论坛》2006年第3期。

张佩国:《多学科的中国乡村社会研究——革命、宗族与方法讨论》[J],《社会》2007年第2期。

张维一:《公有土地放租——台湾土地改革的第一大步》[J],(台湾)《土地问题研究季刊》(二卷三期)2003年第3期。

张新光:《中国乡镇行政管理体制的历史沿革及其启示》[J],《南京师大学报》(社会科学版)2007年第1期。

张一平:《当代中国农村社会结构的演变》[J],《兰州学刊》2006年第6期。

张振朝、韩能跃:《晋冀鲁豫边区政府土地改革政策研究》[J],《河北学刊》2002年第6期。

赵鼎新:《社会与政治运动理论:框架与反思》[J],《学海》2006年第2期。

赵黎、张兰英:《解放初四川土地改革及其意义》[J],《中共成都市委党校学报》2003年第1期。

赵旭东:《文化认同的危机与身份界定的政治学——乡村文化复兴的二律背反》[J],《社会科学》2007年第1期。

赵雪梅:《论新中国的农业创新》[J],《武汉大学学报》(社会科学版)2001年第3期。

赵雪梅：《论新中国的农业制度创新》[J]，《武汉大学学报》（社会科学版）2001年第3期。

钟霞：《苏南农村抗美援朝运动》[J]，《党史研究与教学》2006年第1期。

周安敏：《我国20世纪50年代土地改革的宪政意义》[J]，《重庆邮电学院学报》（社会科学版）2006年第5期。

Agriculture and Rural Development Sector Unit South Asia Region of The World Bank. India Land Policies For Growth and Poverty Reduction [R]，New Delhi：Oxford University Press，2007.

Chagn, C. M：MAO'S STRATAGEM OF LAND REFORM. *Foreign Affairs*，Jul51，Vol. 29 Issue 4，p. 550.

Chang, C. M：FIVE YEARS OF COMMUNIST RULE IN CHINA. *Foreign Affairs*，Oct54，Vol. 33 Issue 1，p. 98.

Ladejinsky, Wolf：CARROT AND STICK IN RURAL CHINA. *Foreign Affairs*，Oct57，Vol. 36 Issue 1，p. 91.

Russell King, B. A.，M. Sc.，ph. D. *Land Reform A World Survey* [M]，LONDON G. BELL & SONS LTD，1977.

Woodside, Alexander：Land Reform in China and North Vietnam（Book Review），*American Historical Review*，Feb84，Vol. 89 Issue 1，p. 184.

相关资料

商水县地方史志办公室：《〈商水县志〉清乾隆十二年版校注本一二卷》，1996年11月（未刊稿）。

商水县人民委员会：《商水县统计资料汇编1949—1957》[C]，1958年12月30日制（内部资料）。

商水县人民委员会：《商水县统计资料汇编1949—1962》[C]，1963年10月制（内部资料）。

汤庄志编纂领导组：《汤庄志》，1985年（未刊稿）。

张祯祥：《商水县汤庄乡张楼村村志》，2000年（未刊稿）。

政协河南省商水县委员会文史资料委员会：《商水县文史资料（第二辑）》[C]，1987年12月。

政协河南省商水县委员会文史资料委员会：《商水县文史资料（第三辑）》[C]，1989年12月。

中共河南省商水县委组织部：《中国共产党河南省商水县组织史资料（1927-1987）》[C]，郑州：河南人民出版社，1990。

中共河南省委农村工作部编印《河南省土地改革文献》（上、下）[C]，1954。

中共河南省周口地委组织部：《中国共产党河南周口地区组织史资料（1925-1987）》[C]，北京：中共党史出版社，1993。

中共中央党校党史教研二室：《中国共产党社会主义时期文献资料选编（一）》[C]，1987。

中共中央文献研究室编《建国以来重要文献选编》（第一册，第二册）[C]，北京：中央文献出版社，1992。

中国人民解放军政治学院党史教研室：《中共党史参考资料》[C]，第十一册、第十二册。

中国社会科学院，中央档案馆编《中华人民共和国经济档案资料选编1953—1957》（农业卷）[C]，北京：中国物价出版社，1998。

中央档案馆编《解放战争时期土地改革文件选辑：一九四五——一九四九年》[C]，北京：中共中央党校出版社，1981。

期刊、报纸

《长江日报》

《河南日报》河南公署建设厅：《河南建设月刊》（1卷），1938年9月。

开封河南省政治讨论会干事会：《河南政治月刊》（共7卷），1931年9月~1943年6月。

《人民日报》

档案资料

（一）河南省商水县档案（商水县档案馆藏）

县委全宗一永久卷1（1950年）

参考文献

县委全宗一永久卷 4：县委关于土地改革、反匪、反坝（霸）群众运动工作计划，报告简报及区书会议总结报告（1949 年）

县委全宗一永久卷-6（1949 年）：县委关于各项工作的文件和报告

县委全宗一永久卷 7（1950 年）：县委关于土改、夏秋两季征收工作、灾情问题的统计表

县委全宗一永久卷 9（1950 年）：关于召开区书会议报告、会议记录和组织工作

县委全宗一永久卷 13（1950 年）：县委关于向上级各项工作请示与下级各项工作报告总结，通知，草底

县委全宗一永久卷 15（1950 年）：县委土改重点一区三里长各项工作报告，总结，计划典型调查

县委全宗一永久卷 17（1950 年）：商水县第六区（邓城）关于各项工作总结报告、县委对六区报告中几个问题的答覆（复）并转各区委

县委全宗一永久卷 20（1950 年）：商水县第一区关于各项工作总结报告，数字统计

县委全宗一永久卷 29（1950 年）：县委关于各项工作的打算，报告，土改和重点材料，镇压，减租减息，县委整风，农业生产，灾情调查

县委全宗一永久卷 30（1951 年）：县委关于土地改革覆查（及当前）工作的指示报告总结（1951 年）

县委全宗一永久卷 31（1951 年）：县委关于全县外逃地、坝（霸）、匪首调查登记

县委全宗一永久卷 33（1951 年）：三区关于土地改革覆查总结报告

县委全宗一，卷 37（1951 年）：县委检查组关于对区乡土改复查前后及其运动中情况的调查、检查报告

县委全宗一永久卷 38（1951 年）：县委工作组关于土改生产问题的报告和农村各阶级生活情况调查报告及会议总结

县委全宗一永久卷 49（1951 年）

县委全宗一永久卷 50（1951 年）：县委关于反霸斗争及镇压、土改等统计表

县委全宗一永久卷 52（1951 年）：县委关于各省人民代表会农业调查，互助合作，生产救灾，敌人活动，干部违法乱纪事故工作的报告，总结，通报统计表

县委全宗一永久卷 53（1951 年）：镇反学习各种文件统计表

县委全宗一永久卷-53（1951 年）：县委关于综合报告总结，整风，镇反土改，覆查，诉苦，抗美援朝报告总结统计

县委全宗一永久卷 54（1952 年）：县委向上级请示和报告会议记录，工作报告，县级干部津贴调整

县委全宗一永久卷 59（1952 年）：县委关于民主运动、整风、整编工作报告总结

县委全宗一永久卷 62（1952 年）：县委关于农业灾情、农业生产、互助组问题的调查报告

县委全宗一永久卷 63（1952 年）：县委关于今冬明春农业生产、处理麦苗地工作的计划意见报告和对典型重点灾情村的调查报告

县委全宗一永久卷 65（1952 年）：县委关于土改复查运动中的各种统计登记

县委全宗一永久卷-66（1952 年）：县委关于各任民主运动中分配斗争果实的情况报告总结

县委全宗一永久卷 67：县委关于土改展览、典型调查（县委 1952 年复制件）

县委全宗一永久卷 76（1953 年）：县委关于受灾后灾民缺粮供应、支持救灾和买（卖）小孩逃荒要饭的统计登记表

县委全宗一永久卷 78（1953 年）：省地县委对柴湾决口和霜灾的调查报告

县委全宗一永久卷 80（1953 年）：商水县各区关于民主运动复查工作的总结报告

汤庄全宗一永久卷 4（1958 年）：村史家史

政府全宗一永久卷 7（1949 年）：商水县各种数字表格

县政府全宗一永久卷 9（1949 年）

政府全宗一永久卷 12（1949 年）

县政府全宗一永久卷 13（1951 年）

县政府全宗一永久卷 15（1951 年）

政府全宗一永久卷 16：商水县第四届各界人民代表大会提案

政府全宗一永久卷 17

政府全全宗一永久卷 22：商水县查勘报告

县政府全宗—永久卷 25

政府全宗—永久卷 27

县政府全宗—永久卷 30

县政府全宗—永久卷 31

县委宣传部全宗—永久卷 1：（1949～1950 年）宣传工作总结，四区匪坝（霸）伪人员登记名单

宣传部全宗—永久卷 2：1950 年宣教工作总结和有关材料

商水县委宣传部全宗—永久卷 5：全县宣传员和邓城镇捐献统计表

政府全宗—永久卷 32：通报、批复、报告、决定

政府全宗—永久卷 32

政府全宗—长期卷 2：通知、通令

县委全宗—长期卷 17（1952 年）

（二）河南省邓县档案（现邓州市档案馆藏）

中共邓县委员会档案永久卷 1（1949 年）：县委工作日志：秋屯、积极分子训练、划阶级等问题

中共邓县委员会档案永久卷 2（1949 年）：县委关于剿匪、群运、夏屯工作总结经验介绍

中共邓县委员会档案永久卷 3（1949 年）：县委关于政党反蜕化、生救灾情、剿匪报告

中共邓县委员会档案永久卷 5（1949 年）：县委关于整军、扩军工作的报告

中共邓县委员会档案永久卷 6（1949 年）：县委关于群运工作的报告总结

中共邓县委员会档案永久卷 7（1949 年）：县委关于各区剿匪反霸群运工作的情况统计表

中共邓县委员会档案永久卷 8（1949 年）：城关镇关于政剿工作的报告

中共邓县委员会档案永久卷 9（1949 年）：县委关于土改、减租生产、救灾等工作的报告

中共邓县委员会档案永久卷 10（1949 年）：县委关于刁河、白牛、汲滩、裴营、穰东的工作总结

中共邓县委员会档案永久卷 15（1949 年）：公安局关于剿匪反霸的

报告

中共邓县委员会档案永久卷 16（1950 年）：县委各届代表大会决议总结

中共邓县委员会档案永久卷 19（1950 年）：县委关于召开各区书、长联席会议总结

中共邓县委员会档案永久卷 18（1950 年）：县委关于各界人民代表大会提案报告

中共邓县委员会档案永久卷 25（1950 年）：县委会关于个县工作的简报、总结

中共邓县委员会档案永久卷 26（1950 年）：县委关于生救、麦征、秋征工作的通报、报告

中共邓县委员会档案永久卷 45（1950 年）：县委对基层土改夏屯的检查总结报告

中共邓县委员会档案永久卷 45（1951 年）：河南省委、南阳地委关于镇反、土改、民主建设工作的方案、指示、规定、总结、意见

中共邓县委员会档案永久卷 53（1951 年）：南阳地委关于抗美援朝全区工作任务的指示

中共邓县委员会档案永久卷 55（1951 年）：县委关于镇反土改工作的总结报告方案简报

中共邓县委员会档案永久卷 63（1951 年）：裴营区工作汇报

中共邓县委员会档案永久卷 76（1952 年）：县委关于土改复查扩干会议、整风学习的工作总结、报告意见

邓县人民政府永久卷 34（1951 年）：县政府关于生产救灾工作的指示

邓县人民政府永久卷 35（1952 年）：中央国务院省人委关于转业军人安置、农业税、生产救灾、劳动就业、干部福利待遇工作的报告、指示、办法、决定、通知

邓县人民政府永久卷 49（1952 年）：省农林水利厅关于生产防汛工作的意见总结

邓县人民政府永久卷 50（1952 年）：县政府关于农业生产的指示、简报

（三）河南省档案馆馆藏档案

《河南目前形势与任务提纲》，中共河南省委档案1949年永久卷2，第1件。

《剿匪工作报告》，中共河南省委档案1949年永久卷2，第2件。

《河南经济现状及今后建设方案》，中共河南省委档案1949年永久卷2，第3件。

《财政会议上几个问题的决定》，中共河南省委档案1949年永久卷25，第1件。

《河南省夏征工作情况》，中共河南省委档案1949年永久卷28，第1件。

《华中局对陈留地委"秋征结合减租指示"的指示》，中共河南省委档案1949年永久卷28，第2件。

《目前河南情况与党在一九五〇年的任务》，中共河南省委档案1950年永久卷31，第41件。

《许昌后七县土改经验介绍——裴孟飞同志三月七日在省第三次党代会上的发言》，中共河南省委档案1950年永久卷31，第2件。

《剿匪报告提纲》，中共河南省委档案1951年永久卷72，第5件。

《土改会议总结报告提纲》，中共河南省委档案1951年永久卷79，第3件。

《张玺同志关于土改后农村情况向中南局的报告》，中共河南省委档案1951年永久卷84，第1件。

《河南省1951年开展大规模农业生产运动方案》，中共河南省委档案1951年永久卷85，第8件。

《三年来的民主建政工作和今后意见》，中共河南省委档案1952年永久卷209，第3件。

《河南省人民政府生产救灾委员会关于增产救灾工作的报告》，中共河南省委档案1954年永久卷384，第6件。

（四）湖北省档案馆馆藏档案（有关河南土地改革的档案）

ZNH-1586　河南省农林厅：《河南省农业调查报告》，1950。

ZNH-1587　河南省农林厅：《河南省农业调查报告》，1950。

ZNH-1588　河南省农林厅:《河南省农业调查报告》,1950。

ZNA-728　河南省政府土改委员会:《河南省十四个典型乡调查》,1952年12月。

ZNA-729　河南省政府土改委员会:《河南省十四个典型乡调查》,1952年12月。

ZNB-115　中南土委会:《土地改革重要文献与经验汇编》,1953年4月。

ZNB-116　中南土委会:《土地改革重要文献与经验汇编》,1953年4月。

ZNB-117　中南土委会:《土地改革重要文献与经验汇编》,1953年4月。

ZNB-121　中南土委会:《中南土地改革的伟大胜利》,1953。

ZNB-122　中南土委会:《中南土地改革的伟大胜利》,1953。

ZNB-123　中南土委会:《中南土地改革的伟大胜利》,1953。

ZNB-124　中南土委会:《中南土地改革的伟大胜利》,1953。

口述史资料

笔者三次深入商水县土改重点试验乡——今商水县化河乡三里长村作调查,并访问了当年的积极分子、基干民兵李东仁老人,整理出访谈稿1份、约8000字(见附录1),而且对其他一些当年的积极分子、受冲击对象的情况及其家族的变化情况也作了一些了解,以便与档案相互印证、加深对所考察对象的地方性知识的感知。

后　　记

随着年龄增长，总是感觉岁月在以加速度流逝。自2005年，我到华中师范大学跟随彭南生先生读博士，而今，毕业已经四年多了。

在博士论文的基础上，2009年我申请到了国家社科基金青年项目，2012年春结项，本书即为结项报告。

在武汉求教之时，老师曾告诉我：学问乃终生的追求。但老师花在我身上的心血令我惶恐，几年来，工作、家务繁忙，俗世之中难以淡定，在未来的求学路上，恐辱师门。

华师近代史研究所各位导师的殷殷教导使我终生难忘，任何话语都不足以表达对导师们的感激之情；我的学友们在三年的求学过程中，给我以极大的帮助，朝夕相处、切磋磨砺，获益匪浅。

本研究在搜集资料的过程中，得到河南省档案局、商水县档案局领导和工作人员的大力支持与帮助，在此致以深深的谢意。同时，对师兄张深溪博士慷慨提供资料，不胜感激。对商水县汤庄乡张楼村张祯祥先生把未刊之村志手稿相赠，亦深表感谢。对于三次前往商水县化河乡三里长村调查时提供极大帮助的李新疆先生、接受调查的李东仁先生等当地的朋友们，我深感愧疚：在你们为我打开尘封的记忆时，我已经打搅了你们的生活。

对于武汉大学虞崇胜先生、郑州大学陈文新同学在学业上的帮助，深表感谢。我工作单位的人事部门、学报编辑部的领导与同事们，为我能够安心读书、研究提供的便利与帮助，深表谢忱。

本研究得到周口师范学院国家基金项目科研配套经费的资助，深表感谢。

本书付梓，得到王少卿友、左玉河老师的帮助，非常感谢。

最牵挂我的人是父母和妻子、孩子，他们殷殷期盼的眼神使我不敢懈息，我只能要求自己：尽己所能，无愧我心。

最后，写上我的奢望：不足及舛误之处肯定不少，敬请方家不吝指正。

贾　滕
2012 年 11 月 30 日于周家口二两斋

社会科学文献出版社网站

www.ssap.com.cn

1. 查询最新图书
2. 分类查询各学科图书
3. 查询新闻发布会、学术研讨会的相关消息
4. 注册会员，网上购书，分享交流

本社网站是一个分享、互动交流的平台，"读者服务"、"作者服务"、"经销商专区"、"图书馆服务"和"网上直播"等为广大读者、作者、经销商、馆配商和媒体提供了最充分的互动交流空间。

"读者俱乐部"实行会员制管理，不同级别会员享受不同的购书优惠（最低7.5折），会员购书同时还享受积分赠送、购书免邮费等待遇。"读者俱乐部"将不定期从注册的会员或者反馈信息的读者中抽出一部分幸运读者，免费赠送我社出版的新书或者数字出版物等产品。

"网上书城"拥有纸书、电子书、光盘和数据库等多种形式的产品，为受众提供最权威、最全面的产品出版信息。书城不定期推出部分特惠产品。

咨询／邮购电话：010-59367028　　邮箱：duzhe@ssap.cn
网站支持（销售）联系电话：010-59367070　　QQ：1265056568　　邮箱：service@ssap.cn
邮购地址：北京市西城区北三环中路甲29号院3号楼华龙大厦　社科文献出版社　学术传播中心　邮编：100029
银行户名：社会科学文献出版社发行部　　开户银行：中国工商银行北京北太平庄支行　　账号：0200010009200367306

图书在版编目（CIP）数据

乡村秩序重构及灾害应对：以淮河流域商水县土地改革为例：1947~1954/贾滕著. —北京：社会科学文献出版社，2013.1
　ISBN 978-7-5097-4087-3

　Ⅰ.①乡…　Ⅱ.①贾…　Ⅲ.①土地改革-研究-商水县-1947~1954　Ⅳ.①D651.1

　中国版本图书馆CIP数据核字（2012）第304146号

乡村秩序重构及灾害应对
——以淮河流域商水县土地改革为例（1947~1954）

著　　者 / 贾　滕

出 版 人 / 谢寿光
出 版 者 / 社会科学文献出版社
地　　址 / 北京市西城区北三环中路甲29号院3号楼华龙大厦
邮政编码 / 100029

责任部门 / 人文分社（010）59367215	责任编辑 / 周志静　范明礼
电子信箱 / renwen@ssap.cn	责任校对 / 王彩霞　丁爱兵
项目统筹 / 宋月华　范　迎	责任印制 / 岳　阳

经　　销 / 社会科学文献出版社市场营销中心（010）59367081　59367089
读者服务 / 读者服务中心（010）59367028

印　　装 / 北京季蜂印刷有限公司
开　　本 / 787mm×1092mm　1/16　　　　印　张 / 23
版　　次 / 2013年1月第1版　　　　　　　字　数 / 387千字
印　　次 / 2013年1月第1次印刷
书　　号 / ISBN 978-7-5097-4087-3
定　　价 / 96.00元

本书如有破损、缺页、装订错误，请与本社读者服务中心联系更换

版权所有　翻印必究